케어복지의 이론과 실제

진석범 · 구본용 · 김상아 · 김한수 · 승금희
이남순 · 이현주 · 정한용 · 조현주 공저

기문사
KIMOONSA
www.kimoonsa.co.kr

Preface

경제성장에 따른 소득과 가처분 소득의 증가는 소비패턴이 고급화, 서구화, 편익추구의 방향으로 변화하게 되었으며, 고도의 산업화가 진행되면서 우리사회의 전통적인 대가족 사회에서 '가장' 중심의 의사결정이 더 이상 의미가 없어지고, 핵가족화로 인한 가정의 축소와 경제적, 육체적 등의 이유로 자녀를 갖지 않으려는 젊은 층의 증가로 인해 합계출산율 1.08명이라는 세계에서 가장 낮은 출산율과 세계에서 그 유래를 찾아보기 힘들 정도로 빠르게 진행되고 있는 고령사회 및 초고령사회로의 진입 등은 GNP 20,000시대의 우리나라 경제전체를 어둡게 만들고 있다.

2007년 현재 우리나라의 농, 어촌지역의 대부분은 이미 초고령사회에 진입하였고, 이러한 현상은 결국 지자체에 있어서 복지비용의 증가와 생산인구의 감소 등으로 인하여 해당 지자체의 경제적 자립도를 더욱 악화시키고 있는 실정이다.

2008년 노인장기요양보험제도의 시행에 따라 많은 사람들이 노인복지시설에 관심을 갖게 되었고, 그곳에서 필요한 인력을 교육시키는 기관들도 많이 늘어남에 비해 양질의 교육프로그램과 교재를 활용한 기관의 수는 그리 많은 것 같지 않다. 앞으로 노인요양시설의 부족과 노인요양시설을 설치하고자하는 일반인 및 그곳에서 일을 하고자 하는 인력들의 전문지식이 부족하다는 인식하에 케어 전문인력 및 일반인이 쉽게 접할 수 있는 내용으로 준비하자는데 의견이 모아져 책을 출판하게 되었다.

본 서는 전체 14장으로 구성되어 있는데, 제1장 사회복지의 이해와 제4장 노인복지는 동서울대 진석범교수, 제2장 의학기초, 제10장 응급처치는 동서울대 이현주교수, 제5장 장애인복지, 제6장 사회복지실천은 동서울대 김상아교수, 제3장 케어개론, 제7장 케어기술은 송곡대학 이남순교수, 제8장 치매노인케어, 제9장 호스피스 케어는 숭의여자대학 구본용겸임교수, 제11장 상담이론 및 기술은 동서울대학 승금희겸임교수, 제12장 재활치료는 동서울대 김한수겸임교수, 제13장 노인영양과 조리는 세계사이버대 조현주교수, 마지막으로 제14장은 치료레크리에이션은 매트로병원 정한용운동처방사가 집필하였다.

현재 우리나라의 실버산업 중 노인요양사업은 초기단계에 머물고 있어 노인의 다양한 욕구를 충족시키기에는 부족한 것이 사실이다. 따라서 본 서가 그런 노인들의 욕구를 조금이나마 담아낼 수 있기를 바라며, 대다수의 서민들이 노후를 행복하며, 편안하게 그리고 건강하고 안전하게 보냈으면 하는 원대한 소망을 같이 가져본다.

그러나 아직은 부족한 점이 많이 있다. 본 서의 부족하고 미흡한 부문은 지속적으로 연구하고 배우는 자세로 계속 수정, 보완해 나갈 것을 약속하고, 선후배님들의 충고도 겸허한 자세로 받아들여 더 좋은 책이 되도록 노력할 것이다.

끝으로 본 서가 출판되기까지 보이지 않은 곳에서 후원해주시고 격려해주신 모든 분들께 감사의 마음을 전하고, 이 책이 출판되기까지 도와주신 기문사 임직원 여러분께 진심으로 감사드립니다.

2007년 8월

공동 저자 씀

■■■ 차 례

CONTENTS

차 례

CONTENTS

차 례

차 례

차 례

CONTENTS

제1장

사회복지의 이해

1 사회복지의 이해

1 사회복지의 개념

1) 사회복지의 어의적 정의

사회복지란 Social과 Welfare의 합성어로, social은 사회적인, 친목의, 사귐성이 있는, 사회복지의, 사회생활을 영위하는 등의 뜻에서 알 수 있듯이 사회안에서 사람과 사람의 관계를 의미하며, welfare는 '잘해가다' 란 의미로 well과 fare의 합성어이다. '만족스러운' 이란 의미의 well과 '지내다' 의 fare가 합쳐져서 '만족스럽게 지내는 상태' 를 의미한다.

또한 한자로 社會福祉는 社會와 福祉의 복합어로 福祉의 福을 쪼개 보면 시(示)행은 신에게 공물을 얹어 놓은 상을 옆에서 본 형태로 시(示)가 붙은 자는 대개 신(神)과 관계되는 자가 많다. 다음 福자 중 나머지 부분의 전(田)은 곡물을 수확하는 밭을 의미한다. 그 위의 구(口)는 고(高)자의 약자로 곡물이 높이 쌓여 있는 모습을 상징하고, 물질적인 풍요를 의미한다. 이것이 자연, 즉 신으로부터 받은 선물이기에 시(示)행이 붙어 있는 것이다. 그리고 祉는 신에게 마음의 안정을 기원하는 자세로 지(止)는 욕망의 추진을 멈추는 의미를 지니고 있다. 즉, 마음을 비우는 것이 심리안정의 길이고 하는 것을 암시하고 있다. 따라서, 福祉는 물질적 풍요와 심리적인 안정을 내포하고 있다고 하겠다. 그리고 社會의 어원은 고대 중국에서 25가구를 社(사)라고 불렀고, 이 사들이 많이 모인 것을 사회라고 하였다.(2007. 강인 외)

즉 사회복지란 "사회안에서 사람과 사람의 관계속에서 전 생애에 걸쳐 물질적 풍요와 심리적 안정속에서 만족스럽게 지내는 상태"라고 할 수 있다.

2) 사회복지의 이념적 정의

사회복지는 사회가 달성하고자 하는 이상적인 상태, 즉 훌륭하고 바람직한 사회로서 빈곤이나 불행이 없는 국민 대다수가 자유롭고 평등한 생활을 영위할 수 있는 사회를 말한다. 그러나 복지선진국에서도 아직까지 많은 사람들이 빈곤에 허덕이고 있으며, 우리나라의 경우에도 저소득층과 차상위계층이 늘어나는 복지의 양극화현상이 뚜렷하게 나타나고 있어, 사회복지의 이념적 정의의 한계점이라고 할 수 있다.

3) 사회복지의 기능적 정의

윌렌스키와 르보(Wilensky & Lebeaux)는 미국의 사회복지를 분석함에 있어 보충적(잔여적) 개념과 제도적 개념의 두 가지로 파악하였다.

(1) 보충적(잔여적) 개념

사회복지의 보충적 개념은 정상적 공급원으로서의 가정이나 시장경제가 제 기능을 원활하게 수행하지 못할 경우에 파생되는 사회복지 문제를 보완 또는 해소하기 위한 제도로서의 사회복지를 의미한다. 따라서, 사회 구성원 중 가정이나 시장경제로부터 탈락된 정상적인 삶이 어려운 개인에게 최저한도의 보호를 제공하는 보충적 활동을 사회복지라고 간주하며, 가정이나 시장경제가 제 기능을 발휘할 때는 사회복지 활동을 중단해야 한다고 본다.

(2) 제도적 개념

사회복지의 제도적 개념은 가정이나 시장경제의 실패는 임시적인 것이 아니라 지속될 것으로 이해한다. 따라서, 사회복지는 가정이나 시장경제를 유지하는데 필수적인 기능을 수행하며, 제도화되는 것이 당연하다고 본다. 특히 현대 산업사회의 문제에 대해 전체 국민과 가정의 경제적 안정을 도모하는 수단으로 사회복지가 제도적인 위치를 획득해야 한다고 본다.

〈그림1-1〉 사회복지의 보충적 개념과 제도적 개념

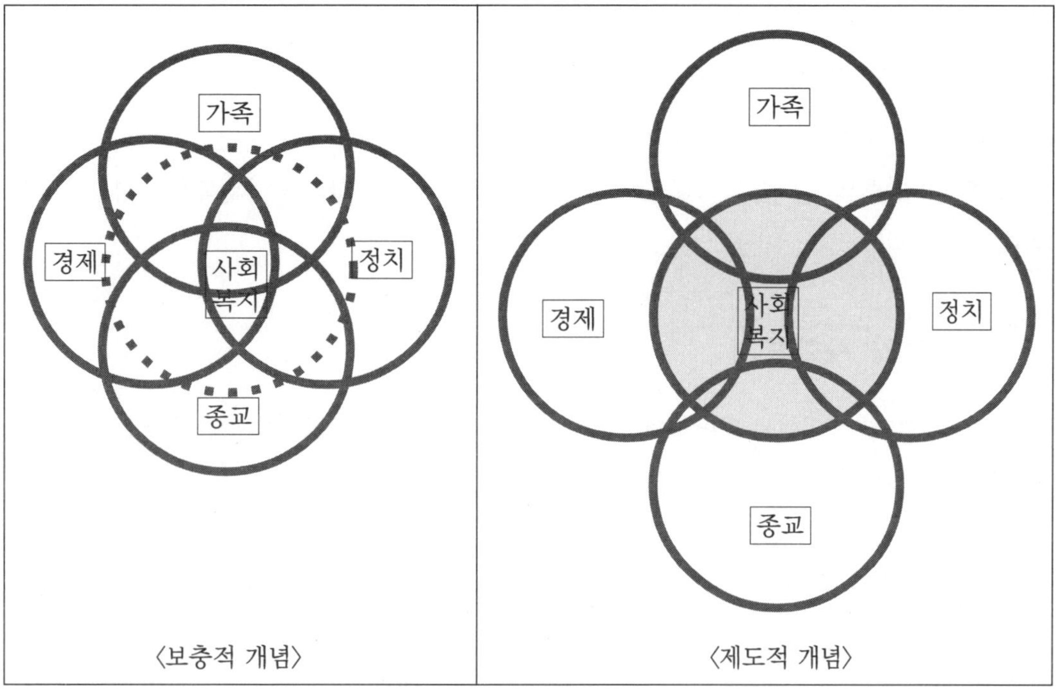

자료 : N. Gilbert & H. Specht(1986) (박경일 외 2005 재인용)

사회복지 개념의 차이는 사회복지활동에 구체적인 범위, 내용, 구성, 동기, 가치와 이념, 주체와 대상, 실천철학과 방법 등에 직접적인 영향을 미치게 된다. 예를들면, 사회복지의 보충적 개념은 사회적 취약계층으로 한정한 반면, 제도적 개념은 그 대상을 전체 사회 구성원으로 본다. 또한 사회복지의 실천 주체에서도 보충적 개념은 민간의 자발적인 활동을 장려하고, 제도적 개념은 국가의 보다 많은 역할을 강조한다. 역사적으로 볼 때 보충적 개념에서 제도적 개념으로 변화되고 있다.(강인외. 2007)

4) 협의의 사회복지

사회복지를 좁은 의미로 받아들이는 협의의 사회복지는 구체적 대상에 대한 사업으로써 사회사업 또는 사회복지사업(보충적 사회복지)을 말한다. 즉, 개인과 그 가족의 삶에 대한 일차적 책임은 그 개인이나 가족에게 있으며, 국가와 사회의 공동체적적 책임과 노력은 이차적 책임으로 인식한다.

이와 같은 협의의 사회복지는 최소한의 복지를 지향하여 한정된 사회적 약자나 요보호 대상자들에 대한 보호 · 치료 등 정책이나 방법을 실천하는 활동으로 나타난다.

이 개념에 의하면 사회복지의 수혜를 받는 사람은 비정상적, 병리적인 사람으로 간주되어 사회적 낙인을 찍히게 할 위험이 따를 수 있다.(남일재 외. 2006)

윌렌스키와 르보의 보충적 또는 잔여적 개념은 바로 이러한 협의의 사회복지 개념을 의미한다고 할 수 있다.

5) 광의의 사회복지

사회복지를 넓은 의미로 받아들이는 광의의 사회복지는 국민들의 기본적 생활에 관련된 서비스로 사회복지정책 혹은 사회복지제도라고 불리기도 한다.

로만신은 개개인과 사회 전체 복지를 증진시키려는 모든 형태의 사회적 노력을 포함하여 사회문제의 치료와 예방, 인적 자원의 개발, 인간 생활의 질적 향상에 직접적인 관련을 맺고 있는 일체의 시책과 과정을 포함한다고 주장하였다.

따라서 광의의 사회복지는 국민적 최저한 또는 평균적인 욕구가 충족되지 않은 개인, 가족, 집단 등에 대한 여러 가지 사회적 서비스를 체계적으로 조직화하고 총체화한 개념으로 협의의 사회복지에 사회정책, 사회보장, 보건 의료, 주택, 소득, 노동, 교육, 안전, 거주환경, 환경 보전 등의 사회적인 제반 서비스의 결합이다.

윌렌스키와 르보의 제도적 개념은 바로 이러한 광의의 사회복지 개념을 의미한다고 할 수 있다.

6) 법적 의미의 사회복지

우리나라의 사회복지 관련법에 나타난 사회복지의 용어 정의와 내용을 살펴봄으로써 사회복지의 개념을 이해할 수 있다.

헌법 제 34조 1항~6항에서는 좁은 의미에서 사회복지의 개념을 규정하고 있는데 다음과 같다.

① 모든 국민은 인간다운 생활을 할 권리를 가진다.

② 국가는 사회보장 · 사회복지의 증진에 노력할 의무를 진다.

③ 국가는 여자의 복지와 권익의 향상을 위하여 노력하여야 한다.

④ 국가는 노인과 청소년의 복지향상을 위한 정책을 실시할 의무를 진다.

⑤ 신체장애자 및 질병 · 노령 기타의 사유로 생활능력이 없는 국민은 법률이 정하는 바에 의하여 국가의 보호를 받는다.

⑥ 국가는 재해를 예방하고 그 위험으로부터 국민을 보호하기 위하여 노력하여야 한다.

한편 사회복지 사업법 제 2조에서 사용하는 용어의 정의는 다음과 같다.

① 사회복지사업법에서 "사회복지사업"이라 함은 다음 각목의 법률에 의한 보호、선도 또는 복지에 관한 사업과 사회복지상담 · 부랑인 및 노숙인보호 · 직업보도 · 무료숙박 · 지역사회복지 · 의료복지 · 재가복지 · 사회복지관운영 · 정신질환자 및 한센병력자 사회복귀에 관한 사업 등 각종 복지사업과 이와 관련된 자원봉사활동 및 복지시설의 운영 또는 지원을 목적으로 하는 사업을 말한다.

〈표1-1〉 사회복지사업법에 규정된 법률과 목적

법 률	목 적
국민기초생활보장법	생활이 어려운 자에게 필요한 급여를 행하여 이들의 최저생활을 보장하고 자활을 조성
아동복지법	아동이 건강하게 출생하여 행복하고 안전하게 자라나도록 그 복지를 보장
노인복지법	노인의 질환을 사전예방 또는 조기발견하고 질환상태에 따른 적절한 치료 · 요양으로 심신의 건강을 유지하고, 노후의 생활안정을 위하여 필요한 조치를 강구함으로써 노인의 보건복지증진에 기여
장애인복지법	장애인의 인간다운 삶과 권리보장을 위한 국가와 지방자치단체 등의 책임을 명백히 하고, 장애발생 예방과 장애인의 의료 · 교육 · 직업재활 · 생활환경개선 등에 관한 사업을 정하여 장애인복지대책을 종합적으로 추진하며, 장애인의 자립생활 · 보호 및 수당지급 등에 관하여 필요한 사항을 정하여 장애인의 생활안정에 기여하는 등 장애인의 복지와 사회활동 참여증진을 통하여 사회통합에 이바지
모부자복지법	모 · 부자가정이 건강하고 문화적인 생활을 영위할 수 있게 함으로써 모 · 부자가정의 생활안정과 복지증진에 기여
영유아보육법	영유아를 심신의 보호와 건전한 교육을 통하여 건강한 사회성원으로 육성함과 아울러 보호자의 경제적 · 사회적 활동을 원활하게 함으로써 가정복지 증진에 기여

법 률	목 적
성매매방지 및 피해자 보호 등에 관한 법률	성매매를 방지하고 성매매피해자 및 성을 파는 행위를 한 자의 보호와 자립의 지원
정신보건법	정신질환의 예방과 정신질환자의 의료 및 사회부귀에 관하여 필요한 사항을 규정함으로써 국민의 정신건강증진에 이바지
성폭력 범죄의처벌 및 피해자 보호 등에 관한 법률	성폭력범죄를 예방하고 그 피해자를 보호하며, 성폭력범죄의 처벌 및 그 절차에 관한 특례를 규정함으로써 국민의 인권신장과 건강한 사회질서의 확립에 이바지
입양촉진 및 절차에 관한 특례법	요보호아동의 입양을 촉진하고 양자로 되는 자의 보호와 복지증진을 도모하기 위하여 필요한 사항을 규정
일제하 일본군 위안부 피해자에 대한 생활 안정 지원 및 기념 사업 등에 관한 법률	일제에 의하여 강제동원되어 위안부로서의 생활을 강요당한 피해자를 보호·지원하고 일본군위안부 피해자의 명예회복과 진상 규명을 위한 기념사업을 수행함으로써 이들의 생활안정과 복지증진을 기하고 국민의 올바른 역사관 정립과 인권증진에 기여
사회복지공동모금회법	사회복지공동모금회의 공동모금을 통하여 사회복지에 대한 국민의 이해와 참여를 제고함과 아울러 국민의 자발적인 성금으로 조성된 재원을 효율적이고 공정하게 관리·운용함으로써 사회복지증진에 이바지
장애인 노인 임산부 등의 편의 증진 보장에 관한 법률	장애인·노인·임산부등이 생활을 영위함에 있어 안전하고 편리하게 시설 및 설비를 이용하고 정보에 접근하도록 보장함으로써 이들의 사회활동참여와 복지증진에 이바지
가정폭력방지 및 피해자 보호 등에 관한 법률	가정폭력을 예방하고 가정폭력의 피해자를 보호·지원
농어촌주민의 보건복지증진을 위한 특별법	농어촌주민의 보건복지증진을 위한 시책을 강화하고 이에 관한 국가 및 지방자치단체의 책임을 명확히 하며 농어촌에 보건의료 및 사회복지시설을 확충함으로써 농어촌주민의 인간다운 삶을 보장
식품기부 활성화에 관한 법률	식품기부를 활성화하고 기부된 식품을 생활이 어려운 자에게 지원함으로써 사회복지의 증진 및 사회공동체문화의 확산에 이바지

② “사회복지법인”이라 함은 사회복지사업을 행할 목적으로 설립된 법인을 말한다.

③ “사회복지시설”이라 함은 사회복지사업을 행할 목적으로 설치된 시설을 말한다.

④ “사회복지서비스”라 함은 국가·지방자치단체 및 민간부문의 도움을 필요로 하는 모든 국민에게 상담·재활·직업소개 및 지도, 사회복지시설의 이용 등을 제공하여 정상적인 사회생활이 가능하도록 제도적으로 지원하는 것을 말한다.

⑤ “보건의료서비스”라 함은 국민의 건강을 보호·증진하기 위하여 보건의료인이 행하는

모든 활동을 말한다.

또한 사회보장 기본법 제3조에서는

① "사회보장"이라 함은 질병 · 장애 · 노령 · 실업 · 사망 등의 사회적 위험으로부터 모든 국민을 보호하고 빈곤을 해소하며 국민생활의 질을 향상시키기 위하여 제공되는 사회보험 · 공공부조 · 사회복지서비스 및 관련복지제도를 말한다.

② "사회보험"이라 함은 국민에게 발생하는 사회적 위험을 보험방식에 의하여 대처함으로써 국민건강과 소득을 보장하는 제도를 말한다.

③ "공공부조"라 함은 국가 및 지방자치단체의 책임하에 생활유지능력이 없거나 생활이 어려운 국민의 최저생활을 보장하고 자립을 지원하는 제도를 말한다.

④ "사회복지서비스"라 함은 국가 · 지방자치단체 및 민간부문의 도움을 필요로 하는 모든 국민에게 상담 · 재활 · 직업소개 및 지도 · 사회복지시설이용등을 제공하여 정상적인 사회생활이 가능하도록 지원하는 제도를 말한다.

⑤ "관련복지제도"라 함은 보건 · 주거 · 교육 · 고용 등의 분야에서 인간다운 생활이 보장될 수 있도록 지원하는 각종 복지제도를 말한다.

7) 사회복지의 개념 변화

사회복지의 개념은 시대에 따라, 사회적 상황에 따라, 이념 및 기술의 발전에 따라 개념도 변화되고 있다. 로만신은 사회복지의 개념이 다음과 같은 방향으로 변화되고 있다고 설명하고 있다.

① 보충적 개념에서 제도적 개념으로

사회복지의 보충적 개념은 사회복지를 가정과 시장에서 욕구를 충족시키지 못하는 사람들이 마지막으로 의지하는 수단이며, 사회복지의 제도적 개념은 사람들이 현대 산업사회 환경에 성공적으로 대처해 나갈 수 있도록 사회복지는 최일선의 기능을 수행해야 한다고 주장한다.(남기민, 2005)

② 자선에서 시민권으로

자선으로써의 사회복지는 19C 중산층에 의해 가난한 사람들에게 도움을 주던 것을 의미하는데 반해 복지급여에 대한 시민의 권리는 다수 국민이 피지배자 신분에서 시민으로 변화해 온 역사적 과정의 산물이다.

③ 특수한 서비스활동에서 보편적인 서비스활동으로

사회복지를 빈민을 위한 특수한 서비스활동으로 생각하는 경향이 점차로 전체 국민들을 대상으로 하는 보편적인 욕구를 충족시키는 서비스활동으로 발전하고 있다. 이와 같은 보편적 서비스는 산업사회에서 나타나는 공통적인 사회적 위험으로부터 대처하기 위해 나타난 것이다.

④ 최저 수준의 달성에서 최적 수준의 달성으로

사회복지의 변화된 개념은 개인에게 최저 수준의 서비스를 공급한다는 제한적인 개념으로부터 탈피하여 모든 국민에게 최적의 사회적 환경과 자원을 제공하여 인간의 잠재력을 최대한 개발할 수 있도록 하고 있다.

⑤ 개인적인 개혁에서 사회적인 개혁으로

과거에는 인간의 문제가 개인의 도덕적 결함에서 나왔기 때문에 문제해결은 개인의 도덕적 결함을 치료하는 것이 사회복지로 생각하였으나, 오늘날에 와서는 인간의 문제를 사회문제로 생각하였고, 따라서 사회제도의 결함을 해결하면 사회문제는 해결될 수 있다고 판단한다.

⑥ 자발적인 것에서 공적인 것으로

복지선진국에서는 사회복지를 민간의 자발적인 참여에 크게 의존하였으나, 산업화로 인해 사회적 비용이 증대되고, 개인의 사회복지 욕구가 다양화됨에 따라 민간에서의 자선적인 노력으로는 한계에 직면하게 되어 공적조직의 사회복지 기능을 확장시키려고 하고 있다.

⑦ 빈민을 위한 복지라는 개념으로부터 복지사회라는 개념으로

사회복지는 사회에서 소외당한 사람들의 욕구를 충족시키는 것으로부터 모든 사람들의 욕구를 충족시키는 방향으로 변화되고 있다.

2 사회복지의 가치

1) 가치의 개념

사회복지를 언급함에 있어서 가치의 개념은 매우 중요한 의미를 갖는다. 그것은 사회복지의 실천에서 가치를 기반으로 동기화, 기능화되기 때문이다. 가치란 '다수의 사회 구성원들에 의해 좋거나 바람직하다고 여겨지는 것 또는 개인의 주관적인 선호' 로써 윤리와 구별된다. 윤리는 어떤 행동에 대한 옳고 그름을 나타내는 판단 · 기준. 인간이 마땅히 행하거나 지켜야 하는 도리이며 규범이다.

2) 사회복지의 가치

사회복지의 가치는 사회복지가 궁극적으로 추구하는 바람직한 목표나 목적 또는 이상적인 방향성을 나타내는 것으로써 사회복지사들이 준수하여야 할 믿음 체계이다.

(1) 우리나라의 사회복지 가치

우리나라는 예로부터 사회복지의 관점에서 상부상조, 인간존중 등의 토착적인 사회복지의 가치관을 이어오고 있다. 우리들이 계승해야 할 2가지의 토착적인 사회복지의 가치관을 제시하면 다음과 같다. (강인 외, 2007)

첫째, 인간존중사상이다. 홍익인간의 이념으로 고조선을 건국한 것에서부터 헌법 제 10조에서 '모든 국민은 인간으로서 존엄과 가치를 가지면 행복을 추구할 권리를 가진다.' 라는 현재에 이르기 까지 인간존중의 사상을 엿볼 수 있다.

둘째, 상부상조의 정신이다. 우리는 예로부터 두레, 품앗이, 계, 향약 등에서 노동의 협력이나, 공동으로 빈곤을 극복한다든지 상부상조의 공동체의식을 가졌다.

(2) 서구사회의 사회복지 가치

프리들랜더는 사회복지의 기본적 가치를 다음과 같이 제시하였다.

첫째, 인간의 존엄성으로 모든 인간은 인간으로서의 존엄과 가치를 갖는다는 것은 사회복지의 가장 기본적인 가치이다.

둘째, 자기결정권으로 모든 사람은 자신이 무엇을 요구하며 그것을 어떻게 충족할 것인가를 스스로 선택하고 결정을 내릴 수 있는 자유로운 권리를 갖고 있다는 가치이다.

셋째, 기회균등으로 모든 인간에 대해 균등한 기회를 제공하여 삶의 질을 골고루 향상시키고자 하는 가치이다.

넷째, 사회적 책임성으로 모든 인간은 상부상조의 정신에 입각하여 자가자신, 가족, 사회 전체에 대해 공동체적 책임을 져야 한다는 가치이다.

3) 사회복지 가치의 중요성

사회복지사는 자신의 개인적인 목적에 따라 클라이언트에게 원조하는 것이 아니라 사회복지 궁극적인 목적과 가치에 따라서 전문적이고 과학적인 원조를 제공하여야 하기 때문에 사회복지사가 전문가로써 정체성을 유지하기 위해서는 사회복지의 기본적인 가치와 실천방법을 공유할 필요가 있다.

위에서 제시한 우리나라 및 서구사회의 사회복지의 가치를 종합해 볼 때, 인간의 존엄성과 상부상조의 공통점을 발견할 수 있는데 바로 사회복지의 가치는 개인적인 측면 뿐만 아니라 사회적인 측면이 함께 고려되어야 한다는 점을 알 수 있다.

3 사회복지의 구성과 기능

1) 사회복지의 주체

사회복지의 주체란 사회복지를 실천하는 체계를 말한다. 사회복지의 주체는 역사적으로 보면 사회복지가 하나의 제도로서 분화되지 않았던 시기에는 가족이나 시장기구에 통합된 상태로 존재해 왔다.

전통적인 사회에서 사회복지의 운영 주체가 개인, 가족, 부락, 교회에 있고, 상호부조와 자조사업을 사회복지의 기본형태로 간주되었다. 현대사회로 넘어오면서 복지의 책임이 사회와 국가에 있다는 인식이 높아지게 되어 민간의 자발적인 복지활동이 사회사업으로 나타나게 되었고 국가의 의무적인 복지활동으로서 사회복지 정책이 나타나게 되어 사적복지 활동이 공적 복지활동으로 전환되는 경향이 있다.

사회복지가 발달하면서 사회복지에 대한 일차적 책임은 국가에 있지만, 사회복지의 구체적인 실시의 측면에서 보면 정책주체, 운영주체, 실천주체로 나눠볼 수 있다. (남일재 외. 2006)

사회복지의 정책을 계획하고 책정하여 실행하는 주체를 정책주체라고 하는데, 일반적으로 국가 또는 지방자치단체가 정책주체에 해당한다. 사회복지사업을 실제 운영하고 경영하는 주체를 운영주체라고 칭하고, 사회복지법인과 그 산하 기관, 단체, 시설들로 공영기관과 민영기관으로 구분할 수 있다. 국가나 지방자치단체가 직접 사회복지시설을 설치 · 운영하는 경우도 있으며, 사회복지법인, 재단법인, 종교법인 등이 시설을 설치?운영하는 경우도 있다. 특히 우리나라의 경우 국가나 지방자치단체의 위탁을 받아 비영리민간단체들이 운영하는 경우도 있다. 끝으로 실천주체는 사회복지서비스를 직접 요보호자에게 실시하는 주체로서 사회복지사나 사회복지시설의 종사자 등이다.

사회복지서비스 공급주체는 일반적으로 비공식부문, 공적부문, 민간비영리 부문, 민간영리 부문의 유형으로 구분할 수 있다.

먼저 비공식부문은 가족중심의 1차 집단으로 전통적인 사회에서 인간의 대부분의 욕구는 친구, 이웃, 근린집단, 지역사회 안에서 충족되었다. 현대사회에서 가족의 기능이 약화되면서 비공식부문의 복지영역은 축소되고 있으나, 노인케어 및 아동양육 등 아직도 많은 부분을 가족이 담당하고 있다. 친밀성으로 역할은 강조되지만 국가책임은 축소될 우려가 있는 단점이 있다.

국가와 지방자치단체를 중심으로 하는 공적 부문의 공급체계이다. 급속한 사회변동으로 공적부문의 확대되었고, 국가는 국민의 최저생활을 보장하고 그 외 지방자치단체는 프로그램 등을 실시한다.

민간비영리부문은 사람의 자발성에 기초한 공급주체로 복지국가체제 이전에 활성화 된 주체다. 공적 재정의 한계와 민간비영리 부문과 비공식 부문이 활약하는 다원적 사회의 성립되면 복지국가는 잘 기능하지 못한다는 점에서 복지국가의 위기 이후 민간비영리부문에 대한 관심이 고조되고 있다. 이부문은 시설보호 같은 기본적 서비스를 제공한다.

끝으로 민간영리 부문은 시장기구를 통해 공급되는 것으로 전통적인 사회복지의 개념에서는 배제되었으나, 최근에 민간영리 부문의 역할에 대한 새로운 인식이 이루어지고 있다. 복지국가의 재정위기로 민간위탁에 관심이 증가, 인구고령화로 실버산업 확대, 공공부문의 서비스 한계로 관심이 고조되었다.

2) 사회복지의 대상(객체)

사회복지의 객체 즉 대상(client)이라고 하면 아직도 우리 머리 속에 지난날의 자선이나 사회사업 등의 대상으로 해 오던 빈곤자나 사회적 장애(social handicaps)를 갖고 있는 일부 및 특정계층의 사람들이라는 생각이 사라지지 않고 있다. 이와 관련하여 빈곤(destitution), 질병(disease), 비행(delinquency), 의존(dependency)의 4D와 5대 사회악 (five giant evils) 결핍(want), 무지(ignorance), 질병(disease), 나태(idleness) 불결(squalor)같은 것을 연상하게 된다.

구체적으로는 특별한 보호나 원조를 필요로 하는 사람들 중 일부 및 특정의 사람들을 사후적 조치로서 도와주면 된다는 것인데 그렇다고 해서 이러한 사람들이 오늘날의 사회복지 대상이 안 된다는 것은 결코 아니다. 오늘날 사회복지 대상은 국민전체로 확대되었으며 그 이유는 본인의 의지에 의하기보다는 사회변동에 의해 그대상이 확대되었기 때문이다. 산업사회에 살아가고 있는 현대인은 빈곤, 질병, 과밀, 과소, 교통사고, 기타의 새로운 공해에 노동력 재생산의 파괴의 위험성은 물론, 누구나 할 것 없이 사회복지의 대상이 될 가능성에 직면하게 된다,

〈표 3-1〉 사회경제체제에 따른 사회복지문제 즉 사회복지 대상 (객체)

사회경제체제	사회상황	사회복지문제	해결방안(대책)
봉건사회	신분적 사회	개개인의 궁핍자	자선.박애사업
초기자본주의사회	절대주의국가	빈민(pauperism)	구빈법
산업자본주의사회	시민사회	사회5대악	자선조직협회
독점자본주의사회	대중사회	전국민의 생활문제	사업의 체계화

현대 사회복지 대상은 각계각층의 모든 국민이 포함되어있다. 그들의 일상생활과정에서?직면하게 되는 개인, 집단, 지역사회의 문제들을 포함한다. 사회복지 대상으로서의 문제는 사회적 욕구와 사회문제가 중요한 관심의 대상이 되고 있다. 일반적으로 욕구에 대한 서비스를 사회복지로 보는 경우는 개인주의적 이념에 기초를 두고 있고, 사회문제를 해결하는 것을 사회복지로 보는 경우는 집합주의적 이념에 기초를 두고 있다.

여기서 욕구는 의식주와 관련된 일차적 욕구와 ,문화적, 사회적 욕구와 같은 이차적 욕구로

구분된다.

사회 불평 등을 사회문제로 보는 경우는 갈등주의자의 견해이며, 사회해체를 사회문제로 보는 경우는 기능주의 (주로 개인의 성격결함에서 초래)와 갈등주의 (주로 사회의 제도적 결함에 의해서 초래)의 통합적(개인 또는 생태학적 결함에서 초래) 한 견해이다.

과거의 사회복지는 사회적으로 불행한자나 낙오자, 빈곤자, 병자 등을 주요 대상으로 하여 선별적인 복지를 제공하였지만, 오늘날의 사회복지는 모든 사람에게 복지를 향유할 권리를 제공하는 보편적인 복지를 제공하고 있다. (박경일 외, 2005)

이러한 위의 논의에 기초한 사회복지의 대상(선별주의, 보편주의)를 도식화한다면 다음과 같다.

〈표 3-2〉 선별주의와 보편주의의 비교

구분	선별주의	보편주의
범위	특수문제의 한정	전 주민의 문제에 확대
자격	자격제한 강화	자격제한 완화
급여수준	최저수준으로 인하	적절한 보상율로 인상
자기부담	강화	경감
장점	효율성높음 비용적게	공평,접근, 소요, 낭비
단점	스티그마	비용이 많이 소요 낭비

3) 사회복지 대상자의 욕구

사회복지는 인간의 욕구를 해결하기 위한 사회적 서비스라고 말할 수 있다. 욕구는 인간이 성장 · 발전하면서 필수적인 것이며 이것이 미충족되거나 결핍되면 욕구불만이 일어난다. 그리하여 이러한 욕구불만을 해결하기 위한 것이 사회복지라고 할 수 있다.

인간의 욕구 분류에서 가장 보편적인 매슬로우의 욕구 분류를 살펴보면 다음과 같다. 매슬로우는 인간의 욕구를 ① 생리적 욕구, ② 안전의 욕구, ③ 소속감과 애정의 욕구, ④ 존경의 욕구, ⑤ 자아실현이 욕구의 5단계로 구분하고 인간은 저차원의 욕구를 충족하고 나면 점차적으로 고차원의 욕구를 충족시키기를 원한다고 하였다. 그러나 매슬로우는 자신의 욕구단계설을 수정하여 인간은 반드시 저차원의 욕구가 충족되고 나서 고차원의 욕구로 이행하는 것이 아니라, 저차원의 욕구가 충족되지 않더라도 고차원의 욕구를 충족하기를 원하는 사람도 있다고 하였다.

4 사회보험

1) 사회보험의 개념

사회보험이라 함은 국민에게 발생하는 사회적 위험을 보험방식에 의하여 대처함으로써 국민 건강과 소득을 보장하는 제도를 의미한다. (사회보장기본법제3조 제2호) 사회보험은 국민을 대상으로 질병, 사망, 노령, 실업 신체장애, 등으로 인하여 능력의 상실과 소득의 감소가 발생하였을 때에 보험방식에 의하여 그것을 보장하는 제도라고 할 수 있다. 사회보험은 빈곤화를 예방하는 것으로서 사회적으로 정형화된 생활상의 사고에 의한 수입의 중단이나 상실, 감소에 대한 사회보장제도에 있어서 중추적인 역할을 담당한다. 사회보험은 사회보장제도의 주류를 이루는 제도로서 원래 노동보험을 중심으로 하여 발전해 온 제도인데 노동보험은 생산과정으로부터 탈락하여 그 기능이 정지상태에 있는 노동력을 대상으로 하고 있고 결국 그러한 노동력에 대한 보존 책의 일환으로 발전한 것이다.

2) 사회보험의 기본원칙

사회보험의 기본적인 원칙은 다음과 같다.(박종삼 외, 2005)

① 보편적 적용을 위해 법적인 강제성을 가지고 모든 국민을 포함하여야 한다.

② 원칙적으로 국민의 최저생활을 보장할 수 있어야 한다.

③ 계급, 계층 간의 불평 등을 완화시키고 소득 재분배의 효과를 갖기 위해서는 고소득자의 고부담, 저소득자의 저부담 방식과 고소득자의 저급여, 저소득자의 고급여 방식의 구조가 채택되어야 한다.

④ 피보험자의 보험료에 의해 대부분의 재원이 조달되기 때문에 계급, 계층간 혹은 직업집단별로 기여의 형평성이 보장되어야 한다.

⑤ 재정운영방식에 있어 미래의 피보험자가 현재의 피보험자에 비해 상대적으로 높은 비율의 보험료를 부담하지 않도록 설계되어야 한다.

보험에는 사회보험과 사보험이 있는데 이를 비교하면 다음과 같다.

〈표 4-1〉 사회보험과 사(私)보험의 비교

구 분	사회보험	사보험
제도의 목적	최저생계 또는 의료보장	개인적 필요에 따른 보장
보험가입	강제	임의
부양성	국가 또는 사회부양성	없음
수급권	법적 수급권	계약적 수급권
독점/경쟁	정부 및 공공기관의 독점	자유경쟁
공동부담여부공	동부담의 원칙	본인부담위주
재원부담능력	비례부담	개인의 선택
보험료부담방식	주로 정률제	주로 소득정률제
보험료 수준	위험을 상당 이하요률	경험률
보험자의 위험선택	불요	필요
급여수준	균등급여	기여비례
인플레이션대책	가능	취약
보험사고대상	인보험인	물(物)보험
성격	집단보험	개별보험

이와 같은 성립요건과 특성을 지닌 사회보험이 세계 각국에 공통되는 형태는 ① 연금보험, ② 의료보험, ③ 산업재해보상보험, ④ 고용보험, ⑤ 가족수당 등이며 이들 제도의 도입 시기는 국가마다 약간의 차이는 있으나 대게 산업재해보상보험이 제일 먼저 도입되고 그 다음으로 질병보험과 연금보험이 시행되었으며 고용보험이 가장 늦게 발달하였다. 이와 같이 제도화 되어 있는 사회보험체계는 국민이 혜택을 받을 수 있도록 계층별, 사고별로 대응책이 마련되어 있다.

선진국들이 공통적으로 직면하고 있는 사회보장의 문제들은 ① 경제적 요인과 재원조달의 한계, ② 사회적 형태의 변화, ③ 불안한 인구의 추세, ④ 사회적 형태의 변화, ⑤ 사회보장제도

자체가 안고 있는 취약점 등에 기인하고 있는 것으로 분석되고 있다.

사회보험이 가지고 있는 제도적 한계는 ① 개개인의 생활전체를 보장하는 것이 아니라 특정한 보험사고에 관해서만 단편적인 급여가 이루어지고 있다. ② 보험원리 즉 수지상등(收支相等)의 원칙이 적용되기 때문에 급여의 내용에 있어서 일정한 제한을 받게 된다. ③ 사회보험제도는 보험사고의 발생원인 자체를 예방 할 수 없다는 치명적인 결함이 있다, ④ 적용대상이 제한되어 있다는 점 등이다.

중요한 것은 우리나라에서는 서구 사회에서 볼 수 있는 바와 같은 오랜 기간에 걸친 사회보장제도의 전개과정은 존재하지 않았다. 다시 말하면 심각한 경제불황, 실업 등의 사회문제로 인하여 격렬한 노동조합운동이나 국민대중의 요구운동에 의하여 사회 보장법이 형성된 것이 아니라 정부가 일방적으로 만든 것이 주종을 이룬다.

3) 연금제도의 성격

연금이란 일반적으로 가계를 책임지는 자가 폐질, 노령퇴직 사망 등에 의해서 소득이 상실되는 경우 그 자신과 유족의 보호를 위하여 장기간에 걸쳐 정기적으로 급여가 행해지는 소득보장의 방법으로서 현금 급여의 총칭이라고 할 수 있다. 연금제도란 피보험자 본인의 사고에 의한 소득의 상실 등의 사유가 발생했을 때 미리 설정한 기준에 따라 획일적인 급여를 지급하는 제도이다. 연금은 운영주체에 따라 공적연금, 사적연금, 개인연금, 등으로 구분하고 재원조달의 방법에 따라 갹출제 연금과 무갹출제 연금으로 구분되며 오늘날의 연금이 다양한 명칭으로 시행되고 있으나 사회보험으로서의 공적 연금으로서는 퇴직연금, 노령연금, 유족연금, 폐질연금, 등이 있다.

(1) 공적연금

공적연금이 공공부조와 다른 점은 ① 소득의 상실 내지 상당한 저하가 장기간에 걸쳐 생활위협상의 보호를 받게 되는 점, ② 급여는 개개인의 욕구에 대응하는 것이 아니고 미리 설정된 기준에 따라 획일적 급여라는 점 ③ 사후적 구빈책이 아니고 보험기술에 기초를 둔 사전적 방빈책 이라는 점 ④ 자산조사(means test)를 하지 않는다는 점 등에서 다르다.

오늘날 노령, 장애 유족에 대한 공적 연금이 소득보장 가운데 큰 비중을 차지하고 있다. 의료보험에 있어서 상병수당, 출산수당, 산재보험에 있어서 휴업보상, 장애보상연금, 유족보상연금, 고용보험의 실업 수당, 가족수당제도 등이 사회보험에 있어서 전형적인 형태이다.

오늘날 공적연금제도는 어느 나라에서나 복지국가의 전개라는 복잡하고 역동적인 사조를 배경으로 다양하게 변모했다. 이러한 제도의 궁극적인 목적은 노인인구의 생활보장이며 사회보험의 기술을 이용하여 국민의 생활을 보장한다는 대원칙 하에서 다양한 운영방식과 성격의 연금제도가 발달하였다.

(2) 공적연금제도의 필요성

과학의 발달은 인간이 수명을 연장시키고 인구 및 산업구조의 변화는 퇴직을 규범화하였고, 퇴직은 소득을 뜻하고 소득의 중단은 곧 노후빈곤을 의미하게 된다. 산업자본주의사회의 분배논리는 퇴직 후의 생활보장을 위한 집단적 노력을 필요로 하게 된다. 이러한 산업사회 요구에 대한 정책적 대응으로 등장한 것이 공적 연금제도이다.

우리나라에서 공적연금제도가 다수의 국민을 대상으로 하는 제도로 구체화되어야할 필요성은

첫째, 노령인구의 증가이다. 고령화 사회는 곧 비생산인구로서의 노인 인구의 증가를 뜻하며 이러한 사회에서 노인부양의 책임이 가족에게 부담의 증가라는 문제를 지니게 된다. 고령화 사회로의 급속한 진전은 노인문제의 절실한 사회문제화를 의미하는 것이다.

둘째, 사회적 위험의 증대 추이에서 찾아볼 수 있다. 산업구조상의 변화로 인한 취업구조는 사회적 위험에 취약하기 마련이다. 이러한 필요성에 따라 국민개연금의 조기 정착을 위해 국민연금을 제도화하기에 이른다.

(3) 연금제도의 체계와 내용

우리나라의 공적 연금제도는 공무원연금[1], 군인연금[2], 사립학교 교직원연금[3] 등이 있다. 이 3 연금이 먼저 제도화되었으며 이들은 특수직역(特殊職域)연금으로서 전체인구의 2.4% 밖에 적용시키지 못했으며 1988년 1월1일부터 국민연금[4]이 시행, 1995년 7월부터 농어민에게 확대적용 되었으며 1999년4월부터 도시 자영업자에게도 적용되어 공적연금의 개보화 시대를 맞이

하게 되었다.

연금제도는 적용대상자의 노후생활보장에 목적이 있는 만큼 그 목적을 달성하느냐의 여부는 급여 제도의 수준에 달려 있다. 연금제도는 사회연대에 의한 위험분산과 소득재분배기능을 수행해야 하기 때문에 연금산정기준은 의미가 크다.

국민연금의 경우 개인의 소득수준과 관계없이 전가입자의 평균 월보수액를 기본으로 급여하는 균등부분을 도입하여 소득재분배 기능을 부여하고 이에 부가하여 개인의 능력에 따른 보수비례의 방식을 혼합하고 있다.

국민연금이 소득재분배 기능을 갖는 것은 바로 이 균등부분 때문이며 공무원 연금 등의 소득 비례방식(earnings-related system)과는 큰 차이가 있다.

연금급여는 각 제도마다 명칭을 달리하고 있지만 주요 급여는 노령퇴직급여, 폐질(장애)급여, 유족급여 등이 있다. 그 내용과 수준의 차이가 있다.

공무원연금과 사립학교 교직원연금은 급여내용에 있어 동일하다.

특수직역연금의 장해연금은 산업재해보상보험은 급여 내용에 있어 동일하다.

특이한 점은 공무원연금과 사립학교교직원연금의 경우 연금과 퇴직일시금을 선택적으로 지급 받을 수 있다는 점이다.

연금급여와 관련하여 연금수급개시연령은 공무원연금, 군인연금, 사립학교교직원연금은 퇴직연령에 의거하고 있으나 국민연금은 연금재정에 영향을 미치게 되는데 세계적인 경향은 연금연령의 인하 또는 탄력화의 추세에 있으나 우리나라는 조기정년에 따른 생활불안의 문제가 제기될 수 있다.

공적연금의 관리운영은 공적 통제가 가능하고 공익성을 최대한 보장하며 연금재정의 안정성과 기금의 공익성을 극대화하고 제도운영의 효율성을 기하며 아울러 관리의 전문성과 독립성이 유지될 수 있도록 하기 위하여 공무원연금, 사립학교 교직원연금, 국민연금은 관리공단에서 관리하고 군인연금은 국방부에서 관리한다.

---

1) 국가 및 지방공무원, 교육공무원, 경찰, 소방공무원, 군속 등이 이에 포함되며 정부기관에 근무하는 상용잡급직과 임시직 공무원도 포함된다.
2) 군인연금 장기복무하사관, 준하사관과 장교를 대상한다.
3) 사립학교의 교원 및 사무직원을 대상으로 한다.
4) 당연 적용대상으로 5인 이상의 상시근로자를 사용하는 사업장의 사용주 및 근로자가 포함되고 농어민 , 자영업자를 대상으로 한다.

5 전문직으로 사회복지사

1) 사회복지사의 자질

사회복지사는 전문적 기술과 자질을 필요로 한다. 그러나 이러한 전문가로서 자질을 갖추고 있느냐 여부는 얼마나 사회복지에 열정을 가지고 있으며, 지식과 기술을 겸비하고 있느냐에 달려있다.

먼저 사회복지사는 클라이언트와의 관계를 형성하기 위하여 기본적 가치를 가져야 한다.

① 클라이언트를 하나의 인간으로서 존중하고 개별화시킨다.

② 클라이언트가 자기 스스로 결정하도록 돕는다.

③ 클라이언트의 비밀을 보장한다.

④ 보충적 관점보다는 제도적 관점에 입각해서 서비스를 전달한다.

⑤ 약자를 위한 옹호 및 사회행동을 한다.

⑥ 사회사업 서비스의 초점을 개인보다 가족에 둔다.

⑦ 프로그램 수행의 책임성을 강조한다.

다음으로 사회복지사는 광범위하고 다양하며 종합적인 지식이 필요하다. 사회사업가치와 윤리, 인간의 다양성, 사회 및 경제정의의 촉진, 취약인구층, 인간행동과 사회환경, 사회복지정책과 서비스, 사회사업실천방법, 조사, 현장실습 등의 내용을 알아야 한다.

끝으로 사회복지사는 클라이언트의 욕구에 반응하여 클라이언트의 사회적 기능을 향상시키려는 목적으로 사회사업의 가치와 지식을 잘 조화시켜 이를 행동으로 옮기는 실천적 구성요소로 기술을 필요로 한다. 사회복지사는 하나의 기술만을 갖고 있는 것이 아니라 다양한 상황에 대처할 수 있는 다양한 기술을 갖고 있어야 한다.

2) 사회복지사 자격제도

우리나라 사회복지사의 자격제도는 1983년 사회복지사업법 개정에 의하여 법제화되었으며 사회복지사를 1급, 2급, 3급으로 구분하였고, 정신보건법에 의한 정신보건사회복지사 1급과 2급으로 분류하고 있다. 또한 한국사회복지사협회가 주관하는 전문사회복지사 자격제도가 있다.

1997년 사회복지사업법 개정에 의해 국가자격시험을 도입하였고, 2003년부터 시행되고 있다. 사회복지사 국가시험과목은 사회복지기초과목으로 인간행동과 사회환경, 사회복지조사론, 사회복지실천과목으로 사회복지실천론, 사회복지실천기술론, 지역사회복지론, 사회복지정책과 제도과목으로 사회복지정책론, 사회복지행정론, 사회복지법제론 등이다. (원석조, 2005)

고등교육법에 대학 및 이와 동등한 학력이 있다고 인정되는 학교 졸업자의 경우는 필수 10과목과 선택 4과목을 포함한 14과목에 42학점 이상, 전문대학 졸업자의 경우는 14과목에 32학점 이상을 취득하여야 한다. 교과목의 명칭이 동일하지 아니하더라도 교과의 내용이 동일하다고 보건복지부 장관이 인정하는 경우에는 동일 교과목으로 본다.

〈표 5-1〉 사회복지학 전공교과목과 사회복지관련 교과목

구분	과목
필수과목(10)	사회복지개론, 인간행동과 사회환경, 사회복지정책론, 사회복지법제, 사회복지실천론, 사회복지실천기술론, 사회복지조사론, 사회복지행정론, 지역사회복지론, 사회복지현장실습
선택과목(4)	아동복지론, 청소년복지론, 노인복지론, 장애인복지론, 여성복지론, 가족복지론, 산업복지론, 의료사회사업론, 학교사회사업론, 정신건강론, 교정복지론, 사회보장론, 사회문제론, 자원봉사론, 정신보건사회복지론, 사회복지도감독론, 사회복지자료분석론, 프로그램개발과 평가, 사회복지발달사, 사회복지윤리와 철학 중 4과목 이상

3) 한국 사회복지사 윤리강령

한국 사회복지사 윤리강령은 1988년에 제정되어 오늘에 이르고 있다. 사회복지사 윤리강령은 사회사업 전문직이 지향하는 윤리적 가치를 실천하기 위한 주체적인 원칙과 지침을 제공해주는 것으로서 전문직의 가치를 실천하기 위해서 준수해야 하는 기준이며, 사회복지사의 실천활동을 규제하는 역할을 한다(남기민, 2005). 윤리강령은 전문과 사회복지사의 기본적, 클라이언트, 동료, 사회, 기관에 대한 윤리기준, 사회복지윤리위원회의 구성과 운영의 내용이 포함되어 있다.

〈표 5-2〉 사회복지사 윤리강령

〈전 문〉

사회복지사는 인본주의 · 평등주의 사상에 기초하여, 모든 인간의 존엄성과 가치를 존중하고 천부의 자유권과 생존권의 보장활동에 헌신한다. 특히 사회적 · 경제적 약자들의 편에 서서 사회정의와 평등 · 자유와 민주주의 가치를 실현하는데 앞장선다. 또한 도움을 필요로 하는 사람들의 사회적 지위와 기능을 향상시키기 위해 저들과 함께 일하며, 사회제도 개선과 관련된 제반 활동에 주도적으로 참여한다. 사회복지사는 개인의 주체성과 자기결정권을 보장하는 데 최선을 다하고, 어떠한 여건 에서도 개인이 부당하게 희생되는 일이 없도록 한다. 이러한 사명을 실천하기 위하여 전문적 지식과 기술을 개발하고, 사회적 가치를 실현하는 전문가로서의 능력과 품위를 유지하기 위해 노력한다. 이에 우리는 클라이언트 · 동료 · 기관 그리고, 지역사회 및 전체사회와 관련된 사회복지사의 행위와 활동을 판단 · 평가하며 인도하는 윤리기준을 다음과 같이 선언하고 이를 준수할 것을 다짐한다.

〈윤리기준〉

1. 사회복지사의 기본적 윤리기준

1) 전문가로서의 자세

(1) 사회복지사는 전문가로서의 품위와 자질을 유지하고, 자신이 맡고 있는 업무에 대해 책임을 진다.

(2) 사회복지사는 클라이언트의 종교 · 인종 · 성 · 연령 · 국적 · 결혼상태 · 성 취향 · 경제적 지위 · 정치적 신념 · 정신, 신체적 장애 · 기타 개인적 선호, 특징, 조건, 지위를 이유로 차별 대우를 하지 않는다.

(3) 사회복지사는 전문가로서 성실하고 공정하게 업무를 수행하며, 이 과정에서 어떠한 부당한 압력에도 타협하지 않는다.

(4) 사회복지사는 사회정의 실현과 클라이언트의 복지 증진에 헌신하며, 이를 위한 환경 조성을 국가와 사회에 요구해야 한다.

(5) 사회복지사는 전문적 가치와 판단에 따라 업무를 수행함에 있어, 기관 내외로부터 부당한 간섭이나 압력을 받지 않는다.

(6) 사회복지사는 자신의 이익을 위해 사회복지 전문직의 가치와 권위를 훼손해서는 안 된다.

(7) 사회복지사는 한국사회복지사협회 등 전문가단체 활동에 적극 참여하여, 사회정의 실현과 사회복지사의 권익옹호를 위해 노력해야 한다.

2) 전문성 개발을 위한 노력

(1) 사회복지사는 클라이언트에게 최상의 서비스를 제공하기 위해, 지식과 기술을 개발하는데 최선을 다하며 이를 활용하고 전파할 책임이 있다.

(2) 클라이언트를 대상으로 연구하는 사회복지사는 저들의 권리를 보장하기 위해, 자발적이고 고지된 동의를 얻어야 한다.

(3) 연구과정에서 얻은 정보는 비밀보장의 원칙에서 다루어져야 하고, 이 과정에서 클라이언트는 신체적, 정신적 불편이나 위험 · 위해 등으로부터 보호되어야 한다.

(4) 사회복지사는 전문성을 개발하기 위해 노력하되, 이를 이유로 서비스의 제공을 소홀히 해서는 안 된다.

(5) 사회복지사는 한국사회복지사협회 등이 실시하는 제반교육에 적극 참여하여야 한다.

3) 경제적 이득에 대한 태도

(1) 사회복지사는 클라이언트의 지불능력에 상관없이 서비스를 제공해야 하며, 이를 이유로 차별대우를 해서는 안 된다.

(2) 사회복지사는 필요한 경우에 제공된 서비스에 대해, 공정하고 합리적으로 이용료를 책정해야 한다.

(3) 사회복지사는 업무와 관련하여 정당하지 않은 방법으로 경제적 이득을 취하여서는 안 된다.

2. 사회복지사의 클라이언트에 대한 윤리기준

1) 클라이언트와의 관계

(1) 사회복지사는 클라이언트의 권익옹호를 최우선의 가치로 삼고 행동한다.

(2) 사회복지사는 클라이언트에 대하여 인간으로서의 존엄성을 존중해야 하며, 전문적 기술과 능력을 최대한 발휘한다.

(3) 사회복지사는 클라이언트가 자기결정권을 최대한 행사할 수 있도록 도와야 하며, 저들의 이익을 최대한 대변해야 한다.

(4) 사회복지사는 클라이언트의 사생활을 존중하고 보호하며, 직무 수행과정에서 얻은 정보에 대해 철저하게 비밀을 유지해야 한다.

(5) 사회복지사는 클라이언트가 받는 서비스의 범위와 내용에 대해, 정확하고 충분한 정보를 제공함으로써 알 권리를 인정하고 존중해야 한다.

(6) 사회복지사는 문서 · 사진 · 컴퓨터 파일 등의 형태로 된 클라이언트의 정보에 대해 비밀보장의 한계 · 정보를 얻어야 하는 목적 및 활용에 대해 구체적으로 알려야 하며, 정보 공개 시에는 동의를 얻어야 한다.

(7) 사회복지사는 개인적 이익을 위해 클라이언트와의 전문적 관계를 이용하여서는 안 된다.

(8) 사회복지사는 어떠한 상황에서도 클라이언트와 부적절한 성적관계를 가져서는 안 된다.

(9) 사회복지사는 사회복지 증진을 위한 환경조성에 클라이언트를 동반자로 인정하고 함께 일해야 한다.

2) 동료의 클라이언트와의 관계

(1) 사회복지사는 적법하고도 적절한 논의 없이 동료 혹은, 다른 기관의 클라이언트와 전문적 관계를 맺어서는 안 된다.

(2) 사회복지사는 긴급한 사정으로 인해 동료의 클라이언트를 맡게 된 경우, 자신의 의뢰인처럼 관심을 갖고 서비스를 제공한다.

3. 사회복지사의 동료에 대한 윤리기준

1) 동 료

(1) 사회복지사는 존중과 신뢰로서 동료를 대하며, 전문가로서의 지위와 인격을 훼손하는 언행을 하지 않는다.

(2) 사회복지사는 사회복지 전문직의 이익과 권익을 증진시키기 위해 동료와 협력해야 한다.

(3) 사회복지사는 동료의 윤리적이고 전문적인 행위를 촉진시켜야 하며, 이에 반하는 경우에는 제반 법률규정이나 윤리기준에 따라 대처해야 한다.

(4) 사회복지사가 전문적인 판단과 실천이 미흡하여 문제를 야기 시켰을 때에는, 적절한 조치를 취하여 클라이언트의 이익을 보호해야 한다.

(5) 사회복지사는 전문직 내 다른 구성원이 행한 비윤리적 행위에 대해, 제반 법률 규정이나 윤리기준에 따라 조치를 취해야 한다.

(6) 사회복지사는 동료 및 타 전문직 동료의 직무 가치와 내용을 인정 · 이해하며, 상호간에 민주적인 직무관계를 이루도록 노력해야 한다.

2) 수퍼바이저

(1) 수퍼바이저는 개인적인 이익의 추구를 위해 자신의 지위를 이용해서는 안 된다.

(2) 수퍼바이저는 전문적 기준에 의해 공정하게 책임을 수행하며, 사회복지사 · 수련생 및 실습생에 대한 평가는 저들과 공유해야 한다.

(3) 사회복지사는 수퍼바이저의 전문적 지도와 조언을 존중해야 하며, 수퍼바이저는 사회복지사의 전문적 업무수행을 도와야 한다.

(4) 수퍼바이저는 사회복지사 · 수련생 및 실습생에 대해 인격적 · 성적으로 수치심을 주는 행위를 해서는 안 된다.

4. 사회복지사의 사회에 대한 윤리기준

1) 사회복지사는 인권존중과 인간평등을 위해 헌신해야 하며, 사회적 약자를 옹호하고 대변하는 일을 주도해야 한다.
2) 사회복지사는 필요한 사회서비스를 개발하기 위한 사회정책의 수립 · 발전 · 입법 · 집행에 적극적으로 참여하고 지원해야 한다.
3) 사회복지사는 사회 환경을 개선하고 사회정의를 증진시키기 위한 사회정책의 수립 · 발전 · 입법 · 집행을 요구하고 옹호해야 한다.
4) 사회복지사는 자신이 일하는 지역사회의 문제를 이해하고, 그것을 해결하는 일에 적극적으로 참여해야 한다.

5. 사회복지사 기관에 대한 윤리기준

1) 사회복지사는 기관의 정책과 사업 목표의 달성 · 서비스의 효율성과 효과성의 증진을 위해 노력함으로써, 클라이언트에게 이익이 되도록 해야 한다.
2) 사회복지사는 기관의 부당한 정책이나 요구에 대하여, 전문직의 가치와 지식을 근거로 이에 대응하고 즉시 사회복지윤리위원회에 보고해야 한다.
3) 사회복지사는 소속기관 활동에 적극 참여함으로써, 기관의 성장발전을 위해 노력해야 한다.

6. 사회복지윤리위원회의 구성과 운영

1) 한국사회복지사협회는 사회복지윤리위원회를 구성하여, 사회복지윤리실천의 질적인 향상을 도모하여야 한다.
2) 사회복지윤리위원회는 윤리강령을 위배하거나 침해하는 행위를 접수받아, 공식적인 절차를 통해 대처하여야 한다.
3) 사회복지사는 한국사회복사협회의 윤리적 권고와 결정을 존중하여야 한다.

〈참고문헌〉

강인 외(2007). 사회복지개론. 서울 : 북카페.

고수현(2002). 사회복지윤리와 철학. 서울 : 도서출판 양지.

김만두 외(1995). 현대사회복지개론. 서울 : 홍익제.

남기민(2005). 현대사회복지학. 경기 : 양서원.

남일재 외(2006). 사회복지개론. 경기 : 공동체.

박경일 외(2005). 사회복지학강의. 경기 : 양서원.

박상아 외(2005). 사회복지개론. 경기 : 양서원.

박용순(2006). 사회복지개론. 서울 : 학지사.

박종삼 외(2005). 사회복지학개론. 서울 : 학지사.

양옥경 외(1998). 사회복지실천과 윤리. 서울 : 도서출판 한울.

오혜경(2005). 사회복지 윤리와 철학. 서울 : 창지사.

원석조(2005). 사회복지개론. 경기 : 양서원.

최일섭 외(2006). 현대사회복지의 이해. 경기 : 공동체.

Friedman, B.(1993), The Fountain of Age, New York: Simon & Schuster.

Gilbert, N. & Specht, H.(1986). Dimensions of Social Welfare Policy. New Jersey : Prentice-Hall.

Maslow, A. H.(1954). Motivation and Personality. New York : Harper & Row.

Romanyshin, J. M.(1971). Social Welfare : Charity to Justice. Random House.

Titmuss R. M.(1976). Commitment to Social Welfare, London : Georage allen & Unwin.

Wilensky, H. L. & Lebeaux, C. N.(1965). Industrial Society and Social Welfare. New York : The Free Press.

제2장

의학기초

2 의학기초

Ⅰ. 인체의 구조와 단계

1 인체의 구조적 단계

인체는 매우 미세한 원자에서 시작하여 배우 복잡한 구조로 구성되어있다.

원자에서 시작된 작은 입자는 분자를 거쳐 마지막 개체를 형성하게 된다.

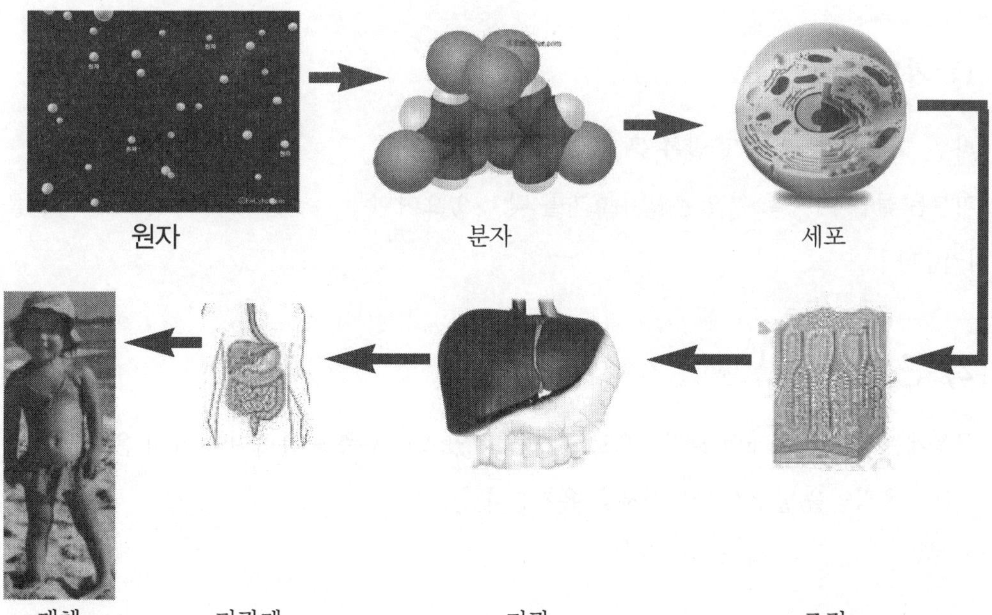

2 기관과 기관계

기관은 비슷한 일을 담당하기 위해 구성된 조직의 그룹이며 기관계는 이러한 기관들이 합쳐져서 통합된 일을 하는 것을 말한다.

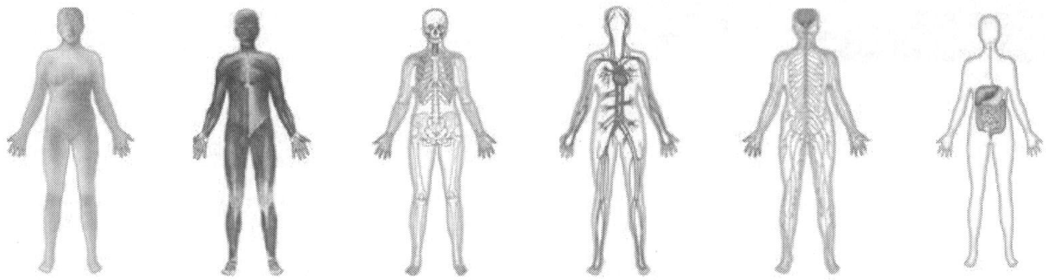

외피계 근육계 골격계 순환계 신경계 소화기계

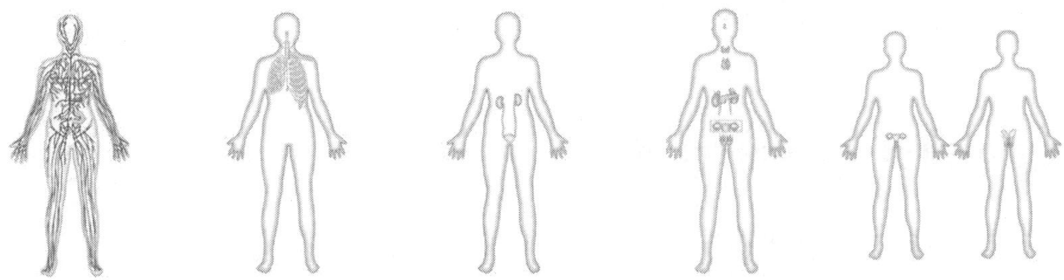

림프계 호흡기계 비뇨기계 내분비계 생식기계

1) 외피계

피부, 머리카락, 손톱 및 발톱 등 으로 구성되어 있다.

피부는 물을 이겨낼 수 있는 방수효과를 갖고 있으며 수분손실을 막아주고, 또한 체온을 유지시켜준다.

2) 근육계

근육계는 약 640여개의 골격근으로 구성되어 있으며 수축을 통하여 신체의 움직임과 각 관절 부위의 움직임을 발생시키며 자세를 유지한다.

3) 골격계

골격은 신체를 구성하며 움직임을 발생시키고, 몸 안의 내장기관을 보호한다.

또한 골기질은 무기질과 칼슘을 포함하고 있다. 골수강의 적골수는 혈액세포를 생산한다.

4) 순환계

순환계는 심장, 혈관, 혈액으로 구성된다.

순환계는 영양분과 산소, 세포물질을 공급하며 노폐물을 운반하여 제거한다.

또한 체온을 일정하게 유지시켜준다.

5) 신경계

뇌와 척수는 정보를 해석하고 조작하며 필요한 신호를 신경세포로 보낸다. 또한 뇌와 각각의 신체기관의 이러한 신호체계의 대사는 동일하고 일관성있게, 다양한 인체 기관으로 공급되어진다.

6) 소화기계

소화기계는 위, 간, 담낭 등 소화를 도와주는 각각의 부속기관으로 구성되어 있다. 입속으로 들어간 음식물은 저작기능을 통하여 잘게 분해되어 위까지 가게되며 소화액의 분비로 음식물을 혼합하는 작용을 한다.

7) 림프 및 면역계

림프는 혈액의 액체성분이 림프계통이라 하는 관을 통하여 최종적으로 심장쪽으로 운반되어 결국은 혈액내로 다시 들어간다.

림프기관의 림프조직은 병을 발생시킬 수 있는 미생물 또는 병원체를 여과하는 기능을 갖고 있으며 이는 질병에 대한 면역력을 높여준다.

면역계는 공기나 병원체로부터의 감염을 방어해주는 역할을 한다.

8) 호흡기계

기도 및 폐로 구성되어 있으며 폐 안쪽으로 산소를 공급받아 혈액으로 들어가며 이산화탄소는 폐 밖으로 배출되어진다.

9) 비뇨기계

비뇨기계는 한쌍의 신장, 요관, 방광, 요도 등으로 구성되어 있다.

비뇨기계는 체액량과 전해질을 조절하며 혈액이 신장을 통과하는 동안 노폐물과 소변을 체외로 배출시킨다.

10) 내분비계

내분비계는 성장 및 인체기관의 변화 등의 활동을 조절한다.

내분비선은 호르몬을 분비하며, 대부분의 호르몬은 혈액을 통해 신체의 표적 조직에 영향을 끼친다.

11) 생식기계

생식기계는 인간 유기체의 종족보전을 가능하게 한다.

여성의 생식기계는 난자를 생산하고 호르몬을 분비하며 남성의 정자와의 수정을 통해 태아를 생산한다.

Ⅱ. 뼈의 기능과 구조

1) 뼈의 기능과 구조

골격계는 인체의 지주역활을 하는 가장 기본적인 형태이다.

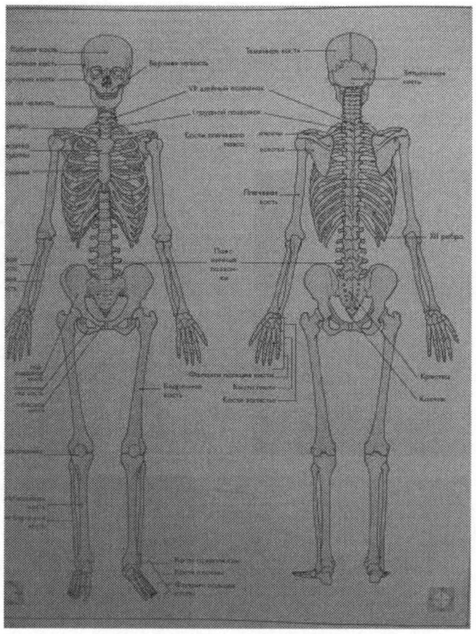

뼈, 인대 및 연골, 관절로 구성되어 있는 골격계는 인체를 지지하주며 내장기관을 보호해주고, 근육을 잡아당겨 인체의 움직임을 공급한다.

또한 칼슘, 인과 같은 무기질을 저장하며 적골수는 조혈기관으로 혈액세포를 생산한다.

다양한 모양을 가지고 있는 각각의 뼈들은 그 모양에 따라 장골, 단골, 편평골, 불규칙골, 함기골, 종자골로 나뉜다.

〈1-1〉

2) 골조직

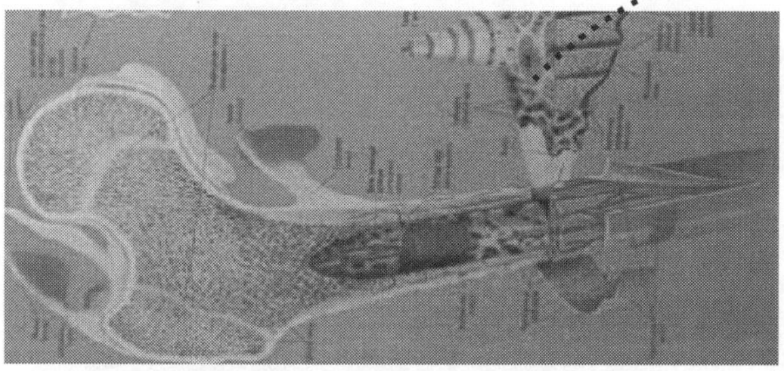

〈2-1〉

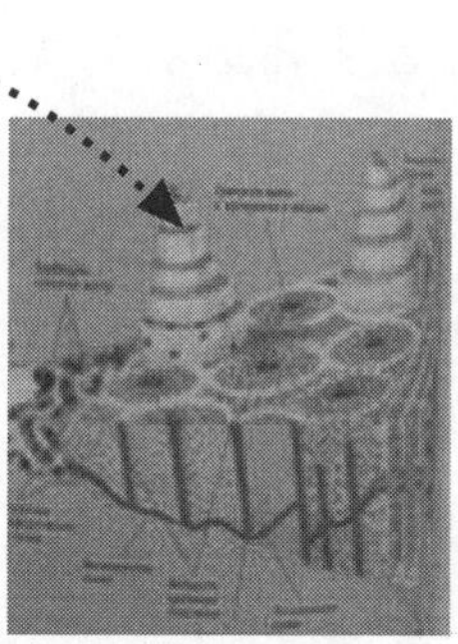

〈2-2〉

골조직은 골모세포, 파골세포, 골세포와 세포사이의 골기질로 이루어져 있으며 치밀골과 해면골로 나뉘어져있다.(그림 2-1, 2-2)

3) 관절

인간은 뒤돌아보고, 구부리고, 펴기 등을 반복하며 항상 움직인다. 이러한 많은 움직임을 가능케 할 수 있는 것은 설골을 제외한 모든 뼈는 적어도 다른 뼈 한개 이상과 연접하고 있어 뼈는 긴밀하게 연결되어 있으며 단단하게 골격을 움직일 수 있도록 하는 기능을 행할 수 있다.

(1) 섬유성 관절

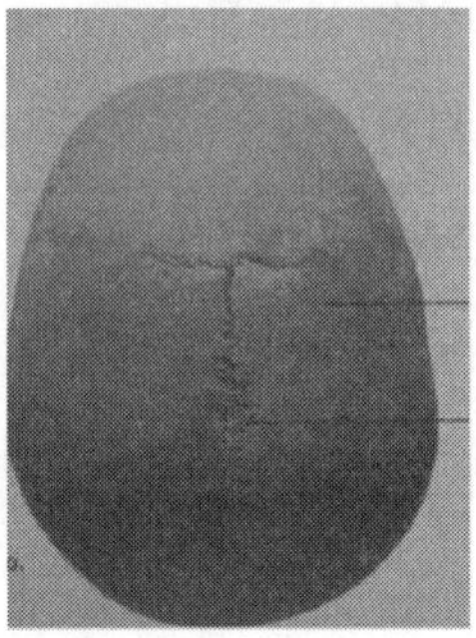

〈2-3〉

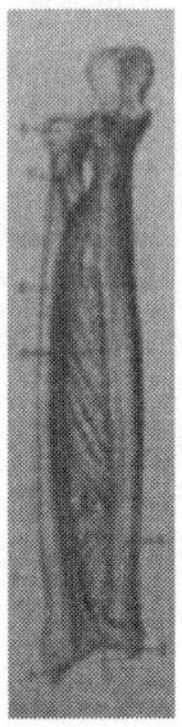

〈2-4〉

뼈와 뼈가 단단하게 섬유성 결합조직으로 연결된 것이며 두개골의 봉합선과 상완골의 척골과 요골의 관절이 이에 해당한다.

섬유성 관절의 경우 거의 운동성이 없으며 뼈와 뼈 사이의 안정성을 높여준다.

(2) 연골성 관절

연골성 관절은 관절을 이루는 부분의 뼈사이에 연골을 가지고 있다. 척주의 추간원판과 치골결합은 연골성 관절 중에서도 섬유연결결합에 해당된다.(2-5, 2-6)

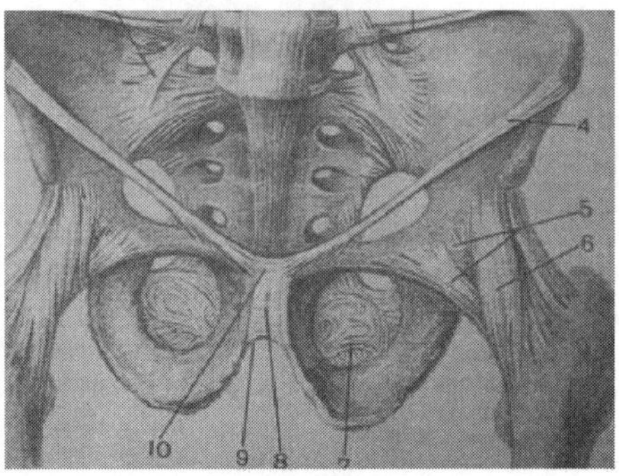

〈2-5〉

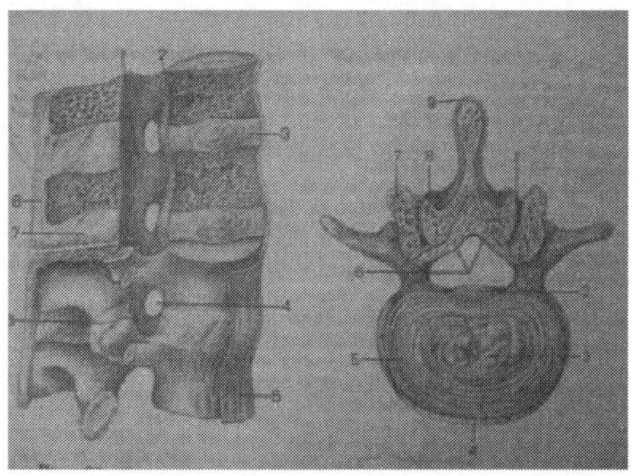

〈2-6〉

(3) 활막성 관절

활막성 관절은 자유롭게 운동을 할 수 있도록, 인접하고 있는 뼈와 뼈사이의 공간에 윤활액이 차있으며 관절면은 연골로 덮여있다.

활막성 관절은 관절을 이루는 면의 모양과 구조에 따라 다양한 운동을 가능하게 한다.

◆ 활막성 관절의 분류

① 평면관절

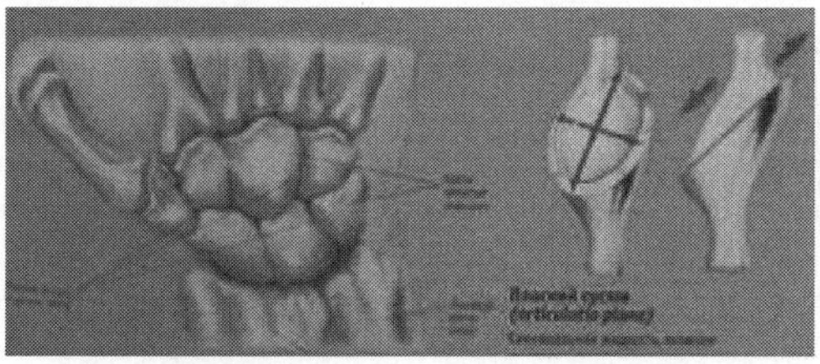

마주보는 관절면이 평면을 이루어 운동이 한쪽면으로 제한되어지는 관절이다.

추간관절, 수근간관절 등이 이에 해당한다.

② 과상관절

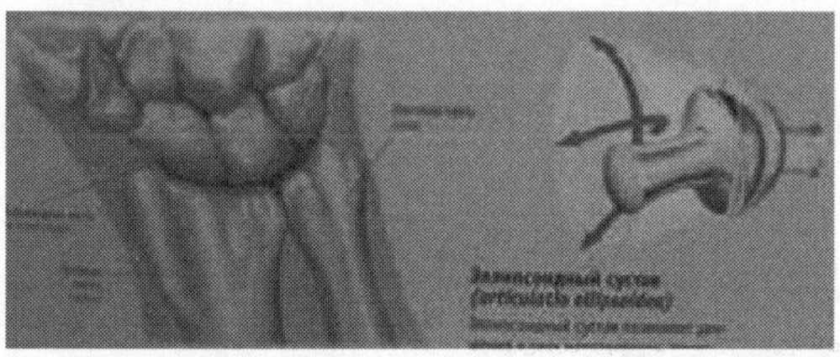

관절면이 타원형을 이루고 긴축과 단축이 두 방향으로 운동한다.

손목관절, 환추후두관절 등이 이에 해당한다.

③ 접번관절

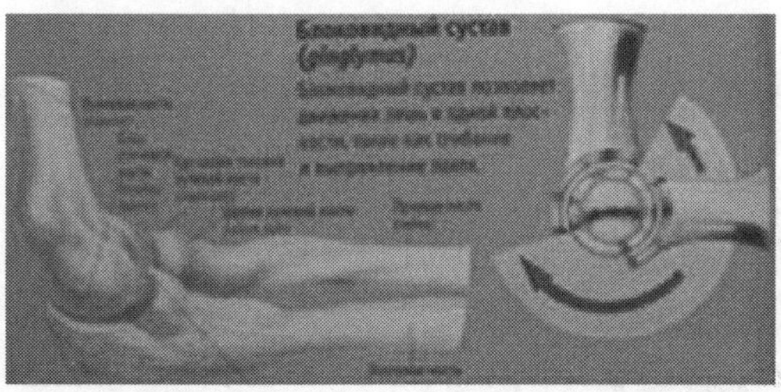

관절을 이루는 부분이 굴곡 및 신전 운동만을 할 수 있는 관절이다.

슬관절, 주관절, 거퇴관절 등이 이에 속한다.

④ 차축관절

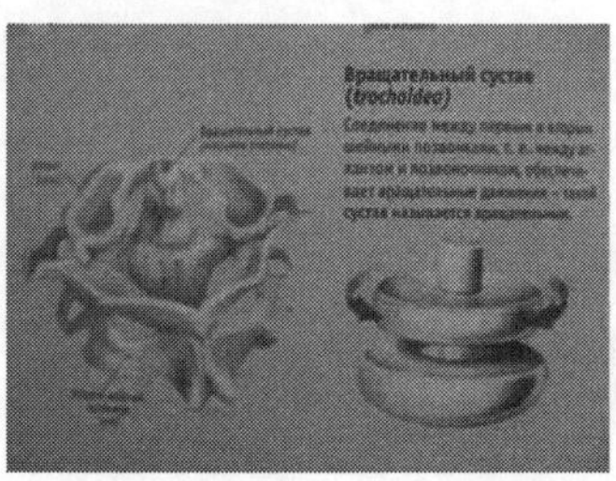

관절을 이루는 뼈의 둘레를 따라 도는 관절로서 대표적으로 머리를 '아니오' 하는 움직임 시 이용되는 관절이다.

환축관절, 근위요골척골관절이 이에 속한다.

⑤ 안상관절

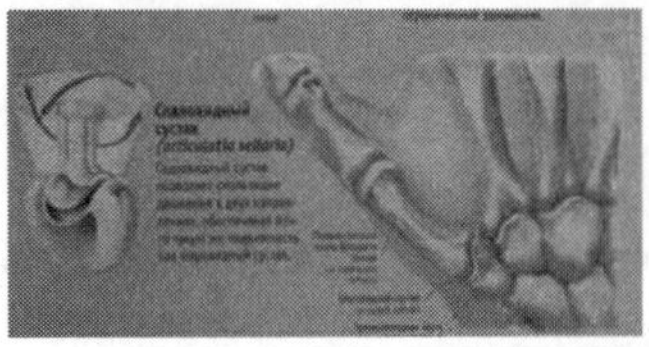

관절하는 두 면이 말의 안장과 같은 모습을 이루고 있으며 엄지손가락의 수근중수관절이 이에 속한다.

⑥ 구상관절

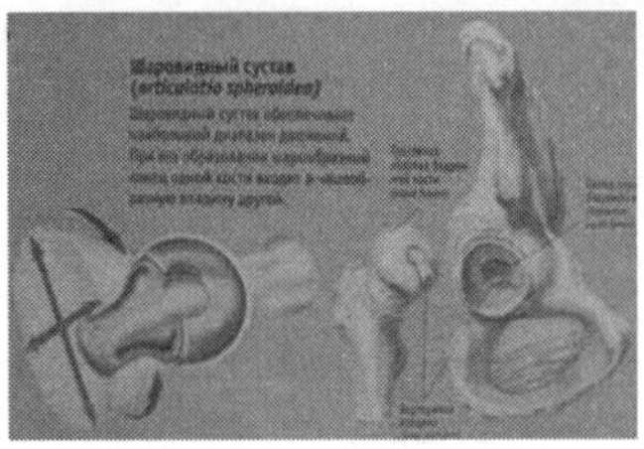

한쪽의 관절두는 오목하고 다른 한쪽은 볼록하며 운동범위가 가장 크다.

견관절과 고관절이 이에 속한다.

Ⅲ. 근육계

1 근육의 구조

뼈와 밀착되어 인체의 움직임을 담당하는 골격근은 체강의 벽을 형성하는데 참여하고, 심장근 및 평발근의 경우 식도, 방광과 같은 내부 장기의 내장벽을 형성한다.

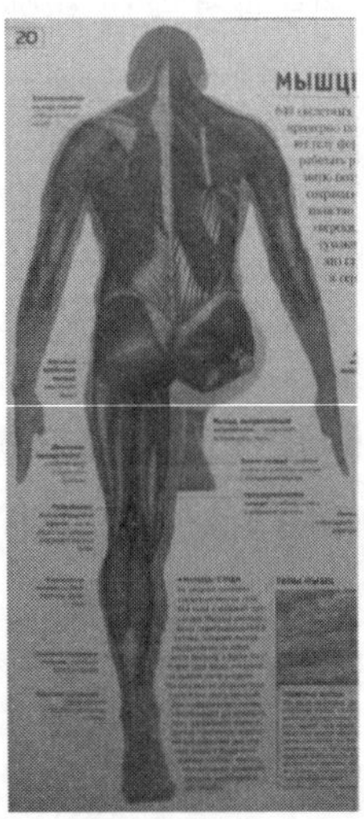

〈3-1〉

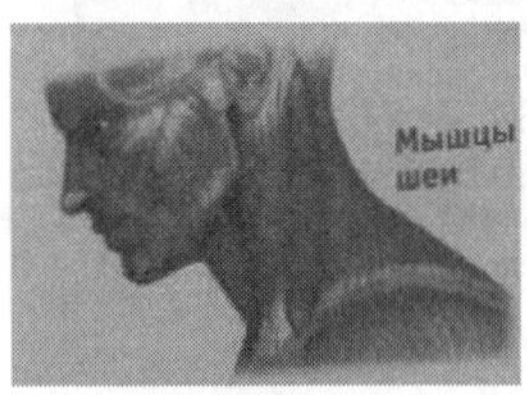

〈3-2〉 경부의 근육

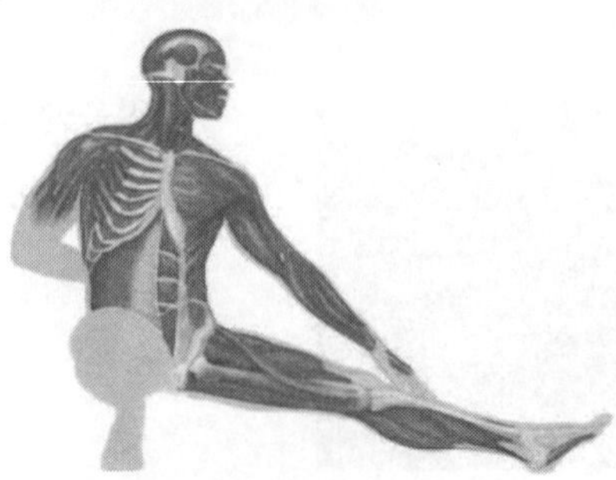

〈3-3〉 움직임과 근육

또한 골격근은 인체의 안정성과 공간에서의 움직임을 가능케 하며 안면의 골격근은 호흡과 저작기능을 실현가능케 한다.

성인 몸무게의 약 40%를 차지하는 근육은 신경으로부터 전달된 자극을 받아들여 근육이 충분하게 활성화되면 근육은 수축하고 몸의 운동이 일어나게 된다.

2 근육의 형태와 기능

근육은 형태와 기능에 따라 세가지로 나뉜다.

1) 심장근

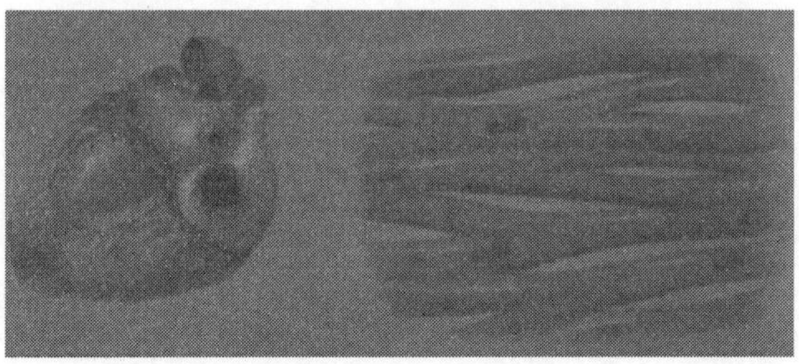

심장근은 심장박동 조절장치에 의해 신경계에서 오는 정기적인 자극을 규칙적으로 수축시켜 혈액을 신체의 각 구석으로 보내주는 기능을 한다.

2) 골격근

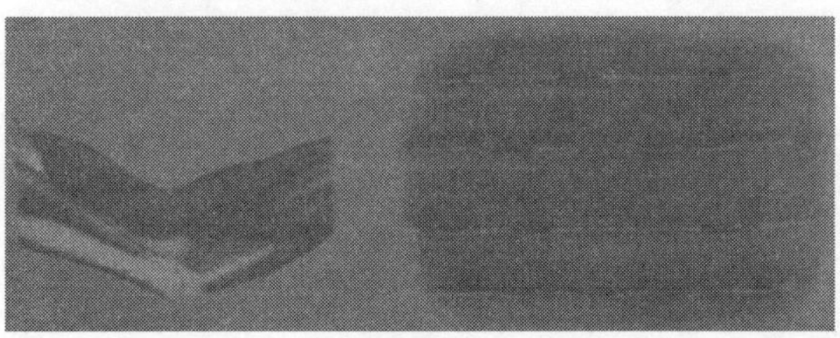

뇌와 척수로부터 신호를 받는 골격근은 신체의 움직임을 제공하며 골격계와 함께 신체의 자세를 유지하고 지지해주는 역할을 한다.

3) 평활근

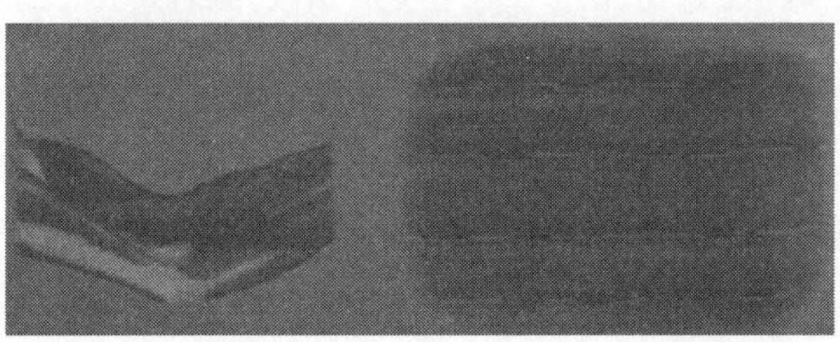

자율운동자극으로 조절되는 평활근은 혈관, 위장관, 난관과 같은 통로의 벽에 위치하고 있다.

평활근은 내장이 기능을 수행하는 역할을 한다.

3 골격근의 구조 및 형태

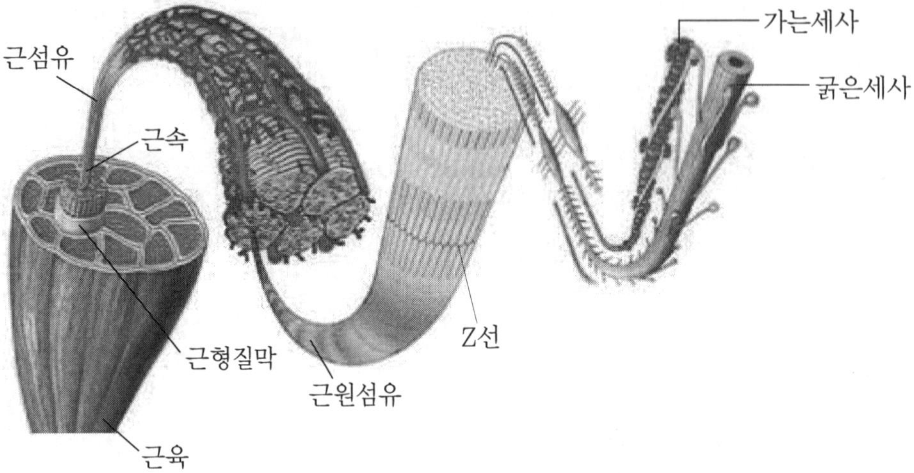

〈3-4〉

신체에서 다양한 움직임을 행할 수 있도록 하는 골격근은 양끝의 건에 의하여 뼈에 부착되어 있으며 단단하게 연결되어 있는 건은 안정적으로 골격근이 수축할 수 있도록 기시점을 제공한다.

근조직은 가는 근섬유가 모여진 근속의 집합체이며, 한 개의 근섬유는 하나의 근세포로 긴 원주형이며 얇은 형질막에 싸여 있는 근섬유는 많은 핵을 갖고 있는 다핵세포이다.

골격근의 수축과 이완에 의한 몸의 움직임을 위해서는 산소와 글루코스가 절대적으로 필요하며, 이러한 에너지원은 혈액을 통해 공급되어 진다.

Ⅳ. 신경계

신경계는 뇌와 척수로 구성되어 있는 중추신경계와 중추신경계를 제외한 말초신경계로 나뉘어진다.

중추신경계는 각종 정보를 통합하고 그에 따른 움직임과 감각기능을 조절한다.

말초신경계는 감각부위에서 받아들인 자극을 중추신경계로 전달하고 중추신경계로 부터의 명령을 각 기관에 전달한다.

1 대뇌

대뇌반구는 뇌의 가장 큰 부분이며 두개골 안쪽에 위치한다.(4-1)

대뇌의 표면은 뇌회라고 하는 불룩한 부분과 움푹파인 뇌구에 의한 많은 주름이 형성되어 있으며 이렇게 깊게 패인 구와 열에 의해 세분화된것을 엽(Lobe)이라고 한다.(4-2) 좌우의 반구는 대뇌종렬이라는 고랑에 의해 구분되고 가장 큰 뇌구인 중심구는 두정엽과 전두엽을 분리시키는 중요한 표시점이 된다.

대뇌반구는 전두엽, 두정엽, 측두엽, 후두엽으로 나뉘며 각각의 엽은 특수한 기능과 구조로 나뉜다.

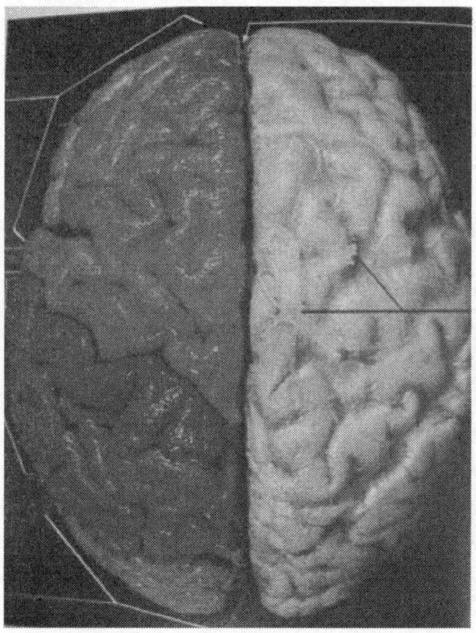

〈4-1〉대뇌

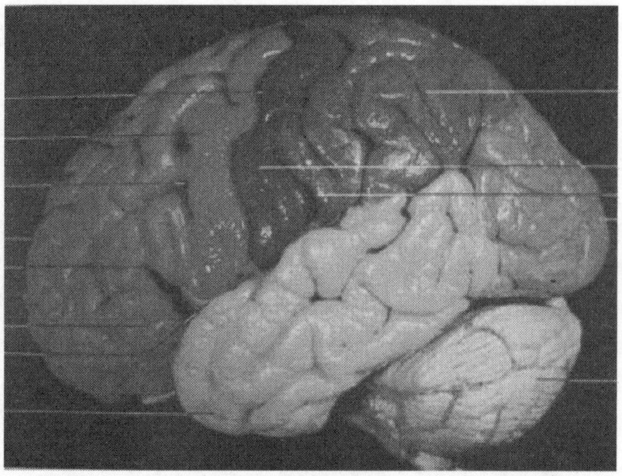

〈4-2〉 대뇌의 엽

① 전두엽

골격근 운동을 위한 수의적 활동과 인격발달을 위한 과제 수행의 주요 역할을 담당한다.

② 두정엽

전두엽 중심구 뒤쪽에 위치하며 전신의 일차적 감각정보(주로 피부와 근육으로부터)의 수용과 관련된다. 또한 읽기, 말하기, 미각과도 관련이 있다.

③ 측두엽

측두골쪽에 위치하며 듣는 것을 조절하는 일차 청각피질을 포함한다.

④ 후두엽

대뇌의 뒷부분을 구성하며 시각과 관련된 기능을 갖고있다. 눈의 방향과 초점, 눈의 운동 등을 조절한다.

2 뇌신경

중추신경계인 뇌의 외부에 위치한 뇌신경은 12쌍으로 되어있으며 신체 기관의 각각의 감각정보를 받아들이고 정보에 대한 반응을 전달한다. (4-3)

뇌신경은 눈, 코, 귀, 혀에 관한 감각정보를 뇌로 전달한다.

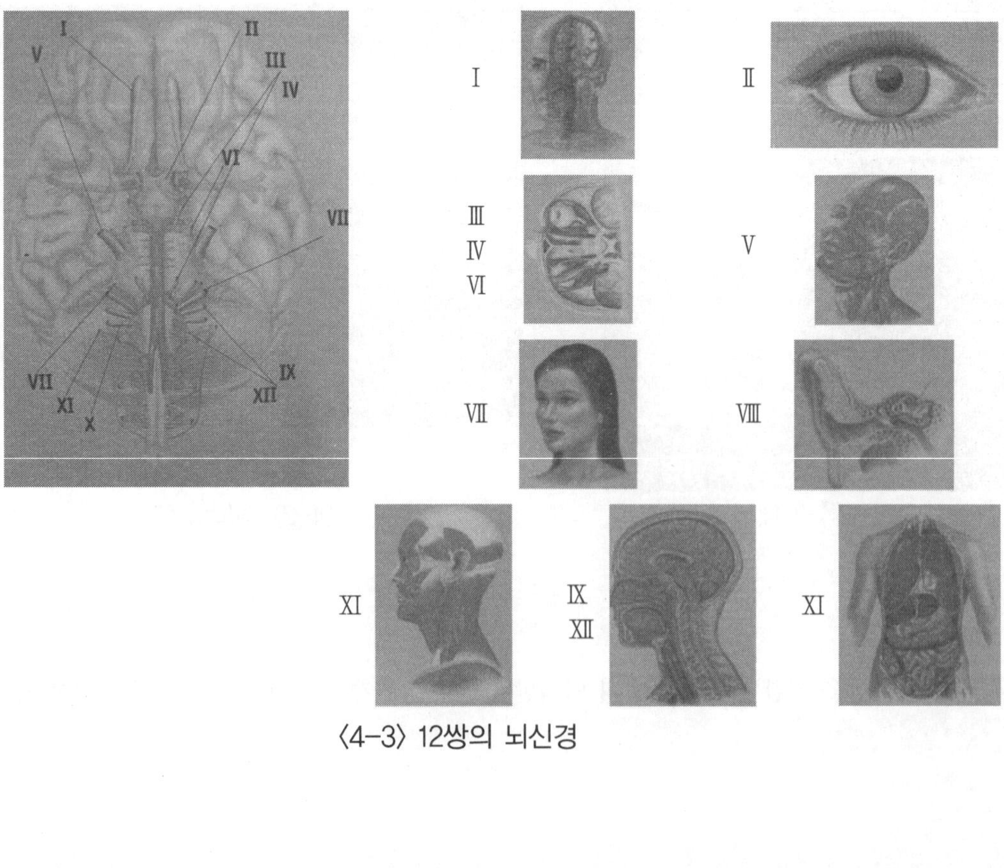

〈4-3〉 12쌍의 뇌신경

Ⅰ. 후신경

제 1신경인 후신경은 냄새감각에 관여한다. 감각신경은 코에서 뇌로 정보를 제공한다.

Ⅱ. 시신경

제 2신경인 시신경은 시각정보를 망막에서 시신경으로 제공한다.

Ⅲ. 동안신경, Ⅳ. 활차신경, Ⅵ. 외전신경

제 3,4,6신경은 안구와 눈꺼풀의 움직임을 제공하는 근육을 조절한다. 또한 원근조절의 기능을 제공한다.

Ⅴ. 삼차신경

제 5신경인 삼차신경은 세개의 가지로 분할한다. 삼차신경은 안면부와 두피로부터 감각정보를 받아들이고 운동신경섬유와 함께 저작근육에 관여한다.

Ⅶ. 안면신경

제 7신경인 안면신경의 구성은 표정을 관여하는 운동섬유와 혀의 앞쪽의 미각에 대하여 정보를 제공한다.

Ⅷ. 전정와우신경

제 8신경인 전정와우신경은 안면의 뒤쪽에 있으며 균형에 관한 정보를 뇌로 전달한다.

Ⅸ. 설인신경, Ⅻ. 설하신경

제 9신경인 설인신경은 경동맥동의 감각을 관장하고 반사적으로 혈압을 조절한다.

설인신경으로부터의 신경섬유는 혀의 후방과 연구개를 관장한다.

제 12신경인 설하신경은 혀의 운동을 지배한다.

Ⅹ. 제 10신경인 미주신경은 기침, 삼키기, 말하기, 위액의 분비, 배고픔과 같은 감각을 지배한다.

Ⅺ. 부신경

제 11신경인 부신경은 어깨근육, 머리, 목, 식도, 후두 근육의 움직임을 관장한다.

3 간뇌

중뇌와 뇌교, 연수로부터 구성된 간뇌는 신경계가 하는 일에 대하여 매우 중요한 역할을 한다.

심혈관 조절, 체온조절, 물과 전해질의 평형 조절, 위장관 활동조절과 같은 생체기능을 수행한다.

4 척수

척수신경은 31쌍으로 8쌍의 목신경, 12쌍의 흉신경, 5쌍의 요신경, 5쌍의 천골신경, 1쌍의 미골신경으로 분류된다.

척수에서부터 분절되어 나오는 척수신경은 척추의 앞쪽으로 뻗어있는 전근과 뒤쪽으로 뻗어있는 후근이 운동섬유와 감각섬유로 되어있다.

척수를 횡단면으로 절개하면 회색의 나비모양이 있다. 이것을 회백질이라고 한다. 회백질은 감각의 정보를 받아들이고 정리하여 근육으로 내보낸다.

회백질을 제외한 나머지 부분을 백질이라고 하는데 백질은 축삭으로 구성된다. 뇌와 척수사이에서 정보를 전달한다.

31쌍의 척수신경은 통증, 온도 등의 정보를 근육의 긴장도에 보내고 반사를 일으킨다.

5 반사

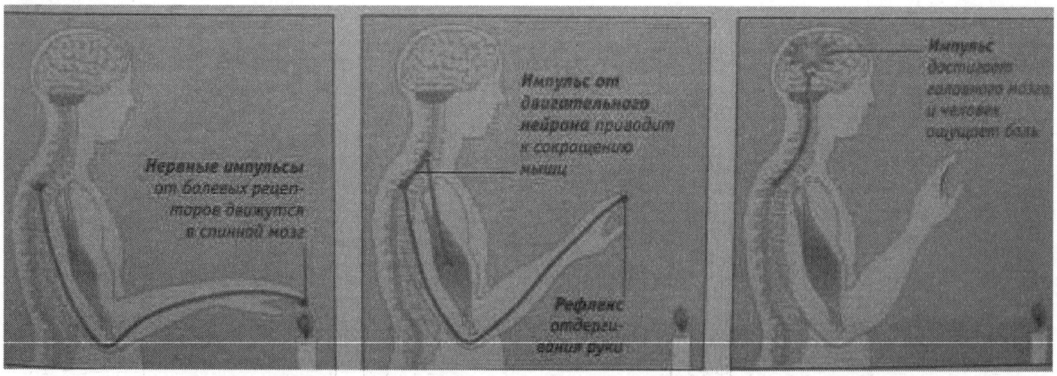

〈4-4〉 반사의 기전

반사는 어떠한 자극에 대하여 무의식적으로 일어나는 현상을 말한다. 예를 들어 사람이 손을 뜨거운 물에 접촉하였다면 순간적으로 손을 재빨리 뒤로 뺄 것이다. 또는 그림과 같이(4-4) 촛불에 손을 접촉하였다면 반사적으로 손을 뒤로 뺄 것이다. 이러한 순간 자극에 대한 정보는 척수신경을 따라 근육에 전달되며 근육을 수축시켜 손을 뒤로 빠지게 하고 뇌로 전달된 자극에 의해 통증을 감지한다.

V. 심장과 혈액순환

순환계는 심장과 혈관을 포함한다. 순환계의 기능은 산소함유량이 많은 혈액을 신체의 모든 기관과 조직에 공급하는 것이다.

심장의 혈액은 동맥을 거쳐 각 기관의 모세혈관으로 박출시켜 생명유지에 필요한 영양분과 산소를 공급한다.

또한 산소의 운반책이라 할 수 있는 혈액은 폐로부터 공급되어진 산소를 동맥을 통해 전신의 각 기관으로 운반하며 정맥을 통해 이산화탄소를 폐로 운반하여 배출한다. 이러한 일련의 과정을 우리는 심폐순환이라고 한다.(5-3)

1 심장

심장은 동맥을 통해 인체의 전 기관에 혈액을 공급하기 위해 규칙적으로 펌프질을 한다. 심실은 심장이 하는 일에 굉장히 중요한 역할을 담당한다.(5-2)

1) 심장판

심장판은 혈류를 전방으로 흐르도록 유지하는데 그 목적이 있다. 이첨판과 삼천판은 심방과 심실로부터 혈액을 공급하고, 그와 동시에 동맥판과 폐동맥판은 닫히게 된다.(5-4)

이첨판과 삼천판이 닫히게 될 때 대동맥판과 폐동맥판은 열리게 되며 심실로부터 혈액을 전신으로 내보낸다. (5-5)

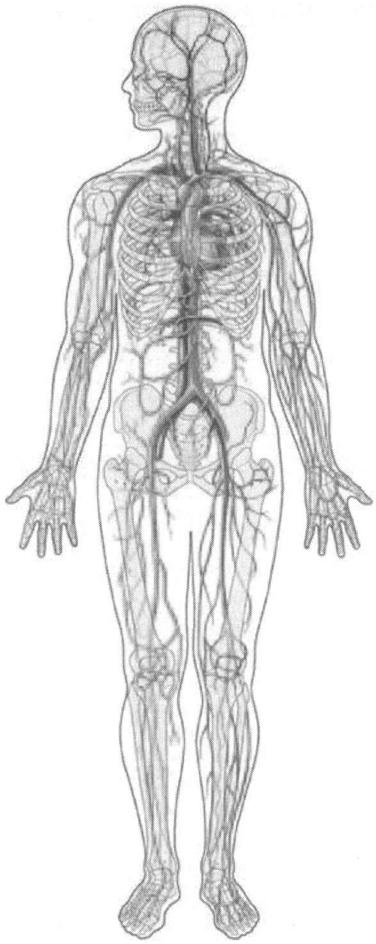

〈5-1〉 전신의 동맥과 정맥 및 혈관

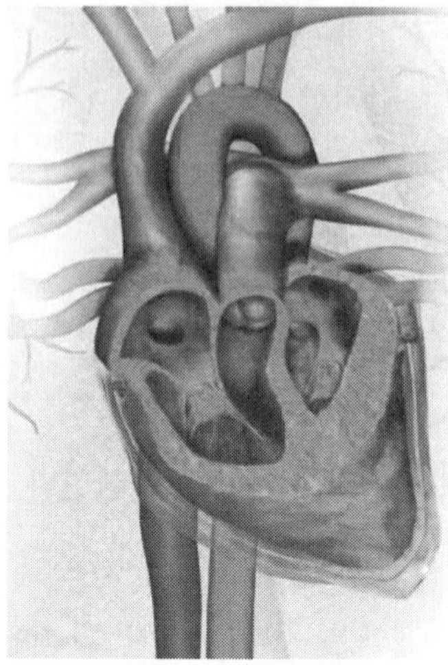

〈5-2〉 심장의 내형

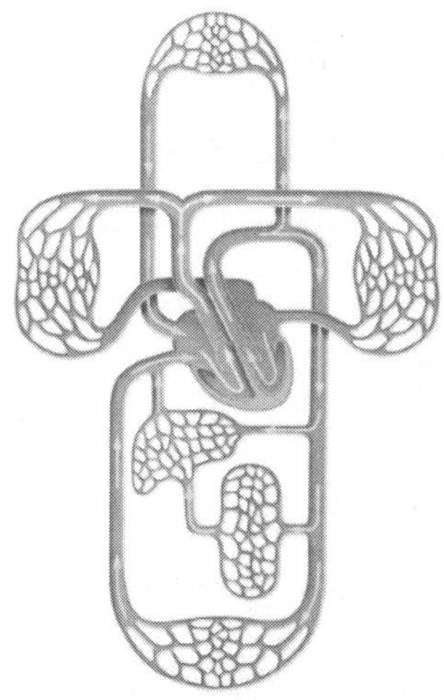

〈5-3〉 심폐순환의 모식도

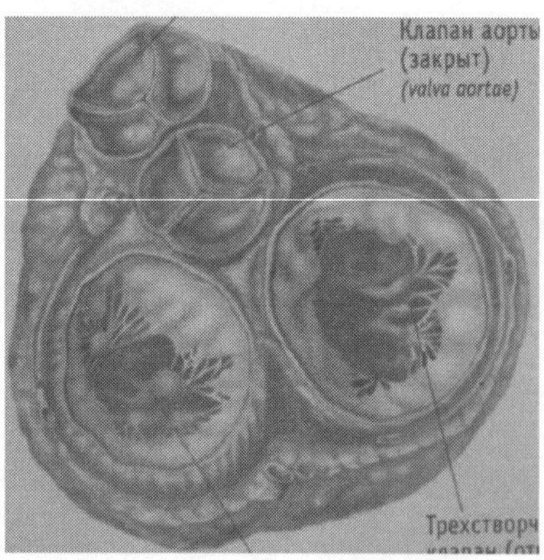

〈5-4〉 심실의 수축시 심장

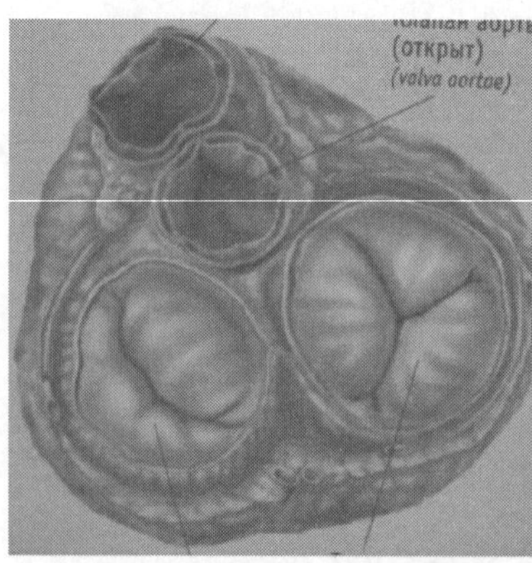

〈5-5〉 심실의 이완시 심장

2 심폐순환

심방은 혈액을 받는 위쪽의 공간으로서 심장의 혈액순환이 이루어지는 동안 수축과 이완을 통해 혈액을 받아들인다.

좌심실의 혈액은 풍부한 산소와 영양분을 대동맥을 거쳐 인체의 각 기관으로 박출한다. 전신을 통과한 탈산화된 혈액은 우심실로부터 폐동맥을 거쳐 폐로 박출한다. (5-3),(5-6)

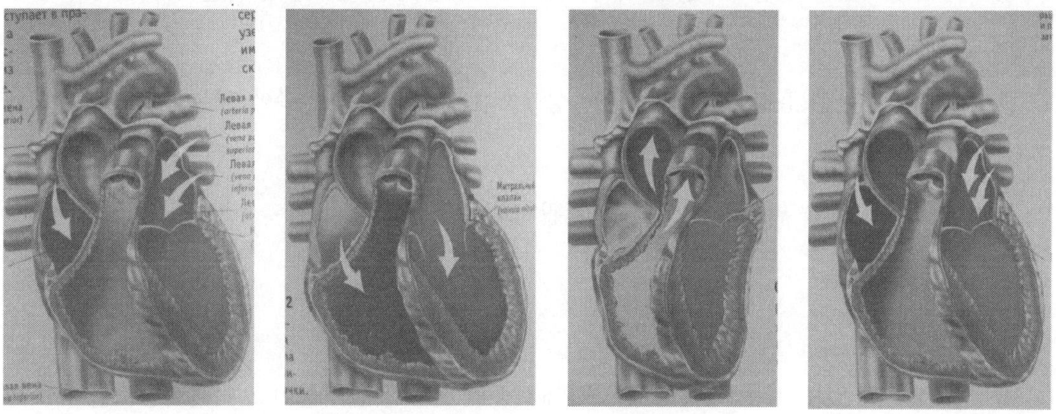

a b c d

〈5-6〉 심장에서 혈액 순환경로

a. 체순환에 의해 탈산화된 혈액은 심방의 확장기 동안 폐로부터 우심방으로 흘러들어간다. 산소가 풍부한 혈액은 좌심방으로 들어간다.

b. 심실의 이완이 감소하면서 심방은 수축하게 되고 심실로 혈액을 내보낸다.

c. 심장수축기에 좌심실과 우심실은 수축하고 대동맥과 폐동맥으로 흘러들어간다.

d. 심실이 이완되면서 심실확장이 시작되면 혈액은 다시 심방으로 들어가고 순환은 다시 시작된다.

폐로부터 흘러들어온 혈액은 심장의 판막에 의하여 역류되어지는 것을 방지할 수 있다.

Ⅵ. 호흡기계

인간의 몸은 세포의 발생과 재생을 위하여 산소를 필요로 하며 이산화탄소를 배출함으로 생명을 유지한다.

산소와 이산화탄소의 가스교환은 폐에서 일어나며 흡기시 산소를 받아들이고 호기시 이산화탄소를 배출한다.

호흡기계의 기관은 흉강 밖에 위치하는 상부호흡기도와 흉강 안쪽에 있는 하부호흡기도로 구성되어 있다.

흡기시 공기는 코와 후두를 거쳐 기관, 기관지로 주입된다.

1) 폐

흉강을 채우고 있는 폐는 좌우 한쌍으로 대기중의 산소를 받아들이고 이산화탄소를 내보내는 가스교환이 이루어진다.

흡기시 받아들여진 산소는 혈액에 투입되고, 이산화탄소는 혈액으로부터 호기시 배출하게 된다. 각각의 폐는 엽으로 구성되어 있다. 오른쪽 폐는 상엽, 중엽, 하엽으로 세개의 엽이 있으며 왼쪽폐는 상엽과 두엽 두개로 되어있다.(6-1)

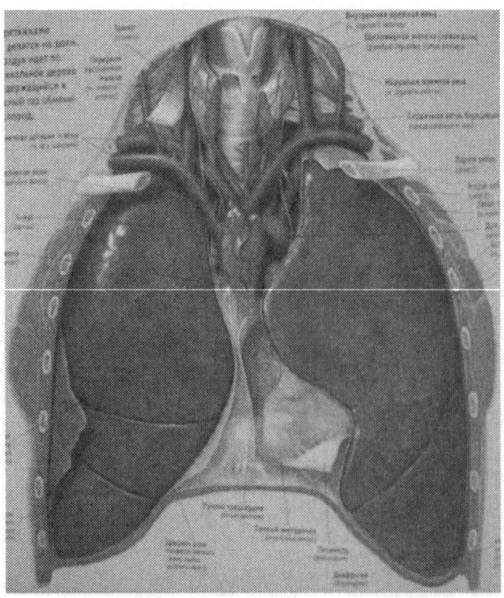

〈6-1〉

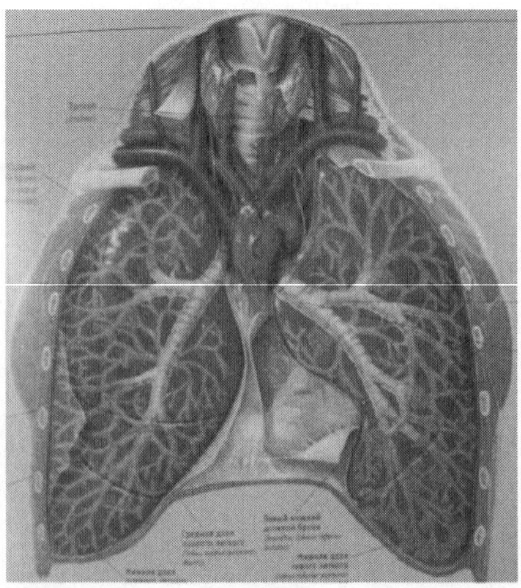

〈6-2〉 호흡기계의 기관

2) 기관

기관은 약 9~12cm정도의 긴 관으로 C 모양의 연결고리가 번갈아가며 놓여있다.기관의 위치는 식도의 앞에 위치하며 후두의 끝부분에서 흉강까지 이어진다.

폐로 공기를 전달해주는 역할을 한다.(6-2)

3) 기관지

기관에서 양 좌,우 폐쪽으로 나뉘어지는 두개의 중요한 가지를 기관지라고 한다.

세기관지는 기관지에서 더 작은 관으로 분할하여 폐포로 가는 공기의 흐름을 조절하며, 세기관지의 분할에 의해 폐포관이라 불리는 작은 관을 만들고 폐포관의 끝부분에 폐포가 있다.(6-4)

4) 폐포

호흡기를 이루는 요소 중 가장 마지막 단계이며 폐모세혈관은 각각 폐포를 감싸고 있다.

산소와 이산화탄소 교환의 기능은 폐포와 폐모세혈관 막을 통과하면서 이루어진다.(6-5)

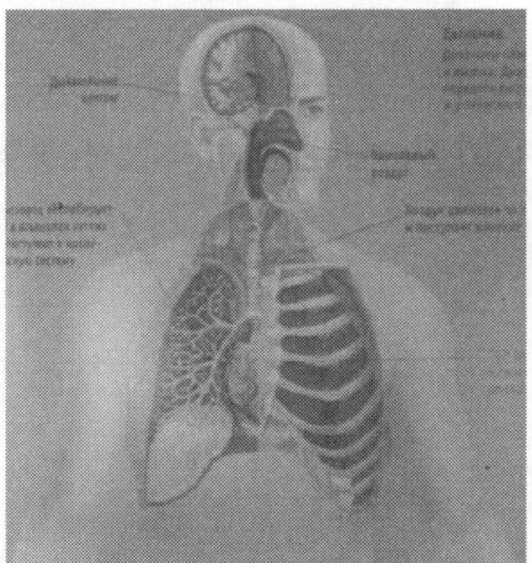

〈6-3〉 호흡기계의 구조

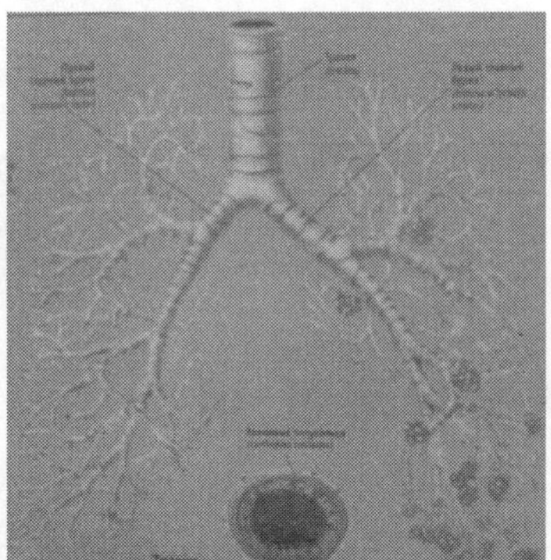

〈6-4〉 기관과 기관지

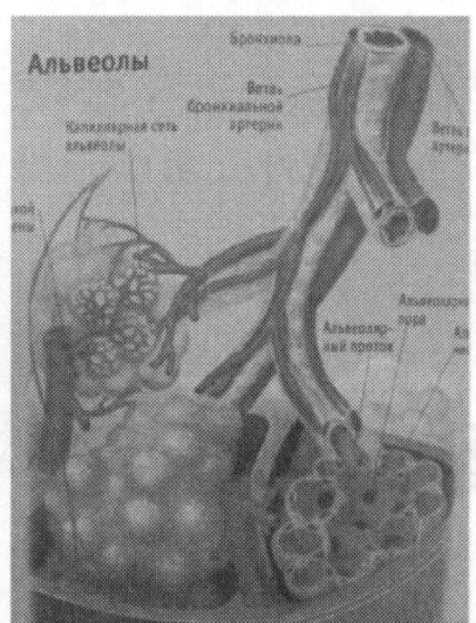

〈6-5〉 폐포의 구조

5) 호흡의 생리기전

흡기 시 늑간근은 수축하고, 횡경막은 아래로 내려간다. 이것은 폐와 흉강의 부피를 증가시킨다.(6-7) 산소와 이산화탄소의 가스 교환 이후 호흡근은 이완되고, 안정시의 상태로 돌아온다.

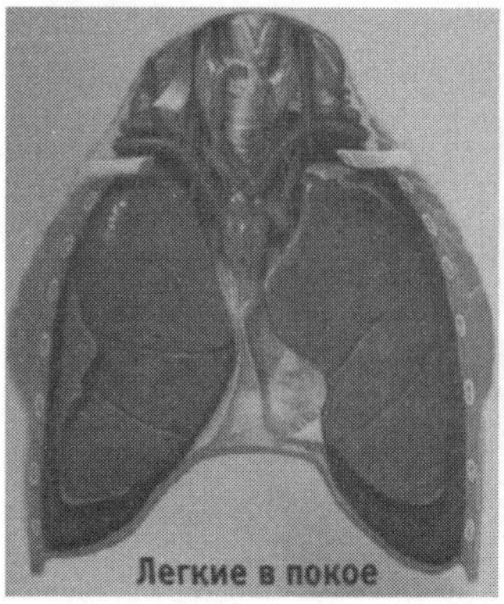

〈6-6〉 안정시 폐의 상태

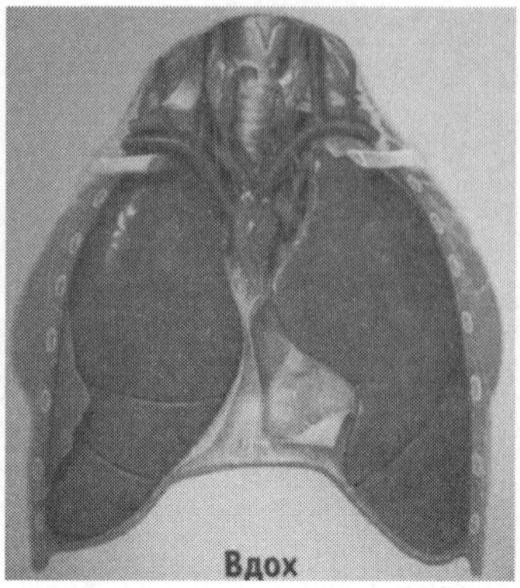

〈6-7〉 흡기시 폐의 상태

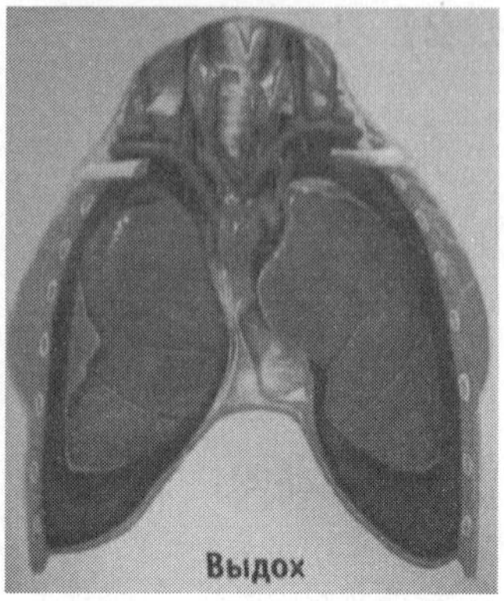

〈6-8〉 호기시 폐의 상태

Ⅶ. 노인성 질병

1 노인성 질병

노인성 질병은 65세이상에서 발생하는 병을 노인성 질병이라고 한다. 대체적으로 노인성 질병은 사망률이 높고 기능장애가 만성질환으로 진행되면 재발의 빈도 또한 높으며 경미한 위험인자에도 쉽게 발병된다.

또한 초기의 발병이 각 장기 및 기관에 연쇄반응적으로 진행이 되며 다발성, 복합적 질병양상으로 형성된다.

2 노화에 따른 근골격계의 변화

1) 근육의 변화

노화가 진행됨에 따라 60세 이후의 노인의 경우 근육 긴장도와 근육의 질량이 현저하게 변화됨을 알 수 있다. 근섬유의 수가 감소하고 테스토스테론의 감소와 관련된 호르몬의 변화가 근육 긴장도와 근육량의 감소를 초래한다.

근긴장도와 근육량의 감소는 신체적 활동과 운동량이 저하되는데 이것은 독립적으로 노인이 기능적 움직임을 수행하는 것에 중대한 영향을 끼치게 된다.

2) 골격의 변화

노화의 빠른 진행에 의한 골격계의 변화는 칼슘의 손실에 의한 키와 자세를 변화시킨다.

뼈에 의해 저장되어 있는 칼슘은 체내 칼슘의 약 99%를 함유하고 있어 필요시 혈액을 통해 체내로 공급해주며 파골세포에 의해 침착과 유출을 반복함으로서 신체의 무기질의 균형을 이루는데 중요한 역할을 한다. 그러나 노화의 진행에 따라 골대사의 변화로 뼈의 밀도와 질량이 줄어들게 되고 이것은 골절의 가능성을 증가시킨다.

3) 관절의 변화

관절주변의 결합조직인 인대, 관절낭, 건막, 건, 근육내 결합조직 등은 노화가 진행됨에 따라 탄성이 줄어들게 되고 이것은 관절 가동범위를 감소시키는 결과를 초래한다.

또한 관절 연골 표면이 마모되고, 관절낭의 구성요소들이 파괴되어 염증, 통증, 부종, 기형 등의 현상이 일어나게 된다.

4) 근골격계의 변화에 따른 노인성 질환

(1) 골다공증

뼈에 저장되어 체내로 공급되는 칼슘이 과다하게 방출되면 골의 밀도와 질량이 낮아지게 되고 구멍이 많고 부서지기 쉬우며 쉽게 골절이 발생한다.

특히 여성에게서 많이 발생되는 골다공증은 골절과 같은 외형적 증상이 나타나지 않으면 자각증상을 느끼지 못하기 때문에 진단이나 치료를 덜 받는 경향이 있다.

(2) 퇴행성 관절질환

중년기 이후 만성적 장애의 흔한 원인이 되는 골관절염은 관절면 연골의 마모로 인한 통증 또는 비만으로 인한 하중의 증가, 잘못된 자세 또는 걸음걸이에 의한 관절표면의 이상 등 많은 요인에 의하여 발생하게 된다.

3 노화에 따른 호흡기계의 변화

산업의 발달에 따른 현대사회는 대기오염, 공해, 흡연, 환경에 해롭게 작용하는 많은 화학물질에 노출되어 있다. 호흡을 통해서 생명을 유지하는 생물체에게 현대사회의 이러한 오염물질은 호흡기계와 폐조직에 나쁜 영향을 미치게 된다.

특히 노화가 빠르게 진행되는 65세 이후 근골격계의 변화에 따른 흉강의 모양과 크기의 변화는 폐의 능력을 감소시켜 호흡작용을 방해한다.

이는 호흡기계 각 기관들의 능력을 감소시켜 효과적으로 산소를 공급받을 수 없게 되므로 호흡기계 감염의 위험성이 높아진다.

1) 호흡기계의 변화에 따른 노인성 질환

(1) 천식

갑작스럽게 기도가 좁아지면서 숨을 내뱉을 시 중증의 호흡곤란이 경련성으로 나타나는 만성 호흡기장애이다.

노인의 경우 지속적이고 점차적으로 발작의 빈도와 정도가 심해진다. 천식의 경우 다른 노인에 비하여 사망률이 높다.

점액분비선이 과잉활동을 하고 점도가 높은 점액에 의하여 기관지가 막히게 되고 폐포와 세기관지가 과도하게 팽창하게 된다.

(2) 폐렴

세균, 바이러스, 화학물질등에 의한 갑작스럽운 감염을 일컫는다. 이러한 결과로 기관지가 두껍게 되어 폐에서의 가스 교환 능력이 감소하게 된다. 이로인해 가래와 같은 점액물이 폐엽에 쌓이게 되어 폐가 단단해지거나 경화되는 현상이 일어난다.

노인에게서 발생되는 폐렴의 원인 중 가장 큰 것은 박테리아에 의한 감염이다. 노인성 폐렴의 경우 대부분 장기간의 입원에 따른 가족들의 신체적, 심리적, 경제적 부담이 늘어나게 된다. 또한 노인성 폐렴의 경우 특징적인 징후나 증상이 나타나지 않는 경우가 많기 때문에 진단이 늦어지게 되고 치료시기를 놓치는 경우가 발생된다.

(3) 만성기관지염

중년이후 노년기 이후 남자에게 대부분 도시의 공해나 흡연이 원인이 되어, 호흡기 감염이 반복되어 기관지를 자극하여 일어나게 된다. 특히 장기간의 흡연은 기관지염이 진행이 되어 치명적인 폐인성질환이나 폐기종이 되기도 한다.

4 노화에 따른 심혈관계의 변화

심장은 노화에 따라 심근섬유의 탄력성이 떨어지면서 심박출량이 감소하게 된다. 감염, 환경, 오염물질 등은 심장을 쉽게 손상받게 하며, 심장기능장애가 나타나게 된다. 심혈관계의 변화는 인체 각 기관의 모든 장기에 산소와 영양소의 공급에 중대한 차질을 주게 되며 노화와 관련된 가장 큰 변이로 작용하게 된다.

1) 심혈관계의 변화에 따른 노인성 질환

(1) 고혈압

노화와 관련된 혈관수축으로 인한 높은 혈압이 나타나는 것을 고혈압이라고 한다. 계속적인 혈압상승과 두통, 망막출혈과 같은 증상이 나타날 수 있으며 기억력 저하, 비출혈, 둔한 두통과 같은 증상이 있으면 고혈압의 증상일 수 있음을 의심해야 한다.

휴식, 금연, 체중감소, 식생활 개선과 같은 지속적인 관리를 통하여 이차적 합병증의 진행을 방지할 수 있다.

(2) 관상동맥 질환

심장에 직접적으로 혈액을 공급하는 관상동맥은 관이 좁아지거나 막히게 되어 영양분과 적당한 산소를 심장이 공급받지 못하게 됨으로 발생하는 증상이다.

산소와 영양분의 감소는 국소빈혈이 일어나며 이로 인한 통증을 협심통이라고 한다. 또한 관상동맥이 동맥경화증이나 색전에 의하여 완전히 막히게 되면 심근 경색이 일어나게 된다. 발작시 대부분의 노인은 갑작스러운 호흡곤란, 흉부 통증, 실신과 같은 증상이 나타나게 된다.

(3) 뇌졸중

뇌혈관이 막히거나 터짐에 따라 대뇌의 혈액부족현상으로 갑자기 쓰러지거나, 의식 상실, 운동마비와 같은 현상이 나타나게 되며 의식장애, 마비, 언어장애 증상 등이 나타난다.

뇌졸중환자의 치료는 생명유지를 최우선으로 하며 뇌손상을 최소한으로 감소시키는 것을 목적으로 한다.

5 그 외 기타 노인질환

1) 당뇨병

인슐린 분비 및 작용의 장애로 인해 고혈당이 나타나는 질환을 당뇨병이라 한다. 노인성 당뇨병의 경우 당뇨병의 일반적 증상이 항상 나타나지 않으며 간헐적이고 비특이적인 증상이 나타나는 것이 특징이다.

당뇨병으로 나타나는 미세동맥성병리, 당뇨병성 신병리, 당뇨병성 망막병리와 같은 합병증이 발생하게 된다.

미세동맥성병리는 진단이 늦어져 장기간 치료를 못받을 시 신부전, 맹인, 하지절단과 같은 중요한 유병율의 원인이 된다.

당뇨병성 망막변리는 성인기 이후 실명의 가장 흔한 원인으로 알려져 있다.

당뇨병의 치료를 위해서는 노인의 체중과 혈당을 조절하기 위한 식이요법과 인슐린 감수성을 증가시키고 심맥관계 건강을 증가시키는 작용을 할 수 있는 운동요법, 또는 신체활동을 하여야 한다.

2) 요실금

방광과 요도 괄약근의 조절기능 장애로 인한 불수의적인 요 유출을 요실금이라고 한다. 노인성 요실금의 경우 화장실에 갈 수 없거나 불편한 움직임, 비정상적인 정신상태나 다량의 약물 복용에 따른 부작용으로 나타날 수 있다. 또한 여성의 경우 폐경기 이후 에스트로겐의 변화와 요도조직의 노화에 따른 방광 기능과 외괄약근의 약화가 요실금의 유발원인이 된다.

요실금의 치료는 환자가 배뇨사이에 일정한 시간 간격을 유지하도록 하는 방광훈련요법이 있다. 커다란 근육조직으로 되어있는 방광은 소변을 참는 훈련을 통해 규칙적인 배뇨 습관을 가능케 한다.

골반저 근육운동은 배뇨를 지연시키기 위해 근육을 강화시켜 근육의 수축능력을 증가시킬 수 있다.

3) 욕창

장기간의 와상 등에 의한 압박이 신체의 동일부위에 가해짐에 따른 난치성 피부궤양이다. 노인의 피부는 수분의 감소로 인한 피부건조현상과 피부조직이 얇아짐에 따라 욕창이 발생하기 쉽다. 욕창이 생기기 쉬운 부위는 체중의 압박을 받기 쉽고 뼈가 돌출된 부위로 견갑골부, 장골부 등이 빈번하게 발생된다.

뼈의 돌출부위의 혈관의 압박에 의한 혈액순환이 정지되어 발생하는 압박괴사 때문이다. 감염이 심층부위의 피부까지 발생하게 되면 발열 등의 증상과 심하면 골수염이나 패혈증을 일으키게 된다.

욕창의 진행을 막기위해서는 1시간 또는 2시간마다 체위를 변경해야 하며 피부를 청결하게 하여 오염에 의한 감염을 방지해야만 한다. 또한 혈액순환 촉진을 위해 온습포, 맛사지를 실시하며 감염발생 초기에 적절한 치료를 통해 감염을 차단해야 한다.

4) 백내장

65세 이상 노인에게 흔히 나타나는 백내장은 수정체의 혼탁으로 발생하게 된다.

5) 양성 전립선 비대증

전립선이 커져 배뇨장애를 겪게되는 질병으로 연령의 증가에 따라 점점 증가되는 것으로 나타난다. 정확한 원인은 밝혀지지 않고 있으나 노화와 성호르몬인 테스토스테론의 변화가 주 원인으로 나타나고 있다.

소변줄기의 약화, 빈뇨와 야뇨의 증상이 나타나며 더욱 진행이 되면 식욕부진, 오심, 구토, 체중감소 등의 증상이 동반된다.

6) 치주질환

노인의 경우 치아 손실의 주원인은 치주염이나 치은염과 같은 염증으로 인해 치아골격이 파손되어 나타나게 된다. 국소자극, 구강호흡, 청결하지 않은 음시섭취, 영양결핍과 같은 것이 원인이 되며 치석의 제거와 구강을 청결하게 하는것이 가장 효관적인 치료라 할 수 있다.

7) 담석증

담석증은 담낭에서 발생하며 노인에게서 흔하게 나타난다. 급성 당남염의 경우 오른쪽 상복부의 격렬한 통증과 발열과 같은 증상이 나타난다. 지방이 많이 함유된 음식물은 피하며, 마사지나 편안한 체위를 통하여 정신적 안정을 도모한다.

〈참고문헌〉

Ю. С. Микадзе(2006) АТЛАС Нервная система человека строение и нар-ушения. Москва. Московский психолого-социальн-ый институт.

Ричард Уокер(2006) Энциклопедия Тело человека . Москва.
АСТ · Астрель.

Федеративный международный комитеь по анатомической терминоло-гии(2003).

Международная анатомическая терминология. Москва. Медицина.

М. С. Бенюмович(2005) Большой русско-английский медицинский сл-оварь. Москва.

Т. Карпенко(2006) Чеорвеческре тело атлас. Москва. АСТ?Астрель.

Гослинг(2005) Анатомия человека. Москва. АСТ?Астрель.

И. В.Гайворонский(2000) Нормальная анатомия человека. С-Петербург. Спец.лит.

А. Г. Кочетков(1997) Опорные структуры человеческого организма. Н.Новгород

Г. Кочетков(1992) Общая антомия опорных структур чловеческого организма. Н.Новгород. Методическое пособие.

А. П. Сорокина(1982) Опрные ткани человеческого организма и их изучение. Горький. Метод.

Рекомендации.

М. Г. Привес(1985) Анатомия человека. Москва.

М. Р. Сапин(1993) Анатомия человека. Москва. Медицина.

А. П. Сорокин(1973) Обшие закономерности строения опорного аппарата человека. Москва. Медицина

И. В. Коновалова(2002) Опорно-двигательный аппарат. Нижниций новгород. НМА.

양광희 외(2001) 노인건강관리의 실제와 전망. 서울. 수문사.

김용천 외(2001) 노인물리치료학. 서울. 현문사.

박용억 외(2006) 노인보건학 원론. 서울. 신광출판사.

김명애 외(1999) 병리학. 서울. 정담미디어.

김양호 외(2003) 공중보건학. 서울. 현문사.

대구한의대학교 노인요양서비스 전문인력 양성사업단(2005) 노인건강과학. 서울. 정문각

이인모 외(1999) 공중보건학. 서울. 정담

김은주 외(2006) 보건교과과재. 서울. 동문사.

이현주 외(2007) 인체해부학. 서울. 정담미디어.

노민희 외(2005) 신경해부생리학. 서울. 청구문화사.

이한기 외(2006) 인체해부생리학. 서울. 수문사.

제3장

케어개론

3 케어개론

Ⅰ. 케어의 이론적 배경

1 노인 인구 증가와 사회적 변화

1) 우리나라의 인구 구조

최근 고령화의 진전에 따른 노인인구의 절대적 수와 상대적 비율이 급속히 증가하고 있는 추세이다. 이는 오늘날 사회가 발전함에 따라 공중위생, 식품과학, 약학, 의학의 발달과 같은 전반적인 생활수준이 향상되면서 평균수명이 증가하고 사망률이 감소한 것과 관련이 있으며, 더불어 산업화 이후 많은 여성들의 사회적 진출에 따른 소(小)자녀 가치관의 확산과 관련이 있다.

한 사회의 인구구조 변화는 경제, 의료, 주택, 금융, 복지제도 등 사회 전반에 중요한 영향을 미치게 된다(권중돈, 2004).

우리나라 인구구조는 생산인구와 유소년 인구는 감소하고 노인인구는 빠른 속도로 증가하고 있어 '역피라미드' 형의 불안정한 구조형태로 진행되고 있음을 알수 있다.

〈그림 1〉 우리나라 인구 구조 변동추이 및 전망

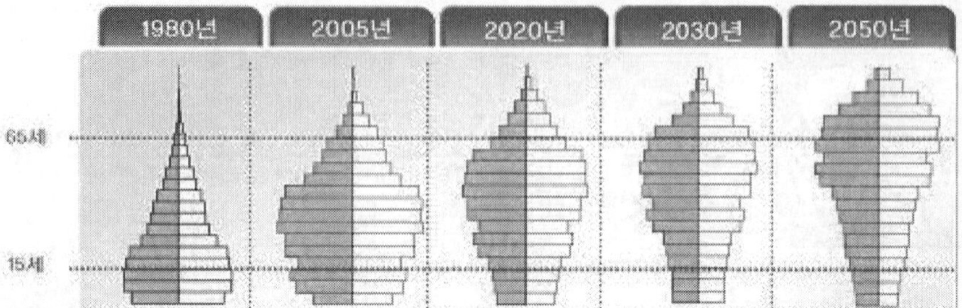

	1980년	2005년	2020년	2030년	2050년
총인구(만명)	3,812	4,728	4,996	4,933	4,235
생산가능인구(만명)	2,372	3,369	3,584	3,189	2,276
노인인구(만명)	146	437	782	1,190	1,579
유소년인구(만명)	1,295	899	630	554	380

자료 : 통계청, 〈장래인구신추계〉, 2006 / 2007년도 노인보건복지사업 안내
※ 2016년(36,190천명)을 정점으로 생산가능 인구(15~64세) 감소
2018년(49,340천명)을 정점으로 총인구 감소

2) 노인 인구의 증가

인구 고령화 속도란 일반적으로 '고령화 사회'에서 '고령 사회'로의 전환되는 기간을 의미한다. 국제연합(UN)의 규정에 따르면 전체 인구 중 65세 이상의 고령인구가 7%를 넘어서면 '고령화 사회(Aging society)', 14%를 넘어서면 '고령 사회(Aged society)', 20%를 넘어서면 '초고령 사회(Super-aged society)'로 분류된다.

우리나라는 1980년에는 65세 이상 노인인구가 전체인구의 3.8%였으나, 2000년에 7.2%로 고령화 사회(Aging Society)에 진입하였고, 2006년에는 65세 이상 노인인구가 전체인구의 9.5%가 되었다. 2006년 통계청의 장래인구신추계 결과에 의하면, 2018년에는 노인인구비율이 14.3%에 도달하여 고령사회(Aged Society)로 진입할 예정이며, 2026년에는 노인인구가 20.8%가 되어 초고령 사회(Super-Aged Society)가 될 전망이다〈표 1〉.

〈표 1〉 노인 인구 및 비율

(단위 : 만명, %)

구분	2000년	2006년	2010년	2018년	2026년
총인구	4,701	4,830	4,887	4,934	4,904
노인인구	339	459	536	707	1,022
비율	7.2	9.5	11.0	14.3	20.8

자료 : 통계청, 〈장래인구 신추계〉, 2006

3) 고령화 속도

최근 고령화 문제가 사회적인 이슈로 대두됨에 따라 고령인구의 인구학적 특성이나 주거, 보건, 복지, 문화, 여가 등에 대한 국민의 관심이 높아지고, 이에 대한 통계 수요도 늘어나고 있다. 우리나라의 인구고령화 속도는 세계 어떤 국가와도 비교할 수 없을 만큼 빠른 속도로 진행되고 있다. 이는 평균 수명의 연장과 출산율의 감소로 인한 상대적 비율의 증가와 한국전쟁 이후 베이비 붐(baby boom) 세대의 노인인구 전환도 원인이 될 수 있다. 노인인구 증가의 양적인 문제보다는 빠른 속도의 고령화현상은 오랜 기간 고령화를 준비해 온 선진국과는 달리 대응시간의 부족으로 인한 노인문제 발생과 사회적 부담을 초래하고 있다.

이러한 고령화 추세는 프랑스는 115년, 미국은 72년, 이탈리아는 61년, 일본은 24년이 소요된데 비하여 우리나라는 18년밖에 걸리지 않아, 우리나라의 급속한 고령화에 따른 많은 관련 문제들이 예상된다

〈표 2〉 주요국가 고령화 속도

구 분	도달년도			소요년수	
	고령화사회 (7%)	고령사회 (14%)	초고령사회 (20%)	고령사회 도달	초고령사회 도달
한 국	**2000**	**2018**	**2026**	**18**	**8**
일 본	1970	1994	2006	24	12
독 일	1932	1972	2009	40	37
미 국	1942	2015	2036	73	21
프랑스	1864	1979	2018	115	39

자료 : 보건복지부, 〈통계청 자료 및 저출산 고령사회 기본계획 대비 심층 분석〉, 2006.11

4) 노년 부양비의 증가

인구 구조의 변화로 노인 인구가 증가함에 따라 노인부양에 대한 젊은이들의 부담이 가중되는 위기요인이 있다. 생산가능인구의 감소는 결국 노동력의 감소, 생산의 감소로 이어져 경제적인 손실을 초래하는 한편, 사회적으로 노인부양부담을 크게 증가시키고 있다. 우리나라의 노인부양비는 〈표3〉과 같이 꾸준히 높아질 전망이다. 고령화 현상의 진전은 노인 의료비 및 사회복지비용의 증가 등 사회적 부양부담과 같은 문제와 더불어 아이들과 노인을 위한 복지정책 중 어디에 투자를 해야 할 것인가의 문제를 가지고 있다.

〈표 3〉 노년부양비 및 노령화지수

[illegible]	[illegible]	[illegible]	[illegible]	[illegible]	[illegible]	[illegible]	[illegible]	[illegible]	[illegible]
노년부양비(%)	5.7	6.1	7.4	10.1	13.2	15.0	21.7	37.7	72.0
[illegible]	[illegible]	[illegible]	[illegible]	[illegible]	[illegible]	[illegible]	[illegible]	[illegible]	[illegible]
노인 1명당 생산가능인구(명)	17.7	16.3	13.5	12.4	7.6	6.7	4.6	2.7	1.4

자료 : 통계청, 장래인구신추계, 2006
주 : 노년부양비 = (65세 이상 인구 / 15~64세 인구) × 100
노령화지수 = (65세 이상 인구 / 0~14세 인구) × 100
노인 1명당 생산가능인구 = (15~64세 인구 / 65세 이상 인구)

5) 노인 의료비의 증가

노년기가 길어짐에 따라 삶의 질에 대한 관심도 높아지고 있다. 그러나 많은 노인들이 수명연장에 따라 무병장수(無病長壽)하기보다는 유병장수(有病長壽)로 어려움을 겪고 있다. 〈표 4〉에서와 같이 2005년 현재 노인의료비의 증가는 전체 의료비의 26%를 차지하며 해마다 증가하는 추세를 보이고 있다. 고령화가 이미 진행된 선진국의 경우 건강보험의 재정문제는 심각해졌고 다양한 개혁이 일어나고 있는 현실이다. 앞으로 위와 같은 사회적 부담의 증가에 따른 다양한 조치가 강구되어져야 할것이다.

〈표 4〉 건강보험에서의 노인의료비 증가추이

(단위 : 억원, %)

구분	1995년	2000년	2002년	2004년	2005년
전체 의료비	66,006	144,100	208,630	251,172	280,952
노인 진료비	8,682	27,635	43,882	61,309	73,159
비율(%)	(13.2)	(19.2)	(21.0)	(24.4)	(26.0)

자료 : 건강보험통계연보(국민건강보험관리공단, 각년도) / 2007년도 노인보건복지사업안내

6) 현대화와 노인문제

Cowgill과 Holmes(1972)는 노인문제의 원인을 현대화에서 찾고 있는데, 현대화의 특징적인 현상은 보건의료 기술의 발전, 생산기술의 발전, 대중 교육의 확대, 도시화이며, 이러한 4가지 측면의 사회적 변화가 노인의 지위를 약화시켰다고 강조하고 있다.

〈그림 2〉 현대화와 노인문제 발생의 인과적 흐름

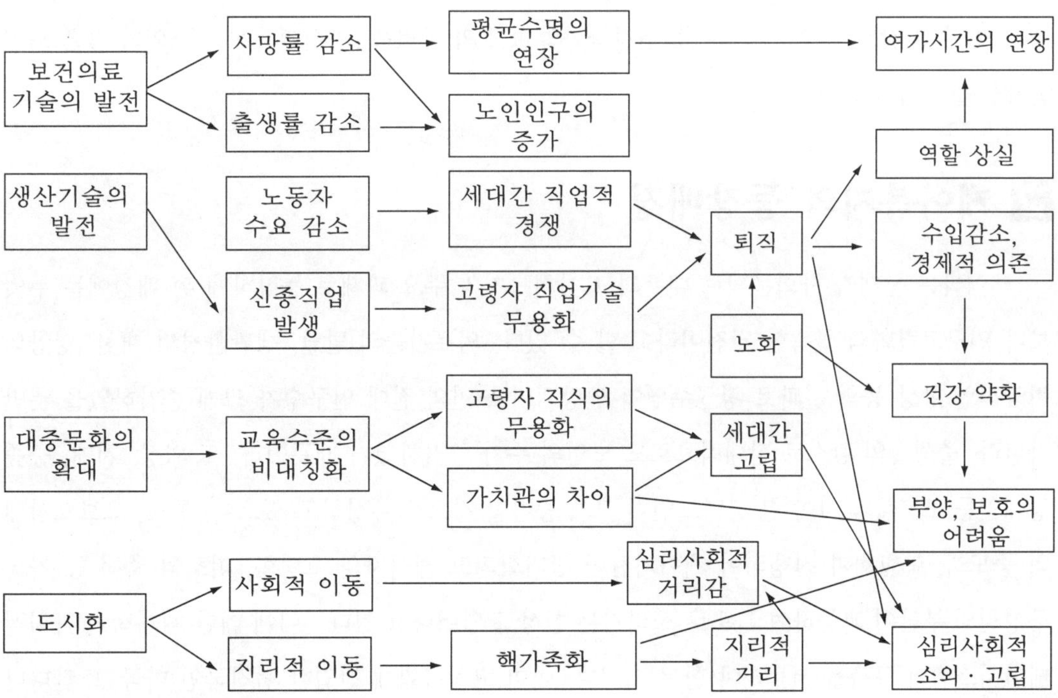

자료 : 최일섭과 최성재(1996).

첫째, 현대화는 보건의료 기술의 발전을 수반하며, 건강기술은 수명의 연장과 사망률의 감소와 함께 인구의 고령화를 가져오게 된다. 생명이 연장됨에 따라 나이든 노동자들은 일자리를 놓고 젊은 노동자들과 경쟁하며, 은퇴는 노동력이 다 한 노인들을 축출하기 위해 필수적이 된다. 동시에 은퇴는 수입, 일에 대한 심리적 만족 그리고 사회적 지위 등의 다양한 상실을 필연적으로 수반하게 되는 것이다.

둘째, 생산 기술의 발전은 노인 노동자들이 감당하기에는 어려운 직업적 훈련과 전문성이 결핍된 새로운 직업을 창출하기 때문에 은퇴 속도를 가속화하여 젊은 노동자와 노인 노동자간의 갈등과 경쟁을 증가시키게 된다.

셋째, 대중교육의 확대로 인해 자녀들은 부모보다 더 많은 지식을 지니게 되었고, 이는 "나이의 신비감(the mystique of age)"과 공동사회의 지식 보유자로서 노인들이 누리고 있고 칭송받았던 지위를 사라지게 하였다.

넷째, 도시화는 젊은이들의 도시 유입의 결과를 가져왔으며 이에 따라 대가족은 점차 해체되게 되어 결과적으로 더욱 더 많은 노인들이 혼자 살게 되었다.

이러한 현대화의 특징적 현상들은 다양한 경로들을 통해 노인들의 ① 여가시간 연장과 역할상실 ② 수입 감소, 경제적 의존 ③ 건강약화와 보호의 어려움 ④ 심리사회적 소외와 같은 노인문제들을 야기하게 된다.

2 케어복지의 등장배경

케어라는 문제가 사회문제로 대두되고 사회복지의 주요 과제로 등장하게 된 배경에는 무엇보다 인구고령화의 급속한 진전이라고 할 수 있다. 의료기술의 발달, 생활환경의 개선, 영양의 비약적인 향상 등의 결과로 평균수명이 연장되어 노인의 절대 인구수가 크게 증가하였을 뿐만 아니라, 출생률의 감소로 상대적으로도 노인의 수가 증가하였기 때문이다. 또 와상, 치매, 중증장애인등 보호를 받아야 할 고령노인이 크게 증가할 것으로 예상하고 있으며, 특히, 요보호상태의 중도화, 복합화가 진행되어 케어기간이 장기화되고 케어자의 고령화, 피로의 축적 등 가족구성원의 부담이 과중하여 과로로 쓰러지는 현상도 일어나고 있다. 이에 대한 체계적인 사회적 케어시스템의 구축을 서둘러야 할 시기이다. 이미 고령사회에 진입한 선진국인 미국, 스칸디나

비아, 스웨덴, 독일, 노르웨이 및 일본 등은 국가적 차원에서 케어인력의 양성을 계획하고 교육훈련을 체계적으로 실시하여 배치하고 있다. 고령화 사회의 진행에 따라 타인의 도움을 필요로 하는 주간보호사업, 단기보호사업이 실시되기 시작하였고, 많은 재가복지센타의 설립을 통해 가정봉사원 파견사업이 실시되고 있으며, 치매노인의 증가에 따라 노인전문요양시설도 확충될 전망이다.

1) 케어니드의 증가와 다양화

가) 케어니드의 증가

우리나라 65세 이상 노인의 대부분이 관절염, 만성요통, 고혈압 등의 퇴행성 만성질환을 가지고 있으며, 나이가 많을수록 만성질환 유병율도 높아지는 경향을 보이고 있다.

대부분의 노인은 다소간의 기능장애가 있어도 필요한 도움을 받을 수 있으며 가정에서 자율적인 생활을 계속할 수 있으나, 문제는 남의 도움 없이는 스스로 살아갈 수 없는 의존성 노인들로 이러한 장기요양이 필요한 대상노인은 1998년 65세 이상 전체노인의 46.3%로 2020년에는 182만 명에 이를 것으로 예측하고 있다.

이들 노인 중 수단적 일상생활동작(Instrumental Activities of Daily Living : IADL:일상용품사러가기, 전화걸기, 버스나 전철타기, 가벼운 집안일하기)에 어려움을 겪고 있는 노인, 일상생활동작(Activities of Daily Living : ADL:목욕, 옷갈아입기, 식사, 앉기, 걷기, 화장실 이용하기)"에 어려움이 있는 노인 있으며, 그 중 상시수발을 필요로 하는 노인이 있다.

나) 케어니드의 다양화

케어복지 활동은 케어를 필요로 하는 인간의 존엄성을 중시하면서 자립생활의 원조를 포함한 개별적이고 더 나아가 자기 실현을 목표로 하는 원조가 되어야 한다. 특히 만성질환이나 난치병질환등 장기의 치료를 요하는 중도 장애인을 증가시키고 있다. 그러나 중도의 장애라 하더라도 의료기술의 발달로 그 생존기간이 더욱 연장되고 있으며, 재활치료의 성과에 의해 어느 정도 신체기능도 회복 할 수 있게 되었다. 따라서 사회복지적 측면에서 이들에 대한 새로운 종합적 시책과 개별적인 심리적 원조, 그리고 장애에 대응한 전문적 케어가 요구되고 있으며, 케어복지의 중요성이 제기되고 있다. 즉 케어수준이 ADL(일상생활동작)에서 QOL(Quality of Life

:생활의 질)로 변화되고 있다.

Kane(1987)에 따르면 노인의 장기요양보호 (long-term care)정책의 핵심은 서비스의 질(quality), 접근성(access), 비용(cost)이며, 궁극적으로 중요한 것은 노인과 가족들이 최대한의 접근성이 보장되는 양질의 서비스를 부담 가능한 비용으로 이용할 수 있도록 서비스 전달체계를 구축하는 것이다.

3 케어복지 내용

1) 케어복지의 개념

가) 케어용어의 이해

케어(care)란 용어는 한자어로는 개호(介護)로 설명되고 있는 용어로서 돌봄, 부양, 수발, 간병 등으로 변역할 수 있다. 케어는 어떤 원인에 의해 발생한 생활 장애로 일상생활에 지장이 있는 자에 대해 신변 및 일상생활의 단순한 보호활동에서 능동적 의미의 양육 · 간호 · 지도에 이르는 의도적인 활동까지 포함하는 포괄적 개념이다.

즉, 사회적 서비스로서의 케어란 일상생활에 지장이 있는 자에 대한 일상생활에 대한 원조행위로 인간성 존중을 기초로 한 지식과 기술을 동반한 전문적인 원조행위이며, 자립 자기실현을 목표로 한 복지서비스이다.

〈표 5〉 케어용어 내용

현대사회복지사전(1988)	신체적 기능의 저하, 쇠퇴, 상실의 경우에 일어나는 생활상의 곤란에 대해 신체적 기능을 높여 보완하는 일상생활의 원조를 중심으로 한 서비스활동
일본의 케어복지 용어사전(1993)	직업적인 케어는 누구나 일정 수준의 지식과 기술을 갖고 그것을 의무로서 안정적으로 지속적으로 이용자에게 제공할 수 있는 것이며 사회 시스템으로 용인될 수 있는 것이다. 이러한 직업적 케어는 이용자의 건강 상태가 어떠한 수준에 있다 하더라도 그 사람이 습득해 온 일상생활에 주목하여 만약 일상생활에 지장이 있다면 케어라고 하는 독자적 방법으로 원조 혹은 지원하는 것이다.
니시무라(1990)	케어는 신체상 또는 정신상의 장애로 인하여 일상생활을 영위하는 데 지장이 있는 자에 대한 일상생활의 원조를 말한다. 클라이언트의 인간성 존중에 기초하여 클라이언트와 케어자의 공동 작업에 의해 가능한 한 자립생활을 할 수 있도록 노력한다. 케어는 단순한 기계적 원조가 아니라 클라이언트의 지금까지의 생활양식을 가능한 한 바꾸지 않고 클라이언트의 자기실현을 할 수 있는 기능적 서비스이어야 한다.

케어의 활동내용은 매우 넓고 그 범위 또한 다양한데, 협의의 케어활동은 케어서비스의 이용자에게 제공되는 식사, 배설, 수면, 청결, 옷갈아입기, 안락한 체위의 확보, 이동동작의 케어 등을 포함하며, 좀더 범위를 확대하면 욕창 방지, 사고예방, 심신의 기능 저하 방지를 위한 운동, 레크리에이션, 종말기케어등의 원조가 포함된다.

광의의 개념으로서의 케어는, 생활기능이 저하되고 일상생활의 영위가 어려워진 경우 본인만이 아니라 주위 사람들이 이를 도와 가능한 한 자립생활이 가능하도록 원조하는 것을 의미하며, 이러한 의미에서 케어는 케어복지라는 의미에서 파악되어야 한다. 또한 최광의의 의미로서 케어의 범위를 확대하면 케어와 관련한 의료서비스, 재활서비스, 주택개조, 케어매니지먼트 등의 재가서비스, 케어시설의 이용과 관련한 직접 · 간접적인 케어서비스 전반을 포함한다.

이러한 케어활동은 여러 가지 사회복지 자원을 동원하면서 이루어지며, 개인의 사회적 기능을 유지 및 증진하기 위해서 수행하는 구체적인 원조활동의 일환이다.

〈표 6〉 케어서비스의 활동내용

협의의 케어	식사, 배설, 수면, 청결, 옷 갈아입기, 체위 교환, 이동 동작의 케어, 욕창 방지, 사고 예방, 심신의 기능 저하 방지를 위한 운동, 레크리에이션, 종말기 케어
광의의 케어	생활기능이 저하되고 일상생활의 영위가 어려워진 경우 본인만이 아니라 주위 사람들이 이를 도와 가능한 한 자립생활이 가능하도록 원조하여 자아실현
최광의의 케어	제도적 서비스를 통한 사회적 권리 확보 즉 의료 · 재활서비스, 주택개량, 재가복지서비스, 시설복지서비스

과거의 케어활동이 단순히 '생명체의 유지' 라는 수준이었으나 오늘날은 '일상생활의 유지' 수준으로, 더 나아가 '사회생활의 유지' 수준으로 확대되고 있다. 따라서 케어는 신체적 정신적 장애로 인하여 일상생활의 자립지원을 필요로 하는 사람들을 위해 보다 질이 높고 자립을 목표로 한 '생활지원활동의 총체' 로 정의될 수 있을 것이다. 케어복지의 내용과 이에 필요한 지식과 기술을 정리해 보면 〈표7〉과 같다.

〈표 7〉 케어복지(Care Work)의 내용

항목	내용	필요한 전문지식, 기술
1) 신체적 생활원조	식사, 배설, 청결, 수면, 탈의, 이동 등	재택의료, 간호 및 제휴방법 재활, 케이스워크
2) 사회, 문화 생활원조	독서, 학습, 종교, 취미, 레크리에이션, 교제, 가족과의 교류, 행사, 외출, 외박, 장보기, 자원봉사활동 등	사회복지실천기술(개별, 집단, 지역), 생애학습, 사회참가, 재활
4) 가사원조 생활환경정비	요리, 의복관리, 주거정리, 정돈, 물건사기, 금전관리, 생활용구의 습득 등	개인 · 가정생활경영관리(생활환경, 의, 식,주), 생활환경위생, 복지기구, 생활용구사용기술
5) 건강관찰, 유지	전신관찰, 호소, 이상행동파악, 바이탈사인, 신장, 체중 파악, 요, 변 등의 관찰, 복약, 점안, 통원케어, 기능훈련원조, 의료관계자와의 제휴	재택의료 · 간호 및 제휴방법, 노인, 장애인에 대한 의학, 재활, 감염 예방방법, 공중위생
6) 상담 · 조언	말상대, 상담, 케어방법지도, 케어정보제공	대인원조기술-케이스워크, 카운셀링
7) 응급처치 종말기케어	관찰, 처치, 연락, 가족, 의료관계자와의 제휴	종말기케어, 응급의료, 의료 간호와 제휴
8) 관리 · 운영	케어계획입안, 평가, 케어기록, 관계기관 및 직종과 제휴, 사회자원이용	사정(assement), 케어메네지먼트

최근 우리나라도 노인, 장애인 시설이나 재가복지센터에서는 케어복지사(care worker)의 필요성이 인식되고 있다. 즉, 케어의 기본지식과 기술을 갖추고 케어를 실천함은 물론 케어자들의 활동을 관리 할 수 있는 케어전문인력이 새로운 사회복지인력으로 요구되고 있다.

나) 케어복지의 개념

'케어복지(care work)' 란 개념은 아직은 사회복지 영역에서 보편화된 용어가 아니며, 기존의 사회복지사전에서도 찾아볼 수 없다. 일본의 경우 1987년 국가자격증인 '개호복지사' 제도가 제정된 뒤에 케어복지란 용어가 학술서에 나왔다.

케어는 종래의 수발이나 간병과는 달리 그 사람의 생활전체에 관심을 갖고 그 사람이 사회적 기능과 사회관계와의 관련하에 가능한 한 자립의 달성을 목표로 한 일련의 신체적 · 심리적 · 사회적 원조라고 할 수 있다. 이러한 의미에서 '케어' 라는 용어는 단순한 케어기술을 목표로 한 것이 아니라 '케어복지' 라고 하는 적극적인 의미를 내포하고 있다.

케어에는 걸을 수 없는 사람을 휠체어로 이동시키는 '소극적 케어'가 있으며, 잃어버린 기능을 보완하는 '기능적 케어', 전문가의 판단과 지시에 따르는 '보호적 케어'가 있다.

케어복지란 개념은 '적극적 케어'의 의미로써 단순한 간병이나 간호기술을 목표로 하는 것이 아닌 자립, 자아실현을 목표로 한 복지적 활동이며, 이용자의 개별화를 존중하고 선택의사를 존중한 자기결정권을 기초로 한 생활전체에 적극적으로 관련한 가치개념이며, 이를 구체화하는 전문성을 발휘하는 방법 · 기술의 총체라는 개념이다.

다) 케어복지의 이념

케어서비스가 지향하는 다양한 가치들 가운데 그 중심은 기본적인 인권의 존중과 자립생활의 지원 및 정상화실현과 자기실현에의 원조 등이다. 이러한 기본적인 이념들에 대하여 살펴보기로 한다.

■ 헌법 제 34조 : "인간은 인간다운 생활을 할 권리를 가진다."

■ 노인복지법 제 2조(기본이념)

① 노인은 후손의 양육과 국가 및 사회의 발전에 기여하여 온 자로서 존경받으며 건전하고 안정된 생활을 보장받는다.

② 노인은 그 능력에 따라 적당한 일에 종사하고 사회적 활동에 참여할 기회를 보장받는다.

③ 노인은 노령에 따르는 심신의 변화를 자각하여 항상 심신의 건강을 유지하고 그 지식과 경험을 활용하여 사회의 발전에 기여하도록 노력하여야 한다.

■ 장애인복지법

제3조 (기본이념)장애인의 기본이념은 장애인의 완전한 사회참여와 평등을 통한 사회통합을 이루는 데 있다.

제4조 (장애인의 권리)장애인은 인간으로서의 존엄과 가치를 존중받으며, 이에 상응하는 처우를 받는다. 장애인은 국가사회의 구성원으로서 정치 · 경제 · 사회 · 문화 · 기타 모든 분야의 활동에 참여할 권리가 있다.

① 기본적 인권의 존중

케어실천과정에서 인간으로서의 존엄, 기본적 인권이 지켜져야 하며, 결코 차별되어서는 안 된다. 케어서비스의 이용자는 존엄과 인권이 무시당하기 쉬운 약자이기 때문에 항상 주의를 기울여야 한다.

② 자립생활의 지원

케어의 대상인 고령자 및 장애인은 각자의 개별성을 갖고 생활을 영위하길 원하며, 이것을 지원하는 것이 자립생활의 지원이다. 이용자의 장애 상태에 따라 자립생활에의 원조 방법이 다르기 때문에 케어종사자는 이용자의 일상생활의 상태를 정확히 파악하고 동시에 이용자의 자기결정을 존중한 케어를 해야 한다.

③ 정상화의 실현

정상화의 실현은 보통의 인간이 살아가는 것처럼 장애인에게 익숙한 지역, 가정에서 보통의 생활을 보장하는 것을 의미하고 있다. 이용자에게 있어 시설은 '수용의 장' 이 아니라 '생활의 장' 으로서 자택생활과 같이 생각되어야 한다.

④ 자기실현에의 원조

이용자는 장애의 정도가 다르고 일상생활능력, 과거의 생활경험이나 가치관 등이 다르기 때문에 이용자들의 생활양식은 다양하다. 타인의 권리를 침해하지 않는 범위에서 매일의 생활이 만족한 생활이 되도록 케어자는 이용자의 생활양식을 존중하여 신체적 문화 사회적인 생활과 환경적 측면에서 보다 충실한 케어 서비스를 제공해야 할 것이다. 현외성 외(2000)는 〈그림 3〉에서와 같이 Maslow가 제시한 인간 욕구 5가지 유형에 입각하여 노인의 욕구와 문제, 그리고 그에 따른 소득보장, 주거보장, 보건의료보장대책, 노인복지서비스대책 등 다양한 노인복지대책을 설명하고 있다.

〈그림 3〉 노인욕구 노인문제 및 노인복지

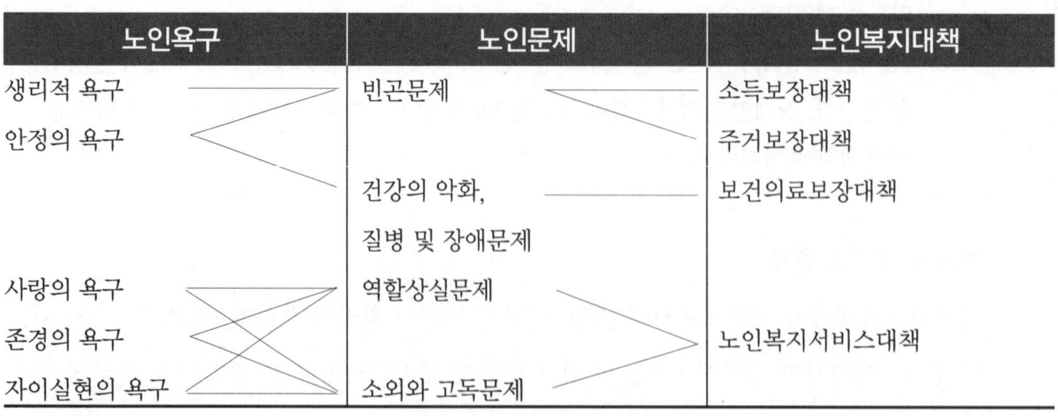

자료 : 현외성 외(2000)

4) 케어의 목표

장애를 가진 사람이 일상생활을 만족스럽게 영위할 수 있도록 하기 위해서는 전적으로 개별적 욕구에 부응하여 가능한 한 잔존능력을 살려 삶의 질(QOL : quality of life)을 높이고 자아실현을 도모해 갈 수 있도록 하는데 케어의 의의와 목적을 두어야 한다. 이를 위해서는 다음과 같은 구체적인 케어목표가 제시될 수 있다.

가) 개개인의 생활습관, 문화, 가치관의 실현

생활행위는 개개인의 특유한 사회문화나 습관 등의 영향을 받는다. 따라서 음식물의 기호에서 목욕하는 방법, 의복의 선택 등 생활방식이나 방법은 사람마다 다를 것이다. 따라서 원조자의 생각이나 방식보다는 클라이언트가 원하는 방식대로 생활을 영위할 수 있도록 해야 할 것이다.

나) 생활의 자립지원

고령자 · 장애인이라도 생활계획을 수립하고 실현할 수 있는 잠재능력이 있다.

다) 생의 즐거움, 의미의 발견

장애를 가진 것 자체가 문제가 아니고 이를 받아들이는 태도가 중요하므로 장애를 딛고 활기 넘치는 생활을 하도록 원조하는 것이 중요하다. 특히 인간은 생물적 존재만이 아닌 사회적 존재이므로 교류 속에서 살아가고 있다는 것에 기쁨을 느끼는 것이다.

라) 예방케어를 우선하는 일

일단 장애를 입은 경우 2차적 장애가 수반되는 경우가 많아 어려움이 가중되므로 예방이 우선되어야 한다.

마) 상태의 변화를 발견하고 타 직종과 연계

케어는 보건 · 의료 · 복지와의 연계가 중요한 만큼 타 전문직과의 관계에 주의를 기울여야 할 것이다.

5) 케어복지의 구조

케어복지의 실천방법은 케어를 필요로 하는 개인과 가족 전체의 복지 상태의 개선과 생활의 질(QOL)의 향상을 목표로 다차원적인 실천활동의 제 목표를 설정하며, 이러한 목표를 달성하기 위한 구체적 실천활동을 위한 합리적 · 과학적인 제 수단이다.

① 사람(Person) : 케어복지서비스의 이용자를 말한다.

② 문제(Problem) : 이용자가 일상생활을 영위하는 데 장애가 되고 있는 문제 또는 장애가 될 위험이 있는 것을 말한다.

③ 장소(Place) : 넓은 의미에서는 인간의 복지에 관련한 공적 · 사적 기관이나 시설을 의미하지만 좁은 의미에서는 케어복지사가 속한 사회복지시설이나 기관을 의미한다.

④ 과정(Process) : 케어 지식과 기술을 겸비한 케어복지사와 원조관계를 맺고, 케어 서비스를 필요로 하는 이용자와의 전문적이고 목적적인 개입이 이루어지는 과정이다.

⑤ 목적(Purpose) : 이용자의 생활의 질을 개선하고 직면하고 있는 문제를 해결하며, 가능한 한 이용자의 주체성과 자립성을 도모하면서 일상생활을 원조하는 두 개의 목적이 있다.

⑥ 관점(Perpective) : 생태학적 시스템의 관점에서 전체적으로 파악한다. 미시적, 거시적 측면과도 관련하여 파악해야 하며 이러한 관점을 포함한 생애주기 모델에 의한 케어실천 기술의 전개도 필요하다.

⑦ 전문가(Professional) : 케어복지사의 원조활동에는 전문적 자질, 태도, 행위 등이 필요하다. 케어복지실천기술을 사용하는 자는 이러한 전문성, 목적, 높은 질의 케어기술을 몸에 익힌 자가 되어야 한다.

⑧ 인간과 환경(Person-in-environment) : 케어서비스 이용자인 인간은 환경과 분리할 수 없으며 환경의 영향으로 행동도 변한다. 반대로 이용자가 환경에 영향을 미쳐 스스로 편한 환경으로 바꾸기도 한다. 환경에는 이용자의 가족, 직원 등도 포함하며, 생물학적 · 물리적 · 사회적 · 자연적 환경 등 모든 환경이 포함된다.

6) 케어복지사의 업무

케어복지사가 행하는 업무는 "생활에 관한 체계적 이론을 가지고 사회복지직으로서의 윤리성과 과학성을 기축으로 하는 실천행위"로 복지의 실현을 목적으로 하는 제 활동이다.

〈표 8〉 케어복지사의 주요업무

	업 무	업무의 내용
기본 업무	정보파악업무	경청, 건강상태의 관찰, 의료 · 보건 · 정보의 파악, 관련 정보의 파악
	원조계획입안 · 평가 업무	사전 평가, 문제의 확인, 욕구의 파악, 계획입안, 계속적 평가와 원조의 수정, 사후 평가
	신변케어업무	식사, 배설, 옷 입고 벗기, 목욕 등의 원조, 신체의 원조, 수면의 원조, 거실 환경의 정비, 복지기기 및 기구의 활용
	사회생활유지 · 확대업무	이동의 원조(기기작동 휠체어, 보행 등), 이송의 원조, 레크리에이션 실시, 외출의 원조, 재활 실시
	건강관리 · 보건	약 복용의 원조, 처치 · 수당에 관한 원조, 사망시의 원조, 수진의 케어, 욕창예방의 원조, 감염예방, 종말기의 원조, 건강관리 · 보건에 관한 조언, 구급처치
	심리사회적 원조업무	생활 상담, 사회자원의 활용, 인간관계의 조정, 케어 부적응에 관한 조정, 생활 환경의 정비, 관계 제 기관과의 조정, 심리적 원조, 인적 · 물적 조건의 정비
	케어기술지도업무	케어기술 지도-이용자, 집단, 가족 대상
	협동연대 업무	동 직종, 타 직종, 상사 · 소속장, 가족에의 연락 · 조정, 봉사자, 기타 관계자와의 연락 · 조정, 케이스 매니지먼트
	안전 관리 업무	화기의 점검, 문단속의 점검, 긴급피난 경로의 점검, 야간 순회
관련 업무	자신의건강관리업무	피로예방, 요통예방, 감염예방, 건강진단의 누진
	연수 · 연구 업무	supervision, 연수 프로그램의 참가, 연구활동
	문서 업무	일지의 기재, 그 외 기타 기록 (식사 · 배설표 등), 기록의 활용, 개별케이스의 기록, 일지 제 기록의 보존과 관리
	회의 관련 업무	타 직종 담당자회의 합동회의 출석과 운영관리, 타 기관 · 타 시설 관계자 합동회의에의 출석과 운영관리, 동 직종 담당자회의의 출석과 운영관리, 직원회의의 출석
	사회자원개발업무	동 직종 · 타 직종에의 개발, 관계 기관 · 시설관계자의 개발, 관련 기관에서 개발 · 영향 · 교섭
	교육 · 개발 업무	실습생의 교육 · 개발(케어기술 지도 등), 볼런티어의 교육 · 계발(케어기술 지도 등), 지역 주민의 교육 · 개발(케어실습, 교류회 등)
	기타	가족 · 시설방문자 등에 대한 대응, 잡무의 처리

Ⅱ. 케어 실천의 원칙

1 케어복지 실천의 관점

1) 인간과 환경과의 상호작용적 관점

생태학적인 관점에 의하면, 인간은 능동적으로 자신과 자신을 둘러싼 환경과의 복잡한 상호작용을 통해 생활을 영위해 간다. 인간은 환경으로부터의 다양한 니드에 대응하면서 동시에 환경을 활용하여 자기생활에 필요한 니드를 충족하면서 환경과의 적절한 균형을 유지한다. 그러나 케어를 필요로 하는 사람은 신체적 · 정신적 기능의 장애로 스스로가 환경을 활용하여 생활하기가 어렵다. 즉, 케어를 필요로 하는 개인의 문제는 관점을 바꾸면 그 개인을 둘러싼 제 환경과의 문제이다. 따라서, 원조에는 개인과 환경 양방의 전체를 파악하는 것이 기본적으로 필요하고 개인과 환경과의 제 조정에 관심을 가져야 한다.

2) 가치의 선택과 자기실현

가) 주체성과 자기결정권

케어복지의 원조활동은 개인생활의 질 향상을 목적으로 하지만 그 달성을 위해서는 개인의 주체적인 의사와 결정을 최대한으로 존중하고 보장해야만 한다. 당사자의 의사 확인이 곤란한 경우에 있어서는 케어자는 항상 당사자의 권리옹호를 위한 대변자적인 역할을 해야 한다.

나) 생활의 질 추구–자립–자기실현

일반적으로 사람들은 각자의 생활에 필요한 것을 충족하면서 자신만의 생활양식을 갖고 생활한다. 개인의 가치와 신념, 신조등에 따라 개인생활의 질이 추구된다. 생활의 질은 생활의 자립과 불가분의 관계를 가진다. 따라서, 본인에게 자립의 의사와 행동력이 없으면 생활의 질 추구도 불가능하다.

케어를 필요로 하는 사람들의 자립원조에 있어서는 신체의 건강에 의한 ADL(Activities of Daily Living)자립관에서 개인의 주체성에 근거한 삶의 방식을 만들어 가는 QOL(Quality of Life)자립관에의 발상전환이 필요하다. 더구나 가족과 함께 생활하는 이용자의 자립을 향한 경우는 가족 성원의 희생과 과중한 부담에 의해 성립되는 것이 아니라, 가족과 함께 살아갈 수 있도록 생활의 자립에 이르는 원조방법이 강구되어야 한다.

3) 사회문화적 가치

가) 편견, 스티그마, 신체이미지에 대한 인식

케어복지의 실천활동이 소위 적나라하게 드러난 신체에 접촉하는 것을 사회에서 공인한 제도적 서비스라고 하지만 이와 같은 신체를 보이는 것에 대한 이용자의 감정과 함께, 케어자 또한 이러한 행위에 대한 자신의 감정, 의식, 편견을 인식하고 이를 긍정적인 것으로 전환시키는 것이 필요하다. 이러한 내적 작업을 통해 처음으로 이용자가 안심하고 받을 수 있는 케어가 실천될 수 있다.

나) 가족에 대한 인식

가족을 복지의 자산으로 보는 사고에서 원조의 기본적 단위는 개인이며, 본인과 가족 성원 각자의 생활의 자립, 함께 살아간다고 하는 사고의 전환이 필요하다. 따라서, 케어복지서비스를 제공하여 가족을 지지하는 경우에는 본인과 그 가족 전체의 복지 사황이 개선되도록 해야 한다.

4) 원조관계에 대한 구조적 관점

케어자는 이용자와 대등하게 유지되어야 한다. 케어자는 이용자와의 관계에 대한 통찰이 필요하며, 잘못된 권력관계가 되지 않도록 주의해야 한다.

5) 원조에 있어서의 과학성 · 종합성

지금까지 경험에 많이 의존해 온 케어활동이 앞으로 전문성을 확립하기 위해서는 과학성을 추구해야 하는 것이 중요한 과제이다. 원조의 목적 달성을 위해 일정한 체계적인 구조를 가진 지식과 기술을 일정한 순서와 방법에 근거하여 합리적으로 사용해야 하며, 원조 후에는 그 결과와 활용한 지식 · 기술 · 방법의 타당성 등에 대해 검증해야 한다.

이러한 과정을 통해 다양한 원조의 규칙성 · 법칙성 · 공통성 · 보편성 등을 도출하고 이론화를 도모한다. 케어원조의 과학성은 원조의 종합성과도 관련되는데, 이는 과학에 기초한 사상의 전체적인 인식에 근거한 실천이 되어야 하며, 전술의 인간과 환경과의 관계에 대한 전체성의 파악이 필요하다.

2 케어실천의 원칙

1) 노인 중심의 원칙

노인케어 실천방법에서는 가장 관심있게 다루어야 할 것이 먼저 노인 중심에서 서비스를 하자는 것이다. 도움을 주는 전문가가 노인의 입장으로 감정이입을 한 다음 그러한 상황과 현재의 문제를 가질 수밖에 없음을 인식하고 이를 도와주어야 한다. 그러므로 전문가는 노인을 배려하는 마음을 가지고 노인의 눈높이에 맞추는 역할을 해야 한다.

케어 전문가는 항상 노인을 중시 여기고 비록 노인이 치매나 다른 증상을 가져서 정상적인 대화가 가능하지 않다고 하더라도 노인을 어른으로 모시는 마음을 가져야 한다. 노인은 자신의 문제가 수용되고 존중되며 선호되고 있으며 이해 받고 있다는 상호관계를 통해서 케어에 대한 목표가 성취될 수 있다.

2) 노인 공경의 원칙

노인은 그들이 젊은 시절에 사회와 국가에 헌신한 세대로 나이가 들어 노인이 되었을 때 젊은 층에서 이들을 존경하고 어른으로 모시는 자세가 필요하다. 이러한 노인 공경의 원칙은 인간의 존엄성을 바탕으로 하며, 노년기의 지위 및 역할 상실로 무력시 될 수 있는 노인의 위치에 구애받지 않고 한 인간으로서 존중하며 노인을 모신다는 마음에 바탕을 두고 있다.

3) 개별화의 원칙

노인은 각자가 가지고 있는 문제의 유형이 비슷하다고는 하나 실제로 노인이 가진 배경과 일정한 상태에 따라 그 해결방법을 달리 해야 할 필요성을 갖는다. 이러한 점은 노인은 각기 그 특성에서 나름대로의 차별을 가진 개별적인 인간이라는 것이다.

4) 자기결정의 원칙

자기결정의 원칙은 클라이언트가 스스로 생각하고 판단하여 자기의 책임을 선택하여 행하는 것을 말하며, 이는 클라이언트가 기본적으로 권리와 욕구를 가지고 있는 것을 인정하고 이를 현실적으로 실현하도록 하는 지원방법을 말한다. 케어에 있어 자기결정은 노인에게 스스로 결정할 수 있는 힘을 실어 주어 인간다운 삶을 보장할 수 있다는 것에 의의를 둘 수 있다.

케어를 받거나 거절하는 결정에 있어서 노인의 자율성만 강조하는 것은 적당하지 않을 수도 있으며 케어를 원조하는 기관에서 노인이 혼자 힘으로 결정을 내릴 수 없다고 생각될 때 조정을 위한 전문가 집단의 자문도 필요할 것이다.

5) 비밀 보장의 원칙

노인을 케어 할 때 노인과 가족에 대한 정보는 이들의 사생활 보호와 인권을 위하여 비밀 보장의 원칙을 준수해야 한다. 그러나 노인 케어를 위해 정보를 공유해야 한다든지 직원회의에서 또는 사례검토회의에서 노인을 위하여 정보는 공개될 수 있음을 미리 알린다. 특히 노인가족은 노인들에 대한 정보가 공개되는 것을 원하지 않는 경우가 더 많다. 노인을 제대로 모시지 않는다는 질책과 편견으로 상당한 스트레스를 받을 수 있기 때문이다.

Ⅲ. 케어복지 전문성과 윤리

1 전문직이란 무엇인가?

1) 전문직의 정의

밀러슨(G. Millerson)은 전문직이란 주관적, 객관적으로 상응하는 직업상의 지위가 인정되어야 하는데 이는 일정한 연구영역을 가지고 전문적인 교육을 거쳐 고유의 직무를 행하며 비교적 지위가 높고 비육체적 업무에 속하는 직업이라 하였다. 예를 들면, 성직자, 의사 법률가 등을 말한다 .

2) 전문직의 성립조건

전문직의 요건으로는 체계적 논리(이론), 전달 가능한 기술, 공공의 관심과 복지를 목적, 전문직의 조직(전문단체), 윤리강령, 시험이나 학력에 기초한 사회적 승인으로 정리할 수 있다.

2 케어복지 전문직의 역할

케어복지는 사회복지나 간호 등 관련 영역과 여러 면에서 중복되는 부분도 있지만 전문직으로서 기대되는 케어복지는 신체적, 심리적, 사회적 요소를 통합한 '전인(全人)' 케어라고 하는 점에 업무의 특성과 전문성이 있다.

1) 인간과 생활에 대한 이해

전인케어를 위해서는 인간을 이해하고 이용자의 생활양식과 가치관을 중요시하는 관점이 필요하다.

2) 케어이론과 기술의 계속적 숙달

가) 커뮤니케이션

이용자와 케어자 간의 커뮤니케이션의 좋고 나쁨은 신뢰관계와 케어목표 달성의 의욕을 좌우하고 케어효과에도 영향을 주는 기본적인 것이다.

나) 관찰력

안색, 표정, 목소리, 전체의 분위기 등 소위 오감으로 상태 파악하고 필요한 니드를 제공한다. 정보교환과 기록의 의미를 이해하는 것도 관찰력을 높이는데 도움이 된다.

다) 생활환경의 정비

프라이버시를 배려한 안전과 쾌적한 생활환경을 정비한다.

깨끗한 의복은 기분을 좋게 하고 생활의 의욕을 증가한다.

라) 복지용구의 지식과 활용

복지용구의 종류, 용도, 사용방법 등을 잘 이해하고 적절하게 활용하여 케어 효과를 높이고 자립의 기쁨과 의욕을 높인다.

마) 이동, 운동의 기법

이동은 침대에서 휠체어, 휠체어에서 침대 또한 간이변기, 샤워용 의자, 욕조에서의 이동들은 중요한 기법이다. 또한 휠체어에 의한 외출은 일상생활의 활력을 가져온다.

바) 일상생활의 기본 케어기술(식사, 배설, 의류교환, 목욕케어 등)

욕창의 예방과 구강케어, 약제사용의 원조, 감염예방의 지식, 긴급 사태 발생시의 응급처치 등의 지식과 기술이 필요하며, 전문성의 확보를 위해서 경험과 사례연구 등을 통해 계속적으로 지식과 기술을 숙달시켜 나가야한다.

3 케어복지사의 윤리강령

제 1 장 케어복지사의 사회적 의무와 권리

1. 케어복지사는 지역사화, 국가 나아가서 인류사회의 케어문제를 해결해가기 위해 전문직으로서 항상 최선을 다하여 노력한다.
2. 케어복지사는 이용자가 필요 하는 자원, 서비스, 기회에 접근할 수 있는 기회를 확보하도록 행동한다.
3. 케어복지사는 케어서비스 시책들을 발전시키는데 노력하고 각각의 위치에서 이용자를 대신하여 사회복지 증진에 기여하여야 한다.
4. 케어복지사는 자신의 케어 행위에 대하여 공정하고 적당하고 사려 깊은 것이며 국가와 사회로부터 정당하고 적절한 대우를 받을 권리가 있다.

제 2 장 케어복지사의 클라이언트와의 관계

1. 이용자의 기본적 인권을 존중한다.
   이용자의 인종, 신조, 국적, 성별, 연령, 종교, 문화적 배경, 사회경제적 지위 등에 따라 이용자에 대해 편견을 갖거나 서비스에 차별을 두어서는 안 된다.
2. 직업상 알게 된 이용자에 관한 정보에 대해서는 프라이버시를 존중해야 한다.
3. 이용자의 가치관과 라이프스타일 등을 존중한 케어 서비스를 제공 이용자의 의사를 존중한다.
4. 이용자의 자립생활을 존중한다.

제 3 장 케어복지사의 동료와의 관계

1. 케어복지사는 존경, 정중함, 공평함 및 신뢰감을 가지고 동료를 대한다.
2. 케어복지사는 동료들이 수행하는 직무의 가치와 내용을 인정하고 이해하며 상호간에 민주적인 직무관계를 이루도록 최선을 다한다.
3. 케어복지사는 충분한 전문성을 갖고 동료의 클라이언트와 관계를 맺을 책임이 있다.

제 4 장 케어복지사의 전문성

케어복지사는 질 높은 케어 서비스를 제공하기 위해서 자신의 풍부한 감성과 인간성과 정확한 판단력을 기르고 케어에 필요한 전문 지식과 기술을 습득하고 자질을 기른다.

제 5 장 타 직종 관계자와의 제휴

케어복지사는 케어에 필요한 서비스를 제공하기 위해서 보건, 의료 및 다른 전문직과의 제휴를 하고 이용자의 생명의 안정과 복지 등을 위해 그들과 협력하여 행동한다.

제 6 장 후배의 육성

케어복지사는 선배의 경험과 기술을 후배에게 교육하여 이용자가 질 높은 케어서비스를 받을 수 있도록 노력한다.

〈참고문헌〉

권중돈(2005). 노인복지론. 학지사.

모선희 외(2006). 현대노인복지론. 학지사

강용규(2006). 케어개론. 창지사

양점도외(2005). 케어복지실천기술론. 양서원

보건복지부(2007)

최일섭 · 최성재(1996). 사회문제와 사회복지. 서울:나남출판.

통계청(2006). 장래인구특별추계결과.

제4장

노인복지

4 노인복지

1 인구의 고령화에 따른 변화

1) 노인의 개념

노인이란 말 그대로 나이가 많은 사람, 늙은이 즉, 나이가 들어 늙어 가는 사람을 말한다. 노인에 대한 정의는 그들이 속한 사회적, 문화적, 개인적 상황에 따라 다양하기 때문에 한마디로 정의하기 어렵다. 노인이란 나이 든 사람에 대한 일반적 호칭으로 가장 널리 사용되고 있는데 노인복지 실천 현장에서는 '어르신' 이라는 용어를 사용하기도 한다. 그러나 현장에서 일하다 보면 노인들은 '노인', '어르신' 이라는 용어보다 '아버님', '어머님' 이라는 호칭에 더 긍정적으로 반응한다.

국제노년학회에서는 '노인이란 인간의 노화과정에서 나타나는 생리적 · 심리적 · 환경적 변화 및 행동의 변화가 상호작용을 하는 복합 형태의 과정에 있는 사람' 이라고 규정하고 ① 환경변화에 적절히 반응할 수 있는 생리적 조직 기능이 감퇴되고 있는 사람 ② 생체의 자체 통합능력이 감퇴되고 있는 사람 ③ 인체의 기관, 조직, 기능에 감퇴현상이 일어나는 시기에 있는 사람 ④ 생활상의 적응능력이 감퇴되고 있는 사람 ⑤ 조직의 예비능력이 감퇴하여 적응이 제대로 되지 않는 사람이라고 구체적으로 설명하고 있다.

브린은 '노인이란 육체적 정신적으로 그 기능 및 능력이 감퇴되어가고 있는 시기에 달한 사람으로서 생활기능을 정상적으로 발휘할 수 없는 사람' 을 지칭한다고 개념을 정의하였다.

은 '노인은 나이가 들어감에 따라 신체적 · 심리적 · 사회적인 기능이 감퇴되어 가기 때문에 정상적인 사회생활을 수행함에 있어서 어려움을 경험하는 사람이라고 할 수 있으며, 노동능력과 관련해서는 역연령으로 65세 이상인 자' 를 노인이라고 규정할 수 있다.

우리나라의 경우 '국민연금법' 은 60세 이상을 정상 연금 수혜 연령으로 정하고 있으며, 공공부조에 의한 수혜 연령 대상은 대부분 65세 이상으로 정하고 있다. '노인복지법' 상에는 노인에 대한 연령규정이 없으나, '노인복지법 시행규칙' 제14조에 따르면, 노인주거복지시설의 입소대상자에 대해 유료시설의 경우에는 60세 이상으로 무료나 실비시설의 경우는 65세 이상으로 규정하고 있다.

그런데 이러한 노인은 과거 전통사회에서는 존경의 대상이었고 섬김의 존재였지만, 현대 사회에 와서는 사회문제에 직면한 존재로 전락하고 말았다. 현대사회는 과거 농경사회와는 달리 산업화되고 도시화, 핵가족화 등으로 말미암아, 노인 자신의 신체적 정신적 노쇠와 함께 외부의 사회적 환경이 노인들에게 불리하게 변화되었다는 점에서 노인들로 하여금 사회적 약자로 변화시키고 말았다. 그리하여 노인들은 사회복지의 대상이 되어 오늘날 여러 나라에서 노인복지가 사회복지의 중요한 영역이 되고 있다.

복지선진국에서 노인 호칭을 살펴보면, 미국에서는 senior citizen, golden ages로 프랑스에서는 제 3세대층으로, 스위스에서는 빨간 스웨터로, 일본에서는 실버, 노년으로 불린다. (모선희, 2005)

따라서 본 장에서는 노인을 인간의 노화과정 속에 나타나는 생리적 · 심리적 · 환경적 · 사회적으로 기능이 감퇴되어 정상적인 생활이 어려운 상황에 있는 사람이라고 정의하고, 고령화에 진전에 따라 유료시설 입소 연령인 60세 이상을 노인이라 규정하기로 한다.

2) 평균수명의 변화추이

(1) 평균수명의 국제비교

인구의 고령화는 인구 혁명에 의한 소산소사형의 인구 구조에 의한 것이지만, 그것은 곧 인간의 평균수명이 연장되어 간다는데 중요한 원인이 있다. 가능하면 오래 살고자 하는 인류의 노력은 인간의 수명을 계속 연장시켜 이제 소산소사형의 인구 패턴은 구미 선진국만의 특징은 아니며 우리에게 있어서도 바로 눈앞에 현실이 다가오고 있다. 그러나 대체로 평균수명은 나라에 따라 증가 속도나 실수에 차이가 있다. 지역, 기후, 경제 및 사회적 여건에 따라서도 각기 다르다. 특히 소득수준이 높은 선진국일수록 평균수명이 길어 대체로 남성 70세, 여성 80세를 웃돈다.

우리가 보통 장수국 이라고 부르는 선진국들, 특히 북유럽 여러 나라에 있어서 평균수명은 이미 1960년대에 70세에 도달하였다. 각 국가별로 보면 20001년 현재 아이슬랜드가 남자 78.1세로 여자의 경우는 프랑스가 83.0세로 가장 높게 나타나고 있다. 이와 같은 인간의 수명연장은 비단 북유럽 선진국들에서만 일어나는 것이 아니고 지구촌 모든 지역에서 계속 볼 수 있는 추세이다. 특히 일본에서 평균수명의 연장은 놀라울 정도이다.일본은 남자 78.3, 여자 85.2세로 세계에서 가장 평균수명이 높은 것으로 조사되고 있다. 동유럽 국가들도 경제발전에 따른 생활과 문화수준의 향상으로 인하여 각종 위생환경과 영양조건이 개선되고 사망률이 감소되어 전 인구에서 노령인구가 차지하는 비율이 증가해가고 있다. 이들 지역에서는 특히 헝가리?폴란드?체코 등에서 지난 20여 년간 현저한 평균수명의 연장추세를 보이고 있다.

〈표 1-1〉 평균수명의 국제비교

(단위 : 년)

국가	년도	남자	여자	차이(여-남)
한국	2001	72.8	80.0	7.2
그리스	2001	75.4	80.7	5.3
네덜란드	2001	75.7	80.6	4.9
노르웨이	2000	76.0	81.4	5.4
뉴질랜드	2000	75.7	80.8	5.1
덴마크	2001	74.3	79.0	4.7
독일	1999	74.7	80.7	6.0
룩셈부르크	2000	74.9	81.3	6.4
멕시코	2001	71.9	76.8	4.9
미국	2000	74.1	79.5	5.4
벨기에	2000	74.6	80.8	6.2
스웨덴	2001	77.5	82.1	4.6

국가	년도	남자	여자	차이(여-남)
스위스	2001	77.2	82.8	5.6
스페인	2001	75.6	82.9	7.3
슬로바키아	2001	69.5	77.6	8.1
아이슬랜드	2001	78.1	82.2	4.1
아일랜드	2000	74.2	79.2	5.0
영국	2001	75.7	80.4	4.7
오스트리아	2001	75.9	81.7	5.8
이탈리아	2001	76.7	82.9	6.2
일본	2002	78.3	85.2	6.9
체코	2001	72.1	78.5	6.4
캐나다	2000	76.7	82.0	5.3
터키	2001	66.0	70.6	4.6
포르투갈	2001	73.5	80.3	6.8
폴란드	2001	70.2	78.4	8.2
프랑스	2001	75.5	83.0	7.5
핀란드	2001	74.6	81.5	6.9
헝가리	2001	68.2	76.5	8.3
호주	2001	77.0	82.4	5.4
30개국 평균		74.4	80.4	6.0

출처 : 일본,「2002년 간이생명표」(http://www.mhlw.go.jp)
OECD(2003),「OECD Health Data」 (http://www.oecd.org/home)

(2) 우리나라의 평균수명

우리나라의 경우도 그 속도가 비록 완만하기는 하지만, 인구 구조가 과거에는 다산다사형에서 소산소사형으로 바뀌어 가고 있으며, 영아사망률의 현저한 저하와 국민영양의 향상, 예방의학의 발달, 건강식과 건전한 레저활동의 일반화 등으로 수명이 연장되어가고 있다.

지난 1960년의 평균수명이 남자 51세, 여자 54세이던 것이 1980년에는 남자 62.7세, 여자 69.1세로 크게 연장되었으며 평균수명의 국제비교 2001년 현재 남자 72.8세 여자 80.0세로 세계 장수 국가군에 끼이게 되었다. 우리나리의 평균수명은 생활환경 여건과 의학의 발달로 인하여 계속 상승하고 있다. 특히 여성의 경우는 80세까지 인생을 누리는 것이 보통이 되고 있다.

일본이 근년 들어 초장수국이 되었다는 사실은 우리에게 큰 의미를 시사하는 것이다. 즉 일본과 같은 동양권에 위치해 있고 체질이 비슷한 우리나라의 경우도 국민소득 증대에 따라 충분한 영양섭취와 건강관리를 한다면 머지않아 최장수국이 될 것으로 보인다. 특히 암 치료의 획기적인 개선, 심장계통의 질병과 혈압치료에 대한 진보적인 의술이 개발되면서부터 인간의 평균기대수명은 현재보다 10~15년은 더 연장되었다. 세계적으로 몇몇 지역의 나라들을 제외하고는 80세 이상의 장수가 보편화된 것이다.

〈표 1-2〉 평균수명 추이

(단위 : 세)

구 분	1981	1991	1999	2001	2010	2020	2030	2050
계	66.2	71.7	75.6	76.5	78.8	80.7	81.5	83.0
남 자	62.3	67.7	71.7	72.8	75.5	77.5	78.4	80.0
여 자	70.5	75.9	79.2	80.0	82.2	84.1	84.8	86.2
차이(여-남)	8.3	8.2	7.5	7.2	6.7	6.5	6.5	6.3

출처 : 통계청(2001)「장래인구추계」,「2001년 생명표」

(3) 생명연장 형태

성경에 의하면 노아가 950세까지 살았으며, 모세가 120세 그리고 야곱은 147세까지 장수를 누린 것으로 기록되어 있다. 그러나 인간은 열악한 자연환경과 질병?전쟁?재해 등으로 인하여 생명을 오래 유지하는 것이 매우 어려운 상황이 되었다. 고대 이후 문명의 발달과 더불어 생명 연장과의 싸움이 곧 인류의 역사라고도 할 수 있을 만큼 생명의 연장을 위한 인간의 노력과 투쟁은 계속되어 왔다.

그 결과 인간의 수명은 과거부터 현대에 이르기까지 사회?문화의 발달과 더불어 크게 연장되어 왔다. 과거 로마시대에는 평균수명이 22세에 불과하였고 영국은 중세에 33세, 19세기 중엽에 41세이었으며, 미국은 20세기 초에 49세이던 것이 1955년에는 70세를 돌파하고 있다.

오늘날 학계에 따르면 인간은 80세에서 100세를 돌파하여 그 이상도 장수할 수 있다는 것이다. 즉 사람의 생물학적 수명 한계가 몇 년인지에 대해서 아직까지 확실한 견해나 연구업적이 없다. 다만, 지금까지 알려진 노화현상 연구 결과들을 보면 150세 가까이 수명을 연장시킬 수 있다고 한다.

의식주에 대한 공중위생학적 노력, 환경의학의 발전, 국민영양의 향상, 건강관리를 위한 합리적인 스포츠, 레저, 문화의 향상, 예방의학의 획기적인 개선을 위한 국가적 노력 등 각종 방법을 응용하여 노화나 질병, 사고 등에 대처하고 몸을 잘 관리하고 있기 때문에 장수하고 있다.

이렇게 볼 때 고령화는 기본적으로 문제이기보다는 인구의 축복이다. 즉 인류의 부단한 노력이 사망으로부터 인간을 보호하고 건강하게 수명을 오래 연장케 하는 것은 인간의 승리이고 축복이라고 보아야 한다. 다만 오래 산다는 것은 그 자체만으로는 행복이고 축복이 될 수 없다. 가난과 고통 속에 오래 산다는 것은 오히려 불행일 수도 있기 때문이다. 따라서 고령화에서 일어나는 개인적 사회적 문제를 국가나 사회가 어떻게 해결하고 노력하며 그 해결 수준이 어느 정도인가에 따라 고령화는 축복받을 수 있는 노후가 될 수도 있고 고통 받는 생명의 연장이 될 수도 있다.

3) 노인인구의 변화추이

(1) 우리나라 인구구조 변동추이 및 전망

〈그림 1-1〉 우리나라 인구구조 변동추이 및 전망

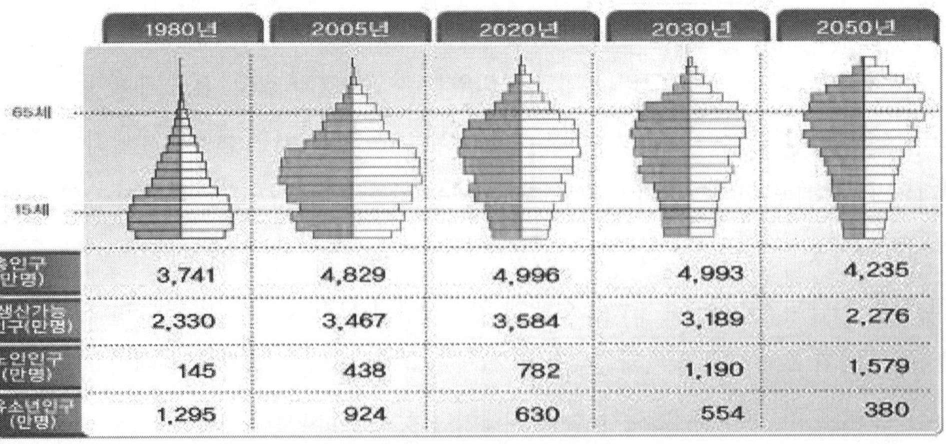

	1980년	2005년	2020년	2030년	2050년
총인구(만명)	3,741	4,829	4,996	4,993	4,235
생산가능인구(만명)	2,330	3,467	3,584	3,189	2,276
노인인구(만명)	145	438	782	1,190	1,579
유소년인구(만명)	1,295	924	630	554	380

출처 : 보건복지부(2006). 2006년 노인보건복지사업안내.

우리나라 인구구조는 그림에서도 알 수 있듯이 '피라미드형'에서 빠른 속도로 '역피라미드형'으로 변화하고 있다. 2005년 전체 인구 4,829만명 중 65세 이상 노인인구는 438만명(9.1%)이고, 2006년 현재 노인인구는 460만명(9.5%)로 나타났다.(통계청,2006). 한국인구학회에서는 우리나라가 감당할 수 있는 적정 수준의 인구는 4,800만~5,100만 명이라고 한다. 그러므로 우리의 경제규모, 복지수준과 생활환경을 감안할 때 현재 4,800여만명에서 ±250만명을 유지하는 것이 바람직하다(양옥남,2006).

(2) 노인부양비 추이 및 전망

노인인구가 증가함에 따라 15~64세 인구가 노인층을 부양해야 할 부담이 늘어나고 있다. 우리나라의 노인부양비는 1970년 5.7%에서 2000년 10.0%로 거의 2배가량 증가하였고, 2010년에는 14.9%로 1970년에 비해 약 3배 가량 증가할 것으로 예상된다. 따라서 이러한 노인부양비의 증가는 노인을 위한 의료 및 사회복지비용의 증대로 이어져 노인수발보험제도 도입 등의 대책 노인문제 해결을 위한 정책이 필요하게 될 것이다.

〈표 1-3〉 노인부양비 추이 및 전망

구분	'70	'80	'90	'00	'05	'10	'20	'30	'50
노인부양비(%)	5.7	6.1	7.4	10.0	12.6	14.9	21.8	37.3	69.4
노인 1명당 생산가능인구(명)	17.7	16.3	13.5	12.4	8.2	6.7	4.6	2.8	1.4

주) 노인부양비율 = (65세 이상 인구 / 15~64세 인구) × 100
노인 1명당 생산가능인구 = (15~64세 인구 / 65세 이상 인구)
출처 : 보건복지부(2006). 2006년 노인보건복지사업안내.

(3) 주요 국가 고령화 속도(노인인구비율 변화 소요기간)

주요 국가의 고령화 속도는 프랑스의 경우 고령화사회에서 고령사회로의 소요기간이 115년, 고령사회에서 초고령사회로의 소요기간이 40년이 걸렸고, 초고령사회인 일본의 경우는 노인인구 7%에서 14%는 24년, 14%에서 20%는 12년이 소요되었다. 우리나라의 경우 고령화 사회로 가는 속도가 세계적으로 가장 빨라 노인인구 7%에서 14%는 18년, 14%에서 20%는 8년이 소요될 것으로 예상된다. 따라서 특히 노인을 위한 실버산업이 유망산업으로 떠오를 것이다.

〈표 1-4〉 주요 국가의 고령화 속도

국가	특정 노인비율 도달연도			소요기간(년)	
	7%	14%	20%	7%→14%	14%→20%
한 국	2000	2018	2026	18	8
일 본	1970	1994	2006	24	12
프랑스	1864	1979	2019	115	40
독 일	1932	1972	2010	40	38
이태리	1927	1988	2008	61	20
미 국	1942	2014	2030	72	16

출처 : 일본 국립사회보장 · 인구문제연구소(2003), 인구통계자료집, 2003

(4) 건강보험에서의 노인의료비 증가추이

우리나라의 노인의료비는 전체인구의 의료비 증가에 비하여 훨씬 빠른 속도로 증가하고 있는데, 1990년 전체의료비 22,198억원 중 노인의료비가 2,391억원으로 8.2%였으나, 2004년 현재 전체의료비 223,559억원 중 노인의료비는 51,097억원으로 22.9%를 차지하고 있다. 따라서 복지선진국의 경험에 의하면 노인의료비는 인구의 고령화와 더불어 증가하는 경향을 보이고 있는 것을 보면, 우리나라의 경우에도 노인의료비는 앞으로 더욱 크게 증가할 것으로 예상된다.

〈표 1-5〉 노인의료비 증가추이

(단위 : 억원, %)

구분	1990년	2000년	2002년	2004년
전체의료비	22,198	131,410	190,606	223,559
노인의료비	2,391	22,893	36,811	51,097
비율(%)	(8.2)	(17.4)	(19.3)	(22.9)

출처 : 건강보험통계연보(국민건강보험관리공단, 각년도)

(5) 노인복지시설(의료, 재가) 수의 증가

위와 같은 노인인구의 증가에 따른 의료비 지출은 결국 국민부담 증가를 의미하므로 의료비 증가속도를 줄이고 효율성을 높이기 위하여 노인의료복지시설 및 재가복지시설 등의 발전이 필요하다.

〈표 1-6〉 노인복지시설 수의 변화

(단위 : 개소)

종류	시설	2005		2004		2003		비고
		시설수	입소정원	시설수	입소정원	시설수	입소정원	
노인의료복지시설	소계	583	35,172	382	26,515	254	20,220	
	노인요양시설(무료)	149	10,321	131	9,384	113	8,572	
	실비노인요양시설	123	4,819	42	2,310	19	1,085	
	유료노인요양시설	84	2,189	41	985	19	683	
	노인전문요양시설(무료)	139	10,436	108	8,539	68	5,641	
	실비노인전문요양시설	5	520	1	100	0	0	
	유료노인전문요양시설	43	1,678	34	1,564	13	871	
	노인전문병원	40	5,209	25	3,633	22	3,368	
재가노인복지시설	소계	851	40,002	662	30,862	505	23,234	
	가정봉사원파견시설	399	32,752	300	24,836	228	18,785	
	가정봉사원교육시설	3		2		0		
	주간보호시설	280	4,618	237	4,245	178	3,117	
	실비주간보호시설	66	1,064	41	604	33	490	
	단기보호시설	103	1,568	82	1,177	66	842	

〈표 1-6〉 노인복지시설 수의 변화에서 보면, 2003년 노인의료복지시설은 254개소 20,220명이 입소하고 있었으나, 2005년 현재 583개소 35,172명으로 시설수가 2배 이상 증가한 것을 알 수 있다. 재가노인복지시설 또한 2003년 505개소 23,234명에서 2005년 851개소 40,002명으로 급격히 증가하고 있음을 알 수 있다. 이와 같은 노인복지시설의 증가는 매우 바람직하다고 할 수 있으며, 다양한 노인의 건강보호욕구에 부응하기 위하여 경제력 있는 노인들을 위한 실비 및 유료노인복지시설도 필요하다고 하겠다.

2 현대사회의 노인문제

현대사회에서 노인이 직면하게 되는 사회생활상의 문제는 매우 다양하다. 그 문제가 때로는 신체적인 변화에서 발생한 것이고, 또 어떤 문제는 연령차별 · 지위하락 · 역할상실과 사회적 가치 및 믿음과 관련되어 발생한다.

1) 도시화와 핵가족 문제

옛부터 우리나라 가족형태는 전통적 농업을 바탕으로 확대가족을 형성하고 있었다. 농촌사회에 있어서는 인구의 지역적 이동을 필요로 하지 않고, 농토의 사유화와 더불어 한 가족이 농사에 종사하는 데 알맞은 생산 활동 단위를 구성하였기 때문에 대가족제도가 일반화되지 않을 수 없었던 것이다. 그러나 사회?경제체제가 농경사회에서 산업사회로 변화함에 따라 종래의 가족 형태도 변하지 않을 수 없게 되었다. 즉 전통적인 대가족제도에서 현대적인 부부 중심의 핵가족 사회로 변모한 것이다.

현대사회의 산업화와 핵가족화의 기능적 관계를 이론화한 사회학자 구드는 핵가족의 기능을 다음과 같이 설명하고 있다. 즉 부부중심가족은 애정을 기반으로 결합된 부부와 그들의 미혼자녀로 구성된 가족이며, 이러한 가족에서는 자기들 이외의 친족에 대한 아무런 부담 없이 오붓하고 단란한 분위기 속에서 생활하는 것이라 할 수 있다. 남편이 직장에서 겪게 되는 스트레스를 집에 와서 풀고 새로운 기분으로 직장에 임할 수 있게 하는 것이 가정이므로 보다 더 많은 능률을 올릴 수 있다고 한다. 또한 사회이동이 잦은 산업사회의 부부 중심 가족에서는 기동성 있는 적응을 할 수 있어 가장 적합하다는 것이다.

이와 같은 핵가족형태는 구미 제국에서 이미 보편화되었고, 한국도 서구문화의 영향으로 구조적 · 의식적 측면에서 핵가족화 되어 가고 있다. 통계청에서 발표한 2005년 고령자 통계에 의하면, 우리나라의 65세 이상의 세대별 가구 구성형태 비율을 보면 1990년 노인 혼자 사는 1인가구의 비율이 8.9%에서 16.2%로 급격히 증가되고 있음을 알 수 있다. 그 외 30.8%는 3세대이상 가구에 거주하고 있으며, 1세대가구(부부로 구성된 가구)거주비율은 28.7%, 2세대가구는 23.9%로 나타나고 있다. 그러나 3세대와 4세대의 구성 비율이 매년 급격히 감소하고 있는 반면 1세대와 단독 가구의 비율이 크게 늘고 있는 것을 보면 우리나라에서도 노인세대 증가로 인한 노인문제가 심각해지고 있음을 알 수 있다.

핵가족의 기본적 · 구조적 원리는 평등주의이다. 이 평등은 부부간의 평등뿐만 아니라 친족관계를 포함함 모든 인간관계의 평등을 의미한다. 따라서 대가족제도 하에서는 가부장의 권한이나 지위는 현저하게 약화될 수밖에 없다.

우리나라 노인인구의 또 다른 특성은 도시화율의 지속적인 증가다. 도시화율이란 도시에 거주하는 노인의 비율을 말한다. 노인인구의 도시화율이 증가하는 이유는 우선 산업구조에 있어서 농업의 비중이 쇠퇴함에 따라 도시로 이동하는 젊은 자녀와 함께 이동하는 노인인구가 많아지는 것을 들 수 있고 다음으로는 행정구역의 개편으로 읍 · 면에서 도시로 승격하는 지역이 많아지는 현상을 들 수 있다. 한국노인은 약 45% 이상이 자녀나 친 · 인척과 동거하고 있는데 자녀와 함께 도시로 이주하는 노인도 많아지고 일용직의 돈벌이를 위해 노부부가 함께 도시로 이주하는 것도 노인인구의 도시화율을 증가시키는 주요 요인으로 보고 있다.

노인가구란 가구 구성원 중에서 노인이 포함된 가구를 의미한다. 한국 보건사회연구원이 전국 7,250가구를 표본으로 조사한 결과에 의하면 이러한 노인가구가 전체 가구 중에서 차지하는 비율이 1994년 22.6%이며 노인가구 중에서 노인독신가구의 비율은 14.9%, 노인부부가구의 비율은 23.6%로, 자녀별거 노인가구의 비율은 38.5%로 나타나고 있다. 군 지역에서는 전체 가구 중 노인가구가 차지하는 비율이 40.7%이며 독신노인가구 및 노인부부가 노인가구에서 차지하는 비율은 각각 20.0%, 32.7%로 군부지역의 자녀별거 노인가구가 전체 노인가구에서 차지하는 비율이 52.7%에 이른다. 또한 도시지역에서 자녀별거 노인가구가 차지하는 비율이 52.7%에 이른다. 또한 도시지역에서 자녀별거 노인가구가 차지하는 비율은 28.6%로, 지역마다 큰 차이를 보인다.

이와 같은 급속한 산업화와 도시화 그리고 이에 따른 사회이동과 변동은 국민생활의 패턴을 바꾸어 놓았고 사고방식과 가치관의 변화를 가져오게 하였다. 특히 산업화와 서구화의 물결에 따라 확대되는 개인의 자유와 권리를 바탕으로 하는 서구사상의 보급은 젊은이들로 하여금 가장과 연장자들의 지배로부터의 독립의식을 고취시켰고, 서구의 앞선 지식과 기술의 습득 그리고 서구적 사상을 주입하는 새로운 각종 제도의 도입은 노인들에 비해서 젊은 사람들이 급격한 발전을 가져오게 하였다. 압도적이고 우월한 현대적 기술 앞에서 종래의 「노련한 기술」을 가진 노인의 중요성이 감소되지 않을 수 없게 되었다.

공업화 및 도시화가 진전되고, 자유 및 평등의 민주사상이 팽배되어감에 따라 속성본위, 개인주의, 확산주의를 기준으로 하는 확대가족체계는 효율 본위의 공업사회에 이념적으로 부적합한 것이 되고 말았다. 공업화와 더불어 진행되는 도시화는 인구의 지역적인 대량 이동과 사회계층적인 이동을 일으키게 하는 한편 개인의 능력과 업적을 토대로 한 직업적 및 사회적 진출로서 개인주의를 촉진시켰다. 국가 행정기관 및 모든 공기업체의 관료제도가 이루어지고 배우자 선택의 자유, 균분상속제가 시행되었다. 이러한 사회적 현상은 가족을 핵가족화 시키며, 개인을 가족집단에서 개별화시키는 데 주된 원인이 되었다.

한편 노부모의 역할은, ① 아들, 부부의 성생활에 불편한 존재가 되고, ② 경제적으로 도움이 못되며, ③ 양육활동에 있어서도 어린 손자를 약간 돌보는 정도이고, 교육적인 면에서도 노부모의 역할은 부차적 것에 지나지 않는다.

이와 같이 핵가족 생활에 있어서는 노인의 역할이 별로 도움이 되지 않는 것이다.

따라서 핵가족 하에서는 노후생활은 안락한 생활이기보다는 불안한 생활이 될 수밖에 없다. 집은 단지 부모와 자식이 자유스럽고 편안하게 쉴 수 있는 곳에 불과하며 가문이라는 전통적 개념은 약화되어 가고 있다.

한편 핵가족화의 진행은 노인만의 세대를 증가시켜 가고 있다. 한국 노인문제연구소가 우리나라의 가족 구성형태와 관련해서 조사한 바에 의하면, 노부모가 자식에 의해서 동거 받던 가족형태는 급속도로 붕괴되고 있는 반면, 노부부끼리 또는 혼자 사는 노인세대가 점진적으로 증가하고 있다.

이와 같은 핵가족화의 추세는 효도 · 동거 · 존경 · 부양 등 의식의 약화, 노인의 권위약화와 급격한 도시화 · 산업화, 경제적 빈곤까지 겸하여 노인문제는 개인문제를 지나 가정, 사회문제로 대두되게 하고 있다. 즉 선진공업국의 노년층은 물질적 생활이 보장되기 때문에 정신적 · 심리적 고독 소외, 여가들이 주로 문제가 되고 있으나, 한국은 이질적 핵가족화의 과도기에서 노인들은 물질적 · 정신적 부양에 있어서 모두 문제를 안고 있다.

2) 부양비 부담 문제

(1) 비생산성 증가

고령화 사회라 함은 비생산인구로서 노인 인구의 증가를 뜻하므로 이러한 사회에서는 노인 부양의 책임이 가족에 있건 또는 사회에 있건 간에 이를 국가적인 차원에서 본다면 부양비 부담의 증가는 문제를 가지고 있다. 이에 서구 여러 나라에서는 고령화 사회에 대하여 비상한 관심을 가지고 특히 인구학적 또는 복지 행정적 측면에서 연구를 활발히 진행해 오고 있다.

고령화 사회라 함은 곧 전체 인구에서 차지하는 노년인구의 비율이 증가해가는 사회인데 전체 인구 중 비생산인구로 분류되는 65세 이상의 노년인구계층과 0~14세의 연소인구계층이 증가해간다는 것은 곧 그만큼 생산인구의 비생산인구 대한 부양부담이 커져간다는 것을 의미하는 것이기도 하다. 여기서 부양부담을 수치로 나타내어 부양지수라고 하는데 이는 65세 이상의 노년인구를 15~64세의 생산인구로 나눈 것으로 이를 노년부양비 혹은 노인인구지수라고도 한다. 한편 총부양비라 함은 비생산인구인 0~14까지의 연소인구에서 65세 이상의 노년인구를 합한 것인데, 이는 생산인구인 15~64세의 인구로 나눈 것을 말한다.

연소인구와 고령인구로 구성되어 있는 비생산인구에서 두 집단이 차지하는 구성비의 차이 내지 그 변화는 두 인구집단에 대한 부양형태가 다르다는 점에서 국가정책 수립 상 매우 중요한 의의를 갖는다. 즉 연소인구에 대한 부양형태는 양육 · 보건 · 교육 등으로 집약될 수 있는데, 이 인구집단에 대한 재정적 투입은 일정한 기간이 지나 이들이 생산연령기에 도달하면 동안 투자했던 부양비용이 생산 활동을 통해 회수될 수 있는 성격의 것이지만, 노년인구에 대한 의료혜택, 생활부조, 복지서비스 등에 투입된 재정은 대체로 회수될 수 없는 성격의 것들이라고 할 수 있다.

따라서 노년인구에 대한 부양은 앞으로 투자효과가 나타나는 것을 기대하는 것이 아니라 이제까지 생산 활동에 참여하여 개인이 국가에 투자 한데 공헌해온 데 대한 보답 내지 반대급부로 생각하는 것이 옳다. 그러한 뜻에서 앞으로 비생산인구에 대한 부양형태의 변화와 이에 따른 정책의 재조정 또는 수립에 이와 같은 측면이 아울러 고려되어야 할 것이다.

물론 노인 인구의 증가추세가 계속되면 될수록 노인 부양문제는 보다 심각해질 것으로 예측되고 있다. 노인문제는 노인인구의 상대적 증가라는 양적인 문제보다도 산업화 등에 따른 사회변동이 몰고 온 질적인 문제가 더 크기 때문에 사회변동이 급속히 진행되고 있는 우리나라의 경우 이와 같은 문제는 다른 나라에서 겪은 것보다 훨씬 큰 충격을 가져다줄 것이다.

우리나라에 있어서 본격적인 고령화 사회는 2010년경부터 시작될 것으로 본다. 따라서 지금의 50대가 고령화 시대를 여는 주역이 될 것이므로 국가적 차원에서는 물론 개인적 차원에서 노후대책에 노력을 기울여야 할 것이다.

(2) 부양부담 가중

산업화 · 공업화 · 도시화의 진행은 핵가족화를 초래하였고, 핵가족 제도하에서 노인의 가정적, 사회적 지위와 역할이 저하함에 따라 노인 부양의 책임을 가정에서부터 사회가 분담하지 않으면 안 되게 되었다. 이것은 노인부양에 대한 사회적 비용의 증가를 의미하는데 사회적 책임은 곧 연금제도와 공적부양 그리고 각종 복지 프로그램의 확충이라는 방법으로 강구되며, 이는 국가의 비용부담 가중을 초래하게 된다.

아직 우리나라에서는 이와 같은 문제가 심각하게 대두되지 않고 있으나, 이미 사회보장제도가 철저하게 실시되고 있는 구미제국에서는 사회복지제도 시행에 있어서 시대의 문제로 제기되고 있는 구미제국에서는 사회복지제도 시행에 있어서 최대의 문제로 제기되고 있는 것이 바로 노인복지를 위한 재정상의 문제이며, 그 중에서도 연금재원이 가장 큰 문제가 되고 있다. 퇴직인구 대한 부양능력의 측정은 노동력에 있어서 노동인구(14~64세)에 대한 연금수혜대상인구(65세 이상)의 비율이라는 인구 구조에 의하여 결정된다. 그런데 근로인구의 상대적 감소로 인하여 부양부담이 날로 무거워져 가고 있는 것이 현재 세계적인 추세이다.

1977년 미국 의회는 관계법을 개정하여 근로자로서 2002년 이후에 퇴직하는 자는 퇴직 전 평균 급료의 거의 43%에 달하는 연금을 받게 하였다. 이러한 현상을 우리나라의 경우 아직 생각조차도 할 수 없는 것이긴 하지만 일하지 않고 편히 지내기를 원하는 사람들이 우리나라라고 해서 없을 수는 없는 것이고 이러한 사람들은 여건이 허락한다면 그러한 생활을 추구려할 것은 뻔한 일이다.

따라서 국가의 각종 발전계획에 이러한 상황이 고려되는 것이 좋을 것이다. 한편은 다른 문제로 완벽한 노후보장이 평소 개인저축을 오히려 저해한다는 이론이 있다. 즉 연금수혜의 범위와 개인저축 간에는 깊은 관계가 있다고 하는 프리드먼의 견해이다. 그에 의하면 국가로부터의 지원혜택을 받을 경우 확실히 개인저축의 필요성을 저하시키며 장래 저축계획에 소홀하게 하는 경향이 있다고 한다.

사실 1930년대 이전까지만 해도 사회복지는 구빈법(救貧法), 고아, 미망인 등에 대한 소극적이고 제한적이며 지역적인 구호활동에 그친 것이었다. 그러나 대공황 이래 사회복지는 윌린스키와 르보의 말대로「자유방임의 원칙에서 복지 국가로의 원칙」으로 대전환을 하였다. 그리고 이것은 부분적으로는 자유경쟁의 경제에서 독점자본주의 경제로의 전환을 반영하는 것이기도 하다.

그리하여 이 시기 이후부터 서방 각국에서는 중앙정부이건 지방정부이건 간에 사회복지 비용이 크게 증가하게 되었다. 그리고 중앙정부의 복지시책이 더욱 적극적으로 개발되지 않으면 안 되었고, 이에 국가복지 기능이 강화되게 되었다.

노인 인구의 증가와 이에 따른 노인복지비용의 증대는 1인당 경제활동 인구에 대한 부양부담을 크게 가중시켜 가고 있다. 공사부문(公私部門)을 불문하고 노인부양부담 특히 연금제도는 지난 40여 년간 많은 산업화 국가에 있어서 그 속도가 가장 빠르게 발전한 경제제도 장치임에는 틀림없으나 한편 이 제도는 고령화 사회에 있어서 사회복지비용의 증가라는 가장 큰 골칫거리로 등장하고 있다.

3) 경제적 빈곤문제

노인부양의식이 바뀌어가고 있고 또 노인들의 자립의식도 높아가고 있다면 노인들의 생활여건을 조성하는 여러 가지 조건들도 이에 맞추어 변해야 하나 그렇지 못하기 때문에 많은 문제가 대두되고 있다. 특히 이러한 문제 가운데 가장 중요하고도 절실한 것이 노인의 빈곤문제라고 할 수 있다.

우리나라에 있어서 노인빈곤의 특징은 상대적 빈곤이라기보다는 절대적 빈곤이 압도적이며, 이러한 현상은 가정에서나 사회에서 노인지위 추락의 과정이 진행됨에 따라 더욱 심화되는 경향을 나타내고 있다. 이미 노령은 빈곤의 주요 원인 중의 하나로 등장하였으며, 현재 노인은 우리나라 빈곤층을 구성하는 주요 계층이 되었다.

노인빈곤을 취업과 관련하여 볼 때에도 구조적인 문제가 있음을 알 수 있다. 즉 빈곤가구 중 무취업 가구주의 무취업 이유를 보면 노령으로 인한 무취업이 27.3%를 나타내고 있다. 노인빈곤은 노인세대의 빈곤을 초래하고 있는데, 최근 노인세대의 급격한 증가는 사회적 빈곤을 구성하는 주요한 원인이 되고 있다.

이와 같은 노인빈곤의 특징은, ① 장기화 · 만성화, ② 대량화 · 집단화, ③ 가속화에 있다. 이를 구체적으로 제시해보면 다음과 같다.

첫째, 노인은 일단 직장에서 은퇴하고 나면 재취업의 기회가 제한되고 거기에다 수명은 연장되어 빈곤이 장기화된다. 사회복지 프로그램에 의하여 취로(就勞)의 기회를 갖거나 생활지원이 이루어진다고 해도 연금이나 재산소득 등에 의한 생활보장이 아니고서는 노인만의 생활은 상대적으로 빈곤해 질 수밖에 없게 되며 만성적 빈곤에 빠지게 된다.

둘째, 노인 인구의 증가와 핵가족화에 의한 노인가구의 증가로 빈곤이 대량화되고, 특히 도시 인구 밀집지역에서는 집단화되어 사회문제로 되고 있다.

셋째, 보건 · 의학의 발달과 영양섭취에 의한 건강의 유지로 취로활동(就勞活動)이 가능함에도 불구하고 사회의 일률적 정년제에 의하여 퇴직함으로써 가족부양의 부담이 비교적 여유가 없는 시기에 수입원을 잃게 되어 빈곤이 가속화하게 된다. 그리고 일단 빈곤하게 되면 회복하기가 힘들어 소위 만성적 노인빈곤에 빠지게 된다.

더구나 연금제도가 확충되어 있지 못한 우리나라와 같은 경우 노년에 도달하기 전부터 노후준비를 해야 하는데 그것 또한 매우 어려운 것이 현실이다. 우리나라에서 실시하고 있는 공적연금에는 공무원연금, 군인연금, 사립학교 교직원연금, 그리고 국민연금 등 4가지가 있는데, 오늘날 노인 중 연금에 의해서 소득을 얻고 있는 비율은 1.3%에 불과한 실정이다.

이러한 실정에 있음에도 불구하고 우리나라에서는 또 젊은 계층에서도 노후에 대한 준비를 충분히 하지 못하고 있어 노인 생활보호에 큰 문제가 되고 있다. 한국인구보건연구원의 조사에 의하면 노후를 위한 경제적 준비를 하고 있는 사람은 12.5%밖에 안 되며, 그나마 농촌은 6.9%에 불과하고 도시가 15.1%이다.

우리나라 노인 중 노후를 위한 사전준비를 못한 비율이 큰 이유로는, ① 자녀들의 교육비 부담, ② 수입생활에서의 조기은퇴, ③ 연금제도의 미흡, ④ 인플레 요인 등을 들 수 있다.

노후 생계를 위한 사전준비를 못한 노년계층은 결국 자녀들이 부양해야 하는데, 사회구조가 산업화됨에 따라 자녀들의 노부모 부양의식의 감퇴현상이 가속화하고 있을 뿐만 아니라 수명연장으로 인해서 노후생활의 기간이 종전에 비해서 장기화하고 있어 문제는 더욱 심각하다.

2004년 고령자 통계에 의하면 2003년 65세이상 인구 중 「소득있음」은 52.4%로 1999년과 비교하여 3.5%p 증가한 반면 「소득없음」은 47.6%로 3.5%p 감소하였다.「소득있음」으로 응답한 65세이상 인구중 소득에 대한 「만족」은 10.4%, 「보통」은 37.4%, 「불만족」은 52.2%로 나타나 1998년 경제위기 이후인 1999년보다도 「만족」과 「보통」은 각각 0.2%p , 3.3%p 낮아진 반면「불만족」은 3.5%p 증가하였다. 이렇듯 소득은 증가하고 있으나 2004년 2/4분기 노인가구의 소득에서도 알 수 있듯이 노인가구외 소득(280만원)의 절반에도 못 미치는 103만원(37%)에 불과한 것으로 나타났고 근로소득은 10.7%에 불과하여 노인들의 사회적 일자리 창출에 좀 더 많은 지원과 대책이 요구된다고 하겠다.〈표 2-1〉

현대사회의 제도인 〈정년퇴직〉은 노인을 인위적으로 직업의 일선에서 물러나게 하여 노후에 생계와 용돈부족 등의 경제적 어려움을 야기시키는 중요한 요소가 된다. 〈노인 단독세대〉가 늘어나고 있고 여성 노인수가 더 많은 상황을 감안할 때 빈곤은 이들의 경우에 가장 심각한 문제이다. 대한은퇴자협회(www.karpkr.org)에서는 나이로 정년을 논하는 것에 반대하여 정년보장에 대한 정부의 강력한 지원을 요구하고 있다.

〈표 2-1〉 65세 이상 인구의 소득만족도(2003)

(단위 : %)

소득만족도		소득있음								소득없음
			만족	매우 만족	만족 한편	보통	불만족	불만족 한편	매우 불만	
1999	전체	60.2	10.1	0.4	9.7	41.3	48.5	37.5	11.0	39.8
	65세 이상	48.9	10.6	0.8	9.8	40.7	48.7	36.3	12.4	51.1
2003	전체	63.5	11.9	1.3	10.6	39.0	49.1	35.5	13.6	36.5
	65세 이상	52.4	10.4	1.8	8.6	37.4	52.2	37.4	14.8	47.6

자료 : 통계청, 「2003년 사회통계조사보고서」

4) 노인사고와 건강문제

노인 사고 역시 생활환경에서 오는 중요한 노인문제 중의 하나이다. 노인이 되면 신체적으로나 정신적으로나 환경에 재빨리 대응해서 위험을 피하는 능력이 없어져간다. 뜻하지 않은 사고사(事故死)는 여자가 남자보다 적다고 하나 모두 연령이 높아질수록 그 비율이 높아지며, 특히 60세를 지나면 급격히 높아진다.

발생빈도 면에서 본 노인 사고를 보면 65세 이상의 경우, 첫째가 자동차사고, 둘째가 불의의 추락, 셋째가 익사 넷째가 화재 · 화염에 의한 사고, 다섯째가 음식 기타에 의한 질식이다. 이중 교통사고의 비율은 유아나 어린이와 같은 정도이며, 추락은 유아의 5배, 화재 · 화염에 의한 사고는 다른 나이의 2~3배, 질식도 유아 다음으로 높다. 이것은 노인의 사고?예방의 초점을 어디에 두어야 하는가를 밝혀주는 것이다.

최근의 급격한 사회 환경의 변화는 노인들로 하여금 생활하기에 어려운 조건을 만들어내는 결과를 가져오게 되었으며 노인 사고의 돌발성을 급격히 높게 하였다. 도로는 자동차로 꽉 차고, 버스는 만원이며, 동작이 느린 노인에게는 택시를 잡을 수 있는 기회란 좀처럼 주어지지 않으며, 길을 걸을 때도 곤란과 위험이 항상 따른다.

이에 더하여 매스컴의 홍수 역시 노인 생활을 위축시키는 중요한 환경요인이 되고 있다. 특히 아동 및 청소년의 인격형성에 큰 영향을 주는 사회환경인 매스컴의 보도 · 교육 · 오락 등이 사회생활 각 분야에 미치는 영향은 매운 큰 것으로 선정적인 내용의 방송, 경로효친(敬老孝親) 의식을 약화시키는 각종 연속극, 코미디, 출판물, 영화, TV, 광고의 무질서한 표현 지나친 성의 묘사, 포악한 내용 등이 범죄를 교사하거나 물질만능의 풍조를 일으키게 하는 비행, 부도덕 등의 반사회적 행동에 대한 사회적 통제를 매우 어렵게 하고 있다.

이와 같이 스피드화 하고 합리화해 가는 현대사회는 확실히 건강한 젊은 사람들에게는 살기 편리하고 능률적이지만 노인에게는 필요 이상으로 심신의 피로를 강요하는 생활환경이다.

노인이 되면 또 하나의 문제로 건강이 대두된다. 일반적으로 사회조사결과를 보면 노인들 중에는 건강이 좋지 못한 것이 가장 고통스러운 문제라는 비율이 높다. 노인은 신체적, 정신적으로 매우 쇠약해져 가는 과정에 있는 사람으로 심신의 장애가 발병하게 된다. 그리고 질병에 쉽게 걸릴 뿐만 아니라 만성적이어서 장기화되거나 다른 질병과 중복이 되어 나타나기가 쉽다. 그런데도 노인들의 경제적 지위와 노인들에게 제공되는 의료서비스 제공으로서는 적절한 의료보호에 접근하기가 쉽지 않다. 노인들이 의사를 찾는 비율이 30% 정도 더 높게 나타남에도 불구하고, 지역적인 의사의 분포도가 불균등해서 문제가 되고 있고 또한 의사가 노인을 꺼리는 데도 문제가 있는 것으로 나타난다.

거기에는 두 가지 이유가 있는데, 첫째 많은 의사들은 노인의 병 증세를 치료할 수 없는 것으로 기록해 버린다는 것과, 둘째 노인이 가지고 있는 만성병보다는 급성병을 치료하는 것이 더 많은 보수를 빨리 벌 수 있는 것임을 잘 알고 있기 때문이다.

노인단독가구나 독거노인의 증가와 더불어 보호의 필요성은 바로 노인 자신의 신체적 기능의 약화에서 비롯된다. 가족의 구성원인 노인은 심신의 건강이나 사회적 여건에 따른 개인차이는 있겠지만 어느 일정연령이나 일정수준 이하의 심신상태가 되면 자립 생활을 영위하기가 어려워진다. 따라서 타인에게 의존하지 않고서는 노인의 생활유지가 어려워진다. 이때 1차적으로 의존할 곳은 가정이다. 하지만 전통적인 가정에서는 노인의 부양기능을 감당해 왔지만 현대 가정은 핵가족화와 소자녀 출산으로 가족구성원 수가 적고 주부의 취업증가와 자녀 교육기간이 길어 가족부양기능이 현저히 약화되어 있으므로 노인은 사회적 보호를 필요하게 된다.

특히 고령화 사회에서는 고혈압, 관절염 등 만성 노인성질환의 유병율이 증가하는 것이 문제가 되고 있다(표 2-2). 따라서 이러한 사회에서는 고령 후기 노인을 보살피는 문제를 가정의 노력이나 노동력만으로는 해결이 어려운 상황에 도달한다. 그러므로 서구사회에서는 경제력이 없는 노인들에게는 국가가 공적부조 서비스를 제공해서 노후생활을 보장해 주고 있지만 경제력이 있거나 자녀로부터 생계비를 지원 받는 노인들은 노인을 소비자로 보는 실버산업을 육성 발전시키는 정책을 개발하여 문제를 해결해 주고 있다. 우리나라도 이런 맥락에서 유 · 무료 노인복지시설의 필요성이 강하게 대두될 것이다.

〈표 2-2〉 연간 만성질병 유병률(2001)

(단위 : 명/인구1000명)

	관절염	고혈압	요통, 좌골통	위염, 소화성 궤양	치아우식증	진균증	알러지성 비염
65세 이상	364.6	259.8	194.4	99.5	38.4	36.4	7.3
남 자	199.0	225.9	112.7	89.0	40.4	43.5	14.6
여 자	471.0	281.6	246.9	106.2	37.2	31.8	2.5

자료 : 보건복지부, 「2001년 국민건강 · 영양조사 -만성질병편」

국민건강보험공단에서 발표한 '65세 이상 노인 의료이용실태 분석결과'를 보면 65세 이상 노인인구는 '94년 237만명(적용인구 5.5%)에서 '04년말 375만명(7.9%)로 점유율이 2.4%p증가하였으나 동기간 진료비 점유율은 11.3%에서 22.8%로 11.5%p증가하였다.

〈표2-3〉 노인인구 및 노인진료실적

(단위 : 천명, 억원)

구 분		1994년	1997년	2000년	2003년	2004년
전용인구	65세 이상	2,369 (5.5%)	2,696 (6.0%)	3,019 (6.6%)	3,541 (7.5%)	3,748 (7.9%)
	65세 미만	40,889	42,229	42,877	43,562	43,624
	계	43,258	44,925	45,896	47,103	47,372
진료비	65세 이상	5,511 (11.3%)	12,236 (13.9%)	22,555 (17.5%)	44,008 (21.1%)	51,364 (22.8%)
	65세 미만	43,461	67,803	106,567	163,412	173,696
	계	48,972	88,039	129,122	207,420	225,060
급여비	65세 이상	3,598 (11.6%)	8,309 (14.4%)	15,821 (18.0%)	32,757 (22.1%)	38,411 (23.8%)
	65세 미만	27,490	49,195	72,072	114,795	122,894
	계	31,088	57,504	87,893	147,552	161,305

주) 적용인구는 연도말, 진료비 급여비는 지급기준

65세 이상 연간진료비는 '94년 234,155원에서 '04년 1,402,142원으로 지난 10년동안 약 6배가 증가한 것으로 나타났는데 특히, '04년 65세 이상 연간급여비는 1,048,539원으로 최초로 100만원을 돌파하였다. 65~74세 연간 진료비지출은 1,414,032원으로 75세 이상 1,376,272원보다 약간 높게 나타났고 노인 의료이용횟수는 '94년 12.33일에서 '04년 35.41일로 대폭 증가하였다. 입원에 있어서는 65~74세는 '94년 1.83일에서 '04년 3.62일로 약 2배 증가하였으나, 75세 이상은 '94년 1.57일에서 '04년 5.74일로 3배이상 급격하게 증가하였고 외래는 2000년이후 75세 이상 노인이 65~74세 노인보다 연간 3~4일 정도 의료이용이 적은 것으로 조사되었다.

〈표2-4〉 노인 연간진료비 및 의료이용횟수

(단위 : 원, 일)

구 분		1994년	1997년	2000년	2003년	2004년
65세 이상	연간진료비	234,155	457,195	767,305	1,271,639	1,402,142
	연간급여비	156,047	310,738	538,227	946,550	1,048,539
	1인당입내일수	12.33	13.88	25.40	34.11	35.41
	입원일	1.75	2.30	2.91	4.09	4.29
	내원일	10.58	11.58	22.49	30.02	31.12
65세 ~74세	연간진료비	256,873	493,557	799,396	1,297,444	1,414,032
	연간급여비	169,807	331,443	555,307	962,025	1,054,022
	1인당입내일수	13.70	13.65	26.68	35.11	36.08
	입원일	1.83	2.34	2.77	3.58	3.62
	내원일	11.87	11.31	23.91	31.53	32.46
75세 이상	연간진료비	185,997	383,425	700,678	1,215,471	1,376,272
	연간급여비	126,877	268,732	502,767	912,866	1,036,609
	1인당입내일수	9.42	14.35	22.74	31.95	33.94
	입원일	1.57	2.21	3.18	5.21	5.74
	내원일	7.85	12.14	19.55	26.74	28.19

주) 지급기준

지난해 65세 이상 노인이 가장 많이 입원한 질환은 노인성백내장으로 99,266명이 1,178억원의 진료비를 지출하였고, 2위는 뇌경색(증)으로 47,948명이 1,127억원을 지출하였으며, 3위는 폐렴으로 29,479명이 509억원을 지출하였다. 10위까지 상병중 1인당진료비가 높은 질환은 대퇴골골절 4,233,643원이었고, 위의 악성신생물 3,419,569원, 협심증 2,641,247원, 뇌경색(증) 2,349,972원의 순으로 지출액이 많았으며, 본태성고혈압은 750,668원으로 진료비지출이 적은 질환이었다. 천명당 진료인원은 노인성백내장이 27.1명으로 나타났고, 뇌경색증 13.1명, 폐렴 8.0명, 당뇨병 7.1명순으로 조사되었다.

〈표2-5〉 입원 다발생 진료 순위(2004년)

순위	상병명	진료 실인원 (명)	천명당 진료인원 (명)	진료비 (백만원)	1인당 진료비 (원)
1위	노인성 백내장	99,266	27.1	117,839	1,187,105
2위	뇌경색(증)	47,948	13.1	112,676	2,349,972
3위	폐렴	29,479	8.0	50,941	1,728,048
4위	당뇨병	25,839	7.1	34,925	1,351,626
5위	협심증	19,299	5.3	50,973	2,641,247
6위	만성 폐질환	16,555	4.5	29,514	1,782,808
7위	대퇴골의 골절	15,481	4.2	65,541	4,233,643
8위	본태성 고혈압	15,275	4.2	11,466	750,668
9위	요추 및 골반의 골절	15,265	4.2	15,206	996,154
10위	위의 악성신생물	14,478	4.0	49,509	3,419,569

주) 지급기준, 분만실적은 제외

〈표 2-6〉 외래 다발생 진료 순위(2004년)

순위	상병명	진료 실인원 (명)	천명당 진료인원 (명)	진료비 (백만원)	1인당 진료비 (원)
1위	감기	1,876,093	512.1	94,752	50,505
2위	본태성고혈압	1,182,304	322.7	129,644	109,654
3위	치아및지지구조의 기타장애	972,893	265.6	65,615	67,443
4위	배통	684,725	186.9	67,525	98,617
5위	무릎관절증	629,636	171.9	78,256	124,288
6위	요통	562,936	153.7	60,927	108,231
7위	위염 및 십이지장염	511,429	139.6	23,234	45,430
8위	당뇨병	476,055	130.0	66,655	140,015
9위	노인성 백내장	387,322	105.7	24,199	62,479
10위	알레르기성 접촉피부염	336,609	91.9	10,810	32,114

주) 지급기준

지난해 65세 이상 노인이 외래로 의료기관을 이용한 질환 순위는 1위는 감기 1,876,093명으로 947억원의 진료비를 지출하였고, 2위는 본태성고혈압으로 1,182,304명, 1,296억원, 3위는 치아 및 지지구조의 기타장애로 972,893명, 656억원을 지출하였다. 10위까지 상병중 1인당 진료비가 높은 상병은 당뇨병으로 연간 140,015원이었고, 무릎관절증 124,288원, 본태성고혈압 109,654원, 요통 108,231원순으로 지출액이 많았으며, 알레르기성접촉피부염 32,114원, 감기 50,505원은 진료비지출이 적은 질환이었다. 천명당 진료인원은 감기는 512.1명으로 전체노인의 50% 이상이 진료를 받았고, 본태성고혈압은 천명당 322.7명으로 노인의 약 1/3이 진료를 받았다.

5) 역할상실과 고독 문제

현대사회의 급격한 사회변천에 따른 세대간의 의식 및 가치관의 격차가 노인의 지위를 격하시키고 있다. 의료의 발달과 생활수준의 향상으로 인하여 그 수명이 날로 연장되어 긴 노년의 기간을 갖게 된데 반해, 가정과 사회에서 이러한 책임과 업무가 주어지지 않고 오히려 주류의 세력에서 제외되고 있다. 즉 인간의 직업생활로부터 떠나 사회의 일선에서 후회하게 되면 고독하고 할 일 없는 노인으로 전락하게 되는 것이다.

거기에다 사회의 잘못된 고정관념으로 노인은 편견의 대상으로 시달리게 되어 노인들이 직업생할과 사회일선에서 후퇴하게 하는 역할의 박탈은 남는 시간을 어떻게 보낼 것인가 하는 심각한 문제에 직면하게 되어 노인들의 고독과 외로움은 점점 더 심화되고 있다.

외로움의 사전적 정의는 '혼자 되는 것, 동료가 없고, 다른 사람으로부터 단절된 것, 사람에게는 빈번하지 않지만 혼자 되는 것, 쓸쓸하고 버려진 듯한 느낌' 으로 나타나 있다. 모든 연령층의 사람들이 때때로 외로움을 느낀다. 대개 그 느낌은 그렇게 오래 지속되지는 않는다. 그러나 노인이 느끼는 지속적인 외로움은 위험을 알리는 경계경보와 같다. 중요한 변화들이 노년기에 발생하기 때문에 노인들은 외로움이란 감정을 더 자주 경험한다. 우리는 배우자나 친구보다 더 오래 살 수 있으며, 그들이 떠나고 나면 새로운 사람을 만나기가 어렵다는 걸 잘 알고 있다. 우리에게 친숙하고, 사랑하는 환경이 낯설고 새로운 것으로 변해가는 것도 잘 안다. 과거처럼 신체적 활동이 왕성하지 못해서 옛 친구들과 멀어질 수도 있다. 그렇게 되면 몹시 외로울 것이다.

외로움은 충족되지 않은 내적 고통, 내적 진공상태, 만족에 대한 열망, 사랑하는 사람에 대한 그리움일 수도 있는 등 정의하기 어려운 개념이다. 사실 이런 감정은 말보다는 경험으로 더 쉽게 알 수 있다.

고독과 외로움 사이에는 유사점이 있다. 그러나 질적인 특징을 구별하지 않고 동일시하는 것은 옳지 않다. 외로움은 언제든지 부정적 경험인 반면 고독은 종종 긍정적이며 신선한 경험이기도 하다. 외로움은 파괴적일 수 있는 쓸쓸함과 우울증을 가져오며 희망을 억누르고 열정을 가시게 한다. 한편, 고독은 창의적이며 동기를 부여한다. 전자는 비자발적이고 원해서 이루어진 것이 아닌데 반해, 후자는 자발적이고 신중하게 선택된 것이다.

외롭다는 것은 신체적 분리일 뿐만 아니라 영적이며 심리적인 고립이라는 것과 관련이 있다. 외로움은 마음의 고독을 낳고 우리가 친구가 되고 싶은 사람들과 단절된 느낌을 낳는다. 혼자라고 생각하는 정도의 고독은 지극히 정상적인 것이며, 오히려 내적 생활의 여러 면에서 필수적인 것이기도 하다. 우리들은 모두 '사람들로 북적거리는' 세상에서 떠나 조용히 자신을 건설적인 방향으로 성찰하는 시간이 필요하다는 경험을 한다. 그러한 고독의 시기가 다람쥐 쳇바퀴 돌 듯 사는 오늘날의 삶 속에서 우리가 발견한 반가운 대안이기도 하다. 우리는 생계를 위한 바삐 사는데 치여 생활을 해야 한다는 사실을 잊는다. 가끔은 홀로 우리의 참 모습을 발견하고 그것에 대응해야 할 필요가 있다. 스스로 고독의 시간을 마련하면 값으로 매길 수 없는 자기 분석과 삶에 대한 새로운 통찰을 얻을 수 있다. 하지만 외로움은 이와는 이질적인 문제이다.

외로움을 극복할 수 있으려면 고통 받고 있는 사람의 주변 문제가 해결되어야 한다. 가장 먼저 외로운 사람 자신들이 첫 발을 내딛어야 한다. 그들 자신이 그럴 의사가 없다면 영원히 외로움 속에서 지내야 할 것이다.

결국, 우리들 각자는 현실과 직면하여 우리가 처한 상황에 대한 책임을 져야 한다. 외로움이란 것도 지극히 개인적인 우리 자신의 것이요 최종 책임자는 우리 자신이다. 어떤 변화라도 일으키려면 우리 자신이 먼저 시작해야 한다. 자신의 책임을 부인하고 다른 사람들을 탓하고 떠넘기려 한다면 외로움에서 벗어날 가능성이 없다. 가족, 친구, 환경, 또는 어떤 것에 대한 비난도 멈춰야 한다. 그런 다음에야 변화할 수 있는 여건이 조성된다.

외로움에만 매달리지 말고, 그 자리에 그냥 그대로 두고 우리가 무엇을 할 수 있는지를 생각하는 것이 중요하다. 필수적인 욕구를(수면, 운동, 다이어트, 학습, 관계 등) 충족시키면 조금

외로움을 덜 수 있을 것이다. 이렇게 되면 노인은 고독하지 않고 삶의 보람을 찾으려는 소망을 갖게 된다.

3 노후 소득보장

1) 경로연금 지급

(1) 추진경과 및 목적

1998년 전국민연금제도 도입 추진시 연령상 요건으로 국민연금에 가입할 수 없었던 1933. 7. 1 이전 출생자(당시 65세 이상)에 대한 한시적 노후소득지원을 위해 경로연금제가 도입(노인복지법, 1998.7.1)되었다. 1997. 8. 22일 경로연금제도 도입 『노인복지법개정법률안』이 공포되었고, 1998. 7. 1일부터 기초생활보장수급자 중 65세 이상 노인과 1933. 7. 1 이전 출생 저소득노인에게 경로연금을 지급하였다. 또한 1991년부터 생활보호법에 의한 생활보호대상 노인에게 지급해온 노령수당을 1998. 7. 1일부터 경로연금으로 통합하였다.

(2) 지급대상 및 지급액

〈표 3-1〉 지급대상자 및 지급액

지 급 대 상 자	지 급 액	
① 65세 이상 국민기초생활보장수급자 (특례수급자 포함)	80세 이상 65~79세	월 50,000원 월 45,000원
② 1933.7.1일 이전 출생한 저소득노인 (7.1일생 포함)	無배우자 부부동시 수급자	월 35,000원 월 30,630원

※ 특례수급자에 대한 경로연금 지급대상자 범위

65세 이상 노인과 주거 및 생계를 같이하는 가구원 중 국민기초생활보장 특례수급자가 있는 경우 해당 노인은 기초생활보장 경로연금 수급대상자이며, 차상위 의료급여 수급자는 저소득 경로연금 대상자 선정기준에 해당하는 경우에만 저소득 경로연금 지급한다.

(3) 저소득 노인 선정기준

① 소득기준

저소득 노인의 선정기준 중 소득기준은 본인 및 부양의무자 가구의 합산소득을 본인 및 배우자, 부양의무자 가구의 총가구원수로 나눈 금액이 618천원 이하이다.

※ 2006. 5월 통계청의「2005년도 도시근로자가구 월평균소득」발표('06. 2. 8)

② 재산기준

저소득 노인의 선정기준 중 재산기준은 본인 및 부양의무자의 가구(국민기초생활보장법 시행령 제2조의 개별가구)별 재산을 합산한 금액이 본인 및 부양의무자의 가구별 기본재산액(국민기초생활보장법 제2조제9호의 규정에 의거 장관이 정하는 기본재산액)의 100분의 75를 합산한 금액 이하이다.

예를들어, 경로연금 수급대상 노인이 경기도 성남시에 거주하고 아들이 서울에 거주하는 경우(재산조사 결과 수급대상 노인 가구 5,000만원, 서울 거주 아들 가구 10,000만원인 경우), 총 재산액이 15,000만원이다. 따라서 재산기준액(2005년의 경우 1가구당 농어촌 5,075만원, 중소도시 5,425만원, 대도시 6,650만원 이하)기준을 초과하여 부적합하다.

또한 부양의무자의 부양능력이 없는 경우 또는 부양받을 수 없는 경우에 해당된 자는 부양의무가 없는 것으로 간주하고, 소득 및 재산조사를 생략하고 가구원수에도 미포함하되, 경로연금수급 신청자 중 소득 및 재산조사 결과 소득 또는 재산기준액의 100분의 120범위 내에서 보장기관이 필요하다고 인정되는 경우에는 소득 및 재산조사는 생략하되 가구원수에는 포함 가능하다.(다만 행방불명, 해외이주 등 국내에 실체가 없는 경우에는 가구원수에 미포함)

예를 들어,가구원 수 5인 중 군의무복무자 1인이 있는 경우, 의무복무자 1인을 제외한 4인에 대한 소득조사결과 1인당 650,00원(2,600,00원/4)인 경우 이를 현 소득기준액(585,00원)에는 초과되어 탈락 대상이나, 소득기준의 100분의 120(702,00원) 범위 내이므로 의무복무자를 포함한다. 재산정시 520,00원(2,600,00원/5)이므로 이는 소득기준액(585,000원)미만으로 저소득경로연금 수급자로 선정 가능하다.

부양의무자가 없는 노인독신가구(독거노인) 및 노인부부가구의 경우에는 해당 노인가구의 재산기준액을 50% 추가하고, 부양의무자와 노인이 주거 및 생계를 같이하는 가구의 경우 해당 노인가구의 재산기준액을 3세대 가정일 경우 100%를 추가하며 4세대 이상 가정일 경우에는

150%를 추가한다.

단, 부양의무자가 없거나 부양의무자로부터 부양을 받지 못하는 노인가구가 소유한 전용면적 15평 이하의 주택인 경우 재산가액 산정은 과세표준액 기준을 적용한다(임차가구도 임차금액이 과세표준액 이상인 경우 과세표준액으로 봄.)

(4) 경로연금 지급신청

경로연금 지급신청의 경우 65세 이상 국민기초생활보장 수급자는 신청서를 별도 제출하지 않아도 행정관청(시 · 군 · 구, 읍 · 면 · 동)에서 확인하여 직권으로 지급하고, 저소득 노인은 주소지 관할 읍 · 면 · 동사무소에서 연중 수시 접수한다.

본인이 신청함을 원칙으로 하되 부득이한 사유로 본인이 신청할 수 없을 경우에는 배우자, 부양의무자 또는 위임받은 자가 신청하여도 된다. 소득인정액 기준이나 부양의무자 기준에 의해 국민기초생활보장 수급 탈락자 중 1933. 7. 1일 이전 출생한 노인에 대해서는 본인의 동의를 얻어 행정관청에서 직권으로 신청(급여는 결정일 이후부터 지급)한다.

(5) 조사

① 조사원칙

신청에 따라 본인 및 부양의무자에 대한 소득 및 재산조사를 복지행정시스템 및 관련 전산망(세무전산망, 국세청 기준시가조회 등)을 활용하여 파악하고, 파악이 곤란한 경우에는 실태조사를 실시한다.

② 가구원수 범위

출퇴근 상근예비역, 공익근무요원과 현역군인 중 직업군인(장교, 장기하사관 등)은 포함하며 법률상 의무이행을 위해 복무중인 현역군인, 해외체류, 복역, 보장시설 수용중인 자는 제외한다. 세대별 주민등록표상의 동거인 중 상호부양의무가 있는 경우는 포함한다. 본인과 주민등록을 달리하는 배우자나 미혼 자녀는 생계나 주거를 같이하는 경우는 1가구이며, 생계나 주거를 달리하는 30세 이상의 미혼자녀는 별도가구로 한다.

③ 소득조사

소득에서 본인은 소득평가액을, 부양의무자는 실제소득을 의미하며, 소득평가액 및 실제

소득의 산정방법과 소득유형별 조사방법은「국민기초생활보장사업안내」에 의한다.

④ 재산조사

재산의 범위와 재산유형별 조사방법은「국민기초생활보장사업안내」에 의한다. 금융재산조사는 본인 및 그 배우자에 대해서만 실시한다.(기타 부양의무자는 제외)

⑤ 부양의무자 조사

부양의무자 범위는 본인의 배우자(사실상 혼인관계 있는 자 포함)와 직계비속 및 그 배우자(사실상 혼인관계 있는 자 포함)로 한다. 국민기초생활보장법시행령 제4조의 규정에 의한 부양능력이 없는 경우 또는 동시행령 제5조의 규정에 의한 부양받을 수 없는 경우에 해당된 자는 부양의무가 없는 것으로 간주한다. 이 경우 부양의무자의 소득 및 재산조사는 필요하지 않으며, 가구원수에 포함시키지 않는다.

출가한 딸과 사위에 대한 소득 및 재산조사는 노인 본인을 기준으로 주거 및 생계를 같이하고 있거나, 노인과 주거 및 생계를 달리하는 경우에는 소득조사만 실시하고 재산조사는 실시하지 아니한다.(재산기준 산정시 부양의무자 가구수에서 제외)

손자녀(외손자녀 포함)에 대한 소득 및 재산조사는 노인 본인을 기준으로 주거 및 생계를 같이하고 있는 경우에는 손자녀의 부양사실을 확인하여 소득 및 재산을 합산, 총 가구원수에 포함하고, 노인과 주거 및 생계를 달리하는 경우에는 손자녀의 소득 및 재산조사를 생략하되, 20세 미만의 자(20세 이상의 손자녀 중 초중등교육법, 고등교육법에 의한 교육기관에 재학중인 자 포함)는 총가구원수에 포함한다.

2) 노인일자리사업

(1) 목적

노인의 능력과 적성에 맞는 사회적 일자리를 창출?제공함으로써 노인의 보충적 소득보장 및 사회참여 확대를 도모하는데 있다.

(2) 사업대상

65세 이상 취업 희망 노인을 대상으로 하되 프로그램 운영형태에 따라 60세 이상 노인도 참여 가능하다.

(3) 사업운영

① 사업수행기관 선정

국가 및 지방자치단체에 등록된 비영리단체 또는 기관으로서 노인일자리 사업에 참여하고자하는 단체 또는 기관은 「노인일자리 사업계획서」를 해당 지방자치단체에 제출하여야 하고, 지방자치단체는 사업계획서를 제출한 단체 또는 기관 중 사업수행기관을 선정하여「사업위탁관리 협약서」를 체결함으로써 사업수행기관을 확정한다.

사업수행기관 선정의 두 가지 원칙은 4대 사회보험 적용을 받는 기관을 우선 선정하고, 일자리 사업 참여 인원수가 5인 미만인 프로그램은 제외한다.

② 일자리사업 참여자 선정

노인일자리사업에 참여하고자 하는 노인은「노인일자리사업 참여신청서」를 사업수행기관에 제출하여야 하고, 수행기관은 「노인일자리사업 참여자 선발 기준표」에 의거 참여자를 선발하는데 국민기초생활보장법에 의한 수급자 및 타 정부부처에서 추진중인 일자리사업 참여자는 선발대상에서 제외한다.

수행기관은 선발된 노인에 대한 상담 실시 결과를「상담의견서」에 기록?관리하고, 「참여조건합의서」에 의거 참여 계약을 체결한다.

③ 일자리사업 참여자 교육

사업수행기관은 일자리 사업에 임하는 자세, 사고예방법, 건강관리 등 소양교육과 사업수행요령 교육, 현장실습, 보수교육 등을 실시하여야 한다.

④ 일자리사업 수행

일자리사업은 1일 3~4시간, 주 3~4일, 7개월 이내에서 수행하는 것을 원칙으로 하되, 사업에 따라 탄력적으로 운영 한다. 일자리 참여자에 대한 「참여자 명부」 및 「근무상황부」를 작성하여야 하며, 필요시 작업일지를 작성하여야 한다.

〈표3-2〉 일자리 사업 유형

구분		정의	일자리 예시
공익성		지방자치단체의 고유사업영역(환경, 행정, 교통 등)중 노인에게 적합한 일자리를 창출 · 제공함으로서 공공의 이익을 도모하는 일자리	거리환경지킴이, 자연환경지킴이, 지역행정지킴이, 불법주차단속 · 계도 등
교육복지형	교육형	특정분야의 전문지식, 경험을 소유한 자가 복지시설 및 교육기관 등에서 피교육자를 대상으로 교육 · 강의하는 일자리	숲생태해설사, 문화재해설사, 교육강사(전통문화지도사, 1?3세대 연계 등), 건강관리(상담)사 등
	복지형	사회복지서비스를 확충하기 위하여 어려운 소외계층의 생활안정과 행복추구를 지원하는 일자리	독거노인, 중증노인 및 장애인등 소외계층 보호, 노-노(老-老)케어, 노인주거개선사업단, 노인안전지킴이, 노인교통안전봉사단 등
자립지원형	인력파견형	수요처 요구에 의해 필요한 교육을 받은 노인이 해당기관에 파견되어 일정 기간 동안 연속적인 참여의 대가로 임금을 지급 받을 수 있는 일자리	공원관리원, 청사관리원, 주유원, 식당보조원, 판매원, 운전원, 급식지도원, 주례사, 가사도우미, 청소원, 주차관리원, 학교 내 학습장 관리 등
	시장형	시장지향형의 소규모 사업을 공동으로 운영하거나 소규모 업체를 공동으로 창업하여 자체수익을 일부 창출하는 일자리	간병인 사업단, 지하철택배사업단, 세탁방, 도시락사업, 재활용품점, 번역 · 통역사업, 유기농사업, 실버용품점 운영, 전통공예, 문화상품 제작판매 등

출처 : 보건복지부(2006). 2006년 노인보건복지사업안내.

3) 시니어클럽 노인일자리사업

(1) 목적

노인의 경륜과 경험 살려 소규모 사업을 공동으로 운영하거나 소규모 업체를 공동으로 창업하여 자체수익이 일부 창출되는 일자리를 제공하여 직업을 통한 노인의 소득보장 및 사회참여 확대를 도모하는데 있다.

(2) 기본방침

시니어클럽 노인일자리사업의 기본방침은 다음과 같다.

① 노인의 능력에 맞는 적합 직종 개발과 일자리 창출을 통하여 노인의 소득 보장 및 사회참여 기회확대를 위한 역할을 담당해야 함

② 자립지원형(시장형) 일자리 사업 전문기관으로서의 역량을 강화하여야 함

③ 모법인 또는 모법인내 다른 기관과 분리하여 하나의 단독기관으로서 기능하도록 함

(3) 대상자

65세 이상 취업희망 노인을 우선으로 하되 프로그램 운영형태에 따라 60세 이상인 노인도 이용 가능하다.

(4) 수행사업

① 노인일자리 창출

노인의 경륜과 경험을 살릴 수 있는 소규모 사업 공동 운영 및 소규모 업체를 공동 창업을 지원하여야 하고, 수익성 및 지속성을 확보할 수 있는 노인일자리사업을 적극 개발하여야 하며, 노인의 능력과 적성에 맞는 적합 직종을 적극적으로 개발하여야 한다.

② 교육훈련

노인의 창업을 통한 사회참여기회 확대를 위해 창업희망 노인의 특성을 고려한 직업교육을 지속적으로 개발하고 실시하여야 하고, 수익 창출을 도모하기 위한 사업운영방안, 사업수행방안 등에 대한 교육을 지속적으로 실시하여야 한다. 또한 시장형 일자리 사업에 대한 사업정착 및 자립을 도모하기 위한 교육을 실시하여야 한다.

〈참고문헌〉

강연희 · 김동배 감수 편(2002), 「노인들의 사회 그 불안한 미래」, 피터 G.피터슨, 에코리브르.

건강보험심사평가원(각 년도), 「건강보험심사평가 통계연보」.

고수현외(2004), 「노인복지론」, 양서원.

고정자(2001), 「노인복지학개론」, 서울: 형설출판사.

고철기 · 정경배 · 이가옥 · 김진수 · 최성재 · 권선진 · 김성희(1994), "국민연금기금의 효율적 운용방안". 한국보건사회연구원 연구보고서.

국무조정실 노인보건복지 대책위원회(2002), "고령사회에 대비한 노인보건복지종합대책".

김동기(1994), 노인소비자의 구매행동에 관한 실증적 연구, 경영학연구, 23권, 2호, 1-25.

김유성(1997), 「한국사회 보장법론」, 서울 : 법문사.

김정순(1995), "인구노령화에 대비한 노인보건관리 대책", 대한보건협회.

김태일(1992), "일본의 고령자주거 및 복지시설의 동향에 관한 연구 - 공공주택의 Silver Housing을 중심으로", 대한건축학회 논문집 8권 1호.

대한가족보건복지협회(2005), 「2005 세계인구현황」.

대한통계협회(1995), 「한국의 사회지표」.

모선희 외(2005),「현대노인복지론」, 학지사.

박광준 외(1999), 「고령화 사회와 노인복지」, 서울: 세종출판사.

박동석(2003), 「고령화쇼크」, 굿인포메이션.

박보희(1995), "보편주의와 선정주의", 한국사회복지.

박성준(1991),「고령화와 고용」, 한국노동연구원.

박차상 외(2004), 「한국노인복지론」, 서울 : 학지사.

보건복지부(각년도), "보건복지통계연보".

보건복지부(1999), "보건사회백서 및 노인보건복지 중장기 발전 계획".

보건복지부(2001), "2000년 장애인실태조사".

보건복지부(2002), "2001년 국민건강?영양조사 - 만성질병편".

보건복지부(2002), "2002년도 노인보건복지사업 안내".

보건복지부(2004), "고령산업 발전방안 정책토론회 자료집", 한림대학교 고령산업연구팀.

보건복지부(2004), "실버산업분야별 실무추진위원회 1차 워크숍 자료집", 한국보건산업진흥원.

보건복지부(2005), "2005년도 노인보건복지사업 안내".

보건복지부(2005), "유료노인복지시설 사업안내".

보건복지부 · 공적노인요양보장추진기획단(2004), "공적노인요양보장체계개발연구".

보건복지부 · 공적노인요양보장추진기획단(2004), "공적노인요양보장체계 최종보고".

배재성(2000), 「고령화 시대의 실버 비즈니스」, LG경제연구소.

사법행정문화원(2003), 「사회 · 노인 복지요람」.

신미화(1996), "노인의 고독감과 사회적지지", 전북대학교 석사학위논문.

신섭중(1994),「한국사회복지정책론」, 대학출판사.

심일섭 외(1996),「사회복지철학과 복지정책」, 학문사.

염도균(1993), "우리나라 노인복지정책의 개선방향", 한국지방행정연구원 지방행정 연구 5월호.

이가옥 외(1994). "노인생활 실태분석 및 정책과제", 한국 보건사회 연구원.

이가옥(1999), 「노인복지의 현황과 과제」, 서울: 나남출판.

이덕남(2004), "10년 일찍 늙는 법 10년 늦게 늙는 법", 나무와 숲.

이윤로 외(2002), 「치매노인과 사회복지실천」, 학지사.

이주형(2004), 「은퇴혁명」, 청년정신.

원영희(1995). "동 · 별거가 한국노인의 심리적 행복감에 미치는 영향", 한국노년학회지.

원형중(1994). "여가활동 참여가 수도권 거주 노인의 고독감. 여가 만족. 생활만족에 미치는 영향". 한국노년학회지.

장인협 · 최성재(1993), 「노인복지학」, 서울대학교 출판부.

전정태(1994).「현대사회에 있어서 노인의 여가활동 고찰」, 노인문제연구소.

정지영 외(2004), 「실버라이프에 대한 이해」, 학문사.

조소영 외(2001), 「노인시설 관리론」, 학문사.

진석범(2004), 실버산업과 유료노인복지시설, 학이당.

진석범(2004), "유료노인주거복지시설 개발 성공사례 및 수요자 특성 분석", 21세기 사회복지학회 제1권.

진석범 외(2005), 노년의 생활, 대왕사.

진석범 외(2005), 실버시설 운영의 실제, 대왕사.

채수원(1991), "노인의 사회적 지지와 삶의 질에 관한 연구", 충남대학교 석사학위논문.

통계청(각년도), "인구주택 총조사 보고서".

통계청(2001), "장래인구추계".

통계청(2003), "2002년 사회통계조사보고서".

통계청(2004), "2003년 사회통계조사보고서".

통계청(2004), "2004 고령자 통계".

통계청(2005), "2005 고령자 통계".

한국갤럽조사연구소(1984), "한국노인의 생활과 의식구조".

한국노인문제연구소(1999), "미래사회와 노후생활", 노인복지정책연구 총서 통권 제 15호.

한국노인문제연구소(1999),「21세기 노인복지정책 방향」.

한국노인문제연구소(2001), "주요선진국의 노인복지 서비스 정책", 노인복지정책연구 총서통권 제 22호.

한국보건사회연구원(1992),「사회복지 장기발전계획」.

한국보건산업진흥원(2001). "소규모 노인의료복지시설 설치 및 운영활성화를 위한 시설설비 · 인력기준과 운영개선 방안". 한국보건산업진흥원 연구보고서.

홍문식 외(1991), "2000년대를 향한 인구정책구상", 한국 보건사회 연구원.

홍상희 · 박혜영 공역 편(2002), 노년, 시몬 드 보부아르, 책세상.

현외성 외(2002),「노인복지실천사례론」, 양서원.

대한은퇴자협회, http://www.karpkr.org.

보건복지부(노인복지정책과), http://www.mohw.go.kr.

한국정보문화진흥원 도움나라, http://www.itall.or.kr.

川村匡由(1987). 老人福祉産業論, 東京 : ミネルウ書房.

Breen, L. B.(1960), "The Aging Individual" In Handbook of Social Gerontology, Chicago : University of Chicago Press.

Friedman, B.(1993), The Fountain of Age, New York: Simon & Schuster.

Jack Zinn(2002). Older Men's Business : vaiuing relationships, living with change. Edited by Heather Jamieson. Finch.

Richard Titmuss(1976), Commitment to Social Welfare, London : Georage allen & Unwin.

Wilensky, H. L. & Lebeaux, C. N.(1965). Industrial Society and Social Welfare. New York : The Free Press.

제5장

장애인복지

5 장애인복지

1981년은 UN이 세계장애인의 해를 계기로 장애인의 '완전한 사회참여와 평등'을 장애인복지 이념으로 공식화한 바 있다. 과거에는 소아마비, 한센병, 결핵 등의 전염병으로 인한 장애의 발생이 큰 문제였지만 오늘날에는 만성 퇴행성 질환, 산업재해와 교통사고로 인한 지체장애 등에 의한 장애의 발생이 큰 문제이다. 또한 빠른 속도로 노령화사회로 접어들고 있는 대다수 국가에서는 노령으로 인한 장애문제에 발빠르게 대처하고 있다. 본 장에서는 사회복지영역에서 매우 중요한 위치에 있으면서, 최근 노령화사회와 관련하여 더욱 중요성이 커지고 있는 장애인복지의 개념부터 장애인복지의 정책에 이르기까지 관련된 내용들을 살펴봄으로써 국내 장애인복지에 대한 이해를 도모하고자 하였다.

1 장애인복지의 정의

1) 장애인의 일반적 정의

장애인에 대한 정의는 그 나라의 사회적?문화적?경제적?정치적 배경과 여건에 따라 다르게 정의될 수 있기 때문에 한 마디로 정의하기는 어렵다. 먼저 장애의 의미를 살펴보면 크게 협의와 광의로 구분해 볼 수 있다.

협의의 장애는 신체 또는 정신기능의 저하?이상?상실 또는 신체 일부의 결손 등과 같은 의학적 차원의 개념이다. 따라서 지체장애, 시각장애, 청각장애, 정신지체 등은 협의의 장애에 속한다. 광의의 장애는 협의의 장애를 포함하여 이로 인해 발생하는 생활 곤란까지를 포함하는 개념이다. 그 밖에도 법적 장애라 함은 해당 국가의 법에서 정하는 장애로써 복지시책과 가장 직접적으로 연관성을 갖는 실질적인 의미의 장애라 할 수 있을 것이다.

특히 장애의 정의와 관련하여 혼동을 야기시키는 점은 '질병'과 '장애'의 구분이라 할 수 있다. 엄밀한 의미에서 질병(disease)이나 상해(injury)는 치유 가능성이 있는 것으로 간주되는 반면, 장애(disability)는 신체, 정신적 구조나 기능의 상실이 영구적으로 남는 경우를 의미한다고 볼 수 있다. 이는 일련의 과정 또는 연속적인 개념으로 이해되어야 보다 정확하다.

장애를 가진 사람을 일컫는 장애인도 장애의 정의에서와 마찬가지로 다양하게 정의되고 있다. 보편적으로 사용되고 있는 정의로서는 UN 총회(1975년)에서 결의한 장애인의 권리 선언문 제1조에 나타나는 장애인 정의가 있다. 여기서 장애인을 다음과 같이 정의하고 있다. "장애인"은 선천적이든 후천적이든 신체적?정신적 능력의 완전하지 못함으로 인하여 일상의 개인적 또는 사회적 생활에서 필요한 것을 스스로 완전히 혹은 부분적으로 확보할 수 없는 사람을 의미한다.

2) 세계보건기구(WHO)의 정의

〈표1〉 국제장애분류(ICIDH)

Disease/Disorder (질병/장애)	➡	Impairment (기능장애)	➡	Disabiltiy (능력장애)	➡	Handicap (사회적불리)
		언어 청력 시력 골격 심리		말하기 듣기 보기 옷입기 · 먹기 · 걷기 행동하기		지향성(orientation) 신체적독립성/이동성 사회적 통합

자료: WHO(1980). International Classification of Impairments, Disabilities and Handicaps.

세계보건기구는 1980년에 장애의 계층적 개념을 제창하면서 국제장애분류(ICIDH:International Classification of Impairments, Disabilities, and Handicaps)라고 하는 장애에 대한 개념적 틀을 〈표1〉과 같이 발표한 바 있는데 이에 따르면 장애에는 기능장애와 능력장애, 사회적 불리라는 세가지 차원이 있으며, 이러한 세가지 차원은 인과적으로 그리고 시간적으로 연속선상에 있다고 보았다. 즉, 어떤 질병으로 인하여 기능장애가 발생하게 되고, 이런 기능장애가 활동 능력에 제약을 가져오는 경우 능력장애를 초래하고, 결과적으로 이러한 능력장애가 어떤 사회적 불이익을 가져오게 된다면 이를 사회적 불리라고 할 수 있다는 것이다.

〈그림1〉 ICIDH-2(1997)

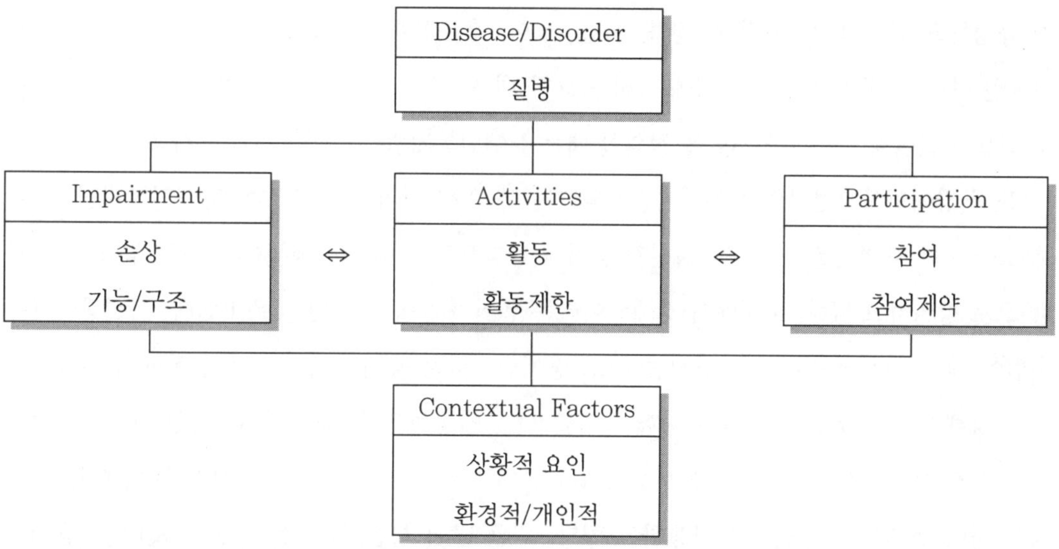

자료: 박옥희, 장애인복지론, 서울;학문사, 2004, p.22

또한 WHO에서는 〈그림1〉과 같이 1997년부터 장애(disablement)의 새로운 개념과 분류기준(ICIDH-2)를 제시하였다. 이 분류안에 따르면 장애는 기본적으로 환경과 개인이라는 상황적 요인을 포함한 장애 개념을 채택하고 있으며, 크게 손상(impairment), 활동장애(activities), 참여(participation)의 장애로 구분하고 있다. 이 신분류의 특징은 구분류와 같이 질병이나 손상(1차)을 전제로 기능장애(2차)나 사회적 불리(3차)로 발전되는 것이 아니라 환경과의 상호적인 관계성 속에서 보다 포괄적인 장애를 규정하는 것이라 할 수 있다(WHO, 1997).

한편 WHO에서는 2001년 ICF(International classification of functioning, disability and health) 로 확정하였는데, 이 ICF는 ICIDH-2에서 제시되고 있는 대부분의 내용을 계승하면서, 분류체계와 언어사용을 보다 긍정적이며, 환경적인 측면을 강조하여 수정한 분류이다.

또한 장애를 가지고 있는 사람에게 제한되어 적용될 수 있는 것이 아니라 모든 사람의 건강에 관련된 요소들을 설명해 줄 수 있는 보편적인 적용이 가능한 틀이라 할 수 있다(김용득, 2002).

3) 우리나라의 장애의 정의

우리나라의 장애의 정의는 장애인복지법, 장애인고용촉진 및 직업재활법, 특수교육진흥법, 산업재해보상보험법을 비롯하여 장애와 관련된 약12개의 현행법에서 각 법의 목적에 따라 다르게 규정하고 있으며, 또한 장애, 장해, 폐질, 상이, 후유장애 등으로 달리 표현되고 있다. 앞서 거론한 여러 법 중에서 장애 정의에 특히 중요한 내용을 담고 있는 법은 장애인복지법이라고 할 수 있으며 일반적으로 장애 개념을 정의할 때는 장애인복지법상의 장애개념을 사용하고 있다.

또한 장애인복지법상의 장애는 〈표2〉의 기준에 의해 정의되고 있으며, 장애인복지법 제1장 제2조에서는 장애인을 "신체적, 정신적 능력의 결함으로 인해 일상생활에 불편을 겪고 있는 사람"으로 정의하고 있다. 국내에서 장애인이라는 용어가 사용되게 된 것은 1981년 심신장애자복지법이 처음 제정되면서이다. 당시만 해도 장애인이라는 용어가 없었기에 일본에서 사용하고 있는 장해자(障害者)를 빌려와서 장애자(障碍者)를 사용하였다. 그리하여 '심신장애자복지법'이라고 칭하다가 자(者)의 의미가 부정적이라는 의견에 따라 1989년에 장애인복지법이라고 개정을 하여 현재는 장애인으로 사용하고 있다. 최근 많이 사용되는 장애우(障碍友)라는 용어도 이러한 맥락에서 거리감을 줄이고 친근감을 강조하기 위해 사용하고 있기도 하지만 어법적으로 정확한 표현이 아니고, 도움이나 동정의 대상으로 인식될 수 있다는 점에서 이 용어를 사용하는 것을 주로 장애인 단체 등 장애계에서 반대하는 의견이 있다. 또한 장애가 없는 사람을 '비장애인'으로 표현하고 경우에 따라서는 '정상인'으로 사용하는 경우도 있으나 정상인은 바람직한 표현이 아니다. 즉, 장애를 가진 사람이 비정상이라는 뜻이 되기 때문에 장애인의 반대 개념으로서 정상인이라는 용어는 바람직하지 않은 것이다. 정상인(normal person)이라는 의미는 의학적으로 정상의 범위, 즉 환경에 잘 적응할 수 있는 사람이라는 뜻이 포함되어 있으므로 신체적이거나 정신적인 결함이 있다고 해서 정상인에 속하지 않는 것은 아니다.

2 우리나라의 장애의 유형 및 유형별 특징

1) 장애의 유형

장애의 유형은 장애를 어떻게 정의하느냐에 따라서 그리고 기준을 어디에 두느냐에 따라 분류를 달리할 수 있다. 우리나라 장애의 분류 및 범주는 계속 확대되어 왔다. 우리나라는 장애인복지법 제2조와 이 법 시행령 제2조에서 장애를 다음과 같이 분류하고 있다.

〈표2〉 장애의 분류

대분류	중분류	소분류	세분류
신체적 장애	외부 신체기능 장애	지체장애	절단장애, 지체기능장애, 관절장애 변형 등의 장애
		뇌병변장애	중추신경 손상에 따른 복합적 장애
		시각장애	시력장애, 시야결손장애
		청각장애	청력장애, 평형기능장애
		언어장애	언어장애, 음성장애
	내부기관 장애	신장장애	신장을 이식받았거나 투석 치료 중인 경우
		심장장애	일상생활에 현저한 제한을 받는 심장기능의 이상
		호흡기장애	폐나 기관지 등 호흡기관의 기능장애로 일상생활 및 사회생활 활동이 제한
		간장애	간기능의 장애가 지속되며, 이로 인하여 기본적 일상생활 및 사회생활 활동이 제한
		안면변형장애	안면부의 변형으로 인하여 장애가 지속되며, 이로 인하여 사회생활 활동이 현저하게 제한
		장루장애	장루기능에 장애가 지속되며, 이로 인하여 일상생활 및 사회생활활동이 제한
		간질장애	간질로 인하여 기능 및 능력장애가 지속되며, 이로 인해 일상생활 및 사회생활 활동이 제한
정신적 장애	정신지체		지능지수 70 이하인 경우
	정신장애		정신분열증, 분열정동장애, 양극성 정동장애, 반복성 우울장애
	발달장애(자폐증)		소아자폐 등 자폐성 장애

1981년에 제정된 심신장애자복지법에서는 "심신장애자라 함은 지체부자유, 시각장애, 청각장애, 음성?언어기능장애 또는 정신박약 등 정신적 결함으로 인하여 장기간에 걸쳐 일상생활 또는 사회생활에 상당한 제약을 받는자"(제2조)로 규정하고 장애범주는 지체?시각?청각?음성 및 언어?정신박약의 5종류로 규정하였으며, 1989년 개정 장애인복지법에서는 "장애인이라 함은 지체장애, 시각장애, 청각장애, 언어장애 또는 정신지체 등 정신적 결함으로 장시간에 걸쳐 일상생활 또는 사회생활에 상당한 제약을 받는자"(제2조)로 규정하여 용어상의 변화는 있었으나 의미상의 장애개념과 범주는 그대로였다.

2) 장애의 유형별 특징

① 지체장애

■ 정의 : 지체장애란 사지와 몸통의 운동기능장애를 의미하며, 사지란 상지의 어깨관절에서 손가락 끝까지, 하지란 골관절에서 발가락 끝까지, 몸통은 척추를 중심으로 한 상반신과 목과 머리부분을 말한다. 단, 이 경우에 흉부와 복부의 내장기관은 포함되지 않는다. 운동기능장애란 운동에 관계하는 기관이 있는 중추신경계, 근육 및 뼈, 관절 등의 부상이나 질병으로 장기간 일상생활이나 학교생활에서 자기 혼자 보행하는 것이 곤란한 상태에 있는 것을 말한다.

■ 원인 및 특성 : 지체장애의 원인은 장애의 발생 시기에 따라서 선천적 원인과 후천적 원인으로 대별할 수 있다. 선천적 원인이란 장애가 출산 전인 태아 때 이미 발생한 것이며, 후천성이란 출산 후에 발생한 것인데, 대부분의 지체장애는 후천적 원인에 의한다. 특히 성인이 되어 사회활동 중에 장애가 발생한 경우를 중도장애라고 한다. 선천적 원인은 수없이 많은데 그 중 대표적인 것으로는 유전, 염색체 이상, 심한 대사장애, 임신 중 흡연, 약물복용, 방사선 조사, 매독 또는 풍진 등의 감염, 조산 또는 난산, 혈액형 부조화, 고령 임신 등을 들 수 있다. 후천적 원인으로는 교통사고나 산업재해 등으로 인한 외상이 중요시되어 왔으나, 최근 선진국에서는 외상보다 당뇨병, 혈액순환장애, 관절염 등 만성질환이 장애원인의 70~80%를 차지하고 있으며, 우리나라의 경우도 마찬가지이다. 선천적 지체 장애를 가진 아동의 경우 운동장애에 의한 직접적인 요인과 환경의 간접적 요인과의 상호작용에 의해 발달상의 특징이나 문제가 파생된다고 할 수 있다. 특히 운동장애는 이동이나 손동작의 곤란을 야기하며, 이러한 곤란은 유아

기때 탐색활동이나 유희를 제한시키고 학령기에는 경험부족을 유발시켜 학업부진이나 학습장애를 일으키는 경우도 있고, 또한 청소년기에는 외모로 인한 심리적 문제, 욕구불만, 열등감 등도 생길 수 있다. 따라서 자신의 신체기능이 사회성원으로서 위치하는 데 중요한 조건이 아니라는 부정적인 인식을 근절하기 위해서는 지도와 심리적 접근을 통해 신중히 다가갈 필요가 있다.

② 뇌병변장애

■ 정의 : 뇌병변장애란 뇌성마비, 외상성 뇌손상, 뇌졸중 등 뇌의 기질적 병변에 기인한 신체적 장애로서 보행이나 일상생활동작에 제한을 받는 상태를 말하며 1999년에 개정된 장애인복지법에서는 뇌병변장애를 기존의 지체장애에서 별도로 분류하였다.

■ 원인 및 특성 : 뇌성마비란 주로 유아기에 나타나서 시간이 지나도 악화되지는 않으며, 선천성 뇌성마비의 경우 아직 원인이 대부분 밝혀지지 않고 있다. 뇌성(cerebral)이란 뇌의 두 반쪽 또는 반구를 가리키며, 마비(palsy)란 신체운동의 통제에 결함을 일으키는 모든 장애를 가리킨다. 이러한 장애는 근육이나 신경의 문제에 의해 발생하는 것이 아니고 뇌의 우뇌영역의 손상이나 잘못된 발달이 운동이나 자세의 적절한 통제를 하는 뇌의 능력을 방해하는 상태를 말한다. 뇌성마비를 가진 사람들 중에는 발작(경기)를 일으킬 수도 있고, 지능 발달, 외부세계에 대한 주의, 행동 및 활동, 시각 및 청각을 손상시킬 수도 있다. 뇌성마비는 완치될 수는 없으나 치료에 의하여 능력을 향상시킬 수는 있다. 다음으로 뇌졸중은 흔히 중풍이라고 불리우는 것으로 뇌혈관장애로 인해 몸의 절반에 마비가 와 반신불수 또는 편마비라고도 한다. 이것은 뇌혈관이 터져서 뇌에 피가 고이거나, 뇌혈관이 막혀서 뇌에 피가 통하지 않아서 뇌세포가 손상되는 것이다. 전자를 뇌출혈이라고 하고, 후자를 뇌경색이라고 한다. 뇌병변장애의 판정시기는 뇌졸중, 뇌손상, 그리고 뇌병변이 있는 경우는 발병 후 6개월 동안 지속적으로 치료한 이후이다. 그리고 식물인간이나 장기간 의식을 잃은 경우에는 발병 후 6개월이 경과했을 때 판정을 할 수 있고, 이 경우 최초 판정일로부터 2년 후에 재판정을 한다. 뇌병변 장애의 검진기관은 재활의학과 전문의가 있는 의료기관이다.

③ 시각장애

■ 정의 : 시각장애란 "시기능의 현저한 저하 또는 소실에 의해 일상생활 또는 사회생활에 제약이 있는자"를 말하는 것으로 장애인복지법 장애등급판정지침에서는 시각장애를 시력감퇴에 의한 시력장애와 시야결손에 의한 시야결손장애로 구분하고 있다. 또한 장애인복지법 시행령에서는 시각장애인을 '두 눈의 시력이 각각 0.1 이하인자', ' 한 눈의 시력이 0.02이하이고 다른 눈의 시력이 0.6이하인자', '두 눈의 시야가 각각 10도 이내인 자', '두 눈의 시야의 2분의 1 이상을 상실한 자' 로 정의하고 있다. 안과학에서는 시각장애를 시력의 정도에 따라 전맹(total blindness: 시력0), 준맹, 약시 등으로 분류한다. 시력이 전혀 없는 상태를 전맹이라고 하며 약시는 고도 약시, 중등도 약시, 경도 약시 등으로 분류되는데, 보통 보정시력이 0.04~0.1일 경우에는 고도 약시라 하고, 0.1~0.3일 경우에는 중등도 약시라 하며, 0.3~0.8일 경우에는 경도 약시라고 한다.

■ 원인 및 특성 : 시각장애의 원인을 크게 네 가지로 분류하면 외상 및 중독, 안질환을 비롯한 전신질환?감염성질환 등 질환, 유전 및 선천적 요인, 원인불명으로 나눌 수 있다. 시각장애는 선천적 원인으로 오기도 하고 후천적 원인으로 오기도 한다. 그러나 확실히 구별할 수 없는 불분명한 경우도 있으며 그 원인이 어디 있는지 알 수 없는 경우도 있다. 의학적인 측면과 교육적인 측면에서 선천적, 후천적으로 구분하는데는 다소 차이가 있다. 의학적으로는 출생전후로 나누어 구분하나 교육적으로는 시경험을 상기할 수 없는 약5세 미만에서 실명된 경우까지 선천적으로 본다. 언어는 청각을 매개물로 이루어짐으로 시각장애아의 언어발달은 지장 없이 이루어진다는 연구가 많으나 시각이 언어발달과 사용에 있어서 역할을 하는 만큼 시각장애아동은 언어적인 측면에 영향을 받을 수 있다. 학업성취면에서도 시각장애 때문에 관찰에 의한 정보의 습득이 늦고 읽는 속도가 느리며, 교수방법의 구체성이 부족할 수 있어 같은 정신연령의 비장애아동들에 비해 맹아동이나 약시아동은 뒤떨어질 가능성이 있다.

④ 청각장애

■ 정의 : 소리를 듣는 구조와 들은 소리를 뜻 있는 소리로 인지하고 구별하는 중추의 인지구조에서의 어떠한 장애로 인하여 소리를 듣지 못할 때 청각장애라고 하며,청각장애는 청력장애와 평형기능장애로 구분된다. 청력장애는 일반적으로 데시벨(db)의 소리를 들을 수 있는가

와, 같은 크기의 소리라도 어음의 청음명료도를 퍼센트로 표시하여 그 장애정도를 분류할 수 있다. 일반적으로 청각장애인은 농인과 난청인으로 분류하고 있는데 ㉠농인(deaf person)은 보청기를 착용하거나 착용하지 않은 상태에서 귀만으로 말을 들어 이해할 수 없을 정도(일반적으로 70 dB ISO 이상)으로 청각(청력)에 장애가 있는 사람을 말하며, ㉡난청인(hand-of-hearing person)은 보청기를 착용하거나 착용하지 않은 상태에서 귀만으로 말을 들어 이해하기가 불가능하지는 않으나 곤란한 정도(일반적으로 35~69 dB ISO)로 청각에 장애가 있는 사람을 말한다. 평형기능장애란 청력기능의 손상으로 신체의 평형기능에 장애가 있어 생활에 불편이 따르는 경우를 말하는 것이다. 즉, 공간 내에서 자세 및 방향감을 유지하는 능력을 말하는 것으로 쉽게 말해 어지럼증으로 몸의 중심을 잡지 못하는 것을 말하며, 시각, 고유 수용감각 및 전정기관에 의해 유지된다.

■ 원인 및 특성 : 어린이난청의 경우 발생원인은 출생 전 원인, 출생 시 원인, 출생 후 원인 등으로 나누어 볼 수 있는데, 출생 전 원인으로는 유전적 원인 및 임신 중 질환 등과 관련된 비유전적 원인이 있으며, 출생 시 원인에는 미숙아, 용혈성질환(황달), 출산 시 외상으로 인한 저산소증 등이다. 출생의 원인으로는 유전적 원인을 비롯하여 감염성 질환, 외상, 중이염 등으로 인한 비유전적 요인 등이 작용한다. 노인성난청은 보통 65세경부터 나타나며 남자에게서 더 흔히 볼 수 있다. 원인으로서 중요한 것은 음향외상, 즉 장기간 소음에 노출되는 경우라고 할 수 있다. 청각장애의 판정은 청력검사실과 청력검사기가 있으며 이비인후과 전문의가 있는 의료기관에서 실시한다. 청각장애아동은 자신이 말한 것이 정확하며 정확하게 이해되었는지, 또 타인의 말을 정확하게 이해하였는지 등에 대하여 불안감을 갖는 경우가 많다. 자기 자신이 확인할 수 없기 때문에 계속 타인에게 의존하게 된다. 또한 친구 선택의 범위가 넓지 못하며 사회적 교섭이나 경험도 많지 않기 때문에 사회적 규범을 학습하는 간접경험의 기회가 결핍된 경우도 많다.

⑤ 언어장애

■ 정의 : 언어장애는 어떤 사람이 의사소통상의 방해를 받아 사회 생활면에서 정상적인 적응이 불가능한 경우를 말하는 것으로 ㉠ 말이 불완전하거나, ㉡ 말이 쉽게 이해되지 않거나, ㉢ 음성이 듣기에 거북하거나, ㉣ 특정 음성의 변형이 있거나, ㉤ 발성이 어렵거나 말의 리듬, 음

조 혹은 고저에 이상이 있거나, ㉥ 말이 말하는 사람의 연령, 성, 신체적인 발달정도와 일치하지 않는 특성을 보이는 경우 등을 일컫는다. 언어기능은 출생과 더불어 선천적으로 얻어지는 것이 아니고, 생후 1년 내지 수년 사이에 얻어지는 학습의 결과로서 획득되는 것이다. 대개 생후 9개월부터 생후 24개월까지를 언어 형성기라 한다. 일반적으로 연령이 2년 6개월에 이르러서도 언어발달이 충분하지 않을 때 언어발달지체라 말하며, 연령이 7세에 이르러서도 완전하지 못할 때 언어장애가 있다고 한다.

■ 원인 및 특성 : 언어장애를 청각적 요소에 기초를 두어 분류하면 첫째, 구음장애 또는 조음장애로 단어를 구성하는데 있어서의 장애 둘째, 리듬장애로 리듬에 장애가 있는 경우로서 말더듬 및 속화증 셋째, 실어증으로 언어학적인 의사표현에 있어서의 장애 넷째, 음성장애로 음성의 고저, 음색 및 강도의 장애 등으로 나눌 수 있다. 구음장애의 원인은 기질적인 원인과 기능적인 원인으로 나눌 수 있는데 기질적 원인으로는 구순, 치열, 혀, 구개 등의 기형이나 손상 및 신경마비 등을 들 수 있으며, 기능적 원인으로는 구음기술의 발달지체를 생각할 수 있다. 리듬장애 중 속화증은 발음하려는 의욕과 언어운동능력 사이의 불균형에 의한 언어의 발육지연, 조급한 성격, 주의력 산만 등이 원인이 된다. 유아기를 지나서 나타나며 연령이 많아짐에 따라 증가한다. 말더듬은 말을 할 때 혹은 도중에 호흡, 발성 및 구음에 관계되는 기관에 경련을 일으켜서 유창한 발음을 할 수 없는 상태이다. 어느 정도의 말더듬은 소아에게서 종종 볼 수 있지만, 특히 기이하게 생각되리만큼 빈번한 경우는 병적인 것이다. 장애인복지법 시행규칙에서는 언어장애정도를 3급과 4급으로 구분하고 있는데 3급은 음성기능 또는 언어기능을 잃은 사람, 4급은 음성, 언어만으로는 의사소통을 하기 곤란한 정도로 음성기능 또는 언어기능에 뚜렷한 장애가 있는 사람이라고 정의하고 있다.

⑥ 안면장애

■ 정의 : 안면장애란 안면부의 변형 또는 기형으로 인하여 사회생활을 하는데 상당한 제한을 받는 사람"으로 규정되어 있다. 안면장애에는 면상반흔, 색소침착, 모발결손, 조직의 비후나 함몰, 결손이 포함된다. 2003년 장애인복지법 개정에 의하여 새로 추가된 외부 신체기능의 장애이다. '안면부' 라 함은 상지와 하지, 몸통 이외에 일반적으로 노출되는 부분을 의미하며, 모발

결손은 탈모증에 의한 것을 제외하며 반흔을 동반한 모발결손으로 국한한다. 얼굴전면에 혈관종을 앓고 있거나 화상으로 인한 얼굴변형도 그 정도에 따라 안면장애인으로 인정받을 수 있다.

■ 원인 및 특징 : 안면변형은 원인을 알 수 없는 선천적 기형과 교통사고, 질환, 화상 등 후천적 원인을 들 수 있다. 대부분의 경우는 일상생활에서 발생한 사고가 주요 원인이 된다. 또한 안면변형장애는 계속되는 성형수술 등으로 인한 의료비 지출로 경제적인 어려움을 경험하게 되며, 의료비 지출이 없는 고정된 경우라 하더라도 타인에게 혐오스러운 인상을 줄 수 있기 때문에 직장생활이나 기본적인 사회생활에서 배척되는 어려움을 겪을 수 있다. 장애인복지법에 의해 2급,3급,4급으로 분류되고 있다. 2급은 노출된 안면부의 90%이상의 변형이 있는 사람 또는 노출된 안면부의 60%이상의 변형이 있고 코 형태의 2/3이상이 없어진 사람, 3급은 노출된 안면부의 75%이상의 변형이 있는 사람, 또는 노출된 안면부의 50%이상의 변형이 있고 코 형태의 2/3이상이 없어진 사람, 4급은 노출된 안면부의 60%이상의 변형이 있는 사람 또는 코 형태의 2/3이상이 없어진 사람으로 장애진단기관은 성형외과 또는 피부과 전문의가 있는 의료기관이다.

⑦ 심장장애

■ 정의 : 장애인복지법 시행령에 의하면 심장장애인이란 "심장의 기능 부전으로 인한 호흡곤란 등의 장애로 인하여 일상생활을 하는데 있어 상당한 제한을 받는 사람"으로 규정되어 있다. 이러한 심장기능장애는 신장수축력의 정도와 운동능력의 정도에 따라 판정하는데, 심장수축력은 심초음파의 박출계수로, 운동능력은 활차를 이용하여 측정하게 되며, 다른 장애에 비해 비교적 중증인 경우에만 장애로 인정하고 있다.

■ 원인 및 특징 : 심장장애는 심장기능의 장애가 지속되며 심부전증 또는 협심증 등으로 일상생활이 현저히 제한되는 심장기능 이상이 있는 것이다. 심부전증의 원인은 심장의 펌프기능이 장애를 일으켜 정맥압이 상승하고 충분한 양의 산소를 말초조직에 공급할 수 없는 상태를 말한다. 심부전증은 모든 기질적인 심장질환에 기인하여 발생하는데, 가장 흔한 것은 심근경색, 심근변성, 심장판막증, 고혈압 등이다. 심장장애의 판정은 의사가 장애판정 직전 1년간 심장질환에 대해 지속적으로 치료했다는 것을 증명하는 치료력이나 의사 소견서를 확인하고, 최근 2

개월간의 환자상태와 임상 및 검사소견에 기초하여 판정한다. 심장장애는 1급, 2급, 3급과 5급이 있으며, 5급은 심장이식을 받았을 때 받을 수 있는 등급이다.

⑧ 신장장애

■ 정의 : 신장장애는 통칭 만성신부전을 뜻하는 말로 정상적인 신장은 인체의 불순물을 제거하고 체내의 수분을 균형 있게 유지시켜 주지만 만일 만성신장질환으로 인해 신장에 이상이 발생하게 되면 신장은 더 이상 정상적인 기능을 할 수 없게 된다. 따라서 신장장애가 생기면 혈액정화를 목적으로 혈액투석기계를 사용하며, 혈액투석을 하거나 인체의 복막을 이용한 복막투석을 하게 된다. 진료일수가 길고 병원에서 소비하는 시간이 많아 취업 등 사회적 활동에 제약이 있으며, 의료비 부담이 커서 경제적인 고통을 같이 받게 된다.

■ 원인 및 특징 : 만성신부전증은 신장이 만성사구체염, 만성신우신염, 악성고혈압, 당뇨, 다낭포성 신염, 다발성 동맥염, 선천적 기형, 홍반성 낭창 등 여러 가지 원인에 의해 점차적으로 그 기능이 감소되어 혈중 요소와 질소 및 기타 다른 노폐물을 배설시키지 못하고 체내에 축적되는 상태를 말한다. 만성신부전증 환자는 신장이식수술을 하지 않는 경우에는 평생 동안 투석치료를 받아야 한다. 현재 장애인복지법상에는 신장장애의 정도를 2급과 5급으로 나누고 있는데 2급은 만성신부전증으로 인하여 1개월 이상 혈액투석 또는 복막투석을 받고 있는 사람이며 5급은 신장이식을 받은 사람이 받을 수 있다.

⑨ 간장애

■ 정의 : "간의 만성적 기능부전과 그에 따른 합병증으로 인한 간기능의 장애로 인하여 일상생활을 하는데 있어 상당한 제한을 받는 사람"으로 장애인복지법 시행령에 규정되어 있다. 최초 진단 이후 1년 이상이 경과하고, 2개월 이상의 지속적인 치료 후에도 호전의 기미가 거의 없을 정도로 장애가 고착되었을 때 판정받을 수 있다. 즉, 충분한 내과적 치료에도 불구하고 장애가 지속적으로 유지되는 간경변증, 간세포암종 등 만성 간질환임을 확인하여 진단한다. 그리고 간이식을 시술받은 경우도 간장애에 포함된다.

■ 원인 및 특성 : 대표적인 만성 간질환인 간경변증은 간의 염증이 오래 지속된 결과, 간의 표면이 우둘우둘해지고 단단하게 굳어지는 병을 말한다. 많은 경우에 간경변증이 한참 진행될 때까지 별다른 증상을 느끼지 못하는데, 이는 간의 15~20%만 있어도 최소한의 생존에 필요한 대사작용을 할 수 있기 때문이다. 장애인복지법상 간장애는 1급부터 3급까지, 그리고 5급의 판정을 받도록 하고 있다. 1급 장애는 만성 간질환으로 진단받고 내과적 치료로 조절되지 않는 난치성 복수 등의 합병증이 있고 간기능의 지속적 장애로 인해 활동이 극도로 어려워서 항상 보호가 필요한 경우, 2급 장애는 만성 간질환으로 진단받고 자발성 세균성복막염 등의 병력이 있으며, 수면과 휴식시간 이외의 일상생활에 도움이 필요한 사람, 3급은 간기능에 장애가 있으나 잔여기능이 일정등급 이상이거나 보호자가 항상 필요한 것이 아니라 수시로 도움을 필요로 하는 상태에 있는 경우이다.

⑩ 호흡기장애

■ 정의 : 장애인복지법 시행령(2003년)에는 폐나 기관지 등 호흡기관의 만성적인 기능부전으로 인한 호흡기능의 장애로 인하여 일상생활을 하는데 있어 상당한 제한을 받는 사람"으로 규정되어 있다. 대표적으로는 만성 폐쇄성 폐질환이 있다. 이것은 만성적으로 호흡에 장애를 주는 폐질환을 총칭하는 것으로 원인이 되는 폐질환이나 심장질환이 없이 기도폐쇄가 발생하여 기류의 속도가 감소하는 질환군을 말한다. 정상인의 경우에는 안정호흡시 폐 전체 용적의 약 1/10정도만 사용하므로 여유가 있으나 만성 폐쇄성 폐질환의 경우에는 이러한 여유가 감소하므로 가벼운 운동이나 보행시에도 호흡곤란이 초래된다.

■ 원인 및 특징 : 만성폐쇄성 폐질환의 원인으로는 공해, 흡연, 호흡기 감염 등이 있으며 대개 40대에서 만성적 기침, 호흡기 질환의 재발 등으로 나타나기 시작하며, 종류로는 만성기관지염, 만성 폐쇄성기관지염, 천식성 기관지염, 폐기종 등이 있다. 호흡기장애는 장애인복지법상에서 1급, 2급, 3급으로 구분하고 있으며, 1급은 호흡기관의 만성적인 기능부전으로 안정시에도 산소요법을 받아야 할 정도의 호흡곤란이 있는 경우이고, 2급은 집 안에서 이동할 때도 호흡곤란이 있는 경우이다. 그리고 평지에서의 보행에도 호흡이 곤란한 경우는 3급 장애판정을 받는다. 호흡기관에 장애가 있는 경우 일상적인 거동이나 기본적인 사회생활에 필요한 이동이

어렵기 때문에 경제활동을 유지하기가 힘들다. 그에 따라 사회생활은 축소될 수밖에 없고, 대부분 경제적인 곤란을 함께 경험하게 된다.

⑪ 장루 · 요루장애

■ 정의 : "배변기능 또는 배뇨기능에 장애로 인하여 장루 또는 요루를 시술하여 일상생활을 하는데 있어 상당한 제한을 받는 사람"으로 규정하고 있다. 장루는 복부를 통해 결장부위에 수술로 만들어진 개구이다. 장루수술을 받게 되면 대변을 더 이상 항문을 통해 배출되지 않고 결장을 통해 배출되며, 배변활동을 스스로 조절할 수 없다. 따라서 대변을 모으기 위한 일회용 주머니를 착용해야 한다. 회장루는 아랫배를 관통하여 소장에 수술로 만든 개구인데, 상처나 질병으로 인해 직장 및 항문과 함께 결장은 수술로 제거할 수도 있다. 회장루에 의한 대변수술 후 대변은 소장에서 직접 나오기 때문에 피부에 매우 자극이 될 수 있다. 이로 인해 착용한 주머니는 인공항문 주변에 맞는 보호용 피부벽을 가져야 한다. 요루는 소변을 몸 밖으로 배출하게 해주기 위해 아랫배에 수술로 만든 개구이다. 요루수술을 하게 되면 소변은 더 이상 요도를 통해 배출되지 않게 되며, 요루를 통해 배출된다. 요루는 항문괄약근을 가지지 않으므로 요루수술을 한 사람은 언제 소변을 본다는 것에 대한 자기 스스로의 조절능력이 없다. 대신 소변을 모으기 위한 일회용 주머니를 착용한다.

■ 원인 및 특징 : 장루를 시행하는 원인은 대장암, 거대결장증, 궤양성 대장염, 가족성 용종증 등이며 요루는 방광암 등의 원인으로 시행한다. 장루 및 요루장애 원인질환 등에 관하여 충분한 치료를 한 후에도 장애가 고착(복원수술이 가능한 경우 1년 이상 경과) 되었음을 장루조성 시술시의 수술기록지, 병리소견서, 진단서 등으로 확인하여야 한다. 장루기능에 장애가 지속되어 일상생활과 사회생활의 제한 정도와 보호가 필요한 정도에 따라 2급에서 5급으로 장애등급이 구분된다. 2급은 하나 이상의 장루에 현저한 변형 및 배뇨장애가 있거나 장루 이외의 구멍으로 장 내용물이 지속적으로 흘러나와 수술 등에 의해서도 치유될 가능성이 없으며, 생활에 극도의 제한을 받아 항상 보호가 필요한 경우이다. 3급은 하나 이상의 장루에 변형이 있거나 배뇨기능에 장애가 있으며, 기능손상이 수술에 의해서도 치유될 가능성이 없고, 활동의 제약으로 수시로 도움이 필요한 경우이다. 4급의 경우는 장애가 있으나 가끔 보호가 필요한 경우, 5급의 경우

는 장애가 있으나 남의 도움이 필요하지 않을 경우 진단받게 된다.

⑫ 간질장애

■ 정의 : 2003년 장애인복지법의 개정에 의해 내부기관의 장애로 추가된 마지막 장애유형인 간질장애는 장애인복지법 시행령에 의하면, "간질에 의한 뇌신경세포의 장애로 인하여 일상생활 또는 사회생활을 하는데 있어 상당한 제한을 받아 다른 사람의 도움이 필요한 사람"으로 규정하고 있다. 대뇌의 이상 또는 손상이 있게 되면 원래 갖고 있는 전기에너지가 과도하게 방출하게 되어 주변으로 퍼져나가게 되고, 이로 인해 경련발작, 의식소실 등의 증세를 유발하게 된다. 간질이란 이러한 현상들이 반복적으로 발생하는 질병을 말하는 것으로, 간질의 원인은 다양하며 발작의 양상도 여러 형태로 나타난다. 간질은 정신병이 아니고 간질 발작 시 일어나는 현상이 일부 정신병의 증상과 유사한 경우도 있으나 발생기전으로 볼 때 뇌의 손상에 의한 발작성 뇌기능 이상이지 정신병에서 볼 수 있는 심인성 병리기전은 없으며, 나타나는 행동이상의 상태도 다르다.

■ 원인 및 특징 : 간질의 원인은 매우 다양하며 뇌손상을 가져올 수 있는 뇌출혈, 뇌경색, 뇌종양 등의 뇌손상에 의해 일어날 수 있고, 이러한 원인에 의해 손상된 부위에서 비정상적인 전기가 방출되어 재발성 경련이 일어나는 것으로 볼 수 있다. 간질의 발생은 성인보다는 소아에서 간질발작의 발생률이 3~4배 더 높으며, 특히 2세 이하의 영유아에서 가장 잘 발생한다. 따라서 간질환자의 60~70% 정도가 14세 이하의 소아이다. 간질환자 중에서 간혹 치료받지 않아도 자연치유가 된다는 보고도 있으나, 간질 발생 후 바로 치료를 시작하지 않으면 난치성 간질이 될 위험이 높으므로 발작빈도에 관계없이 치료해야 한다. 일반적으로 3~5년 간질발작이 없는 경우를 완치라고 하는데, 여러 연구결과를 종합해 보면 간질 진단 후 10년이 지났을 때의 완치율은 약 60~70%정도이다. 간질의 장애판정시기는 현재의 상태와 관련하여 최초 진단 이후 3년이 경과하고, 2년 이상의 지속적 치료를 받음에도 불구하고 호전의 기미가 거의 없을 정도로 고착되었을 때 한다. 간질장애는 장애인복지법에서 2급, 3급, 4급으로 구분하고 있으며, 2급의 경우 만성적인 간질에 대한 적극적인 치료에도 불구하고 월8회 이상, 연 6월 이상 중증발작이 있고, 발작 시 유발된 호흡장애, 흡인성 폐렴, 심한 탈진, 두통, 구역, 인지기능의 장애 등

으로 세심한 요양관리가 필요하며 일상생활 및 사회생활에 항상 타인의 지속적인 보호와 관리가 필요한 상태로 정의하고 있다.

⑬ 정신장애

■ 정의 : 1999년 개정된 장애인복지법에 의해 새로이 장애범주에 포함되기 시작한 정신장애는 시행령에 의하면, '지속적인 정신분열병, 분열형 정동장애, 양극성 정동장애 및 반복성 우울장애에 의한 감정조절 · 행동 · 사고 기능 및 능력의 장애로 인하여 일상생활 또는 사회생활을 하는데 있어 상당한 제한을 받아 다른 사람이 도움이 필요한 사람' 으로 정의하고 있다. ㉠ 정신분열증은 주로 사춘기 전후부터 20대 초반에 발생하는 정신질환으로 환각 등의 지각장애, 망상이나 사고전파 등의 사고장애, 감정이 무뎌지는 감정 장애, 무관심 등의 의지장애 등이 나타나는 것, ㉡ 양극성 정동장애는 기분 및 감정의 변동이 심한 증상으로 반복적으로 나타나는데, 기분이 비정상적으로 너무 고양되고, 과대망상, 사고비약, 수면장애(잠을 거의 자지 않음) 등의 증상이 동반되는 조증상태와 기분이 비정상적으로 침울하고 죄책망상, 자살사고, 수면장애(잠을 너무 많이 자거나 자고 싶어도 잠을 못 잠), 식욕부진, 대인관계 기피 등의 증상이 동반된 우울상태가 반복된다. ㉢ 반복성 우울장애는 기분이 비정상적으로 침울하고, 죄책망상, 자살사고, 수면장애, 식욕부진, 대인관계 기피 등의 증상이 동일한 정도로 동시에 존재하는 경우이다. ㉣ 분열형정동장애는 정신분열병의 증상과 정동장애(조증 또는 우울증)의 증상이 동일한 정도로 동시에 존재하는 경우이다.

■ 원인 및 특징 : 정신장애의 원인은 유전적 · 기질적 원인과 사회환경요인에 의한 것으로 알려져 있다. 발생 시기는 사춘기 이후부터 20대 전후에 가장 많이 나타난다고 알려져 있으며, 정신장애는 정신장애의 진단명, 최초 진단 시기, 정신질환의 상태, 정신적 능력상태 등을 종합하여 1급에서 3급까지 판정한다. 정신장애로 판정받을 때는 장애판정 직전에 1년간 지속적으로 관찰하고 치료한 의사의 소견이 있어야 하며, 증세의 변화에 따라 매2년마다 새롭게 등급판정을 받을 수 있다.

⑭ 정신지체

■ 정의 : 정신지체인이란 장애인복지법에서 "정신발육이 항구적으로 지체되어 지적 능력의 발달이 불충분하거나 불완전하고 자신의 일을 처리하는 것과 사회생활에의 적응이 상당히 곤란한 자"라고 정의 내리고 있다. 즉, 18세 이전에 정신발달이 불완전하여 지능이 평균 이하로 저하되고 또 이로 인하여 자기의 신변관리와 사회생활에의 적응이 곤란한 상태에 있는 경우를 말한다. 그리고 '특수교육진흥법'에서는 정신지체인을 '지능검사 결과 지능지수가 75이하이며 적응행동에 결함을 지닌 자'라고 정의하고 있다. 과거에는 정신박약(mental deficiency)이란 용어로 사용되었고, 그 후 정신지체(mental deficiency)란 용어에서 다시 정신지체의 영문표기를 정신지체(mental retardation)로 바꾸어 사용하고 있다. 이렇게 변경된 것은 정신결함이나 정신박약이란 용어가 치료 불가능의 의미를 내포하므로 이런 뜻을 배제하기 위해서였다(박옥희, 2004).

■ 원인 및 특징 : 정신지체의 정의상 발생 시기는 만18세 이전이어야 한다. 만18세 이후에 발병되는 정신지체는 치매(dementia)라고 하며, 이것의 임상증상은 정신지체와 유사하지만 구별하여 진단을 내리도록 되어 있다. 정신지체는 전체 인구의 약1%에서 발생된다고 보고되고 있으며, 성별로는 남아가 여아보다 약1.5배 정도 더 많이 발병되는 것으로 알려져 있다. 정신지체의 원인은 상당히 복잡하여 정확하지 않다. 선천적 원인에 의한 정신지체도 90%가 원인불명이기 때문에 정신지체의 직접적 원인을 찾아내기는 쉽지 않다. 다만 지금까지의 결과에 의하면 생물학적 요인과 사회심리학적요인이 상호작용하면서 복합적으로 이루어져 나타나는 경우가 대부분이다. 생물학적 요인은 염색체 이상과 같은 유전인자의 결함이나 임신 중 풍진, 매독 등에 걸렸거나 기타 감염, 혈액형 부조화, 영양결핍, 음주, 흡연, 방사선 노출 등이 원인이 될 수 있다. 정신지체아동들의 가장 현저한 특징은 지적 발달의 장애이며, 언어의 지체가 두드러지게 나타난다. 또한 정신지체가 있는 아동들은 행동상의 문제들도 동반할 수 있다. 즉 의존성이 강하거나 자존심이 낮고 공격적이며 충동적이고, 좌절을 견디기 어렵다. 정신지체는 지능지수(I.Q.)의 정도에 따라 경도(mild), 중등도(moderate), 중도(severe), 최중도(profound) 등 네단계로 나눈다. 먼저 지능지수(I.Q.)가 50~70사이는 경도(mild)로 교육적 측면에서는 교육가능이라고 정의하며, 초등학교 6학년까지의 교육이 가능하다. 전체 정신지체의 약80~85%를 차지하는 가장 흔한 형태의 정신지체이다. 둘째, 지능지수가 35~49사이는 중등도(moderate)로 교육

적 측면에서는 훈련가능이라고 정의한다. 초등학교 2학년정도까지의 교육이 가능하며 전체 정신지체의 약10%를 차지한다. 셋째, 지능지수가 20~34사이는 중도(severe) 교육적 측면에서는 훈련불가능 또는 보호가능이라고 정의되며, 초등학교 1학년 수준의 교육도 어렵다. 전체 정신지체의 약4~7%를 차지한다. 마지막으로 지능지수가 20미만을 교육적 측면에서는 훈련불가능 또는 보호가능이라고 정의하며, 교육이 불가능하다. 전체 정신지체의 약1%를 차지한다. 현재 장애인복지법에서는 장애등급을 1급,2급,3급으로 나누며 1급은 지능지수 34이하, 2급은 지능지수가 35이상 49이하, 3급은 지능지수 50이상 70이하로 구분하고 있다.

⑮ 발달장애(자폐)

■ 정의 : 장애인복지법 시행령(1999)에서 규정하고 있는 발달장애는 "소아기 자폐증, 비전형적 자폐증에 의한 언어?신체표현?자기조절?사회적응 기능 및 능력의 장애로 인하여 일상생활 또는 사회생활을 하는데 있어 상당한 제한을 받아 다른 사람의 도움이 필요한 사람"으로, 진단 받은 후 최소한 6개월이 경과되어야 판정을 받게 된다. 또한 발달장애에 대해서 미국 연방정부 규정 제45조 84항은 심리적 장애, 학습장애와 더불어 인지손상장애의 한 범주에 속한다고 정의하고 있다. 즉 전반적인 신체적, 정신적 발달의 지체를 의미하는 것으로서 정신지체, 간질 등의 발작장애, 자폐 등의 정서장애, 외상성 사건, 감각손상, 소아마비나 근육디스트로피 등의 질병에 의해 발생되는 발달상의 지체 등이 포함되며 약22세 이전에 발생하는 것으로 규정된다.

■ 원인 및 특징 : 자폐증의 원인은 명확히 규명된 것은 아니나 학자들은 심리적 · 환경적 원인으로는 신체적으로 허약체질, 예민한 성격, 부적절한 성장 환경 등으로 들고 있다. 이외에 유전적원인 및 생화학적인원인 등도 주장되고 있다. 기질적 원인이라는 증거로 자폐증을 진단받은 아동들은 세로토닌이라는 뇌의 신경전달물질이 정상보다 높은 수준을 보이고 있으며, 또한 소뇌는 보통 아동에 비해 크기가 작고 소뇌의 발육단계에서 나타나는 분화 속도가 둔화되며 분화과정에서 비정상적인 형태를 보였다는 점이다. 최근 들어 자폐증의 원인은 심리적 · 환경적 요인보다 뇌의 신경전달물질과 같은 생화학적인 원인에 더욱 관심을 갖고 있다. 자폐증을 가진 아동의 약 67~88%는 정신지체를 가지며, 자폐아의 1/3정도가 발작을 보인다. 우리나라 정부에서는 1999년 장애인복지법의 개정으로 자폐증을 새로이 장애범주에 포함시켰다. 자폐아는

다음과 같은 10가지 증상을 보인다고 알려져 있다. 첫째, 대인관계를 형성하지 못한다, 둘째, 언어습득이 지연된다, 셋째, 언어발달상 대화할 수 없는 언어를 사용한다, 넷째, 반향어, 즉 앵무새처럼 다른 사람의 말을 되풀이하는 경향이 있다. 다섯째, 대명사를 반전하여 사용한다, 여섯째, 틀에 박힌 놀이를 반복한다, 일곱째, 동일성 유지에 대한 강박적인 욕구를 가지고 있다, 여덟째, 상상력의 결여를 보인다, 아홉째, 기계적 암기력이 좋다, 열 번째, 외견상 정상적인 신체발달을 보인다. 자폐증의 진단은 정신과나 소아정신과 전문의가 있는 의료기관에서 하고 있다. 장애인복지법상 발달장애는 1급에서 3급으로 구분하고 있는데 발달장애상태, 일상생활을 하는 데 있어서의 기능수행정도, 지능지수 등을 종합적으로 진단하여 등급판정을 한다.

3 장애인의 재활

1) 재활의 기본 개념

장애인들이 신체적, 정신적 결함으로 인하여 혼자 일상생활을 해 나가는데 필요한 기능을 충분히 발휘하기 못하기 때문에 특별한 도움이 필요하게 되며, 이 특별한 도움이란 그들이 처해 있는 환경을 그들의 능력에 알맞게 바꾸어 주어 그들의 능력을 최대한으로 개발시켜줌을 말하며, 이것이 장애인 재활사업이다. 재활(Rehabilitation)의 기본개념은 "to make fit again" 즉, "사람답게 될 권리와 자격과 존엄 등을 회복하는 것"을 의미한다. 이와 같은 의미의 재활을 미국재활협회는 "심신장애인의 신체적, 정신적, 사회적, 직업적, 경제적, 가용능력을 최대한으로 회복시켜 주는 것이라고 정의하고 있다. 재활의 과정은 대단히 광범위하며, 재활의 목표를 달성하기 위해서는 ①기본적 욕구와 특수욕구를 충족시키는 일 ②사회통합 ③정상화(normalization)의 실현이 고려되어야 한다.

2) 종합재활의 개념과 접근방법

장애인이 가지고 있는 장애의 상태를 최소화하고 잔존능력을 개발하여 장애의 극복과 최대한의 자립적 생활에 접근시키기 위하여 의료, 교육, 직업, 사회, 심리, 재활공학 등 전문분야와의 종합적인 팀웍에 의한 재활과정이 요구되며, 이것을 종합재활과정이라고 한다. 재활은 많은 전문가의 협력을 필요로 하는 과학적인 행위인 동시에 분리할 수 없는 한 사람의 인격체로서의 전 인간적인 복권을 위한 통합적인 접근이어야 한다.

〈그림2〉 장애인종합복지관의 재활과정

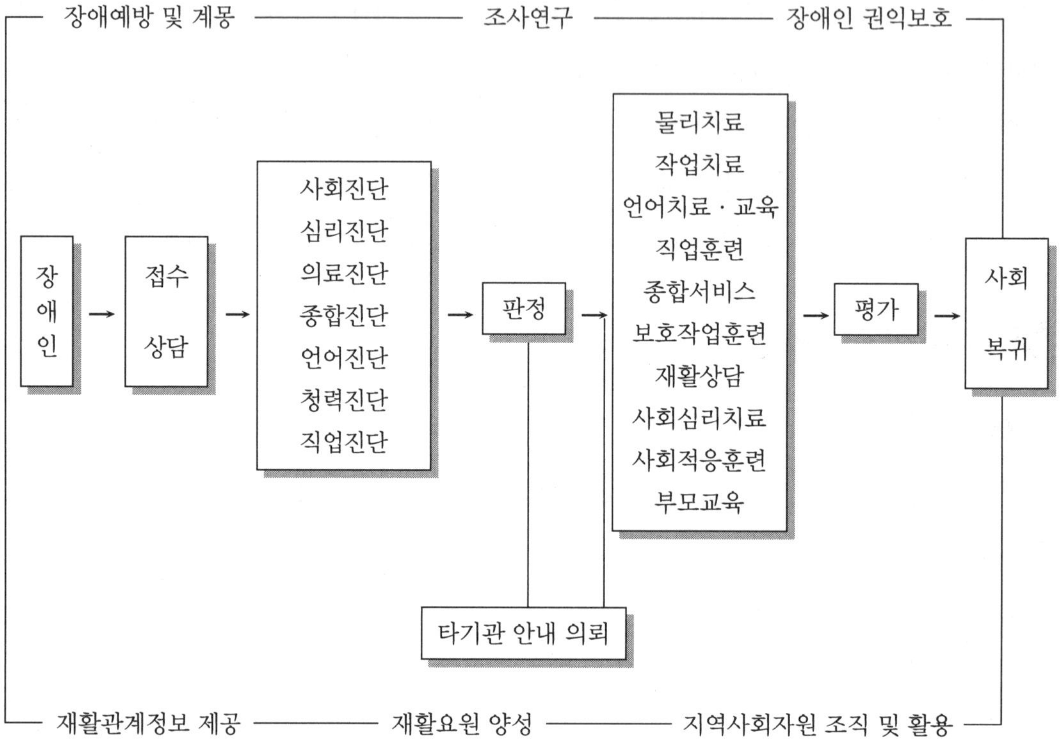

자료: 박옥희(2004), 장애인복지론, 학문사

3) 재활분야

① 의료재활

의료재활은 재활과정상 맨 처음에 이루어지는 것이므로 가장 기본적인 재활분야이다. 재활의 목표가 장애를 최소한으로 줄이고 장애인의 기능을 최대한 증대시켜 사회복귀 시키는 데 있는 것이므로 의료재활은 재활과정의 첫 단계가 된다. 의료재활은 장애에 대한 의료적 치료 뿐 아니라 장애의 발생을 최소화하는 예방의 역할도 한다. 장애인이 적절한 재활치료를 받지 못하면 장애가 심해지거나 여러 가지 합병증이 발생할 수 있다. 의료재활의 내용은 크게 진단 및 기능평가와 재활치료로 나눌 수 있다. 정확한 진단과 평가에 따라서 치료계획이 수립되고 치료목표가 선정되며, 이에 의거하여 구체적인 치료내용이 시행되는 등 의사를 비롯한 여러 전문요원들이 팀을 이루어 정확한 진단과 평가를 한다.

재활의료팀은 재활의학전문의와 물리치료사, 작업치료사, 언어치료사, 재활간호사, 의지 및 보장구제작사, 의료사회복지사, 임상심리사 등으로 구성되며 전문의가 보통 팀의 리더가 된다. 장애에 따라서는 재활의학전문의 이외에 정형외과, 신경외과, 정신과, 소아과, 안과 등 관련된 임상전문의의 도움이 필요하며, 이밖에도 특수교사, 직업재활상담사, 직능평가사 등의 참여가 필요하다.

② 직업재활

Megowon은 직업재활은 장애인으로 하여금 사회통합을 위한 최대과제인 자립생활을 영위하게 하는, 재활 중에서도 가장 중요하고 핵심적인 것이라고 하였다. 직업재활은 직업적 능력을 회복시키는 활동이며, 장애인이 적절한 직업을 취득하여 유지할 수 있도록 직업훈련, 직업지도, 취업알선 등을 해주는 것이다. 이는 장애인의 신체적, 정신적, 사회적, 직업적, 경제적 능력을 최대한으로 찾고 길러줌으로써 일할 권리와 의무를 비장애인과 똑같이 갖게 하는 것이다. 직업재활서비스에 필요한 전문요원으로는 직업생활상담원, 직업훈련교사, 직업보도교사, 사회복지사 등이 있다. 직업재활이 모든 장애인에게 가능한 것이 아니다. 장애정도가 심하여 직업을 갖기가 불가능한 사람은 대상이 될 수 없고, 일정한 대책을 마련해주면 직업을 가질 수 있는 가능성이 있는 장애인만이 직업재활의 대상이 된다. 직업재활의 과정은 접수 및 직업상담→ 진단 및 평가→직업적응훈련→직업훈련→직무개발 및 배치→사후지도 의 7단계로 구성이 된다. 접수와 직업상담이 이루어진 후에는 진단 및 직업평가가 실시되는데 직업평가란 개인의 적성과 흥미, 신체기능, 능력, 자질 등을 포함한 직업능력을 객관적으로 평가하고, 각종 직업의 내용과 직업현장에 대한 정보를 제공함으로써 장애인가 적절한 직업계획을 수립하고 나아갈 방향을 결정하고 효과적으로 적응할 수 있도록 도와주는 전문적 활동이다.(의료적 평가, 지필검사, 작업표본검사, 상황작업평가, 작업현장 평가 등) 직업적응훈련은 장애인이 근로자로서의 기본능력과 태도를 길러서 직업활동을 할 수 있도록 해주는 것으로 직업적응훈련에는 일상생활 자립훈련, 사회성훈련, 직업기술 향상 훈련, 인성적응훈련 등이 있다. 직업훈련은 직업재활과정에서 가장 핵심적인 부분으로 직장에서 직무를 수행하는데 필요한 직업적 지식과 기술을 제공하는 훈련이다. 직업훈련이 실시된 이후에는 직무개발과 배치가 뒤따르는데 직무개발이란 유용한 직업에 관한 정보를 장애인에게 제공하기 위해 취업원을 개발하는 것이고, 직무배치란 장애인에게 적합한 직업을 찾아서 장애인의 욕구와 적성, 능력에 맞는 직무에 배치하는 것이다.

③ 사회재활

장애인이 의학적, 직업적으로 문제가 해결되었다 하더라도 가정과 사회에 적응하기 위해서는 사회심리적 재활을 거쳐야 한다. 사회심리적재활을 구분하여 사회재활과 심리재활로 나눈다. 먼저 사회재활은 재활의 사회적 측면으로서 장애인의 사회생활이나 가정생활에 적응하기 위하여 적응하는데 지장을 주는 사회적 문제를 해결해주는 것이다. 구체적으로 각종 법령과 정책과 제도, 행정업무의 정비 등 법적 행정적 환경의 조성, 장애인의 소득보장과 자립기반 조성 등 경제적 환경의 조성, 건물이나 주택 등 물리적 환경의 조성, 비장애인의 장애인에 대한 편견 없는 태도 등 심리적 환경의 조성, 각종 문화 활동과 스포츠에의 참여 등 문화적 환경의 조성 등과 같은 것을 통해서 장애인이 완전한 사회재활이 이루어질 수 있도록 돕는 과정이다.

④ 심리재활

심리재활은 재활의 심리적 측면이다. 심리재활에 대한 관심은 재활이 의료재활, 직업재활, 교육재활 등 각 분야별로 발달되어 오다가 전인적 재활에 역점을 두면서부터이다. 장애인이 심리적, 정신적 결함을 갖고 있다면 전인적 재활이 이루어질 수 없으므로 심리재활 또한 재활의 중요한 측면이다. 장애인은 장애를 갖고 있다는 사실로 인하여 여러 가지 부정적인 심리상태를 경험할 수 있으며 원만한 인격형성이 저해될 수도 있다. 장애인 본인이 자기 자신을 보는 관점과 장애인에 대한 타인의 시각이 부정적일 때 부정적인 심리상태를 야기할 수 있다. 장애인이 경험할 수 있는 부정적 심리상태로는 현실의 부정, 퇴행, 분노, 불안, 우울감, 상실감, 확고한 자아개념과 자아 존중감의 결여, 좌절감, 위축감, 박탈감, 수치심, 죄의식, 소외감 등 여러 가지가 있다. 심리재활은 장애인이 갖고 있는 이러한 심리적 문제들을 찾아내어 제거하고 장애인으로 하여금 새로운 가능성을 찾도록 돕는 것이다. 심리재활과정에서는 각종 심리검사 및 인성검사와 정신분석요법, 약물요법 등의 임상심리요법이 사용되며 심리재활전문가는 임상심리학적 지식에 기반 하여 전문적인 상담을 한다.

⑤ **교육재활**

교육재활이란 장애인이 갖고 있는 능력을 최대한 향상시키고 발휘하게 하며 그의 잠재능력을 개발하여 사회생활에 적응해가도록 도움을 주는 교육제도와 교육방법 및 기술을 통한 교육적 서비스를 말한다. 교육재활의 주요 대상은 장애아동이다. 그러나 성인장애인의 경우 교육도 전인적 발달을 위하여 필요하므로 교육재활은 비단 아동기 뿐 아니라 장애인의 전 생애에 걸쳐 이루어질 필요가 있다. 교육방법이 특수한 성격을 띠므로 이를 특수교육이라고 하며 이것은 장애인의 독특한 교육적 요구에 맞도록 설계된 교육으로서 특수교육에서는 실생활에서 필요한 지식을 위한 교과교육과 장래의 직업생활에 적응하기 위한 직업보도, 언어치료나 물리치료, 작업치료 같이 장애를 교정해주는 요육 등을 실시한다.

4 장애인 현황

1) 장애인실태조사에 따른 일반적 장애인 현황

① **추정 장애인 수**

장애인복지법에 의하면 보건복지부 주관으로 매 5년마다 장애인구와 생활실태를 파악하기 위한 실태조사를 실시하도록 되어 있다. 우리나라에서 전국 규모의 장애인 실태조사를 실시한 것은 1960년대부터이며, 1980년 이래 총 6차례에 걸쳐 조사가 이루어졌다. 장애인 실태조사를 통해 장애 인구를 추정하는 근본적인 이유는 장애인 전수조사가 여러 가지 관행으로 인해 어렵기 때문이다. 또한 일부 지역의 경우 장애인 실태조사를 실시했음에도 불구하고 추정장애인의 수보다도 훨씬 작은 인구규모가 파악되기도 했다.

2005년도 장애인 실태조사에 의하면 우리 나라의 재가장애인은 약 2,101.1천여명으로 , 출현율은 인구 100명당 4.50명으로 추정되고 있다. 한편, 사회복지시설에 거주하고 있는 장애인은 47.6천명이었다. 따라서 재가장애인과 시설장애인을 합한 결과 2005년도 우리나라 장애인 수는 총 2,148.7천명이며, 출현율은 4.59%인 것으로 추정되고 있다. 또한 아래의 표에는 나타나지 않았지만 남자의 경우 인구 백명당 5.51명, 여자는 3.53명으로서 남자의 장애출현율이 여자에 비해 높은 것으로 나타났다.

〈표 3〉 우리나라의 추정 장애인 수

(단위: 명, %)

구 분	재가장애인	시설장애인	전 체
장애인 수	2,101,057	47,629	2,148,686
출 현 율	4.50	-	4.59

자료: 한국보건사회연구원, 「2005년도 장애인 실태조사」, 2006.

② 장애의 원인

질병이나 사고 등의 후천적 원인이 89.0%, 선천적 원인이 4.0%, 원인미상이 6.3%, 출산시 원인이 0.7%로 나타났으며, 이는 선진국과 마찬가지로 우리나라도 지속적으로 질환 및 사고로 인해 후천적으로 발생하는 장애가 증가하고 있다는 결과를 나타내주는 것이라고 할 수 있다. 또한 장애유형별로 세분하여 보면, 선천적 원인은 정신지체가 가장 높아 23.2%를 차지하였고, 다음이 언어장애 22.8%, 안면장애 19.3%의 순이었다. 원인불명의 비율이 가장 높은 장애는 발달장애로 전체 장애인의 65.6%가 장애의 원인을 모르고 있었으며, 간질장애 역시 22.9%가 장애인의 원인을 모르고 있었다.

〈표 4〉 장애유형별 발생원인

(단위: %)

	전체	지체	뇌병변	시각	청각	언어	정신지체	발달(자폐)	정신	신장	심장	호흡기	간	안면	장루요루	간질
선천적	4.0	1.6	2.2	5.4	3.7	22.8	23.2	13.2	0.9	1.9	10.1	-	-	19.3	-	8.8
출산시	0.7	0.1	2.3	0.3	0.3	-	3.9	7.3	-	-	-	-	-	-	-	-
후천적	52.4	38.3	82.1	49.8	49.8	52.8	20.8	12.3	82.4	92.5	88.1	93.0	100.0	9.6	100.0	33.6
사고	36.6	58.8	11.5	36.5	36.5	10.1	12.5	1.7	7.3	3.8	0.9	4.1	-	63.9	-	23.7
미상	6.3	1.2	1.9	8.0	8.0	14.3	39.6	65.5	9.4	1.7	0.9	2.9	-	7.2	-	33.9
계	100.0	100.0	100.0	100.0	100.0	100.0	100.0	100.0	100.0	100.0	100.0	100.0	100.0	100.0	100.0	100.0

자료: 한국보건사회연구원, 「2005년도 장애인 실태조사」, 2006.

③ 장애유형별 출현율

2005년 실태조사에서 나타난 장애인출현율은 인구 100명당 4.59명으로 추정되었으며, 이는 2000년 실태조사결과보다 1.5%포인트 증가한 것이다. 이처럼 장애인 수와 출현율이 증가한 것은 2003년 7월 장애범주가 기존의 10종에서 15종으로 확대되었기 때문이며, 또한 장애에 대한 거부감 감소, 장애인복지시책의 다양화 등으로 장애인등록이 많아지고 있기 때문이다. 그리고 인구고령화 및 각종 사고의 증가, 만성질환 증가 등으로 인하여 장애발생률 자체도 높아지는 것으로 유추된다.

〈표 5〉 장애유형별 출현율[1)]

(단위:%, 명)

	전체	지체	뇌병변	시각	청각	언어	정신지체	발달(자폐)	정신	신장	심장	호흡기	간	안면	장루요루	간질	중복
출현율	4.59	1.99	0.32	0.42	0.40	0.02	0.12	0.01	0.18	0.06	0.08	0.05	0.02	0.01	0.03	0.02	0.86

자료: 한국보건사회연구원, 「2005년도 장애인 실태조사」, 2006.

2) 장애인복지현황

① 장애인등록제도

장애인복지법에는 장애인등록제도를 명시하고 있는데, 2005년도 장애인조사에 따르면 장애인으로 등록했는지 여부를 알아본 결과, 장애인등록을 한 장애인은 전체의 79.4%로 나타났다. 이중 장애등록률이 가장 높은 장애는 신장장애로서 전체의 97.2%가 등록한 것으로 나타났으며, 정신지체(92.0%), 발달장애(81.0%), 지체장애(87.0%)도 장애인 등록률이 상당히 높은 것으로 나타났다. 반면에 심장장애(34.1%), 안면장애(45.6%), 간장애(51.3%), 호흡기장애(51.7%) 등 내부장애의 등록률은 상대적으로 낮게 나타났다. 이는 이들 장애가 비교적 최근에 장애범주에 포함된 데다가, 내부장애의 경우 외부신체기능, 감각 및 정신장애 등 전통적인 장애와 달리 장애인이라는 인식이 약하기 때문에 비롯된 결과로 볼 수 있다.

1) 시설장애인포함

② 장애수당

대부분의 선진국에서는 장애로 인한 추가비용의 보전 차원에서 장애수당의 형태로 급여를 지급한다. 영국에서는 장애로 인한 의료비, 간병에 필요한 비용, 기타 소득유지를 위한 근로수당 등 각종 수당제도를 채택하고 있다. 스웨덴에서는 장애아동을 부양하는 부모에 대해서도 특별수당을 지급한다. 또한 일본에서도 장애로 인한 추가비용을 보전해주기 위해 특별수당을 지급한다. 우리나라에서는 장애로 인한 추가생계비 보조 차원에서 일정 기준에 의해 최소 2만원에서 최대 13만원까지 매월 장애수당으로 지급하고 있다. 장애수당은 그동안 계속 상향조정되어 왔으나, 대상자가 한정되어 있고 현실적인 비용에는 여전히 미치지 못하고 있는 실정이다.

③ 기타 소득보장제도

장애수당 이외의 소득보장제도로 사회보험제도, 장애인 자립자금 융자, 장애인 자녀교육비 지원, 간접적 소득지원 등을 들 수 있다. 사회보험제도로는 국민연금제도, 공무원연금제도, 사립학교 교원연금제도, 군인연금제도, 산업재해보상보험 등이 있다. 이러한 사회보험제도는 사업장 근로자를 대상으로 하고 있기 때문에 선천적 장애인이거나 경제활동 이전에 장애를 입어 취업하지 못하는 경우에는 보험의 혜택을 받을 수 없다. 따라서 사회보험이나 공공부조 대상자가 되지 못하고 사각지대에 놓여있는 장애인이 상당수이다.

장애인 자립자금 융자는 근로능력이 있는 자립 가능한 장애인의 경우 자활기반을 마련해주기 위한 제도이다. 또한 자금 지원 뿐만 아니라 교육훈련, 직종알선, 경영지도 등 종합적인 연계 지원을 실시하고 있다.

간접적 소득지원으로서 각종 이용료 및 세금감면 등이 있다. 교통이나 통신수단 이용요금의 감면제도가 장애인들의 실생활에 많은 도움을 주고 있다. 또한 차량이 상당수 장애인의 이동 및 생계수단이 될 수 있기 때문에 차량관련 감면혜택도 실시되고 있다. 이러한 이용료나 조세감면 시책은 소득을 지원할 뿐 아니라 장애인들의 사회참여를 촉진시키는데도 중요한 기능을 담당하고 있다.

④ 의료

의료보장을 위한 제도는 건강보험, 의료급여제도, 저소득장애인에 대한 의료비 지원과 보장구 무료교부사업 등이 있다. 주요 선진국에서는 장애인의 의료재활에 필수적인 보장구(재활보조기기)에 대해서는 국가적 책임으로 지원하고 있다. 일본에서는 법에서 정하고 있는 장애인용 보장구 및 생활용구 50여종에 대해서 장애인의 소득수준에 따라 무료 또는 최소한의 본인부담만으로 거의 무상으로 지원하고 있다. 미국에서도 의료보험을 통해 본인부담(20%)을 최소화함으로써 보장구를 통한 의료재활이 활성화되어 있다.

⑤ 교육

1995년도부터 장애학생을 위한 대학특례 입학제도가 시행되었는데, 1997년에는 28개 대학 234명, 1998년에는 44개 대학에 1,600명이 입학했다. 그러나 이러한 노력에도 불구하고 고학력일수록 장애인의 진학률이 크게 떨어지고 있으며, 장애인의 교육여건이 일반인에 비해 상당히 열악한 것으로 나타나고 있다.

⑥ 고용

장애인의 직업재활은 직업적, 사회적, 심리적 욕구충족을 이루는 주요한 수단이 된다. 일반적으로 노동연령기에 이른 사람이 직업을 구하지 못하거나 직업생활의 유지에 장애가 있으면 소득보장 뿐 아니라 사회적 지위까지 위협을 받는다. 즉, 직업은 단순히 직업이라는 측면만으로 한정되지 않으며 자립과 재활을 위한 필수적 과제이다. 장애인은 경제활동 참여기회의 부족으로 생산과 납세의 주체가 아닌 보호와 면세의 객체로 머물러 왔음은 주지의 사실이다. 구체적으로 장애인의 실업률은 전체 실업률에 비해 7배 정도 높다. 또한 취업한 경우라도 대부분 단순노무직이나 영세 자영업에 종사하는 경우가 많다.

⑦ 시설보호

현재 장애인 재활의 기본 개념이 시설보호에서 지역사회 재활로 전환되어 가고 있는 실정이지만 그럼에도 불구하고 시설보호는 불가피하다. 장애인실태조사결과 장애인은 특성상 시설보호에 대한 욕구가 높은 편으로 나타나고 있다. 또한 재가복지 서비스가 충분하지 못하고 그룹홈과 같은 지역사회 시설이 부족한 실정임을 감안할 때 일정부분 시설보호 서비스 체계가 갖추어져 있는 것이 바람직하다.

⑧ 재가복지서비스

재가복지서비스를 위해서는 장애인이 집에서 생활하면서 치료와 교육, 직업훈련서비스 등을 받을 수 있는 통원 가능한 이용시설이 필수적이다. 장애인종합복지관에서는 재가장애인의 상담, 치료, 교육훈련, 사회교류 촉진 및 여가활동 등의 종합적인 복지서비스, 장애종별 복지관에서는 유형별 장애인을 대상으로 하여 복지서비스를 제공하고 있다. 장애인은 이동성의 문제로 위와 같은 지역사회 서비스를 이용하는 데 어려움이 있을 수 있다. 따라서 1992년부터 장애인종합복지관에 재가장애인 순회재활센터를 설치하여 운영하고 있다. 순회재활센터에서는 지역내의 재가장애인을 순회 방문하여 상담, 진료, 장애진단 등의 의료적, 사회심리적 재활서비스를 비롯한 종합적 서비스를 제공한다.

⑨ 생활환경

장애인의 완전한 사회통합을 위해서 사회적 · 물리적 장벽이 제거되어야 한다. 장애인을 둘러싸고 있는 제약적 환경(사회적 · 물리적 장벽) 때문에 장애인은 사회생활에서 불이익을 받을 수 있다. 따라서 국가와 사회는 최소한 장애인이 어느 제도나 서비스, 시설에 자유롭게 접근할 수 있도록 환경을 개선하여야 한다. 1997년 '장애인 · 노인 · 임산부 등의 편의증진 보장에 관한 법률'이 제정되어, 장애인의 접근권[2]을 규정하고 이와 관련한 최소한의 설치기준을 정하고 있다.

5 장애인복지 관련 정책현황

1) 관련정책의 기본방향

우리나라의 장애인복지정책은 산업화에 따른 장애발생요인 및 장애인의 증가에 대처하고 장애인복지를 선진국 수준으로 향상시키기 위해 1998년부터 2002년까지 범정부 차원의 장애인복지발전 5개년계획을 추진하였고, 2003년부터 제2차 5개년 계획을 수립 · 추진 중이다. 특히 UN 아시아태평양경제사회위원회(ESCAP: Economic and Social Commission for Asia and the Pacific)에서는 아 · 태 장애인 10년 행동계획(1993~2002)을 결산하고 새로운 10년

2) 접근권은 인간으로서의 존엄과 가치 및 행복을 추구할 권리를 보장받기 위하여 장애인이 아닌 사람들이 이용하는 시설과 설비, 정보에 동등하게 이용하고, 접근할 수 있도록 한 규정이다(장애인 · 노인 · 임산부 등의 편의증진 보장에 관한 법 제4조).

계획(2003~2012)을 발표하면서 국가별 구체적 실천 계획 수립을 권장함에 따라 우리나라도 정부와 민간이 공동조력하고 실천해 나갈 장애인 정책의 새로운 비전을 제시하였다.

제2차 장애인복지발전 5개년 계획(2003~2007)은 국민의 '권리에 기반한 장벽 없는 통합적 사회를 실현' 하는 데 그 목표를 두고 있으며, 장애인의 권리에 기반한 완전한 사회참여와 평등을 보장한다는 새로운 장애인정책의 틀 속에서 장애인과 함께 생활하기 쉽고, 평등한 사회를 조성하여 장애인의 자립을 목적으로 하는 국가적 행위이다. 이를 위해 통합교육을 확대하고, 복지와 성장의 조화를 통한 안정적인 장애인 고용을 실현하며, 사회적 인식개선과 기본적인 인프라를 구축한 사회참여의 실현을 실천내용으로 하고 있다. 이는 장애인의 완전한 자립은 고용보장, 의료보장, 소득보장, 이동권과 접근권보장에 있다는 강력한 욕구에 의한 것으로 현재 우리나라 장애인복지정책의 기본방향도 이에 근거한다(강영실, 2003).

추후 장애인복지발전이 이처럼 기본적인 목표에 충실하게 발전하기 위해서는 이와 관련된 법률 및 제도가 충분히 뒷받침되고 장기적인 안목에서 관련 부처들이 유기적으로 협의하며 함께 추진해나가야 할 것이다. 또한 무엇보다도 장애를 예방하고 최소화하기 위한 노력도 적극적으로 수반되어야 할 것인데 이를 위해서는 장애에 대한 사회적 관심, 장애예방비용에 대한 경제적 뒷받침과 포괄적인 서비스가 필수적으로 요구되며 장애인복지와 관련된 인력들이 장애인의 일차적인 건강 뿐 아니라 법적인 지위향상, 포괄적인 건강권의 확보. 완전한 사회참여와 평등을 실현한다는 목표를 갖고 관심을 가져야 할 것이다.

2) 보건복지부에서 시행하는 장애인복지정책

주요사업명	지 원 대 상	지 원 내 용	비 고
1. 장애수당 지급	ㅇ국민기초생활보장법에 의한 수급자 및 차상위 계층(120% 이하)의 18세 이상 등록 장애인 (보장시설 장애인은 연령에 상관없이 장애수당만 지급) -중증장애인 : 장애등급이 1, 2급인자(다른 장애가 중복된 3급 정신지체인 및 발달장애인 포함) -경증장애인 : 장애등급이 3~6급인자 (※특례수급 장애인이 차상위 계층에 해당시 장애수당 지급)	ㅇ기초 중증 : 1인당 월 130천원 ㅇ차상위중증 : 1인당 월 120천원 ㅇ기초및차상위 경증 : 1인당 월 30천원 ㅇ보장시설 장애인 -기초 및 차상위 중증 : 1인당 월 70천원 -기초 및 차상위 경증 : 1인당 월 20천원	읍 · 면 · 동에 신청
2. 장애아동 부양수당 지급	ㅇ국민기초생활보장법에 의한 수급자 및 차상위 계층(120% 이하)의 18세 미만 재가 장애아동 보호자(보호자가 없는 경우 장애아동 당사자) · 중증장애인 : 장애등급이 1, 2급인자(다른 장애가 중복된 3급정신지체인 및 발달장애인 포함) · 경증장애인 : 장애등급이 3~6급인자 ※ 특례수급자 중 장애아동보호자(보호자가 없는 경우 장애아동 당사자)가 차상위 계층에 해당시 장애아동 부양수당 지급	ㅇ기초중증 : 1인당 월 200천원 ㅇ 차상위중증 : 1인당 월 150천원 ㅇ 기초 및 차상위 경증 : 1인당 월 100천원	읍 · 면 · 동에 신청
3. 장 애 인 자녀교육비 지원	ㅇ소득인정액이 일정금액 이하인 가구의 1~3급 장애인인 중학생 · 고등학생 및 1~3급 장애인의 중학생 · 고등학생 자녀 ※소득인정액 기준(가구원/월) · 1인 : 566,697원이하 · 2인 : 954,736원이하 · 3인 : 1,264,726원이하 · 4인 : 1,567,196원이하 · 5인 : 1,827,036원이하 · 6인 : 2,092,519원이하 ※7인이상 가구는 1인 증가시마다265,483원씩 증가	ㅇ고등학생의 입학금 및 수업료 전액 ㅇ고등학생의 교과서대 10만원 (연1회) ㅇ중학생의 부교재비 32천원 (연1회) ㅇ중학생, 고등학생의 학용품비 44천원(학기당 22천원씩 연2회)	읍 · 면 · 동에 신청
4. 장 애 인 자립자금 대여	ㅇ저소득 가구의 장애인가구주 또는 가구주의 배우자인 장애인 ※국민기초생활보장법상의 수급자 및 차상위 계층은 생업자금을 대여함으로 자립자금대여 대상에서 제외	ㅇ대여한도 : 가구당 2,000만원 이내 ㅇ 대여이자 : 3%(고정금리) ㅇ 상환방법 : 5년 거치 5년 분할 상환	읍 · 면 · 동에 신청
5. 장애인 의료비 지원	ㅇ의료급여법에 의한 의료급여 2종 수급권자인 장애인	ㅇ1차 의료급여기관 진료 -본인부담금 1,000원중 750원 지원(의약분업 적용) -본인부담금 1,500원중 750원 지원(의약분업 예외) ㅇ2차, 3차 의료급여기관 및 국?공립결핵병원 진료 -의료급여수가적용 본인부담진료비 15%(암, 심장 및 뇌혈관질환은 본인부담진료비 10%) 전액을 지원하되 본인부담금 식대 20%는 지원하지 않음 ㅇ의료급여 적용 보장구 구입시 상한액 범위내에서 본인부담금(15%) 전액	의료급여증과 장애인 등록증을 제시

주요사업명		지 원 대 상	지 원 내 용	비 고
6. 장애인 등록진단비 지급		ㅇ국민기초생활보장법상의 수급자로서 신규 등록 장애인 및 직권에 의한 등급 재조정 대상 장애인	ㅇ진단서 발급 비용 지원 -정신지체 및 발달장애 : 4만원 -기타 일반장애 : 1만5천원 ※장애판정을 위한 검사비용은 본인 부담	시·군·구에서 의료기관에 직접 지급
7. 장애인 재활보조 기구 무료 교부		ㅇ국민기초생활보장법상의 수급자 및 차상위계층으로서 등록 장애인 중 교부품목 자	ㅇ품 목 -욕창방지용 매트 : 1~2급 지체·뇌병변·심장장애인 -음향신호기의 리모콘과 음성탁상시계 : 시각장애인 -휴대용 무선신호기 : 청각장애인 -자세보조용구 : 뇌병변장애인,근육병등 지체장애인1,2급	읍·면·동에 신청
8. 건강보험지역가입자의 보험료경감	ㅇ자동차분 건강보험료 전액면제	ㅇ장애인복지법 규정에 의해 등록한 장애인 소유 자동차 ㅇ지방세법에 의하여 장애인을 위하여 사용하는 자동차로서 지자체가 자동차세를 면제하는 자동차	ㅇ건강보험료 책정시 자동차분 건강보험료 전액 면제	국민건강보험공단지사에 확인
	ㅇ생활수준 및 경제활동 참가율 특례적용	ㅇ등록장애인	ㅇ건강보험료 책정시 지역가입자의 연령·성별에 상관없이 기본구간(1구간)을 적용하고, 자동차분건강보험료를 면제받는 장애인용자동차에 대하여 모두 기본구간(1구간)을 적용하여 보험료를 낮게 책정	국민건강보험공단지사에 신청
	ㅇ산출보험료 경감	ㅇ지역가입자 중 등록장애인이 있는 세대로 소득이 없어야 하고, 동시에 과표 재산이 5,000만원 이하이어야 함.	ㅇ장애등급 1~2급인 경우 : 30% 감면 ㅇ장애등급 3~4급인 경우 : 20% 감면 ㅇ장애등급 5~6급인 경우 : 10% 감면	국민건강보험공단지사에 신청
9. 장애인 생산품판매시설(공판장) 운영		ㅇ장애인직업재활시설 등에서 물품을 생산하는 장애인	ㅇ장애인들이 생산한 물품의 판로 확보로 장애인 취업 확대 및 소득 보장 ㅇ설치지역 : 시·도당 1개소 (16개지역)	인근 장애인 생산품 판매시설에 의뢰 문의:장애인복지시설협회 02-718-9363
10. 장애인 직업재활기금 사업 수행 기관 운영		ㅇ등록장애인	ㅇ장애인이 취업을 통하여 안정된 생활을 할 수 있도록 직업상담, 직업평가, 직업적응훈련, 취업알선, 지원고용, 취업 후 지도 등 취업과 관련된 종합적인 서비스 제공	사업 수행기관(장애인복지관, 장애인단체, 직업재화시설등) 내방, 전화 등으로 이용신청
11. 실비장애인생활시설입소 이용료지원		ㅇ아래의 소득조건을 만족하여 실비 장애인생활시설에 입소한 장애인 ㅇ소득조건 -등록 장애인이 속한 가구의 가구원수로 나눈 월 평균소득액이 통계청장이 통계법 시행령 제3조의 규정에 의하여 고시하는 '06년도의 도시근로자가구 월평균 소득을 평균가구원수로 나누어 얻은 1인당 월평균소득액 이하인 가구의 등록장애인	ㅇ실비장애인생활시설 입소시 입소비용 중 매월 27만원 지원	국고에서 시·도로 지원하며, 시·군·구에서 해당시설에 지원

<table>
<tr><th>주요사업명</th><th>지 원 대 상</th><th>지 원 내 용</th><th>비 고</th></tr>
<tr><td>12. 보장구 건강 보험 급여(의료급여)실시</td><td>ㅇ등록장애인
-「보장구급여비 지급청구서」 제출시 첨부서류
1.의사발행 보장구 처방전 및 보장구 검수확인서 각 1부.
2.요양기관 또는 보장구 제작·판매자 발행 영수증 1부.

※지팡이·목발·휠체어(2회이상 신청시) 및 흰지팡이의 경우는 위 1호 서류 첨부 생략

-「보장구급여비지급청구서」 제출기관
1. 건강보험 : 공단
2. 의료급여 : 시군구청</td><td>ㅇ건강보험대상자 : 적용대상 품목의 기준액 범위내에서 구입비용의 80%를 공단에서 부담
ㅇ의료급여수급권자 : 적용 대상품목의 기준액 범위 내에서 전부(1종) 또는 85%(2종)를 기금에서 부담

〈적용대상 보장구 및 기준액〉
<table>
<tr><th>분 류</th><th>기준액</th><th>내구연한</th></tr>
<tr><td>ㅇ지체 장애인용 지팡이</td><td>20,000</td><td>2</td></tr>
<tr><td>ㅇ목발</td><td>15,600</td><td>2</td></tr>
<tr><td>ㅇ휠체어</td><td>480,000</td><td>5</td></tr>
<tr><td>ㅇ의지·보조기</td><td>유형별로 상이</td><td>유형별로 상이</td></tr>
<tr><td>ㅇ시각장애용 저시력 보조기
-안경
-돋보기
-망원경
-콘택트렌즈
-의안</td><td>

100,000
100,000
100,000
80,000
300,000</td><td>

5
4
4
3
5</td></tr>
<tr><td>ㅇ흰지팡이</td><td>14,000</td><td>0.5</td></tr>
<tr><td>ㅇ보청기</td><td>240,000</td><td>5</td></tr>
<tr><td>ㅇ체외용인공후두</td><td>500,000</td><td>5</td></tr>
<tr><td>ㅇ전동휠체어</td><td>2,090,000</td><td>6</td></tr>
<tr><td>ㅇ전동스쿠터</td><td>1,670,000</td><td>6</td></tr>
<tr><td>ㅇ정형외과구두</td><td>220,000</td><td>2</td></tr>
</table></td><td>신청기관
-건강보험 : 공단
-의료급여 : 시군구청</td></tr>
<tr><td>13. 장애인 자동차 표지 발급</td><td>ㅇ장애인 또는 장애인과 세대별주민등록표상 같이 기재되어 있는 배우자, 직계존·비속, 직계비속의 배우자, 형제, 자매명의로 등록하여 장애인이 주로 사용하는 자동차 1대
ㅇ국내거소신고를 한 재외동포와 외국인등록을 한 외국인으로서 보행장애가 있는 사람 명의로 등록한 자동차 1대
ㅇ장애인복지시설 및 단체 명의의 자동차</td><td>ㅇ장애인전용주차구역 이용(일부에 한함), 10부제 적용 제외, 지방자치단체별 조례에 의거 공영주차장 주차요금 감면 등

※장애인의 보행상 장애 여부에 따라 장애인전용주차구역을 이용할 수 있는 표지가 발급되며, 장애인이 탑승한 경우에만 표지의 효력을 인정</td><td>읍·면·동에 신청</td></tr>
<tr><td>14. 장애인 결연 사업</td><td>ㅇ시설 입소 장애인 및 재가 저소득장애인</td><td>ㅇ결연을 통하여 장애인에게 후원금품 지원, 자원봉사활동, 취업 알선
※신청기관
-시설생활 장애인 :
한국장애인복지시설협회(T.718-9363~4)
-재가장애인 :
한국복지재단(T.777-9121~4)</td><td></td></tr>
<tr><td>15. 장애인용 LPG연료 세금인상액 지원</td><td>ㅇ복지(구입)카드 또는 보호자카드로 수송용 LPG를 이용하는 장애인용 LPG 승용차 소지자</td><td>ㅇ지원대상
- 1~3급 장애인(2009.12.31까지)
ㅇ지원금액
-월 250ℓ 한도(리터당 240원 지원)</td><td>읍·면·동에 신청</td></tr>
<tr><td>16. 농어촌 재가 장애인 주택 개조사업</td><td>ㅇ기초생활보장수급자 및 차상위계층중 등록장애인으로 자가소유자 및 임대주택 거주자</td><td>ㅇ가구당 3,800천원(1,000가구 지원)</td><td>읍·면·동에 신청</td></tr>
</table>

〈참고문헌〉

강영실(2006), 「장애인복지의 이해」, 신정.

김미옥 · 김용득 · 이선우(2004), 「장애와 사회복지」, 학지사.

김창엽 외(2002), 「나는 나쁜 장애인이 되고 싶다」, 삼인.

박옥희(2002), 「장애인복지론」, 학문사.

보건복지부(2007), 「장애인복지사업안내」

오해경(1998), 「장애인복지학입문」, 아시아미디어리서치

오해경(2006), 「장애인복지론」, 창지사.

유동철 외(2002), 「장애우 의료 입문」, 장애우 권익 문제 연구소.

장애우권익문제연구소(2002), 「장애우 복지개론」, 나눔의 집

장애인복지조정위원회(2003), 제2차 장애인복지발전5개년계획(2003~2007).

전용호(2005), 「장애인복지」, 학문사

통계청(2002), 한국주요경제지표, 각 연도.

한국보건사회연구원(2001), 2000년도 장애인 실태조사.

한국보건사회연구원(2006), 2005년도 장애인 실태조사.

Fine,M. & Asch, A.(2000). *Disability Beyond Stigma: Social Interaction, Discrimination, and Activism.* In K. E. Rosenblum& T. M. Travis(Eds.), The Meaning of Difference. Boston: McGraw Hill.

Rothman, J.(2003). *Social Work Practice*: Across Disability. Allyn and Bacon.

U.N.(1990), *Disability: Statisitics Compendium.*

WHO(1980), *International Classification of Impairments, Disabilities, and Handicaps.Geneva: Author.*

Wolfensberger, W.(1989). Human service policies: The rhetoric versus the reality. In Barton,L.(Ed.), *Disability and Dependency.* London: Falmer Press.

제16장

사회복지실천

6 사회복지실천

우리가 살고 있는 현대사회는 산업화, 도시화, 핵가족화, 가치관의 변화 등으로 인해 다양한 사회문제가 발생하고 있으며, 과거에 비해 빠르게 문제들이 확산되고 있다. 이러한 문제들은 대부분 본인이나 가족, 이웃 등의 도움으로 충분히 해결이 어려우며 전문적인 도움을 제공해줄 수 있는 사람 또는 기관을 찾아 해결하게 된다. 따라서 이렇게 어려운 문제를 갖고 찾아온 사람을 대상으로 도움을 제공하기 위해서는 전문적인 지식과 기술이 필요하게 된다.

자원봉사 등을 통해 사회복지분야를 경험한 사람들은 자신이 남을 돕는 능력이 있다고 인정받아서든, 개인적인 삶의 경험 때문이든 간에 욕구가 있는 사람들에게 유용하고 지지적인 사람이 되고 싶은 열망으로 사회복지분야에 매력을 느끼게 된다. 남을 돕겠다는 순수한 바람과 남을 돌보는 진실감이 절대적으로 필요한 것은 사실이지만 전문적으로 남을 돕기 위해서는 원조를 위한 도구, 기술, 기법이 보충되어야 한다. 마치 하나의 예술작품이 만들어지기까지 예술가가 작품에 대한 사랑과 더불어 기술숙달을 위한 고된 훈련이 함께 필요한 것과 같다. 따라서 다양한 어려움을 겪고 있는 사람들을 위해 사용될 머리와 뜨거운 가슴이 필요하다(이윤로, 2006).

Ⅰ. 사회복지실천의 개념

1 사회복지실천용어의 이해 및 정의

1) 사회복지실천용어의 이해

사회복지실천은 사회복지학에서 하나의 방법 또는 접근노력으로서 사회복지를 보다 기술적이고 미시적인 측면에서 규정하거나 사회복지의 전문적인 실천 기술을 강조하고자 할 때 주로 사용되는 것이다. 일반적으로 사회복지는 개인, 집단, 지역사회, 제도 및 사회적 수준에서 보다 나은 사회적 기능 또는 사회적 관계를 목표로 한 사회적 서비스 및 인간의 복지를 가능하게 하는 과정으로 규정되어 왔다(Dolgoff and Feldstein, 1997). 이러한 의미의 사회복지는 한마디로 인간 개개인의 행복과 만족을 추구하는 일체의 제도적이고 직접적인 노력 또는 그 과정으로서 전통적인 사회복지학에서의 보다 거시적인 측면의 정의로 간주될 수 있다. 여기서 거시적인 측면이라 함은 사회복지를 제도적, 정책적인 것에 초점을 두는 것을 말한다. 이 말의 대응적인 개념으로서 미시적인 측면은 문제와 욕구를 가진 특정한 개인, 가족, 집단, 지역사회 등에 대하여 보다 구체적이고 직접적인 서비스를 제공하는 것을 의미한다. 이와 같은 두 가지 측면에서 볼 때 사회복지실천은 사회복지의 미시적인 측면과 직접적인 연관성이 있는 것으로 인식되어 왔다. 이와 같이 사회복지실천은 사회복지의 미시적이고 전문적인 측면으로 간주하였을 때 역사적 발달과정에서 사회사업(social work)은 물론이고 사회복지서비스(social welfare service), 임상사회사업(clinical social work) 등의 용어와 밀접한 관련이 있는 것으로 보인다(김기태외, 2007).

사회복지실천이라는 용어는 1970년에 캐롤 메이어(Carol Meyer)에 의해 처음으로 사용되기 시작하였지만(Dorfman, 1996), 이에 대한 최초의 정의는 1917년에 사회진단(Social Diagnosis)을 저술한 메리 리치몬드(Mary Richmond)의 개별사회사업 정의를 들 수 있다. 개별사회사업이란 용어는 우리가 사용하는 사회복지실천의 초창기 용어이기 때문이다. 메리 리치몬드에 의하면 사회복지실천은 인간과 그를 둘러싼 사회환경간의 부적응이나 갈등을 해소하여 개인의 욕구를 충족시켜주고 사회의 규범에 적응하도록 도와주는 것을 목적으로 한다고 정의하였다(Payne, 1996).

2) 사회복지실천의 정의

미국 사회사업가협회의 새로운 정의를 보면 사회복지실천은 "사회적 기능과 바람직한 사회적인 상황의 창출에 대한 사람들의 능력을 향상시키거나 회복시킬 수 있도록 개인, 가족, 집단, 지역사회 등을 원조하는 전문적인 활동"(Barker, 1995)이라고 규정하였다. 이 정의는 지금까지 내려진 정의 중에서 가장 집약적인 것으로서 사회복지실천이 하나의 전문직이며 사람들의 능력을 향상?회복시키는데 목적을 두고 개인, 가족, 집단, 지역사회를 원조하는 것으로 보았다. 이와 비슷한 개념으로서 Skidmore(2000)는 사회복지실천은 개인, 집단(특히 가족) 및 지역사회의 문제를 해결하도록 하고 개인, 집단 및 지역사회와의 관계에서 만족을 획득하도록 사람들을 돕는 하나의 예술이자 과학이며 전문직이라고 보았다.

이상에서 살펴본 사회복지실천과 관련된 몇 가지 정의에는 다음과 같은 내용이 함축되어 있다. 첫째, 인간의 문제와 욕구에 관심을 가지고 있다. 둘째, 사람들의 능력 신장이나 생활과업 수행이 아주 중요하다. 셋째, 사회적 기능의 향상 또는 개인과 환경과의 상호작용도 매우 중요하다. 넷째, 가족, 집단, 지역사회가 서비스의 단위가 되고 있다. 다섯째, 전문적인 지식과 이론을 바탕으로 한 원조활동이다. 이러한 내용을 종합해 볼 때 사회복지실천을 다음과 같이 정의할 수 있겠다. 사회복지실천은 모든 사람들이 개인적인 능력의 신장이나 환경과의 보다 나은 상호작용을 통하여 만족을 경험할 수 있도록 개인, 가족, 집단, 지역사회를 도와주는 전문적인 활동이나 서비스이다(김기태 외 2007).

2 사회복지실천의 기능

사회복지실천의 기능은 크게 두 가지로 나눌 수 있다. 하나는 욕구가 있는 개인(들)의 사회기능 증진의 기능이고, 다른 하나는 사회정의향상의 기능이다. 사회정의의 향상은 사회복지사들의 옹호활동을 통해, 그리고 사회기능 증진은 예방, 재활, 치료의 활동을 통해 실천될 수 있다. 사회정의의 향상기능은 표출된 욕구와 직접 관련이 있지 않은 사람들이 대상이 되는 것으로 작게는 개인 및 집단, 크게는 지역사회 및 대사회가 될 수 있다. 사회정의향상 기능은 욕구를 표출한 사람들과 직접적인 관련이 있는 것으로, 주로 개인이나 가족 및 집단 또는 지역사회 전체가 대상이 된다. 지금까지 사회복지실천에서는 주로 사회정의의 구현보다 개인의 사회기능

증진에 초점을 맞추어왔다(양옥경 외, 2001).

1981년 미국의 사회복지사협회는 사회복지실천의 목적 및 기능에 관한 정리 작업을 하면서 사회기능 증진과 사회정의 향상의 기본적인 두 가지 기능을 다음의 여섯 가지 기능으로 세분화하였다(Minahan, 1981).

① 사람들의 자신감을 높여주고 문제해결과 대처능력을 향상시키도록 돕는다.

② 자원을 취득하도록 돕는다.

③ 조직이 사람에게 적합하게 되도록 한다.

④ 개인과 환경내의 다른 사람 및 조직과의 상호관계를 촉진시킨다.

⑤ 조직과 제도간의 상호관계에 영향력을 행사한다.

⑥ 사회정책과 환경정책에 영향을 미친다.

3 사회복지실천의 가치와 윤리

1) 가치와 윤리의 개념

모든 전문직은 가치체계를 지니고 있다. 가치는 믿음, 신념을 의미하고, 일반적으로 사회구성원 다수가 바람직하다고 여기는 믿음이나 신념을 사회적 가치로 볼 수 있다. 또한 가치는 개인에게 있어서 개인적 선호를 포함할 수 있는데, 개인이 일반적으로 바람직하고, 옳다고 생각하는 믿음이나 신념을 개인적 가치로 볼 수 있다. 전문적 가치는 전문직 종사자의 전문적 행위과정에서 지향하는 믿음, 신념을 의미한다. 모든 전문직은 실천가에게 목적과 의미 그리고 방향을 설정해 주는 전문직 가치를 지니고 있으며 그 가치는 사회의 가치와 크게 다르지 않다.

윤리는 어떤 행동에 대한 옳고 그름을 나타내는 판단기준으로 인간이면 마땅히 지켜야 할 도리, 도덕, 관습 등과 같은 맥락에서 볼 수 있다. 가치와의 관계에서 윤리는 가치를 구체적으로 실현하는 행동지침을 의미한다. 사회복지사의 윤리(강령)는 사회복지사가 지켜야 할 행동원칙이나 지침을 말한다(도광조, 2005)

2) 사회복지실천의 가치와 윤리

사회복지실천이 지향하는 궁극적인 가치는 인간의 존엄성(존엄한 인간)이다. 사회복지실천은 모든 인간을 자신에게 주어진 지위, 신체적 장애의 유무, 사회적 역할 혹은 경제적 부에 상관없이 인간으로서의 권리와 잠재능력을 갖고 있는 존엄한 존재라고 믿는 가치에서 출발한다(이영분 외, 2001).

사회복지실천에서 여러 학자들이 설명한 핵심적 가치는 다양하지만 공통된 토대를 갖는다. 개인의 가치와 존엄, 인간존중, 변화를 위한 개인의 능력평가, 클라이언트의 자기결정, 비밀보장과 사생활보장, 개인에게 잠재력을 깨달을 수 있는 기회제공, 개인이 갖는 공통된 인간의 욕구를 충족시킬 적당한 서비스와 자원을 제공하려고 하는 것, 클라이언트의 역량강화, 평등한 기회, 무차별, 다양성의 존중, 전문지식과 기술을 다른 사람에게 전달하는 것이 자주 언급되는 가치이다(사회복지대백과사전, 1999).

한편 윤리강령은 전문직의 가치를 기반으로 구체화된 것이다. 즉, 사회복지전문직의 가치가 구체화된 것으로서 전문가들의 행동원칙과 기준을 정한 것이라 할 수 있다. 우리나라의 사회복지사협회에서는 사회복지사들 사이에서 공유되는 가치와 윤리적 원칙을 문서화하여 윤리강령을 만들어 놓고, 그것을 기준으로 전문가로서의 클라이언트, 동료, 전문직 그리고 사회에 대한 책임과 원조관계를 점검토록 하고 있다. 일반적으로 원조관계는 개인, 집단, 가족, 지역사회의 안녕을 보호하는 방향으로 진행되어야 되며 관계를 악용하거나 착취하기 위해 사용되어서는 안 된다.

사회복지실천현장에서 사회복지사의 역할을 수행하다 보면 가치와 관련하여 윤리적 의사결정이나 판단이 필요한 상황을 수없이 맞게 된다. 실천현장에서 직면하게 되는 윤리적 결정에 관련된 몇몇 질문의 예를 보면 다음과 같다(Poindexter et al., 2003).

① 삶과 죽음에 있어 개인의 선택권은 어디까지 보장되어야 하나?

- 에이즈 또는 알츠하이머병을 가진 개인은 자신의 생사를 선택할 수 있는가? 친구, 전문가 또는 지인들은 그의 자살을 지원할 권리가 있는가?
- 태아에게 장애가 있음이 발견되었다는 이유로 임신중절을 한 여성은 도덕적인가?
- 태아에게 전염되는 치명적인 질병을 가진 사람이 임신한 경우, 아이를 낳으려는 결정을 할 권리가 있는가?

② 말기질병을 앓는 사람에게 우리는 얼마만큼의 개입과 치료를 해야 하는가?

- 부모는 자녀에게 적용될 치료적 개입의 범위를 결정할 권리가 있는가?

- 생명의 연장 여부에 관한 윤리적 결정은 누가 해야 옳은가? 의사인가? 가족인가? 당사자인가? 성직자인가?
- 거의 회복될 희망이 없는 환자에게 끝도 없는 치료과정을 인내하라고 요구해도 되는가?
- 치료에 관한 결정을 할 때 재정적 문제도 고려되어야 하는가?

③ 만약 자원이 제한되어 있으면(예: 기증받은 신장 등)이 자원은 누구를 위해 먼저 쓰여야 하는가? 어떻게 이것을 결정해야 하는가?

④ 특수한 욕구를 가진 개인에 대한 재정적, 정서적, 물리적 보호책임은 누구에게 있는가? 가족만의 책임인가? 지역사회와 정부가 책임을 져야 하는가?

4 사회복지실천의 구성요소

Perlman(1957)은 사회복지실천에 포함되는 구성요소로서 4P의 개념을 제시하였다. 즉, '문제(problem)' 를 가진 '사람(person)' 은 어떠한 '장소(place)' 로부터 그 문제를 해결하기 위한 도움을 구하며, 이러한 도움은 '과정(process)' 을 통해 제공된다. 여기서 과정이란 그 사람 본래의 문제해결기능을 활용하면서 동시에 이를 향상시키고 또한 그 사람이 가지고 있던 문제해결자원들을 보완함에 초점을 둔 것이다. 이후 Perlman은 사람, 문제, 장소, 과정의 네 가지 요소에 덧붙여 클라이언트와 함께 과정을 진행하는 '전문가(professional person)' 의 개념과 물질적 재화, 기회, 관계, 사회적지지 등을 지칭하는 '제공물(provision) ' 의 개념을 추가해서 6P의 개념으로 확장시켰다.

5 사회복지실천의 발달과정

사회복지실천의 역사적 배경은 1601년 영국 엘리자베스 여왕의 구빈법에 그 기원을 둔다. 영국의 구빈법은 지방정부(local government)로 하여금 빈곤한 자를 원조하도록 하였고, 시설중심의 구호(indoor relief)에서 지역사회중심의 구호(outdoor relief)로 원조의 형태를 바꾸었다. 이에 따라 빈곤한 자들이 자신의 출생지역으로 돌려보내졌다. 또한 일할 수 있는 능력을 가진 빈곤자들에게는 원조를 주지 않았으며, 수혜자격(eligibility)검사를 통해 최하 봉급액수를 넘지 않는 원조를 제공하는 제도를 채택하였다. 그러나 지역사회중심의 구호는 실제 빈곤퇴치에는 별 효과를 보이지 못하였다. 하지만 이 법은 우애방문자(friendly visitors)라고 불리 우는 중산층부인들의 상담과 조언서비스 및 후일 자선조직협회라는 최초의 자선조직단체가 설립되는데 영향을 미치게 하였다.

1) 전문적 사회복지실천의 도입

가) 우애방문자(friendly visitors)와 자선조직협회(Charity Organization Societies;COS)

우애방문자는 영국에서 1800년대 가난하게 사는 사람들의 집을 찾아다니면서 상담 및 교육, 교화를 전달하는 역할을 담당하였다. 이들은 빈곤한자들이 나태한 가치관 때문에 가난하게 살 수 밖에 없음을 강조하고 도덕적 감화를 통해 빈곤에서 벗어나도록 하는 것을 큰 역할로 삼고 활동하였다. 이들은 정부가 제공하는 원조에 대한 수혜자격을 평가하면서 조사와 등급제를 통해 빈민을 통제하고자 하여 이들의 이름과는 달리 빈곤자들에게는 우애적이지 않은 사람들로 비쳐졌다(양옥경 외, 2003). 우애방문자들은 초기에는 주로 자원봉사자들이었으나 1900년대에 들어서면서 유료의 우애방문자들이 고용되면서 후일 개별사회사업가(caseworker)의 시조가 되었다. 1840년대에는 빈곤자들의 상태를 향상시키기 위한 협회들이 만들어지기 시작했는데 1869년 영국 런던에 세워진 것이 최초의 자선조직협회(COS)이며 기본 이념은 구빈법에 기반 하였다. 미국에서는 1877년 뉴욕버펄로(New York Buffalo)자선조직단체가 최초의 자선조직이었으며, 주변의 800여개 군소 자선단체들을 연합한 것이었다. 자선조직협회에서는 자선적 원조를 직접적으로 제공한 것이 아니라 자선단체들을 과학적으로 통합 조정해주는 역할을 하였다.

나) 인보관운동(Settlement House Movement;SHM)

인보관운동은 부유층 출신의 높은 교육을 받은 대학생들이 자신들의 성장배경과 다른 이들을 제대로 이해하고 돕기 위해 이들의 생활환경에 직접 뛰어들어 주택문제, 공공위생문제, 고용착취 등 사회개혁을 시도한 것으로 현대 지역사회 사회복지사들의 모태가 되었다고 할 수 있다. 이들은 Residence(거주), Research(연구조사), Reform(개혁) 등 3R을 강조하며 연구와 조사를 통해 사회제도를 개혁해야 한다는 기본개념을 갖고 있으며, 함께 살면서 생활을 같이 하지 않으면 빈민을 이해할 수 없다는 것이다. 따라서 자선조직협회와 상당히 다른 면을 갖고 있었으며, 1885년 영국의 화이트채플(Whitechapel)에 세워진 토인비홀(Toynbee Hall)과 1889년 미국 시카고에 세워진 헐하우스(Hull-House)가 가장 유명한 기관이다. 또한 인보관운동의 청년들은 빈곤하거나 장애를 가진 소외계층에 대한 권한부여(empowerment)를 주장하였다. 소외계층에게도 자신의 문제를 해결할 수 있는 능력이 있음을 인정하고 그 능력을 발휘할 수 있도록 힘을 북돋워주는 역할을 하였다. 이는 최근에 사회복지실천방법분야에서 강조되고 있는 권한부여 모델과도 관련이 있다고 하겠다.

2) 사회복지실천의 전문화기

사회복지실천의 전문화기는 일반적으로 1900년 무렵부터 1920년대 사이를 의미하며 이 때를 사회복지실천의 전문화가 이루어지게 시기로 주장하는 배경으로는 사회복지실천이론의 확립이나 과거 사회복지조직이나 단체에서 일하는 사람들이 점차 유급직원으로 바뀌게 되었고, 사회복지단체의 조직화, 사회복지에 대한 학위가 주어지게 된 것 등으로 들 수 있다.

1898년에는 미국 뉴욕시 자선조직협회에서 최초로 유급직원에 대한 사회사업 강습 후 학위가 주어졌는데 이것이 사회사업 전문화의 발단이라 할 수 있다. 이후 시카고나 뉴욕에 박애사업 학과가 개설되었고 이것이 사회사업 전문대학으로 발전하게 된 것이다. 또한 전문적 이론의 확립에 있어서는 '개별사회사업의 어머니' 라고 불리는 리치몬드(Richmond)가 1917년「사회진단」을 저술하여, 개별사회사업을 처음으로 과학적으로 체계화함으로써 사회사업실천의 전문화에 커다란 공헌을 하였다. 단체의 조직화에 있어서는 전미 자선조직협회(1911)나 전미 인보관연맹(1911) 등 전국적 연계망이 조직되었다. 또한 의료분야에서 사회사업가의 채용이 시작되었는데 보스턴의 매사추세츠 종합병원에 알 캬보 의사의 제안에 의한 보조사회사업가 채용(1905) 및 신경과에 정선의료사회사업가가 채용(1907년)되기 시작되었다(Louise C. Johnson, 1995).

3) 사회복지실천의 분화와 통합기

1920년대에는 병원 뿐 아니라 학교, 법원 등 여러 영역에 사회복지사들이 고용되면서 개별사회사업, 집단사회사업, 지역사회조직 등 각 영역별로 특수화된 전문지식과 기술도 필요하지만 각 영역별 발전이 앞서게 되면 사회복지 전문직이 채 발전하기 전에 주체성을 상실할 것에 대한 우려 등으로 사회복지의 공통요소를 정리하는 작업도 있었다. 1925년 밀포드(Milford)회의에서 개별사회사업(casework)방법론을 기본으로 하여 사회복지실천을 전문직으로 하는 사회복지사가 갖추어야 할 기본적인 지식 및 방법론에 대한 공통요소를 정리, 발표하였다. 1930년대는 전체적으로 프로이드의 정신분석이론에 영향을 받은 개별사회사업의 경향에서 1929년 대공황을 계기로 사회개혁에 초점을 맞추게 되었다. 따라서 개인문제의 근원을 사회에 두는 것에 대한 수용적인 자세가 늘어나게 되었다. 대공황기에는 정부에 의한 빈곤을 타파하기 위한 공공정책에 사회복지사들이 대거 진출하게 되어 지역사회조직사업도 발전하게 되었다. 1935년에는 미국 역사상 가장 중요한 사회입법이라고 하는 사회보장법이 제정되면서 공공영역에서의 사회복지가 중요한 사회복지체계로 자리매김하게 되었다. 또한 대공황이후 사회복지실천방법에 있어서도 개별사회사업적 전통을 그대로 유지하는 진단주의 학파와 인간의 성장가능성과 인간과 환경 간의 관계를 중점적으로 접근하는 기능주의 학파 간의 논쟁이 이루어지게 되었고, 1950년대까지 논쟁은 계속되었다. 이러한 논쟁의 대안인 통합적 방법 모델에 대한 개발에 많은 학자들의 시도가 있었는데 핀커스와 미나한이 4체계모델, 골드스타인(Goldstein)의 단일화모델, 저매인과 기터만의 생활모델, 펄만에 의해 개발되고 콤튼과 갤러웨이에의해 정교화된 문제해결모델 등이 있다. 그중 대표적인 것으로는 1957년에 소개된 문제해결모델이다. 문제해결모델에서 펄만은 개별사회사업의 목적은 '치료'가 아니라 현재의 '문제'에 대처하는 개인의 능력 향상이라고 정의하였다. 즉, 클라이언트는 현재의 위기극복을 통해 미래에도 더욱 효과적으로 문제를 다루는 방법을 습득할 수 있다고 가정한 것이다. 앞서 펄만은 문제해결과정을 4P로 표현하였는데, 즉 '문제(Problem)'를 가지고 있는 '사람(Person)'이 어떤 '장소(Place)'에 자신의 문제를 가지고 도움을 얻기 위해 찾아오게 되며, 사회복지사는 이때 클라이언트와 문제해결기능에 관여하게 되고, 나아가 문제해결에 필요한 자원을 보완해 주는 '과정(Process)'을 활용한다는 것이다(양옥경외, 2003). 추후 사회복지실천기술의 통합에 대한 노력은 개별사회사업, 집단사회사업, 지역사회조직사업이라는 세 가지 방법의 틀을 넘어 서로 접근하게 되었으며, 사회복지 전문직 단체의 통합 및 교육의 통합 등에도 기여하게 되었다.

4) 1960년대 이후 사회복지실천의 변화상

1940년대 후반부터 1960년대에는 세계경제의 호황 속에서 미국은 지속적인 경제번영과 안정이 이루어져 '풍요로운 사회'를 이룩하였다. 경제적 호황으로 사회적으로는 수입증가, 제2차

세계대전동안 성 및 시민의 권리에 대한 욕구향상, 중산층 형성, 전후 베이비붐의 증가, 아동비행의 증가, 지역정신건강센터 및 클리닉의 증가, 약물남용의 증가 등 사회적 상황변화가 있었다(도광조, 2005). 이 밖에도 클라이언트 문제와 이에 따른 욕구가 복잡해지고 심화되었다. 클라이언트의 욕구나 문제는 클라이언트를 둘러싼 주변 환경과 깊이 관련될 뿐만 아니라 클라이언트의 심리심층적인 문제를 내포하고 있어 이 같은 문제는 쉽게 해결되지 않고 장기화되는 사례가 증가하였다. 따라서 사회복지실천현장의 변화는 당연히 전문사회복지사들에게 보다 다양한 개입방법과 전문기술을 요구하게 되었고, 개별사회사업, 집단사회사업, 지역사회사업 등 전통적인 사회복지실천방법에서 탈피하여 통합적 접근방법, 사례관리방법 등이 강조되었다. 뿐만 아니라 기존의 특정 방법 혹은 기술이 다양한 응용 이론을 바탕으로 세분화되어 발전하였다. 예컨대, 일반체계이론, 위기이론, 의사소통 이론 등이 바탕이 되었고, 문제해결 모델, 심리사회적 접근 모델, 행동수정 모델, 위기개입 모델, 과업중심 모델 등이 활발히 적용되거나 새로 등장하게 되었다. 또한 가족치료에서는 수많은 가족치료 모델들이 선을 보였고, 개인의 욕구나 문제를 해결하는 데 지역사회의 다양한 자원을 동원하여 개입하는 방법들이 활용되었다(최옥채, 2006).

5) 한국 사회복지실천의 역사

우리나라에서 사회복지실천의 역사가 어디에서 출발하고 있는가에 대해서는 학자들간에 일치된 견해를 보이고 있지 못하다. 물론 여기에서 말하는 역사의 출발점이란 전문성의 요건을 충족시킬 수 있다고 판단되는 시점을 의미하는 것으로, 시기적으로는 일제 조선총독부시대와 1950년을 전후한 시기로 크게 양분해볼 수 있다(김기태 외, 2007). 일제 조선총독부시대에는 비록 초보적인 수준이기는 하지만 조선구호령 등 법령에 의해서 뒷받침하려는 흔적이 있었으며, 생활보호사업, 노인보호사업, 아동보호사업 등에서 현대적인 의미의 사회복지실천이 태동하였다. 하지만 사회복지의 동기와 목적이 식민통치를 정당화하고 합리화하기 위한 수단과 방법으로서 나타났고, 1945년 독립과 동시에 사라져 당시의 사회복지실천이 관 주도로 이루어 졌을 뿐만 아니라 이론과 실천 등에서 자생적이고 주체적이지 못했다는 한계가 있다. 1950년 이후에는 국내적으로 빈곤이 심하였으나 절대자원의 부족현상으로 많은 외국 원조단체나 기관들이 들어와서 활발한 구호사업과 자선사업을 전개하였으며, 1947년 9월 우리나라 최초로 이화여자대학에 기독교 사회사업학과가 설치된 이후로 1953년 중앙신학교, 1959년 서울대학교 등에도 사회복지학과가 대학 내에 설치 운영되게 되면서 사회복지를 전공한 사회복지사들이 실천현장에서 전문적인 개입을 실시하게 되었다. 1960년대에 들어와서는 우리나라는 경제개발 5개년 계획의 적극적인 추진으로 선성장, 후분배(복지)정책이 큰 흐름을 형성하게 되었고 사회복지는 제대로 발전할 수가 없었다. 사회복지실천은 별 다른 진전 없이 명맥만을 이어가는 수준에 머물러 있었으나, 1980년대 후반에 들어오면서 사회복지실천은 급격히 변화하게 되었다. 1983년부터 개정된 사회복지사업법에서 사회복지관사업을 법정사업으로 규정함으로써 본격화할 수 있는 기틀이 마련되었으며, 사회복지담당 공무원의 임용, 사회복지사 배출 증가, 사회복지실천의 전문성 증가 등 사회복지실천이 질적, 양적인 측면에서 큰 성과가 나타났고, 급격한 산업화와 도시화로 인해 산적한 사회문제의 해결과 사회복지서비스에 대한 국민적 욕구가 상승되어 사회복지사에 대한 사회적인 책임은 더욱 중요한 위치에 놓이게 되었다.

Ⅱ. 사회복지실천의 관계론

1 관계의 개념 및 중요성

관계라는 것은 두 사람이상간의 상호작용에 의해서 얻어지는 결과이다. 사회복지사와 클라이언트 간의 관계는 일반적인 대인관계가 아니라 클라이언트의 적응과 문제해결을 돕기 위한 목적에서 이루어지는 전문적인 관계이다. 따라서 일반적인 대인관계와는 다소 구별되고 특별히 사회복지실천에 있어 역사적으로 중요하게 인식되어 온 용어이다.

일찍이 여러 학자들이 관계에 대한 개념적 정의를 내려왔다. 관계란 본질적으로 지적이라기보다는 정서적이다. 관계에 대하여 비에스텍(Biestek, 1951)은 사회복지사와 클라이언트간의 태도 및 감정의 상호작용이라고 하였으며, 펄만(Perlman, 1979)은 정서적 유대, 즉 정서적 강렬함의 결합(Kadushin, 1972)이라고 규정하고 있다. 사회복지사와 클라이언트간의 관계는 사회복지실천의 초창기에서부터 지금까지 사회복지실천의 주요 부분이며, 특성으로 간주되어 왔다. 사회복지사와 클라이언트간의 좋은 관계 속에서, 즉 편하고 따뜻한 정서적 분위기 속에서 클라이언트는 마음을 쉽게 개방하고 방어의 벽을 풀며, 이를 통해 사회복지사와 클라이언트는 함께 목적을 향해 협동적인 노력을 하게 된다(이영분 외, 2002).

2 전문적 관계의 기본요소

전문적 관계란 클라이언트의 문제해결 및 적응이라는 분명한 목적을 가지고 제한된 시간 동안 이루어지는 특수한 관계이다. 따라서 전문적 관계는 언제나 클라이언트 입장에서 출발해야 하며 사회복지사는 관계의 전반적인 과정에 대한 전문적 책임을 지게 된다. 이러한 책임을 위해 사회복지실천에서는 다음과 같은 관계의 기본요소들이 존재한다. 이 요소들은 관계의 목적과 유형에 따라 각기 사용될 수 있다(Compton & Galaway, 1994:272~288, 양옥경 외, 2003 재인용)

1) 타인에 대한 관심

타인에 대한 관심은 클라이언트에게 일어난 일에 대해 진심어린 관심을 가지며, 이들의 감정과 교류할 수 있어야 함을 의미한다. 가끔 '관심'이라는 말은 '좋아함(liking)과 혼동되기도 하는데, 타인에 대한 관심은 좋아한다거나 싫어한다는 개념이 아니라 이를 초월하여 이러한 감정이 어떠한 의미를 갖지 않도록 타인을 배려하는 것을 말한다. 누구든지 다른 사람을 도우려고 할 때에는 그 사람과 깊이 있는 관계를 맺어야 하는 것이 사실이다. 그러나 다른 사람과 정서적으로 유대가 가까워지면 질수록 해결해야 할 문제에 대해 과도하게 관여하게 될 위험이 있다. 사회복지사가 클라이언트의 문제를 자신의 문제로 느끼게 되는 경우 클라이언트가 원하고 필요로 하는 것보다는 사회복지사가 원하는 방향으로 지나치게 간섭할 우려가 있는 것이다. 이 때 사회복지사는 목적의식을 가지고 관계를 유지해 나가야 한다.

2) 헌신과 의무

헌신(commitment)과 의무(obligation)는 돕는 과정에서의 책임감을 의미하는 것으로 일관성을 포함하는 개념이다. 전문적 관계에서 대개 헌신적인 자세는 일정한 '의무'도 함께 요구하고 있다. 클라이언트에게 기대되는 일반적인 의무는 그들이 지닌 문제와 상황, 문제에 대처하는 그들의 태도에 대해 정직하고도 개방적으로 제시할 것과 전문적 관계에서 최소한의 절차성 조건에 따르는 것을 말한다. 사회복지사에게는 미리 예약된 시간과 장소를 지킬 것, 클라이언트 문제에 대해 초점을 유지할 것, 성장과 변화를 가져오는 관계를 제공할 것 등이 요구된다. 만약 이러한 의무가 정당한 이유나 설명 없이 지켜지지 않는다면 클라이언트는 사회복지사를 신뢰하지 않게 되며 자신을 중요하게 생각하지 않는다고 여겨 관계를 형성하기 어려워진다.

3) 권위와 권한

권위(authority)는 클라이언트와 기관에 의해 사회복지사에게 위임된 권한(power)으로 정의된다. 사회복지사는 일정한 지식과 경험을 보유함으로써, 또한 일정한 지위에 있음으로써 영향력을 미칠 수 있는 권한을 가진다. 도움을 구하는 사람은 지식과 기술면에서 권위를 가진 사람을 찾게 된다. 사회복지사가 클라이언트에게 그러한 권위를 가진 사람으로 받아들여짐으로써 성립된 관계는 클라이언트에게 안전과 보호의 느낌을 주게 된다.

4) 진실성과 일치성

진실성과 일치성은 사회복지사가 클라이언트와 관계를 맺을 때 일관성 있고 정직한 개방성을 유지하며, 대화의 내용과 행동이 항상 일치하면서 전문가로서의 자아와 가치체계에 부합하여야 함을 의미한다. 진실성과 일치성을 갖기 위해 사회복지사는 자신에 대한 정직한 인식, 전문가로서의 역할과 기관의 절차 및 정책에 대한 분명한 인식, 앞의 두 가지를 포함한 타인에 대한 관심, 수용, 헌신 등 전문적 관계에서 요구되는 기본요소들에 대한 내면화 등을 갖출 수 있도록 해야 한다.

5) 그 밖에 요구되는 전문가의 자질

앞에서 살펴본 네 가지 요소 외에도 전문적 기술을 가지고 전문적 관계를 이행하기 위해 사회복지사들은 최소한 다음의 요소들을 자아의 한 부분으로 만들어야 한다. 이는 성숙함과 창조성, 자기를 관찰하는 능력, 도우려는 열망, 용기, 민감성 등을 포함한다.

6) 인간적 자질

드왈드(Dewald)는 상담을 하는 사람의 인간적인 자질로서, 클라이언트의 고통을 존중하는 마음, 자신과 다른 인생경험?행동양식?가치관에 대한 포용성, 장기목표를 가지고 일할 수 있는 끈기, 클라이언트가 스스로 결정하고 행동할 수 있도록 수동적인 자세를 취할 수 있는 것 등을 들었다(김기석 역, 1978:57, 양옥경 외, 2003 재인용). 사회복지사가 가지고 있는 개인적, 전문적 문제로 인해 클라이언트를 비하하거나 공감하지 못하는 경우, 혹은 부적절한 비판을 하는 경우 클라이언트는 분노, 거부, 좌절을 느끼게 될 수 있으므로 사회복지사는 인간적 자질을 갖을 수 있도록 노력해야 한다.

3 관계의 기본원칙

관계의 원칙에 대해서 여러 학자들이 다양한 방법과 용어를 사용하고 있지만, 비에스텍(Biesteck, 1957)이 사회복지실천에서의 관계의 일곱 가지 원칙을 심리사회적인 문제를 가진 사람들의 일반적인 욕구에 기초하여 설명한 것을 많이 사용한다. 비에스텍(Biesteck)은 관계의 기본원칙을 다음〈표1〉과 같이 설명하였다.

〈표 1〉 관계의 기본원리

클라이언트의 욕구	관계의 기본원리
한 인간으로서 취급받고 싶어 하는 욕구	개별화
자신의 감정을 표현하고자 하는 욕구	의도적인 감정표현
표현된 감정에 대해 동정적 이해와 반응을 구하는 욕구	통제된 정서적 관여
가치 있는 인간으로서 수용받기를 원하는 욕구	수용
자신의 처지와 곤란에 대해 심판이나 비난을 받고 싶어 하지 않는 욕구	비심판적 태도
자신의 생활에 관해 스스로 결정하고 싶은 욕구	클라이언트의 자기결정
자신에 대한 정보가 가능한 한 비밀이 유지되기를 원하는 욕구	비밀보장

〈자료〉 도광조, 사회복지실천론, 2005, p.117

이러한 원칙을 보다 자세히 소개하면 다음과 같다(이윤로, 2006).

1) 개별화(Individualization)

클라이언트 문제가 어떤 성격을 띠는가에 상관없이 각각의 클라이언트는 고유의 특별한 욕구, 열망, 장점과 약점을 가진 개인으로서 대우를 받을 권리를 가진다. 개인을 군중의 하나로 간주해서는 안 된다.

2) 의도적인 감정표현(purposeful expression of feelings)

느낌과 감정을 표현하고픈 클라이언트의 욕구는 존중되어야 한다. 때때로 억압된 감정, 특히 부정적 감정은 클라이언트를 무력하게 하며, 더 큰 문제행동을 야기하기도 한다. 클라이언트는 자유로운 자기표현을 실천할 수 있도록 고무받아야 한다.

3) 통제된 정서적 관여(controlled emotional response)

사회복지사는 클라이언트의 감정에 민감하고도 적절한 반응을 보여야 하고 그 감정의 의미를 이해하는 것을 전달해야 한다. 그러나 클라이언트의 감정에 너무 심취해 사회복지사 자신의 감정을 통제하지 못할 정도가 되어서는 안 된다.

4) 수용(acceptance)

모든 개입은 사회복지사가 클라이언트가 있는 그 위치에서 클라이언트를 이해해야 하고 거기서부터 개입을 시작해야 한다. 클라이언트의 복잡한 문제에도 불구하고, 모든 클라이언트는 인간으로서의 존엄성과 고유한 가치를 가지고 있다.

5) 비심판적 태도(non-judgemental attitude)

모든 인간은 장점과 약점을 가지며, 어려운 문제에 부딪히기도 하고, 그릇된 선택을 할 수 있으며, 화가 날 수도 있고, 좌절할 수도 있으며, 가끔 부당한 행동을 할 수도 있다는 것을 인정하면서 실천가는 클라이언트의 행동에 대해 중립적인 태도를 유지해야 한다. 클라이언트를 심판하는 것은 클라이언트와의 의사소통을 방해하는 장벽을 세우는 것과 같다. 클라이언트의 관점에서 보면, 심판하는 워커는 자신에 대해 부정적으로 판단하는 일반인들과 다를 바가 없다. 비심판적 태도를 취하는 것이 반드시 클라이언트의 부당한 행동을 대응하지 말라는 것은 아니다. 클라이언트는 자유로운 자기표현을 실천할 수 있도록 고무 받아야 한다.

6) 클라이언트 자기결정(self-determination)

사회복지사는 어떤 결정을 하는 데 있어서 클라이언트의 권리를 존중한다. 때때로 클라이언트의 결정이 클라이언트에게 최선이 아닌 경우도 있을 것이다. 그러나 그런 경우 실천가의 역할은 그런 선택을 하게 될 때 발생하게 될 잠재적인 역기능적 양상을 지적해주는 것이다. 클라이언트가 더 적절한 선택을 하도록 설득하기 위해 부당한 영향력을 행사하거나 클라이언트를 얕잡아 보는 것은 용납될 수 없는 행동이다. 사회사업은 민주적인 과정에 기초하고 있으며, 자기-결정주의는 그 과정의 기초적인 부분이다.

7) 비밀보장(Confidentiality)

클라이언트의 사생활이 보호받을 권리는 비밀보장의 원칙에 근거한다. 이는 클라이언트가 실천가와 주고받는 정보는 보호받을 특권이 있다는 것을 의미한다. 개입과정에서 드러난 정보의 내용은 법이 요구하지 않는 한 클라이언트의 동의 없이 공개되어서는 안 된다. 비밀보장의 원칙은 개입 중에 나타난 클라이언트의 느낌, 태도, 진술 등이 오용되지 않을 것이라는 확신을 클라이언트에게 준다. 실천가는 클라이언트의 정보를 오직 클라이언트를 위한 전문적인 목적으로만 사용해야 한다.

Ⅲ. 사회복지실천 면접론

1 면접의 정의와 목적

Brown(1992)에 의하면 면접은 지식기반을 가지고 있기 때문에 과학이라고 할 수 있으며, 사회복지사가 면접에서 창의적 방법을 활용하므로 예술이라 할 수 있다. Edingberg, Zinberg,

그리고 Kelman(1975)은 면접이란 치료적 개입의 기초라고 하였다. 따라서 면접은 목적이 있고 목표 지향적 특성을 지닌 전문적인 회화 혹은 커뮤니케이션 과정이라고 정의내릴 수 있다.

또한 사회복지실천 면접의 목적은 사회복지실천의 기능에 따라 결정된다. 대부분 사회복지실천 면접의 일반적 목적은 사회조사를 위한 정보 차원, 평가에 도달하기 위한 진단차원, 변화를 위한 치료적 차원으로 서술할 수 있다. 이와 같이 사회복지실천에 있어서 동일한 면접은 하나 이상의 목적을 가질 수 있다. 예컨대, 아동상담소에서의 정신보건사회복지사는 서비스를 받기 위하여 의뢰된 아동에 대해 더욱 자세한 정보를 수집하기 위하여 아동의 아버지와 면접을 할 수 있고 동시에 부모-자녀 관계에 있어서 치료적 도움을 주기 위하여 면접을 하기도 한다(김기태 외, 2007).

일반적으로 면접의 목적은 다음과 같이 정리할 수 있다(Brown, 1992).

- 자료수집
- 치료관계의 확립과 유지
- 클라이언트에게 정보 제공
- 원조과정에서 장애를 파악하고 제거하는 것
- 목표 달성을 향한 활동을 파악하고 이행하는 것
- 원조과정을 촉진하는 것

2 면접의 종류

사회복지사의 면접은 정보를 얻기 위한 면접, 진단·결정적 면접, 그리고 치료를 위한 면접으로 구분된다. 때로는 이 세 유형이 서로 중복되기도 한다. 보다 구체적으로 설명하면 다음과 같다.

1) 정보를 얻기 위한 면접

정보를 얻기 위한 면접이란 클라이언트의 개인적, 혹은 사회적 문제와 관련된 사회적 배경이나 개인의 성장 발달사에 관한 정보를 얻기 위한 면접이다. 이 면접의 목적은 클라이언트의 배경에 관한 모든 것을 알고자 하는 것이 아니라 클라이언트가 어떤 서비스를 받아야 하는 지를 정확히 결정하기 위한 것이다(이영분 외, 2002). 면접에서는 다음과 같은 것을 질문하고 정보를 얻게 된다.

- 일반적인 정보 - 나이, 성별, 주소 및 연락처, 결혼상태, 종교, 최종학력, 의료보장형태, 및 장애등록여부,
- 문제관련 - 본인 및 주변관계자들이 호소하는 주요문제, 현재의 문제 및 과거의 문제에 대한 정보
- 개인력 - 발달단계에 따른 개인의 성장과정 및 학교생활, 교우관계, 취미 및 특기, 직업관계, 여가 등 사회적관계, 결혼생활 등
- 가족력 - 가족상황 및 클라이언트와 가족간의 관계, 가족들 간의 관계,
- 강점 및 약점 - 클라이언트가 갖고 있는 개인적, 가족적, 사회적 강점 및 약점
- 이용자원체계 - 현재 이용하고 있는 공식적 자원 및 비공식적 자원

2) 진단 · 결정적 면접

이 면접은 서비스의 적격성을 평가하고 결정하는 것이다. 예컨대, 아동복지기관에 소속한 사회복지사는 위탁보호신청자나 입양신청자와 함께 기관이 그에게 아동을 위탁해도 좋을지 그렇지 않을지를 결정하기 위한 면접을 한다. 비록 이러한 면접은 고도로 개별화되어 있지만 이 면접은 사회복지사가 클라이언트의 어떤 특성을 평가하기 위하여 행하여진다. 평가 면접의 목적은 어떤 결정을 내리는 데 필요한 정보를 선택적으로 수집하는 데 있다.

3) 치료를 위한 면접

사회복지실천현장에서의 사회복지사는 클라이언트의 기능을 향상시키기 위해 직접적으로 클라이언트를 원조하거나, 클라이언트가 속해있는 환경을 변화시키게 하기도 한다. 치료를 위한 면접은 이러한 것을 주요 목적으로 한다. 면접을 통해 대인관계에서 어려움을 경험하고 있는 클라이언트가 효과적으로 의사소통할 수 있도록 하기 위해서 사회기술훈련에 참여하도록 한다거나, 알코올문제로 어려움을 겪고 있는 알코올 의존자 및 가족을 위해서는 알코올교육 및 자조모임 등으로 연결하는 원조를 하기도 하고, 스트레스로 인해 어려움을 겪는 클라이언트의 경우 스트레스를 지속적으로 유발하는 역기능적인 주변 환경을 중심에 두고 변화시키도록 한다.

3 면접기술

사회복지사는 면접의 목적을 달성하기 위하여 클라이언트와의 면접에서 다음과 같은 다양한 기술을 활용하게 된다.

1) 관심의 표현

의사소통을 격려하는 가장 단순한 기술은 흥미와 관심에 대한 여러 가지 표현이다. 클라이언트를 향해서 앉으면서 "나는 당신에게 집중하고 있다"는 것을 몸으로 표현할 수 도 있으며, 부드러운 눈빛으로 클라이언트의 시선을 응시하며 관심 있게 듣고 있다는 것을 표현해주기도 하고 때로는 음성으로 잘 듣고 있다는 것을 알려주어야 한다.

2) 경청

경청은 단순한 소리를 듣는 것이 아니라 말하는 사람의 경험, 생각, 느낌, 행동에 대한 이해를 듣는 것이다. 즉 능동적인 청취를 의미한다. 때로는 경청만으로도 클라이언트로 하여금 정화(catharsis)를 경험하고 마음의 안정을 찾으며 나아가 통찰력을 제고할 수 있게 한다. 경청을 방해하는 상황은 수시로 발생할 수 있다. 예를 들면 클라이언트가 모호하고 불명확한 단어나 용어를 사용할 때, 사회복지사가 클라이언트에 대한 편견을 갖고 있거나 관심이 다른 일 등에 분산되어 있을 경우, 면접장소가 소음이 많거나 어질러져있을 때 등이다. 사회복지사는 어떠한 상황에서든지 언어적, 비언어적으로 표현하는 것을 사용하여 클라이언트가 자신의 이야기를 사회복지사가 경청하고 있다는 사실을 여러 경로를 통해서 느낄 수 있도록 해야 한다.

3) 명료화와 해석

명료화는 클라이언트가 말하는 것을 반영하는 것인데, 그것은 더욱 분명히 이해할 수 있도록 보다 유사한 말로 바꾸어서 표현하는 것이다. 예를 들어 " ..한 말인가요? 하는 식이 질문으로 상대가 말을 정확하게 들었는지 확인할 수 있다.

해석은 클라이언트가 말한 것을 명확하게 설명하는 것이다. 이 해석은 사회복지사가 클라이이언트에게 그의 어떤 행동이나 사고, 감정이나 생각 등을 지적해 주는 것이기도 하지만, 거기에 대해서 그런 생각이나 감정이 본인에게 어떤 의미를 지니는지 그 의미에 관한 사회복지사 나름의 추리를 제시해 주는 것을 말하기도 한다(김기석, 1978)

4) 요약

상대방의 말을 압축해 두서 너 개 정도의 문장으로 바꾸어 말하거나 반영하는 것으로 예를 들어 "당신의 이야기를 종합해보면 결국 당신의 실수는 별로 없는데 상관이 당신을 크게 오해해서 문제가 그렇게 커졌다는 얘기군요.." 와 같은 형식으로 의사소통과정에서 공통적인 주제나 패턴을 발견해 지나치게 말을 늘어놓는 것을 방지하고, 진행되고 있는 대화를 검토하게 할 수 있다.

5) 질문

질문은 클라이언트의 의사소통을 격려하기 위하여 가장 많이 적용되는 기술이다. 또한 질문은 정보를 습득하고 클라이언트로 하여금 충분히 의사소통을 하도록 한다. 질문은 여러 가지 유형으로 분류할 수 있다.

가) **개방적 질문** : 개방적 질문은 클라이언트로 하여금 가능한 많은 양의 반응 속에서 대답할 말을 선택할 수 있도록 책임과 기회를 준다. 주로 "어떤", "무슨" 등의 단어를 자주 사용하는데 예를 들면 "우리 기관에 어떻게 오셨습니까?", "당신을 힘들게 하는 것은 무엇이라고 생각이 드시는지요?" 등이다. 이렇듯 개방적이고 비지시적이 질문은 클라이언트가 자유로이 면접에 참여하고 면접내용의 방향을 정하는 중요한 책임이 있다는 것을 분명하게 한다.

나) **폐쇄적 질문** : 폐쇄적 질문은 응답의 선택이 한정되는 질문으로 예를 들어 "점심식사는 하셨어요?", "당신은 그 사람을 진심으로 신뢰하고 있습니까?" 등으로 클라이언트가 자신의 이야기를 어떻게 진행해 나가야 할지 어디에서 그 상황의 갈피를 잡아야 할지, 어느 점이 면접자에게 필요한 정보인지 잘 모르고 있을 때 유용성이 있다.

다) **유도적 또는 암시적 질문** : 면접자가 클라이언트에게 특정한 답을 얻기 위해 하는 질문으로 대부분의 유도적 또는 암시적 질문은 질문 속에 편견을 전제하기도 하고 면접자가 원하는 대답을 하도록 은근한 압력을 넣게도 된다.

라) **이중질문** : 한 물음에 두 가지 이상의 복합적인 질문을 하는 것으로 흔한 예는 면접자가 자신이 첫 번째 질문을 하고 있는 동안 그 질문이 자신이 정말 원했던 질문이 아니라는 것을 파악하고 클라이언트가 대답하기 전에 다시 두 번째 질문을 던진다. 이런 상황은 클라이언트를 혼돈상태에 빠뜨린다.

마) **"왜" 라는 형식의 질문** : "왜"라는 질문은 클라이언트에게 곤란한 형식의 질문이다. 만일 클라이언트가 능력이 있었으면 굳이 도움을 받을 필요성이 없었다는 것을 간접적으로 시사할 수도 있다. 또한 "왜" 라는 질문은 비난하는 질문의 성격을 가지고 있다. "왜" 라는 질문은 클라이언트로 하여금 합리화나 꾸며서 답하도록 하게하며 자신의 방어를 시도하게 할 수 있다(France, 1990).

6) 감정이입

감정이입은 사회복지사와 클라이언트의 관계에 작용하는 요소이다. 감정 이입이란 다른 사람의 감정과 경험에 동참할 수 있는 능력을 말한다. 즉 클라이언트의 생각, 감정, 행동의 세계를 상상을 통해 이해한다는 것을 의미한다. 감정 이입의 과정에서 사회복지사는 자신의 관점을 잃지 않으면서 클라이언트의 느낌과 경험을 이해해야 한다. 즉 이것은 다른 사람의 감정을 깊이 느낄 수 있는 능력이며 그 감정으로부터 충분히 분리되어 객관적인 지식을 활용할 수 있는 능력이다. 그러므로 클라이언트와 동일한 감정, 관심을 가지는 것을 의미하는 동정과는 다른 것으로서 사회복지사가 클라이언트와 동일시하고 클라이언트의 세계에 지나치게 몰입하는 것을 의미하는 것은 아니다. 감정 이입을 면접상황에서 하나의 분리된 기술로 이해하지 말아야 한다. 즉 이 감정 이입의 기술은 사회복지사의 비언어적 행동, 경청, 관심집중, 요약이나 해석, 질문 등에 모두 융해되어 사용되고 나타난다. 예를 들어 고개를 끄덕인다거나, 클라이언트가 말하는 내용의 중요성을 이해하고 있다는 것을 전달하는 요약이나 설명, 동정심 어린 어조의 사용을 통해 감정 이입의 태도를 보여줄 수 있다(이영분 외, 2002).

Ⅳ. 사회복지실천 과정론

1 과정의 개요

사회복지실천에 있어서 문제해결과정은 개별, 집단, 지역사회방법론 모두에게 필수적인 요소임이 확인되어 과정(process)은 사회복지실천의 핵심요소로 자리 잡고 있다(Johnson, 1986). 보편적으로 사회복지실천과정은 도움을 필요로 하는 사람을 처음 만나는 것을 시작으로, 그 사람이 가지고 있는 문제 혹은 서비스를 필요로 하는 내용을 파악 · 분류 · 사정하며 문제의 해결 또는 구체적 원조과정을 거쳐 서비스를 마무리하게 되고 경우에 따라서는 사후관리의 과정을 거치게 된다. 초창기에는 조사-진단-치료의 순서로 과정을 정의하였지만, 1960년대 이후 통합적인 실천방법론이 모색되면서 사정과 개입이라는 용어로 바뀌어졌고 여러 학자들의 노력에 의해서 일반적으로 4~6단계로 분류되고 있다. 대표적인 사회복지실천 이론가인 Pincus와 Minahan(1973)은 사회복지실천의 과정을 문제의 사정, 자료수집, 초기 접촉, 협상적 계약, 행동체계, 영향력 행사, 변화노력의 종결과정으로 분류한 바 있으며, Compton과 Galaway(1999)는 자료 수집과 사정, 업무동의, 개입(실천), 평가, 종결의 과정을 설정하고 있으며, Johnson과 Yanca(2001)는 사정, 계획, 실행, 평가, 종결의 과정으로, Timberlake와 그 동료들(2002)은 계약, 자료 수집, 사정, 개입, 평가, 그리고 종결의 과정으로 사회복지실천 과정을 분류하였다. 이와 같은 여러 학자들의 과정 분류는 공통된 점이 많다. 본 책에서는 사회복지실천과정을 접수-사정-계획-개입-평가 및 종결과 사후지도의 5단계로 분류하고자 한다.

2 실천단계

1) 접수(intake)

접수과정은 첫째, 클라이언트의 문제와 욕구를 확인하는 것, 둘째, 원조의 목적을 분명히 하고 원조과정에서 기대하는 바가 무엇인지를 명확히 하는 것, 셋째, 클라이언트의 욕구가 기관의 자원과 정책에 부합되는 지의 여부를 파악하는 것의 세 가지 구체적인 활동과 결정을 수반한다

(김융일 외, 1995). 접수단계에서는 클라이언트가 찾아온 이유를 모르는 상태이기 때문에 되도록이면 편안한 만남이 될 수 있도록 사회복지사는 충분히 자신과 기관을 소개하고 클라이언트가 도움을 원하는 문제에 대해서 이야기할 수 있도록 격려하는 것이 중요하다. 또한 클라이언트의 문제 및 상황에 대한 관심을 충분히 전달받기 위해서는 효과적인 관계형성기술을 활용하고 클라이언트와 면담시 기록이 필요하면 기록에 대해서는 설명하고 양해를 구하도록 한다. 또한 클라이언트가 기관 혹은 사회복지사에 대해서 비현실적인 기대를 하는 경우도 있으므로 기관에서 제공하고 있는 서비스 및 이용절차를 클라이언트가 이해할 수 있도록 상세히 설명해 주어야 하고, 만약 기관의 서비스가 클라이언트의 욕구와 부합되지 않는다면 다른 적절한 사회복지기관에 의뢰해 주어야 한다. 또한 사회복지기관들은 대부분 접수 서식 등을 사용하고 있으므로 클라이언트가 직접 서식을 작성하거나, 사회복지사가 면담한 내용을 중심으로 기록하도록 한다. 접수결과 클라이언트로서 등록할 것인지 아니면 거절할 것인지, 또는 타기관이나 다른 사회복지사에게로 의뢰할 것인지 등을 처리해야 한다.

2) 사정

헵워스와 라슨에 의하면 사정은 자료를 수집하고 분석하며 종합하는 과정으로서, 첫째, 클라이언트의 문제의 본질(발달적 욕구와 생애 전환시기와 관련된 스트레스 원인을 포함한)에 관한 자료, 둘째, 클라이언트와 의미 있는 타자(대체적으로 가족성원)의 대처능력(강점, 기술, 성격, 한계점 그리고 결함 등)에 관한 자료, 셋째, 클라이언트의 문제에 관련된 체계 그리고 클라이언트와 이들 체계간의 상호 교류에 관한 자료, 넷째, 문제를 해소?완화시키는데 이용 가능한 혹은 필요로 하는 자원에 관한 자료, 그리고 다섯째, 문제를 해결하기 위한 클라이언트의 동기가 규명되어야 한다(Hepworth&Larsen, 1993)고 주장하였다. 학자에 따라서 자료 수집을 사정의 단계에 포함시키기도 하고, 별도의 단계로 구분하기도 하지만 여기서는 사정과정에 자료 수집을 포함하였다.

사정단계의 초반부에는 다양한 자료를 수집하게 되는데 문제를 제시하거나 문제를 가지고 있는 사람으로부터 직접적으로 구두보고를 받는 것이 가장 일차적 출처이면서 매우 유용한 자료가 된다. 또한 다양한 부수적 자료원천으로부터 수집되기도 하는데, 친구, 친척, 이웃, 의사,

다른 기관, 기타 등등으로부터 관련된 정보를 수집한다. 또한 심리검사를 통해 비록 한정적이지만 보다 객관적인 정보를 얻을 수 있으며, 클라이언트의 비언어적 행동들이나 가정방문을 통해 추가적인 정보를 얻을 수 도 있다. 수집된 다양한 자료는 사회복지사의 지식, 지혜, 경험 등을 통하여 분석과 해석을 하게 되는데 이 과정에서 사회복지사는 더욱 중요하고 적절한 정보와 중요하지 않은 정보를 선별하고, 여러 가지 정보들 간의 관련성을 발견하려고 노력해야 하며, 특히 문제를 유발시키는 요인들이나 그것을 완화시키는 요인들을 파악하도록 해야 한다.

3) 계획

계획은 앞 단계인 사정과 뒷단계인 개입을 연결시켜주는 지점으로 목적의 설정, 목적달성을 위한 행동과 공식화하기 위한 계약 등을 담고 있다. 계획과정의 주요 단계를 요약하면 다음과 같다.

〈표2〉 계획 과정의 주요 단계

주요단계	내용
1단계 : 클라이언트와 함께 작업하기	계획과정에서 클라이언트를 참여시킴으로써 동기화를 부여한다.
2단계 : 문제의 우선순위 정하기	사회복지사와 클라이언트는 어떤 문제로부터 접근할지 우선순위를 정하고 최우선적으로 해결할 문제에 합의하도록 한다.
3단계 : 문제를 욕구로 전환하기	클라이언트의 문제를 클라이언트에게 무엇이 필요한지라는 욕구개념으로 전환시키면 문제해결을 위해 무엇을 해야 하는 지 구체화시킬 수 있다.
4단계 : 개입수준평가하기-전략의 선택	문제는 마이크로, 메조 혹은 매크로 실천방법으로 접근될 수 있으며 문제해결전략 수립 시 클라이언트의 강점을 활용하고 각 전략에 대한 찬반양론을 검토하여 효율적 · 효과적 전략을 선택한다.
5단계 : 목적을 설정하기	목적은 왜 개입하는지를 명료화시켜 준다. 분명하게 진술된 목적은 개입의 성공여부를 평가할 수 있도록 한다.
6단계 : 목표를 구체화하기	목적을 성취하려면 이를 세분화하여 구체화된 목표를 설정하여야 한다. 목표의 구체화에는 누가 무엇을 언제까지 수행할 것이며 이는 어떻게 측정될 것인지를 포함시키도록 한다.
7단계 : 클라이언트와 계약을 공식화하기	계약은 사회복지사와 클라이언트 간에 개입과정에 무엇이 일어날 지에 관한 합의사항이다. 여기에는 목적, 목표, 개입기간, 역할 등이 포함된다.

자료 : 이영분 외, 「사회복지실천」, 2002, p.206

4) 개입

개입단계는 초기단계에서 설정된 목표를 달성하기 위해 클라이언트 또는 클라이언트 주변환경에 변화를 가져오기 위한 개입활동이 수행되는 시기다. 이 단계에서는 사회복지사의 개입활동의 핵심은 문제를 해결하려는 클라이언트의 변화노력을 지원하기 위해 문제해결을 위한 구체적인 변화전략을 수립하는 것이다. 또 개입은 필요에 따라 상담, 지역사회와의 자원 연계, 새로운 자원의 개발, 사회적 지지집단의 활용, 교육, 역할극 등 다양한 전략으로 구성할 수 있다. 이 단계에서 사회복지사는 계획대로 문제해결과정이 진행되고 있는지를 끊임없이 점검(monitoring)하면서 잘 될 수 있도록 인도하고 도와주며 지지와 환류를 제공해야 한다(엄명용 외, 2007). 또한 다양한 상황에 처해 있으면서 서로 다른 욕구를 가지고 있는 클라이언트를 원조하기 위해 개입할 때에는 접근방법 또는 모델들로 분류되는 이론적 기초에 근거해야 한다. 왜냐하면 이론과 모델들은 개입의 방향을 제시하기 때문이다. 사회복지사의 개입활동은 크게 클라이언트 자신에 대한 직접적 개입과 클라이언트를 제외한 체계들에 대한 개입인 간접적 개입으로 나누어 설명할 수 있다. 리치몬드(Richmond, 1922)는 클라이언트가 자기 자신을 의식적으로 조정함으로써 환경에 보다 잘 적응하도록 하는데 초점을 둔 직접적인 활동과 클라이언트를 둘러싸고 있는 인적 · 물적환경에 변화를 가져오려는 간접적인 활동으로 분류하여 설명한 바 있다. 직접적인 활동은 주로 클라이언트의 문제가 대개 내?외부로부터의 스트레스에 대한 대처능력의 부족에서 비롯된다는 시각에서 출발, 이를 수정하는 데 필요한 기술들로서, 의사소통기술, 행동변화기술 등을 활용하여 문제가 되는 클라이언트의 사고와 감정 및 행동을 변화시키는 기법으로 활용한다. 간접적 개입은 바람직한 목표에 도달하기 위해서는 클라이언트 개인의 변화만으로는 부족할 때가 있다. 특히 클라이언트를 둘러싸고 있는 양육환경이나 유지환경, 즉 가족이나 집단을 포함한 광범위한 체계에 문제의 근원이 있어나 이러한 체계들과의 상호작용에 문제가 있을 경우도 있는 것이다. 이럴때에는 개인보다 환경(체계)의 변화를 통해서 목표에 도달하게 되는데 이는 환경에 대한 개입활동 또는 클라이언트 체계에 간접적으로 도움을 준다는 의미에서 간접적 개입이라고 한다. 간접적 개입은 그가 속한 집단을 대상으로 가족치료나 집단개입방법을 쓸 수 도 있으며, 빈곤가정을 국민기초생활보장법에 의한 수급자로 책정하여 재정적 원조를 해 주거나, 의료서비스와 연결시켜준다거나, 보육서비스를 연결시켜 주는 등 이 세가지 모두를 가능하도록 각 기관과 긴밀히 협조하는 것을 말한다.

5) 평가 및 종결과 사후지도의 5단계

사회복지실천의 최종 단계는 종결이다. 종결은 개입을 끝마치는 것으로 보이지만, 클라이언트의 사회적 기능을 강화시키는 동시에 사회복지사와 클라이언트가 개입의 전과정을 통해 같이 발전시켜온 성과를 이해시키는 과정이기도 하다. 종결에는 개입활동 전반에 걸친 평가가 병행된다. 평가는 개입의 전 과정에서 지속적으로 시행되지만 특히 개입이 끝날 때 더욱 중요하다. 종결단계에서의 평가는 일어나도록 기대되었던 일들이 정말로 일어났는가를 보는 것이다. 평가는 개입의 효과성과 효율성을 측정하는 것으로 효과성은 목표달성여부를 말하고, 효율성은 투입된 비용(시간, 노력, 금전적 비용)과 산출된 성과간의 비율을 말하는 것으로 이를 위해 단일사례설계(Single Subject Design), 과업성취척도(Task Achievement Scaling, TASO, 목적달성척도(Goal Attainment Scaling), 동료검토, 클라이언트만족도 설문 등을 사용한다. 또한 종결과정에서의 과업은 첫째, 적절한 종결시기의 결정, 둘째, 클라이언트와 사회복지사의 정서적 반응의 처리, 셋째, 개입을 통해 획득한 효과의 유지와 강화, 넷째, 필요한 경우 클라이언트를 다른 자원으로 의뢰하는 것이라고 할 수 있다. 따라서 종결시점인지를 잘 결정해서 원만한 종결이 이루어지도록 해야 하는 것도 매우 중요하다. 쉬퍼(Sheafor, 1997)는 종결할 때가 되었는지 여부는 첫째, 개입목적의 달성정도, 둘째, 서비스의 시간 내 제공 완료여부 셋째, 클라이언트 문제상황의 해결정도 넷째, 사회복지사와 기관의 투자노력 다섯째, 이득체감에 대한 사회복지사와 클라이언트의 합의 여부 다섯째, 클라이언트의 의존성, 여섯째, 클라이언트에 대한 새로운 서비스의 적합성 여부 등이다. 이런 사유들을 고려하여 종결하며 경우에 따라서는 종결이 지금과는 다른 새로운 서비스가 더 적합하다고 생각해서 새로운 의뢰로 이어지기도 한다. 따라서 종결단계에서의 의뢰는 또 하나의 중요한 종결과업이라고 할 수 있다.

〈참고문헌〉

김기태 · 김수환 · 김영호 · 박지영(2007), 「사회복지실천론」, 공동체.

김융일 · 조흥식 · 김연옥(1995), 「사회사업실천론」, 나남출판사.

도광조(2005), 「사회복지실천론」, 양서원.

류상열(2006), 「사회복지실천론」, 보문각.

사회복지대백과사전(1999), 도서출판나눔의 집.

양옥경 · 김정진 · 서미경 · 김미옥 · 김소희(2003), 「사회복지실천론」, 나남출판.

엄명용 · 김성천 · 오혜경 · 윤혜미(2007), 「사회복지실천의 이해」, 학지사.

이영분 · 김기환 · 윤현숙 · 이원숙 · 이은주 · 최현미 · 홍금자(2002), 「사회복지실천론」, 동인.

이윤로(2006), 「최신 사회복지실천론」, 학지사

전재일 · 이종복 · 조운희 · 이준상 · 이애재 · 이성희(2004), 「사회복지실천론」, 형설출판사.

최옥채(2006), 「사회복지실천론」, 양서원.

Barker, R. L.(1995). The Social Work Dictionary(3rd ed.). Washington, D.C.: NASE Press

Biestek, F.P.(1957). The Casework Relationship, Illinois: Loyola Univ. Press.

Compton B. R. & B. Galaway. (1994). Social Work Processes, 5th ed., Belmont.

Brown, J. A. (1992). Handbook of Social Work Practice. Springfield, IL: Charles C Thomas Publisher.

Dolgoff, F., D. Feildstein & L. Skolnik(1997). Understand Social Welfare. NY: Longman.

Johnson, Louise C., (1986). Social Work Practice: A Generalist Approach(2nd ed.), Allyn and Bacon,

Johnson, L, C, and S. J. Yanca. (2001). Social Work Practice: A Generalist Approach(7th ed.). Boston: Allyn and Bacon.

Kadushin, A.(1972). The Social Work Interview. NY: Brunner/Mazel.

Payne, M. (1996). What is professional social work?, Venture Press, Birmingham, BK.

Perlman, H. H.(1957). Social casework. chicago: University of Chicago Press.

Pincus A & A. Minahan. (1973). Social Work Practice: Model and Method, Itasca: F. E. Peacok

Poindexter, C.C., Valentine, D., & Conway, P.(2003). Essential skills for human services. Thomson.

Richmond, M.E. (1917). Social Diagnosis. New York: Russell Sage Foundation.

Sheafor, B., Horejsi, C., & Horejsi, G.(1997). Techniques and guidelines for social work practice(4th ed.). Boston: Allyn and Bacon.

Skidmore, R. A., Thackeray, M. G., Farley O. W., Smith, L. L. and Boyle, S. W. (2000). Introduction to social Work(8th ed.). Boston: Allyn and Bacon.

Timberlake, E. M., M. Z. Farber, and C. A. Sabation. (2002). The General Method of Social Work Practice: McMahon's Generalist Perspective. Allyn and Bacon

제7장

일상생활동작케어기술

7 일상생활동작케어기술

Ⅰ. 케어기술의 개요

케어기술이란 케어의 방법 즉, 구체적으로는 케어의 문제를 해결하기 위해 지식과 이론의 습득을 통해 체득한 기능을 실제적으로 해결하기위해 케어자가 실제의 장에 적용하는 원조의 수단으로서 케어 실천을 말한다. 케어 기술은 일상생활에 지장이 있어 케어를 필요로 하는 사람에게 식사, 배설, 목욕, 이동 등의 구체적인 원조를 적합한 방법을 선택하여 기술을 어떻게 적용하는 가를 다룬다〈표1〉.

케어 기술의 기본은 '안전'과 '안락'이며 기술의 적용은 '정확'하고 '능숙'해야 한다. 정확하고 안전한 기술은 고통을 완화시키고 안락을 가져올 수 있으며, 클라이언트에게도 좋은 결과를 가져온다. 케어 기술을 정확히 적용하기 위해서는 정확한 방법과 기법을 알아야 한다. 그리고 정확한 방법은 항상 안전을 배려한 것이어야 한다. 정확한 방법을 알고 있는 것과 능숙한 것은 별개의 문제이다. 능숙하게 행하기 위해서는 정확한 기술을 습득하여 그것을 반복하여 숙련해야 한다. 기술은 단순한 지식으로 끝나서는 안되며 체득해야 하는 것으로 연습과 실습을 통해 학습효과를 높일 수 있다. 또한 케어 직업에 종사하는 동안에도 늘 최근의 케어 기술에 관한 지식을 배우고 기술 숙련에 노력해야 한다.

〈표1〉 케어실천의 장

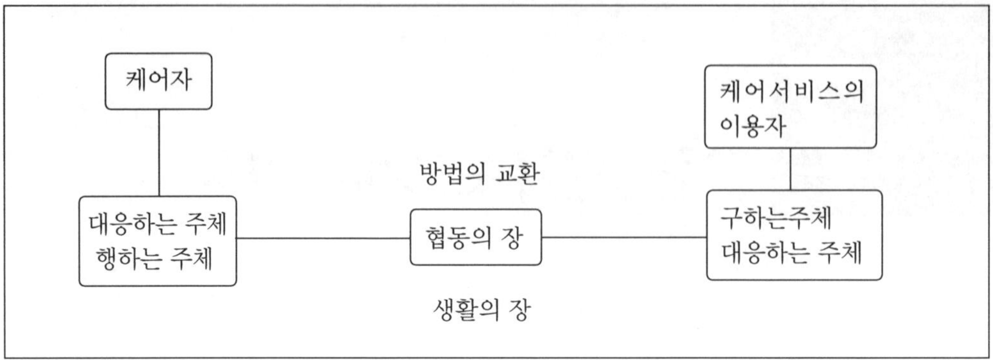

1 케어복지의 원조관계

케어원조관계에서 케어의 목적과 목표를 가지고 서비스를 전달할 수 있어야 한다. 케어관계는 성립을 통해 원조하는 활동을 말하며, 원조는 도움을 구하는 측과 대응하는 측이 특정행위(언어적, 비언어적)를 의도적으로 교환하는 케어관계를 맺음으로써 성립한다.

케어는 다음과 같이 세 가지의 요소 분류하여 설명할 수 있다

① 케어의 도움을 구하는 자(이용자로서 거동이 불편한 노인이 주대상자)

② 케어에 대응한 타자 (케어에 대한 지식과 기술을 겸비한 케어종사자)

③ 협동의 장(상호주체적 행위를 의도적으로 교환하여 상호 배우는 것)은 좋은 원조방법을 상호 확인하고 해결하기 위해 실천하는 과정으로 생활의 장에서 이루어진다.

1) 케어서비스의 이용자

자립생활을 영위하는데 어떤 장애가 있어 타인의 원조를 구하는 당사자 및 그 가족원을 설명할 수 있다. 즉 언제나 건강하게 살고 싶어 하는 생활인으로서 그 생활기법 또는 기술이 어떤 원인에 의해 지장을 가져온 청년기 이후의 사람들이다. 장애인, 난치병자, 치매 · 중풍 · 허약노인들이 이러한 문제를 많이 가지고 있다. 아동의 경우는 케어의 직접적인 대상에 포함하지 않는다.

이용자의 기본적 인간관으로는 ① 서비스를 받기 이전이나 현재 생활의 기술을 생활습관으

로 획득했음에도 불구하고 충분히 사용할 수 없는 제 조건을 갖고 있는 즉 일상생활의 기술을 충분히 사용할 수 없는 사람이라는 인식이다. ② 인간의 생활기술의 획득은 신체의 성장·발달 단계와 장애, 질병수준과 관련하지만 기본 생활력과 개성이 있으며 장래도 있는 사람이라는 인식이다.

케어실천의 특수성 중 하나는 신변을 정리할 수 있는 생활기법을 스스로 사용할 수 있는 자립능력에 초점을 두고 원조하는 것이며, 인간의 성장 발달과정에 초점을 두는 것이 아니다. 케어의 주요한 목적은 이용자의 자립과 이용자의 자신의 생활방식의 유지를 돕는 것이다.

2) 케어서비스의 제공자

케어라는 것은 어떠한 건강상태에 있더라도 그 사람이 일상적으로 자립적인 생활에 지장이 있다면 그것을 보충·지원하는 것이다. 케어서비스의 제공자는 일상생활동작이 제한 된 사람을 다양한 측면에서 원조한다. 따라서 이용자 자신이 장애를 바르게 인식하고 사실로써 받아들이고 또한 새로운 생활을 개척하려는 의욕과 생활능력을 획득하도록 조성하는 원조가 필요하다. 이러한 케어서비스를 제공하기 위한 내적 조건으로는 ① 따뜻한 마음 ② 냉정한 머리 ③ 능숙한 기능 ④ 인간관계 ⑤ 심신의 건강 할 수 있도록 준비를 갖추어야 한다.

케어서비스의 기본적인 자세를 다음과 같이 설명할 수 있다.

① 상호주체성을 중시한 원조관계가 되어야 한다.

② 케어의 원조에는 한계가 있어도 그 원조방법은 숙련과 발전을 기대할 수 있고 여기에는 한계가 없다.

③ 자기통찰력이 필요하다. 원조는 이정도로 좋다는 것은 없으며, 자기만족으로 끝내지 말고 항상 배려와 인내 그리고 반성하는 자세가 필요하다.

④ 이용자를 물건처럼 다루는 기계적 원조가 되어서는 안 된다

⑤ 공동의 가치기준을 갖는 것이 필요하다.

⑥ 이용자의 자조, 자립을 포함시키지 않으면 안된다.

⑦ 원조활동은 일상생활과 밀착되어 있어야 하며, 이용자의 삶의 방식과 보람을 고려해야 하는 케어복지사의 자세가 필요하다.

이러한 케어복지사의 기본자세는 어떠한 상태에 있는 대상자라도 행동과 운동에 제한이 있거나 외형적으로 변형이 있어도, 그 사람의 가능성을 믿고 존중하고 그사람의 생의 보람을 함께 추구해 가는 것이어야 한다. 또한 생활방식을 이용자와 함께 생각하고 창조해 가는 자세를 가져야 하며, 이는 케어복지사가 이용자로부터 얻는 커다란 배움이라고도 할 수 있다

3) 협동의 과정(Process)

협동의 과정은 이용자의 생활에서 일어나고 있는 여러 가지 제 행위의 부자유함을 발견하고 좋은 원조방법이 있는가를 상호 확실히 하며, 케어종사자 자신의 역할로써 구체적으로 행동할 수 있는 케어방법을 확인하고 계속하는 과정이다

2 케어기술의 기본원칙

1) 케어 기술의 과학성

다양한 기술을 갖고 다양한 상태에 있는 모든 사람에 대해 케어 기술의 목적을 달성하기 위해서는 과학적 근거에 기초한 기술로서 보편화되지 않으면 안 된다. 경험으로 좋은 방법이라는 것을 안다 해도 과학적 근거가 없는 한 그것은 경험에 근거한 방법에 지나지 않는다.

케어는 생활지원을 목표로 하며, 케어 기술은 일상적인 기술을 대상으로 하기 때문에 과학적인 근거로 설명하기 어려운 점도 있지만 그렇다고 해서 지키기 위한 행위인 만큼 한 사람 한 사람의 대상에 대해 상대의 요구에 대응하여 안전한 기술을 제공해야만 한다. 따라서 각각의 케어 기술은 과학으로서의 원리 원칙에 근거하여 누가 케어를 해도 어떤 대상이라 해도 똑 같은 케어 기술이 보장되어야 한다.

2) 케어 기술의 일반성과 개별성

케어 기술은 과학적 근거에 의한 일반원칙과 원리를 체계화한 것이다. 그것은 어떤 상태에 있는 사람에 대해 어떤 기술을 적용할 수 있는 가를 보여준다. 케어 대상은 비슷하게 보여도 각각 다르며, 상태는 늘 변화하고 있다. 케어 기술은 사람마다 다른 상태의 사람에게 적용되는 것

이다. 일반원칙을 개별적이 대상에게 적절히 적용해야 한다. 이를 위해서는 개별의 상태를 정확히 판단 파악하여 문제해결을 위해 케어 기술을 유효하게 적용하는 것이 중요하다. 그 사람의 그 때의 상황에 맞는 기술이야말로 정확한 적용이라고 할 수 있다.

3) 케어 기술의 기본 가치

케어에 종사하는 이는 케어 실천에 있어 케어에 관한 일정한 가치(철학)를 갖고 실천에 임해야 한다. 여기에는 인간관, 생명관, 신뢰관, 건강관, 가치관, 복지관, 직업관 등이 포함된다.

케어관은 인간의 생명, 인간의 행복을 어떻게 생각하는 가에 대한 것으로 케어자 자신의 사고와 삶의 방식을 규정한다. 이는 케어 실천의 바탕이 되는 것으로 확고한 케어관의 기초는 케어에 관한 일련의 지식과 기술의 습득이며 체득이다.

케어자는 '케어가 필요한 이를 어떻게 받아들이고 이해해야 하는가. 어떻게 원조하면 장애가 있어도 인간답게 살수 있을까' 를 늘 생각하면서 생활의 질을 향상시킬 수 있는 케어 방법을 강구해 가는 자세가 필요하다.

케어관의 구체적인 표현이 케어 행위이며 케어 의식이라고 할 수 있다. 케어행위를 하는 케어자가 꼭 갖추어야할 3가지 요소는 지식, 기술, 태도이다. 이 세 요소를 어떻게 학습하고 체득해 가는가에 따라 케어 실천의 질이 좌우된다.

케어의 기술은 물건을 대상으로 하는 기술과는 다르다. 기술의 적용대상이 인간이라는 것은 상대의 의지가 요구가 있음을 의미한다. 기술 적용의 최종목표는 상대가 원하는 생활지원을 제공하는데 있음을 명확히 해야 한다. 상대의 존재를 무시한 기술적용은 그것이 정확한 방법과 숙련된 기술로 수행되었다고 해도 상대는 그것을 받아들이거나 만족하지 못한다. 상대를 인격 있는 존재로 존경하는 자세를 가질 때 비로소 케어 기술이 상대에게 도움이 될 수 있다.

또한 케어는 인간과 인간을 연결하는 기술에 의해 성립한다. 따라서, 대상자와 원조자의 상호 신뢰 있는 인간관계를 기초로 한 케어 관계의 성립은 케어 기술의 적용에는 필수적인 요건이다. 커뮤니케이션의 기술은 케어기술의 기본이다. 커뮤니케이션은 기술적인 면도 중요하지만 기술의 바탕에는 케어자의 인간성이 반영되어야 한다.

4) 케어 기술의 3원칙

자기 결정권의 존중, 계속성의 존중, 잔존능력의 활용, 이 세 가지가 케어 기술 실천의 기본 원칙이며 케어 실천에 있어 잊어서는 안 되는 점이다.

어떤 경우라도 결코 어린애 취급을 해서는 안 되며 상대의 의지를 존중해야 한다. 자기 결정권의 존중은 어디서 어떻게 케어를 받고 싶은 가를 스스로 결정하도록 하는 것이다.

노쇠한 고령자는 다양한 변화에 대한 적응력이 저하되어 있기 때문에 갑자기 환경이 바뀌면 심신 모두가 부담이 되어 병이 악화되기도 한다. 케어는 필요하더라도 가능한 한 지금까지의 생활이 계속될 수 있도록 배려하는 것이 중요하다. 이것이 계속성의 존중의 의미이다.

또한, 잔존능력을 적극적으로 활용하는 것이 아주 중요하다. '불쌍하기 때문에', '위험하기 때문에' 라는 이유로 무엇이든지 다 해주고 상대에게는 아무것도 하지 못하게 하는 경우를 흔히 볼 수 있다. 이는 이용자 자신에게도 바람직한 것은 아니다. 주위의 도움이 필요해도 할 수 있는 것은 가능한 한 자신이 하도록 하고 무엇인가 역할을 갖도록 하는 것이 '나는 아직도 누군가에게 도움이 되고 있다' 라고 하는 자신감과 삶의 보람을 갖게 한다. 케어는 모든 것을 다해주는 것이 아니라 본인의 자립을 돕는 것이라는 점을 명심해야 한다.

이용자의 입장에서 케어실천기술의 기본과 실천기술의 관점과 체계를 중심으로 조명해보면,

① 케어 기술을 실천하고 원조하는데 있어 방침과 목표가 명확해야 하며 이에 필요한 지식을 충분히 갖고 있어야 한다.

② 케어 기술이 평소의 자기연마와 케어 경험에 의해 충분히 숙련되어 있어야 한다.

③ 이용자에 대한 충분한 다면적 이해가 필요하다.

④ 임기 응변적으로 케어 장면에 적응할 수 있는 능력이 있어야 한다.

⑤ 적절한 상황 파악과 종합적인 관찰을 할 수 있고 정확하고 유연한 판단과 결정을 할 수 있어야 한다.

⑥ 이용자와 관련한 타 직종과의 제후와 협력을 원활히 할 수 있어야 한다.

⑦ 케어 기술의 실시를 위한 케어 용구, 복지기구나 필요한 인원의 확보, 이에 어울리는 환경 조건이 정비되어야 한다.

⑧ 투철한 케어관이 확립되어야 한다.

⑨ 세심한 배려를 하고 상황에 맞는 밝은 태도를 갖는다.

⑩ 이용자가 갖고 있는 잠재능력과 가능성을 충분히 끌어 낼 수 있어야 한다.

⑪ 늘 창의적으로 생각하고 적극적인 케어 실천에 노력해야 한다.

Ⅱ. 케어서비스의 원조기술

1 안전성의 기술

노인이나 장애인 등 일상생활이 혼자서는 불가능한 대상에게 생활행동을 우선적으로 원조하는 케어에는 기술을 안전하게 전개하는 일이 중요하다.

1) 주거환경의 안전정비

케어의 현장이라는 것은 시설, 가정 어느 쪽도 이용자의 '생활의 장' 이다. 이제까지 건강하게 생활해 왔을 때에는 살아가는데 익숙한 환경이었지만 신체와 정신면에서 장애가 나타났을 때 과연 안전한 환경이라고 말할 수 없다. 먼저 생활환경에 대한 평가가 필요하다.

① ADL에 대응한 환경인가, 또는 개조의 필요성이 있는가, 그리고 그것이 가능한 것인가를 점검한다.

• 현관, 거실, 화장실, 욕실, 주방, 가구, 전화, 전기, 냉 · 난방시설

• 실내 기후는 일반적으로 온도는 22℃전후, 습도는 50~60% 정도, 계절, 개인차 습관에 따라 다소 차이가 있다.

• 냉 · 난방

냉방은 외부 온도와의 차이가 5℃ 이상이 되지 않도록 하고, 습도는 50% 이하로 떨어지지 않도록 조절, 차가운 바람이 직접 신체나 얼굴에 닿아 체표면의 열을 빼앗아 감기에 걸리는 일이 없도록 주의한다.

난방은, 조작이 간단, 넘어져도 화상이나 화재를 일으키지 않는 기구를 선택하며, 가능한 먼 곳에 두고, 실내 기온이 너무 높지 않도록 주의하며 건조한 경우 가습기를 사용하도록

한다.

• 채광 · 조명

노령과 더불어 시력이 저하되는 경우가 많기 때문에 채광과 조명은 전도 등의 사고 방지를 위해 주의를 요하며, 야간에는 조명등으로 발 밑을 비추게 해서 보행에 안전을 기한다. 채광에 의한 직사광선이 눈에 닿으면 각막에 장애를 초래하므로 커튼이나 블라인드로 조절한다. 시력이 저하된 고령자나 장인인의 경우 기준보다 밝게 하는 것이 사고 방지를 위해 필요하다.

• 거실

햇볕이 잘 들고 화장실이 가까우며, 가족이 항상 가까이 있는 위치에 있어야 하며, 이용자의 자립심을 높여 신체기능 회복에도 도움이 됨, 밝고 안정된 분위기로 하는 것이 좋고, 이동에 불편함이 없도록 문의 넓이, 거실의 넓이를 확보해 둔다.

• 계단

계단의 끝부분에는 미끄럼 방지를 위한 설치가 필요하며, 손잡이는 끝이 둥근 모양이 것이 좋다. 올라가는 입구와 내려가는 입구에 전등을 설치한다.

② 사고방지를 위해 필요한 케어 용구의 이용?

• 당사자와 가족의 인식이나 욕구를 듣는다

• 휠체어, 경보장치, 이동도구의 배려와 복지서비스의 이용 유 · 무를 확인한다.

2) 프라이버시와 안전

노인이나 신체장애인 케어와 안전성을 생각해 볼 때 우리들은 여러 가지의 과제에 부딪친다. 그것은 안전을 관리하는 일과 그 대상자의 프라이버시를 유지하는 문제이다. 이러한 안전성과 프라이버시에 관련된 문제는 일반적으로 해결할 수 없는 어려운 문제를 가지고 있을 경우가 있다. 그러므로 케어복지사는 다음과 같은 원칙에 유의해서 원조를 전개해야 한다.

① 우선 프라이버시의 유지와 안전성의 확보를 위한 원조를 전개해야 한다.

② 일상의 케어를 매너리즘에 빠지지 않고 항상 이용자의 장점을 고려해서 평가한다.

③ 프라이버시 유지는 인권과 관련된 문제인 것을 케어자는 이해한다.

④ 개별성을 고려한 케어가 전개될 수 있도록 사례회의(case confernce) 등을 유효하게 활용한다.

3) 신변케어와 안전

① 이동시의 엎어짐, 타박상, 부상 등
② 목욕이나 몸씻기 등의 안전관리
③ 휠체어 등으로 인한 외출시의 사고
④ 폭력행위

4) 감염의 예방과 안전대책

안전성은 기술의 하나로서 감염에 관한 문제인식도 중요하다. 여기에서는 일상생활 속에서 고려되어지는 감염대책 가운데 특히 침구의 청결과 감염예방, 의류의 위생관리, 질병에 의한 감염에 대한 안전대책이 필요하다. 특히 침구, 메트 등의 청결과 감염예방은 중요하다. 침구와 메트는 이용자의 신체 상황과 기호에 따라 선택하며, 와상 노인을 케어 하는 경우 침대가 바람직하다. 침대는 이용자가 안전하게 오르내릴 수 있고 머리를 올릴 수 있어 적당한 높이로 조절이 가능한 것을 선택하며, 매트리스는 가능한 단단한 것을 선택한다. 침대 시트의 교환은 정기적으로 행하되 더러워졌을 때 수시로 교환한다. 한식인 경우, 일주일에 한 번씩 이불을 말리고 건조기로 습기를 제거한다.

2 안락 · 안정의 기술

1) QOL과 안락

안락은 이용자가 안심하고 케어를 맡길 수 있는 것으로 케어자가 정확한 기술을 사용할 수 있는 능력을 가진 사람인가, 마음놓고 기분이나 신체가 편안하도록 안락한 케어를 받을 수 있는 것인가에 관한 것이다. QOL은 생활의 질, 생명의 질로서 그 사람이 현재 상태에서 그에 적합하고 충분한 만족감이나 삶의 보람, 행복을 느끼고 있는지, 그리고 잔존능력이나 잠재능력을 고려하여야 한다. 말기환자 노인이라면 보다 좋은 죽음을 맞이할 수 있도록 원조의 목표가 설정되어진다.

2) 생활자립의 확대와 안락 · 안정

노인, 신체장애인을 불문하고 이용자의 생활행동을 확대하고 가능한 한 자립하도록 하는 것이 케어의 목표이다. 일상적으로 행해지는 리헤빌리테이션이나 레크리에이션은 안락에 있어 대단히 중요하다. 본래 리헤빌리테이션이 의미하는 것은「인간답게 살아갈 권리의 회복」이지만 노인에 있어서는 특히 ① 예방적 리헤빌리테이션, ② 회복적 리헤빌리테이션, ③ 유지적 리헤빌리테이션으로 나누어 생각해 볼 수 있다.

3) 고통, 긴장, 불면, 냉담 등을 회복하는 기술의 전개

하루가 고통이나 냉담 등으로 불쾌한 생각을 하지 않고 몸이 편안하고, 잠을 잘 자고, 어떻게 건강해 질 수 있을 것인가? 그를 위한 직접적인 케어기술로서는 잠을 잘 자게 할 수 있는 환경정비, 몸의 상태를 관찰하는 기술의 습득이 필요하다. 편안한 잠을 이루도록 하는 기술로는 침실환경의 정비, 침구의 연구, 잠들기 전의 습관과 준비, 수면약의 사용, 신체 이완의 방법, 호흡법 등으로 몸의 긴장을 푸는 방법, 마사지로서 수면시키는 방법이 요구된다.

3 관찰의 기술

관찰은 어떤 것을 주의해서 잘 본다든지, 관심을 가지고 주의 깊게 의식적으로 욕구, 건강상태 등을 관찰하는 것이다. 유의해야 할 점은 선입관이나 편견을 배제하고 있는 그대로 볼 수 있는 것, 왜, 무엇이, 어떻게 일어나고 있는가? 밝혀내는 과학적인 태도가 중요하다.

1) 관찰내용

① 언어면

- 신체언어 : 클라이언트의 앉아있는 모습, 얼굴표현(얼굴이 붉어진다거나 초조해 함), 목소리의 변화, 손가락으로 탁자를 치는 행동 등이 무엇을 전달하는가?
- 처음 꺼내는 말과 종결하는 말의 내용 : 이 내용은 중요한 경우가 많은데, 클라이언트가 자신의 자아나 환경에 대해 어떤 태도를 가지고 있는지 암시를 준다.
- 화제의 이동 : 대화도중 어떤 주제가 나올 때 화제를 바꾸는 경우는 특별한 주제가 고통스

럽거나 토론하기 싫다는 것을 의미하는데, 그 이유를 나중에라도 알아낼 필요가 있다.

• 반복적인 주제의 제시 : 클라이언트가 계속해서 한 주제를 제시하는 경우 이는 클라이언트에게 매우 중요한 문제이거나 도움을 받기 원하는 문제일 수도 있다.

② 신체면

• 우선 매일의 생활리듬에 지장이 없고, 기분이 좋은 상태인가 어떤가를 본다.
  ▸아침에 눈을 떴을 때의 기분〈수면의 상태〉
  ▸배설의 상태〈회수, 리듬, 이상의 유무 등〉
  ▸식욕과 식사섭취〈변화의 유무나 량 등〉
  ▸의복의 적절함이나 몸의 활동 상태〈외부온도에 적절함, 동작의 완만함이나 상태 등〉
• 만성질환의 상태와 그것으로 인한 합병증의 상태나 변화를 본다.
  ▸먹는 약의 상황(언제라도 같은 것인가 어떤가)
  ▸변한 증상이 없는가, 몸 상태의 변화 등
  ▸표정이나 얼굴의 변화 유무
  ▸동작이나 누워지내는 상태 등
  ▸언어의 상태 등
• 불편을 호소할 때
  ▸체온이나 맥박 등을 측정한다.
  ▸짐작이 가는 원인이 없는가, 식사나 운동의 내용 등을 관찰한다.
  ▸수분 보급의 상태
  ▸본인이 호소하는 증상의 유무
  ▸의료전문직과 함께 관찰을 받아 본다.
  ▸의식의 상태나, 회화의 상태

〈표2〉 바이탈사인의 정상치

체 온	성인 36.5±0.2-0.3(액와) 36.7±0.2-0.3(구강)
맥 박	성인 60~80/분, 노인 60~70/분
호 흡	성인 16~20/분, 노인 16~18/분
혈 압	140/90mmHg 미만이 WHO의 분류에서 정한 정상치

③ 정신 · 심리면

보통의 생활에서의 건강의 정도에 의해서 정신, 심리면에서도 건강상태가 지켜지고 있는가 알 필요가 있지만 조금 더 깊게 관찰 할 필요가 있을 때에는 내면적인 접근이 대단히 중요하다. 그것을 위해서는 매일 대상자와의 신뢰관계가 구축되지 않으면 심리면까지 관찰하는 일은 불가능하다.

- 감정이나 의욕의 상태〈눈물이 많다든지, 화, 흥분의 변화〉
- 주위에 대한 관심의 정도
- 억압 상태의 유무나 정도
- 평소와 다른 태도의 유무
- 식욕부진이나 불면 상태의 유무
- 불쾌감이나 불안감의 호소 유무
- 거동 불편이나 언어의 성립의 상태 등

④ 생활의 자립이나 대인관계면

현재의 목표와 장래를 조망하기 위해서는 자립의 정도에 관한 관찰을 행한다.

- 활용하고 있는 케어 용구의 타당성은 어떤가?
- 자립을 위한 프로그램은 적절한가?
- 신체상황이 지금까지 그대로인가?, 개선해 가고 있는가?
- 생활행동의 지장의 정도나 원조의 정도에 변화는 없는가?
- 대인관계에는 문제가 없는가?
- 회화나 태도 등은 언제라도 변함이 없는가?
- 레크리에이션이나 주간보호서비스 등의 참가에는 변화가 없는가?

⑤ 생활리듬과 생활 습관 면

노인의 경우를 보면 그들은 그동안 살아온 인생 속에서 확실하게 몸에 익숙해진 자신의 생활방식을 갖고 있다. 다소 이치에 어긋나거나 건강상의 문제가 될 수 있는 것도 그 동안의 경험에서 괜찮다고 하는 완고한 생각을 갖고 있는 경우가 많다. 따라서 이러한 기분을 이해하고 노인의 일상생활을 그대로 관찰해야 한다. 특히 중요한 점은 케어자의 가치관에 의해 '좋다', '나쁘다' 라는 평가를 해서는 안 된다는 점이다. 노인의 경우는 하루아침에 이러한 습관을 고치기 어렵다.

4 의사소통기술

사회생활을 하는데 있어서 의사소통은 보다 좋은 인간관계를 구축하기 위한 중요한 수단이다. 사람과 사람의 의사소통에는 여러 가지 방법이 있지만 일상생활 속에서 가장 많이 사용하는 것은 언어이다. 의사소통이 관계형성에 중요한 열쇠가 된다.

1) 언어를 통한 의사소통

흔히 말하는 사람은 실제로는 그 말이 무엇을 의미하고 있는지, 또는 듣는 사람에게 미치는 메시지의 영향이 무엇인지를 깨닫지 못한 채 자신의 일부인 양 매우 습관적으로 어구나 단어들을 사용하곤 한다.

사람이 말로서 자신의 생각이나 감정을 표현한다는 것은 쉬운 일이 아니다. 왜냐하면 듣는 사람의 문화가 자유로운 표현을 금지하고 있으며, 말하는 사람은 듣는 사람의 반응을 두려워할 뿐 아니라 애써 표현할 바를 찾으려는 자신을 용납할 수 없기 때문이다. 말하는 사람이 이러한 상황에 처할 경우 자신이 말하는 진정한 의미를 숨기는 위장된 방식을 취할 수 있다, 만일 표현하는 것이 고통스럽거나 그에게 위협적인 경우 그는 과잉행동을 취하거나 참된 의미와는 반대되는 말을 할 수도 있는 것이다.

언어적 의사소통이라고 하는 것은 말을 사용해서 전달하는 방법이다. 연령이나 사고방식, 경험, 가치관의 차이 등으로 받아들이는 방식이 다르다든가 오해가 발생한 경험은 없는가?, 상대에 의해서 언어가 커뮤니케이션의 도구가 되기 위해서는 메시지의 의미가 공유되어질 필요가 있다. 이때 메시지를 상대의 입장에서 듣고 이쪽의 이야기의 의미도 상대에게 확실히 전달될 수 있도록 이야기하는 것이 대단히 중요하다.

2) 비언어적 의사소통

비언어적 의사소통의 의미는 사람은 귀로만이 아니라 눈으로도 “듣는” 것이며 목소리 뿐 아니라 몸짓이라는 무언의 언어를 통해 듣는다는 것이다. 보통 두 사람 사이에 이루어지는 일반적인 언어소통에서도 의미의 3분의 1만이 언어의 수준에서 전달되고 거의 3분의 2는 비언어적 수준에서 전달된다. 이것은 사람들이 언어를 자유자재로 구사할 능력을 갖지 못했을 때 사용되었고 지금도 사용되고 있다. 이러한 비언어적 언어소통이 이루어지는 통로는 기본적으로 인지적 요소가 분명히 내포되어 있기는 하지만 이보다는 오히려 정서적인 것이라 하겠다.

비언어적 의사소통이란 두 사람이 처음 만나서 상대를 각기 평가하고 그가 적대적이든 호의적이든, 또는 약하든 강하든, 관심이 있든 없든 간에 상대방에게 어떤 생각을 유발하고자 할 때 일반적으로 발생한다. 말을 하지 못하는 아기는 울거나 팔을 휘저어 대거나 또는 얼굴을 찌푸리는 등의 비언어적 동작으로 자신의 불쾌한 감정을 전달하는 것이다. 이와 같이 자신의 감정을 전달하려는 아기의 초기시도에 대한 부모의 반응은 그와 같은 행동에 관련된 개념을 형성시키고, 배고픔이나 분노, 행복감 등의 감정을 전달하는 방식을 결정지을 것이다. 나중에서야 비로소 아기는 이 감정들이 구체적으로 표현되는 언어를 사용할 수 있게 되는 것이다.

이러한 비언어적 의사소통의 중요한 몇 가지 형태를 보면 시선접촉, 목소리의 어조, 얼굴표정, 팔과 손의 동작, 몸의 자세, 옷차림과 외모 등을 들 수 있다.

비언어적 의사소통은 말 이외의 방법을 사용해서 표현하는 방법으로 음성의 크기, 속도, 말의 상태, 표정, 태도, 눈 움직임, 몸짓, 손짓, 거리 등에 의해서 나타나게 된다. 이러한 방법은 무의식적으로 사용되어지는 경우가 많지만 말보다도 강한 표현이 될 수도 있는 경우가 있으므로 주의 할 필요가 있다. 나이가 많다든가, 질병 때문에 말하고 듣는 것이 부자유한 고령자에게는 고도의 의사소통을 취할 수 있도록 부단한 노력이 요구되며, 특히 언어적 의사소통의 대리적 혹은 보충적 기능을 하는 비언어적 의사소통이 중요하다.

〈표 3〉 비언어적 의사소통기법 목록

바람직한 태도	바람직하지 않은 태도
얼굴표정: 따뜻하고 배려하는 표정 다양하며 적절한 생기 있는 표정 자연스럽고 여유 있는 입 모양 간간히 적절하게 짓는 미소	눈썹 치켜 뜨기, 하품 입술을 깨물거나 꼭 다문 입 부적절한 희미한 미소 지나친 머리 끄덕임
눈맞춤: 직접적인 눈맞춤(문화를 고려한) 클라이언트와 같은 눈높이 적절한 시선움직임	눈을 마주하기를 피하는 것 클라이언트보다 높거나 혹은 낮은 눈 높이 시선을 한곳에 고정하는 것

바람직한 태도	바람직하지 않은 태도
자 세: - 팔과 손을 자연스럽게 놓고 상황에 따라 적절한 자세 - 클라이언트를 향해 약간 기울인 자세 - 관심을 보이는, 그러나 편안한 자세	팔짱끼기, 클라이언트로부터 비껴 앉은 자세, 계속해서 손을 움직이는 태도, 의자에서 몸을 흔드는 태도, 몸을 앞으로 수구리는 태도, 입에 손이나 손가락을 대는 것, 손가락으로 지적하는 행위
어조: 크지 않은 목소리 발음이 분명한 소리 온화한 목소리 클라이언트의 느낌과 정서에 반응하는 어조 적절한 말속도	우물대거나 너무 작은 목소리 주저하는 어조 너무 잦은 문법적 실수 너무 긴 침묵 들뜬 듯한 목소리 너무 높은 목소리 너무 빠르거나 느린 목소리 신경질적인 웃음 잦은 헛기침 큰소리로 말하기
신체적 거리: 의자 사이는 1m~2.5m	지나치게 가깝거나 먼 거리 책상이나 다른 물체를 사이에 두고 말하기
옷차림과 외양: 기관의 특성에 맞추어 클라이언트의 특성에 맞추어 보통 단정하고 점잖게	

5 기록의 방법과 관리기술

1) 기록의 의의

〈표 4〉 기록의 원칙

의무	케어활동은 사회적인 공적 성격을 갖고 있으므로 그 활동을 기록으로 남겨야 한다. 케어자가 시설이나 가정에서 활동하는 경우가 많아지면 가끔은 사고나 케어의 내용을 둘러싸고 다툼이나 소송도 일어난다. 선의로 행한 것이라 해도 그 결과에 문제가 발생하면 그 과정에서 행하였던 케어의 방법, 수단, 기술의 적정함과 타당성에 대해 묻게된다. 이 때에 그 타당성을 객관적으로 증명할 수 있는 것은 기록이며 그것을 통해 제3자의 납득을 얻을 수 있다.

계속성과 통일성	특정의 케어자가 없어도 케어가 계속될 수 있도록 모든 적절한 정보는 기록으로 남겨야 한다. 팀이나 교대로 행하는 경우 케어는 누가 해도 같은 정보, 같은 판단에 따라 같은 케어가 이루어질 때 비로소 전문적인 케어라고 할 수 있다. 기록은 사람과 사람 시간과 시간을 연결해 간다. 정보전달이 구두로 되면 나중에 '전했다', '듣지 못했다' 라는 문제를 일으킬 수 있다. 이것이 이용자에게 불이익을 가져오거나 생명에 관련된 것이 되어서는 안 된다. 책임을 확실히 하기 위해서도 기록으로 전할 필요가 잇다. 케어자가 수행한 것만을 쓰기보다는 다른 직종으로부터의 정보도 기록하고 타 직종의 사람에게도 기록하도록 한다.
개별성의 확보	그 사람의 사고 방식, 가치관 인간관계 방식 등은 지금까지의 생활속에서 만들어져 현재의 생활태도에 나타나는 것으로 케어자와 이용자의 관계가 좋아지면서 점차 분명해지는 부분도 있다. 따라서 분명한 것을 기록하고 그 때마다 적합한 케어를 하는 것이 필요하다. 기록으로 남기지 않으면 들은 것을 다시 반복하여 질문해 버리는 실수도 일어난다.
케어의 전문화	케어의 질을 높이기 위해서는 기록을 검토하고 평가해야 하며 이것이 다음 활동에도 도움을 준다. 즉 기록은 쓰는 것이 목적이 아니라 기록을 통해 보다 나은 케어를 제공하는 것이 목적이다. 케어자가 행한 케어에 대해 동료 또는 타 직종의 사람에게도 의견을 듣는다. 기록을 기초로 케이스 회의를 열거나 기록을 정리 분석한 것을 이용하여 연구회, 연수, 교육 등을 행하여 보다 전문성을 높인다.

2) 기록의 작성

기록은 관찰한 것, 안 것, 생각한 것, 실시한 것. 그리고 그 결과를 쓴다. 케어과정에 따라 기록하면 알기 쉽고 빠뜨리지 않은 기록을 할 수 있다. 주의해야 할 점은 다음과 같다.

첫째, 사실과 생각을 혼동해서는 안 된다.

관찰이란 의식적으로 목적을 갖고 보는 것이다. 가능한 한 구체적으로 쓴다. 예를 들어 '10시 순회, 발열 없음' 이라고 적기보다는 '10시 순회, 체온 36.3도' 라고 적는 것이 좋다.

둘째, 자신의 판단을 기입한다.

'왜 그때에 그렇게 했는가' 가 나중에 설명할 수 있는 케어 행위가 되지 않으면 안된다. 적절한 판단을 할 수 있는 능력을 몸에 익힌 사람은 우수한 케어자이다. 아무 생각 없이 행한 것이 좋은 결과를 가져온다 해도 그것은 케어자에게 도움이 되지는 않는다. 자신의 머리로 생각하여 판단하고 실행하여 그 결과를 끝까지 지켜보고, 같은 경우를 만나면 이전의 판단을 참고로 하여 보다 좋은 판단을 내리는 태도가 자신의 판단력을 기르게 되는 것이다. 먼저 자신이 '생각했던 것' 을 쓰는 것이 시작이다.

셋째, 목적과 결과를 기입한다.

현재 하고는 케어는 어떠한 의미와 목적을 갖고 있는가, 각 개인에 대해 구체적으로 케어 목표를 기록하고 어떤 상태에 대해 어떻게 대처 했는가 이에 대한 이용자의 반응은 어떠 했는가를 적는 것을 원칙으로 하여 가능한 한 솔직히 표현한다. 문제 해결이 끝이 아니라 '왜 해결되었는가' 를 분석하여 적어 두는 것을 잊어서는 안 된다.

3) 기록의 종류

이용자에 대한 원조와 케어 업무에 필요한 정보를 수집하고 정리하기 위해 일정한 기록 양식에 따라 기록하는 것이 보다 효과적이다.

〈표 5〉 기록의 종류

종 류	내 용
입소시의 면접 기록 (face sheet)	이용자와 그 가족의 상황을 일목 요원하게 기록한다. 성명, 연령, 생년월일, 주소, 가족상황, 긴급연락처, 건강상태(신장, 체중, 장애정도 등). 일상생활 습관, 일상생활동작의 자립도 등을 기록한다.
가족방문 면접기록	이용자와 그 가족의 생활환경, 그들이 처한 문제. 기대사항 등 페이스 시트에서 기록되지 못한 개인정보 등을 기록한다.
케이스 기록	입소 후 혹은 가정방문 일부터 이용자의 상황에 대해 객관적으로(정신면, 신체면 등) 기록한다. 시간별로 관찰사항. 케어 내용과 반응 등을 기록한다.
관찰표	이용자의 상태변화를 계속적으로 알 수 있도록 관찰기록을 만든다. 시설 내에서는 담당 케어자가, 가정에서는 가족에 의해 매일 기록하고 가정 방문 시에 보고를 받는다.
개인별 간이기록표	특히 시설에서는 여러 명의 케어자가 계속 관련하기 때문에 협력을 위해 정확한 기록이 필요하다.
활동일지(업무일지)	시설에서는 당일의 활동내용을 기록하고, 가정에서는 1일의 방문활동 상황을 기록한다.
기타	이외에도 케어 계획표 건강 기록표, 배설 체크표, 식사 섭취표, 야근일지, 클럽활동일지, 목욕일지, 시설일지, 행사기획서 등을 사용할 수 있다.

이와 같이 케어실천에서는 다양한 기록들이 사용되고 있는데 이 기록이 누구를 위한 것인가, 무엇을 위한 것인가를 항상 생각하면서 목적에 맞는 기록이 되도록 주의해야 하는 것이 무엇보다 중요하다.

4) 기록의 비밀 유지

기록은 보다 나은 케어를 위해 하는 것이며 본인을 이해하고 니드를 정확히 파악하여 원하는 서비스를 적절한 방법으로 제공하기 위한 것이다.

직업상 알게 된 비밀은 다른 사람에게 발설해서는 안 된다는 전문직 윤리를 상기하여 기록의 보관은 세심한 주의가 필요하다. 기록과 관련하여 가장 주의해야하는 것은 프라이버시의 침해와 비밀 보장의 문제이다. 또한 큰 소리로 프라이버시에 관해 얘기하는 것은 삼가야 한다.

6 케어자의 건강관리 기술

케어에서는 얼마나 기분 좋게 케어 받는가가 중요하다. 케어 하는 이의 심신의 건강은 케어 받는 이가 기분 좋게 케어 받을 수 있게 하는 중요한 요소이다. 즉, 케어자의 심신 모두가 건강해야만 좋은 케어를 할 수 있으며, 케어자가 건강하지 못하면 적절한 케어가 불가능하고 케어를 계속할 수 없다.

몸의 상태나 피로는 본인이 가장 먼저 알기 때문에 스스로 건강을 지키는 태도가 필요하다. 건강관리를 위해선 감염에 주의해야 하며 케어자가 병원균의 매개자가 되지 않도록 충분히 주의를 기울여야 한다.

1) 건강한 케어를 위한 기본사항

① 균형 있는 식사를 확실히 하고, 수면, 목욕 등의 기본 시간을 확보한다.
② 경우에 따라서는 기분 전환의 시간을 갖는다.
③ 피로회복과 요통예방에 노력한다.
④ 감염예방을 위해 손을 깨끗이 씻고 입안을 깨끗이 헹군다.
⑤ 정기적인 건강진단과 필요한 예방 접종을 받는다.
⑥ 몸이 좋지 않다고 느끼면 빨리 진찰을 받는다.

2) 요통예방

가) 요통 예방의 포인트

① 정확한 케어의 기술을 몸에 익힌다.

② 매일 최초의 케어를 하기 전에 가벼운 운동을 한다. 갑자기 격렬한 운동은 하지 않는다.

③ 케어할 때에는 자신의 몸이 안정되도록 중심을 낮게 기저면적을 넓힌다.

④ 같은 자세로 장시간 계속하지 않는다.

⑤ 푹신한 이부자리에서 자지 않는다.

⑥ 요통예방의 체조를 습관적으로 매일 행한다.

나) 요통 예방을 위한 체조

① 선 자세에서

- 발을 교차해서 선다.
- 절하듯이 머리 숙여 상체를 굽힌다. 다리를 굽히지 않는다.
- 앞뒤로 발을 바꾸어 여러 번 행한다.

② 앉은 자세에서

- 의자에 걸터앉아 발을 어깨 넓이로 하고 등골을 똑바로 세운다.
- 양팔을 허리에 대고 허리를 밀어내면서 가슴을 뒤로 젖힌다.
- 첫번째 자세로 돌아가 가슴을 둥글게, 배를 들어가게 하면서 배꼽을 바라본다.

③ 누운 자세에서

- 누워서 무릎을 세우고 천천히 크게 복식호흡을 한다.
- 천천히 상체를 올리면서 배꼽을 바라본다. 5초간 그대로 자세를 유지한다. 천천히 원래로 돌아가 복식호흡을 한다.
- 숨을 내쉬면서 발을 교차시킨다. 위의 무릎이 바닥에 닿도록 허리를 비튼다. 얼굴은 반대쪽을 본다. 좌우 반복한다.

7 식사서비스의 기술

1) 식사서비스

가) 식사케어의 이해

식사는 신체에 필요한 영양이나, 에너지원을 보급하고 인간 활동의 원천으로 되는 것이다. 그렇기 때문에 식사를 취하는 일은 건강한 생활을 유지하는 기본적인 요건으로 된다.

신체적인 기능이 약한 노인이나 장애인은 일상생활의 제약이 많기 때문에 식생활에서의 즐거움이 줄어드는 경향이 있다. 이와 같은 사람들에게 기호에 맞는 음식을 본인의 식사습관에 따라 먹을 수 있게 한다면 식사는 일상생활에서의 큰 즐거움이 될 수 있다.

따라서 식사 케어는 충분한 영양과 안전한 섭취, 기호, 환경 등에 대한 배려로 이용자의 QOL을 높이는 식사원조가 되도록 한다.

2) 바람직한 식생활법

건강을 유지하는 식생활이 되기 위해서는 다음과 같은 7가지 기본원칙을 준수하여야 한다.

① 다양한 종류의 식품(1일 30가지이상)을 섭취하여 영양상태를 고르게 한다.

② 과식을 하지 않도록 주의하고 비만이 되지 않도록 한다.

③ 1일 3식을 규칙적으로 한다.

④ 가급적 동물성지방을 피하고 식물성지방을 섭취한다.

⑤ 매일 야채를 풍부하게 섭취한다.

⑥ 너무 짜거나 맵게 먹지 않도록 하고 식염은 1일 10g이하로 한다.

⑦ 가공식품보다는 조리한 음식을 먹도록 하고 즐거운 분위기속에서 식사한다.

3) 바람직한 식사 환경

식사를 위한 환경은 밝고 청결한 가운데 조용하고 편안한 분위기 속에서 식사할 수 있도록 배려하는 것이 좋다. 또한 가능한 한 시간장소와 침실은 따로 구분하는 것이 바람직하다. 장소 구분을 권하는 이유는 첫째, 장소가 바뀜으로써 기분전환이 될 수 있고, 둘째, 생활공간이 넓어짐으로서 생활에 여유를 느낄 수 있으며, 셋째, 이동이나 자세변경에 의해 일상생활 동작의 유지나 훈련으로 연결될 수 있다. 마지막으로는 가족이나 다른 대상자들과의 의사소통을 원활히 하여 사회성을 발달시킬 수 있다.

특히 식사를 위한 적절한 환경을 제공한다는 것은 건강한 심신을 유지하는데도 매우 중요한 의미를 갖는다.

가) 식사케어의 기본

① 이용자의 자립을 지원하는 것이 중요하다.

② 안전하게 행하는 것이다.

③ 식사를 즐겁게 한다는 것이다.

나) 식사케어의 유의점

① 즐거운 분위기로 식사할 수 있도록 배려한다.

② 이용자에게 배설의 욕구가 없는지를 확인한다.

③ 식욕을 저하시키는 물건들이 보이지 않게 정리한다.

④ 이용자의 손을 씻거나 물수건으로 닦는다.

⑤ 가능한 한 식당 또는 식탁에서 다른 사람들과 함께 식사를 할 수 있도록 한다.

⑥ 불가능한 경우는 식사하기 편안한 자세를 취하도록 한다.

⑦ 될 수 있으면 자기 스스로 먹을 수 있도록 하고, 필요 이상으로 돕지 않는다.

⑧ 혼자 먹을 수 있는 수저, 식기 등을 준비한다.

⑨ 따뜻한 음식은 따뜻하게, 차가운 음식은 차갑게 하여 권한다.

⑩ 상차림을 정확히 한다.

⑪ 식사 뒤에는 반드시 입안을 깨끗이 한다.

⑫ 식사량을 항상 파악해 둔다.

⑬ 와상 노인의 경우 (가능한 한 상체를 높게. 음식이 뜨거운가 확인. 삼켰는가 확인. 편마비 경우 마비되지 않은 입가로 먹인다. 노인의 속도에 맞게.)

⑭ 탈수 예방을 위해 수분을 충분히 보급한다.

다) 식사 자세

가장 식사에 적합한 자세는 앉아서 턱을 끌어당겨 등(허리)을 꼿꼿이 펴는 자세이다. 음식이 목구멍에 걸리지 않기 위해서도 상태가 허용하는 한 앉은 자세를 취하게 한다.

① 식당에서의 의자에 앉은 자세

- 의자를 깊게 바싹 당겨 앉아서 테이블과 신체 사이가 너무 멀지 않도록 충분히 의자를 당긴다. 발이 마루에 닿지 않을 때는 발받침을 준비한다.
- 피로하기 쉬운 경우는 등받이나 팔꿈치 받침이 있는 의자로 하여 자세를 유지한다.

② 휠체어에 앉은 자세

- 휠체어에는 브레이크를 건다.
- 휠체어용 테이블을 사용하는데 없는 경우는 휠체어 위에 밥상을 얹고 먹기 쉬운 높이로 한다. 밥상이 미끄러지지 않도록 연구한다.
- 식탁(테이블)과 신체 사이가 멀지 않도록 충분히 테이블을 바짝 끌어당긴다.

③ 침대가에 걸터앉은 자세

- 오버 침대 테이블을 써서 먹기 쉬운 높이로 조절한다.
- 테이블과 신체 사이가 너무 멀지 않도록 테이블을 끌어당긴다.
- 테이블은 움직이지 않도록 고정시킨다.

④ 와상 전면 원조하는 경우

- 메뉴를 식욕이 솟아나도록 설명하고 눈으로 확인하도록 한다.
- 되도록 주식, 반찬, 국 등 을 고루고루 권하여 함께 먹도록 한다.
- 입을 여는 타이밍을 알 수 있도록 음식을 들고 입으로 가져가는 동작을 될 수 있는 한 이용자의 시야 속에서 하도록 한다.
- 젓가락이나 숟가락을 치아나 잇몸에 닿지 않도록 한다.
- 음식물이 목구멍에 넘어간 것을 확인하고 나서 다음을 먹는다.
- 되도록이면 섞지 말고 한 가지씩 맛을 알 수 있도록 한다.
- 도중에 힘들어하면 조금 쉬었다가 다시 시작한다.
- 빨아들일 힘이 있을 때는 빨대로, 없을 때는 스푼이나 숟가락으로 떠먹인다.

⑤ 위관 영양

대상자가 음식을 거부하는 경우, 연하곤란, 무의식 대상자, 무기력한 경우 등 경구로 음식을 섭취하지 못할 상황의 질환이 있을 경우 튜브를 입 또는 코를 통하여 위 속에 넣은

후 적당한 시간 간격으로 액체 상태의 준비된 영양 액을 공급하는 것을 말한다.

영양 액의 선택은대상자의 열량 요구량, 단백질 요구량, 위장관의 기능 등에 따라 정해지며, 영양 액의 80%가 물이다

위관 영양 시 주의 점은 다음과 같다.

- 케어자는 영약액을 공급 하기 전 대상자가 과민 반응이 있는 음식 종류를 확인한다.
- 영양 공급 시와 공급 후 1시간 정도는 대상자의 침대 머리 부분을 30~45도 정도 높인 체위를 취하도록 한다.
- 영양액의 온도는 체온과 비슷하게 유지하여 주입한다.
- 영양액 주입 전에 위간이 위내에 정확히 위치하고 있는지 주사기로 위관을 흡인해 본다.
- 위관을 삽입한 후에 곧바로 영양액을 주입하면 구토를 유발할 수 있으므로 삽입 후는 잠시 동안 대상자를 편안히 눕힌다.
- 영양액 주입시 너무 빠른 속도로 주입하면 구토나 설사를 유발할 수 있으므로 천천히 주입한다.
- 주입 중 대상자가 불편함을 호소하면 급식을 잠시 중단한다.
- 대상자가 변비가 있을 때는 영양액에 우유 성분이 과량 함유되어 있을 경우이거나 수분이 부족한 경우일 수 있으므로 식이 성분의 변경, 완화제, 수분증가 등의 대책이 필요하므로 보고한다.
- 위관 영양 중 부종이 발견될 경우는 영양액의 소금 함량을 체크해 보도록 한다.
- 위관 영양 중 현저한 체중의 변화가 보일 경우는 영양액의 농도나 함량을 확인한다.
- 비위관을 통한 영양 공급일 경우 비인두의 출혈과 감염을 관찰하며 비강 주위 조직의 피부 케어가 필요하다.
- 비위관으로 약물을 추여하는 경우 정제는 가루로 만들어 10~15mL의 물에 섞어 투여한다.
- 매 영양 공급 후온수로 비위관을 통과시켜 세척하고 비위관 끝을 잠가서 위내로 공기가 들어가지 않도록 주의한다.

8 배설서비스 기술

1) 배설케어의 이해

배설이란 소화기계 및 비뇨기계 내에서 물질 대사결과 체내에 생성된 불필요한 물질을 배출하는 과정이다. 또한 식사와 함께 생명 유지에 불가결한 기능이며 쾌적한 일상생활에 기본적 조건이다. 정상인에게서 배설은 지극히 자연스럽고 규칙적으로 이루어지는 과정이지만 질병이나 와상, 부동 상태의 대상자들에게는 자연스럽지 못하고 다른 복합적인 상황까지도 유발시키는 복잡한 과정일 수 있다. 수발자는 대상자의 배설 상태를 정확히 파악하여 도울 필요가 있다. 불쾌한 언어나 귀찮은 듯한 태도로 이용자를 대해서는 안되며, 청결한 배설환경을 유지하도록 노력하고, 이용자의 자존심을 상하게 하지 않도록 세심한 배려가 필요하다

2) 배설케어의 실제

가) 케어의 시점

① 이용자의 자립을 지원하는 것이다.

② 실금, 변비 등 배설장애를 예방하는 것이 중요하다.

③ 배설물은 건강 상태를 아는 중요한 단서이므로 배설물을 잘 관찰한다.

나) 배설케어의 유의점

① 기다리게 해서는 안 된다

② 몇 번이고 계속 불러도 귀찮다는 표정을 지어서는 안 된다.

③ 프라이버시를 지켜 주는 것은 물론, 천천히 기분 좋게 배설 할 수 있는 환경을 만든다.

④ 방에는 원칙적으로 배설용기를 두지 않는다.

⑤ 배설 시에는 앉은 자세가 가장 좋다

⑥ 배설물의 상태, 양, 횟수에 관하여 관찰, 기록한다.

⑦ 편리하다고 하여 함부로 기저귀 사용을 하지 않는다.

다) 대변

대변은 음식물의 소화되지 않은 단백질, 지방 및 무기질과 소화 결과 생긴 잔여물이고, 흡수

되지 않은 장내 분비물, 박리된 장내 상피 세포, 소량의 효소, 장내 세균들의 집합체이다. 65~75%가 수분이며, 대변의 양은 식사 내용물의 조성에 따라 다르고 섭취한 음식물 중 야채의 양이 많으면 많아지나, 보통 식사에서 하루에 75~170g이고 평균 110g정도이다.

① 색깔

정상 변은 황갈색이며, 담즙이 결핍되었을 때는 흰색이나 점토색일 수 있다. 철분제를 섭취하고 있거나 위나 소장 등 상부 위장관의 출혈이 있을 때 또는 육식이나 진녹색 야채를 많이 섭취했을 때는 검은색 변을 볼 수 있다. 우유나 유제품의 과량 섭취나 지방의 흡수 장애가 있을 때는 담황색일 수 있다.

② 냄새

대변은 아미노산이 대사되어 생기는 인돌이나 스캐톨 및 황화수소에 의새 자극적 냄새가 난다. 혈변이나 감염시에는 과도한 독성 냄새가 난다.

③ 횟수

성인은 매일 1회 또는 일주일에 2~3회 정도 보기도 한다. 성인이 하루3회 이상이나 일주일에 1회 이하라면 비정상이라고 볼 수 있다. 매일의 운동량이나 식사의 내용물에 따라 달라질 수 있다.

④ 이동식 변기에서의 원조 방법

- 서 있는 자세의 유지에 의존하면서 팬티를 충분히 내리고 변기에 앉도록 한다.
- 앞을 목욕수건 등으로 가리고 보온과 프라이버시를 보호해 주고 밖으로 나온다.
- 용무를 마치고 신호가 있으면 들어가서 뒤처리가 불충분하면 원조한다.
- 끝나고 나면 팬티, 바지를 입히고 손을 씻는다.
- 배설물을 관찰하고 그때마다 버린다. 환기를 하고 나면 소취제나 방향제를 뿌린다.

⑤ 선자세가 불가능한 경우에서의 원조방법

- 한 쪽 다리를 노인의 무릎 사이에 밀어 넣고 양손으로 허리를 받쳐 일으켜 세운다.
- 노인의 무릎을 서비스 제공자의 무릎으로 받쳐 주면서 천천히 엉덩이를 변기로 향하게 하고, 하의를 내리고 앉힌다.

⑥ 기저귀 교환 시 원조 방법

무릎을 세우고 허리를 들 수만 있다면 똑바로 누운 상태에서 갈아준다. 허리를 들 수 없는 경우에는 다음과 같이 하면 좋다.

- 기저귀 커버를 열고 무릎을 세운 뒤 종이 기저귀를 떼어내고 더러워진 것을 닦는다.
- 더러워진 것을 안으로 해서 말은 다음 옆으로 눕게 하고 기저귀를 빼낸다.
- 따스한 수건으로 가볍게 두드리듯이 닦은 후 마른 수건으로 훔친다.
- 더러워진 기저귀 커버를 밀어내듯이 하여 세트한 기저귀 저쪽으로 말아서 엉덩이 밑에 넣는다.
- 바로 눕히고 기저귀 세트를 바로 펴서 갖다 댄다.
- 몸을 바로 눕힌후에 기저귀를 넓혀 허리 부분에 주름이 가지 않도록하고 기저귀 커버를 댄다.

⑦ 기저귀 사용시 유의점

- 더러워지지 않았는지, 2~3시간마다 살펴보고 배설의 리듬을 파악한다.
- 더러워졌으면 될 수 있는 대로 부끄럽지 않게 신속히 갈아준다.
- 불필요한 노출은 피한다.
- 노인의 마음을 상하게 하는 언동을 피하고, 상냥하게 대한다.
- 벌겋게 되었는지, 구겨지지 않았는지, 상처, 욕창, 아픈 데는 없는지에 대한 관찰도 잊지 않아야 한다.
- 다 갈았으면 욕창을 예방하기 위하여 기저귀, 잠옷, 시트의 주름을 펴놓는다.
- 냄새에 유의하고 방의 환기에 마음을 쓴다.

9 청결서비스 기술

1) 청결 유지의 의의와 목표

신체나 신변의 청결을 유지하는 목적에는 생리적 의의와 심리적 의의 더 나아가서는 사회적인 의의가 포함되어 있다. 생리적으로는 신체를 깨끗이 하여 신체에 붙어 있던 미생물의 번식을 막아 감염 혹은 전염병을 예방한다. 피부가 청결하지 못하면 체온 조절에도 문제가 발생할 수 있다. 피부를 청결히 하는 것은, 피부의 생리기능을 원활하게 하는 방법이라고도 할 수 있다. 심리적으로는 청결의 유지로서 상쾌감을 얻을 수 있고, 요양생활에의 의욕을 가져다 줄 수 있다. 사회적인 의미로는 청결의유지가 그 사람의 사회적 평가를 높이는 것으로 되어 사람과의 교류, 사회생활이 원활하게 운영되는 기초로 된다.

가) 청결케어의 유의점

① 실시 전에 준비한다.

② 이용자의 수치심과 한기에 대해 주의한다.

③ 이용자의 체위를 안전, 안락하게 유지한다.

④ 온도에 주의한다.

⑤ 피부와 점막의 이상 유무를 관찰하면서 실시한다.

⑥ 식사 전후 1시간은 피한다.

⑦ 실시 전과 후의 상태를 관찰한다.

2) 목욕의 원조

목욕은 혈액을 좋게 하고 신진대사를 높이는 것 외에 근육을 풀어주고 욕창이나 감염증의 예방, 통변을 수월하게 해주는 등 효과가 있다. 또한 불안이나 긴장이 많은 이용자에게 있어서는 안락한 기분으로 되는 순간이며, 신체의 더러움이나 냄새를 씻어 내리는 것으로 인간관계를 원활하게 하고 사회 참가를 적극적으로 하는 효과도 기대할 수 있다.

가) 서비스 제공 시 확인사항

① 복장의 확인 : 서비스 제공자는 땀이나 탕물로 젖게되므로 작업에 적합한 복장을 준비한다.

② 신체 상황의 확인 : 목욕해도 좋은 상태인가, 목욕 중에는 기분이 어떤가, 몸에 변화가 없는가, 피부나 전신 상태는 어떤가 등을 묻고 관찰하면서 진행한다.

③ 욕실 환경의 확인 : 탈의실이나 욕실에 위험한 상황은 없는가를 잘 살펴본다.

④ 사용물품의 준비 : 목욕의 수순을 생각하여 필요한 갈아입을 옷이나 사용하는 욕구를 장소에 미리 준비한다.

⑤ 탕온도의 확인 : 기호나 계절에 따라 다르겠지만 39~40℃가 적당하다. 고혈압이나 심장병이 있는 경우, 또는 여름에는 37~38℃가 적당하다.

⑥ 배설의 확인 : 배설은 목욕 전에 끝나도록 한다.

나) 기본적인 목욕 순서

① 옷을 벗고 욕실에 들어간다.

② 탕온도를 확인하고 발목서부터 조금씩 끼얹고 하반신 음부를 씻어 내리고 전신에 물을 퍼붓는다.

③ 3~4분정도 욕조에 몸을 담근다.

④ 욕조에서 나와 머리를 감고, 마른 수건으로 닦은 다음 장발인 경우는 수건으로 두른다.

⑤ 얼굴과 몸을 씻고 비누로 깨끗이 씻어 내린다.

⑥ 1~2분정도 욕조에 다시 몸을 담근다.

⑦ 욕조에서 나와 몸을 대충 닦고, 탈의실에서 목욕 타월로 정성껏 닦는다.

⑧ 옷을 입고 드라이어로 머리를 말리고, 귀 안을 면봉으로 닦는다.

⑨ 수분을 취하고 휴식을 취한다.

다) 머리감기

머리는 땀, 지방질, 먼지 등으로 더러워지기 쉽다. 두발이 불결하면 가려움도 생겨서 기분도 언짢고 주위 사람에게도 불쾌감을 주기 쉽다. 세발은 두피의 감염 예방과 동시에 마사지 효과도 있다.

① 서비스 제공 시 확인 및 유의사항

- 실내 환경의 확인 : 실내 온도는 22~24℃정도로 한다
- 물 온도의 확인 : 40℃ 정도의 온수가 적당하다.
- 몸 상태가 좋을 때는 한주에 1~2회 한다.
- 세발이 가장 효과적이지만 감을 수 없는 경우는 드라이 샴푸나 알코올로 세척한다. 그 때 그때의 신체의 상태나 환경에 따라 본인과 상담하면서 결정한다.
- 공복 시나 만복 시는 피하고 낮에 따뜻할 때에 감는다.
- 더운 물은 이용자 머리에 붓기 전에 서비스 제공자의 손으로 온도를 확인한다.

② 침대위에 누운 경우 케어 서비스

- 베개를 치우고 머리를 앞으로 당기고 신체를 비스듬히 한다.
- 무릎 밑에 베개나 방석을 고인다.
- 머리 주변에 비닐과 목욕 타월을 깔고, 어깨 밑에 베개를 넣어 머리를 늘어뜨린다.

• 목에 수건을 두르고 머리 밑에 케리버트(고이는것)를 넣는다.

• 대야 안에 케리버트의 끝을 넣는다.

• 솜으로 귀를 막고 이마에 접은 수거늘 댄다.

③ 머리감기 순서

• 헤어브러시로 머리카락을 풀고 헝클어진 것을 빗질한 다음 더러워진 때를 물에 뜨게 한다.

• 머리카락 끝에서부터 더운 물을 부어 씻어 내린다.

• 샴푸를 손에 묻혀서 씻는다.

• 샴푸액을 수건으로 빨아들이듯이 훔쳐낸다.

• 더운 물을 부으면서 깨끗하게 헹군다,

• 린스를 바르고 다시 씻는다.

• 이마의 수건, 귀마개를 뺀다.

• 목을 감은 수건을 펴면서 끌어내고 머리카락의 수분을 닦으며 수건으로 감싼다.

• 케리버트를 빼낸다.

• 얼굴, 목, 귀를 따끈한 수건으로 닦아낸다.

• 드라이기로 말리고 헤어브러시로 빗질한다. 이때 드라이어는 30㎝ 정도 떨어져서 열풍의 더위를 확인하면서 갖다댄다.

10 수면서비스 기술

사람은 인생의 3분의 1을 수면으로 보낸다. 적절한 휴식과 수면은 신체기관들의 긴장을 완화시켜 피로를 예방하고 인체의 에너지 소모를 줄인다. 쾌적한 하루를 보내기 위하여 숙면해야 하는 것은 물론, 건강을 위해서도 수면은 매우 중요하다. 그러므로 수면 중의 케어만으로는 좋은 수면을 바랄 수 없다. 깨어 있을 때의 생활이 중요하다. 특히 거동 불능이 되었을 때는 낮에도 자다 말다 하는 경우가 많기 때문에 즐겁게 일어나 있을 수 있는 상황 및 활동이 필요하다. 그러나 건강한 일상생활과 규칙적인 운동과 활동, 식사 조절 등 수면관리에 도움이 되는 생활을 실천하고, 건강한 정신세계를 유지하기 위한 영적 지지와 자기관리는 이러한 문제들을 해결하는데 많은 도움을 줄 것이다.

1) 케어의 시점

수면케어에서의 방해 원인 : 통증이나 가려움. 고독감이나 불안감. 너무 덥거나 추운 경우. 너무 밝거나 어두운 경우. 문소리나 소음. 강한 냄새, 침구의 불쾌. 의복의 불편 등에 의해 숙면을 취하기 어렵다. 케어자는 수면장애를 유발하는 요인을 잘 사정하고 중재하여 효과적인 수면을 취할 수 있도록 도울 필요가 있다.

2) 쾌적한 수면을 위한 케어방법

① 방안의 환경, 침구 등을 잘 정돈한다.
② 기분 좋게 잠을 잘 수 있는 분위기를 만든다.
③ 규칙적인 생활습관을 갖도록 한다.
④ 정신적으로 안정된 상태에서 취침할 수 있도록 한다.

11 의생활서비스 기술

의복 착용의 목적을 잘 이해하여 그 사람의 상태에 맞는 적절한 옷을 선택해야 한다.

의료의 선택은 일상생활의 각 장면이나 상태 등에 부응한 모양이나 소재, 대상자의 취향, 생활습관 등을 고려하는 것이 중요하다.

1) 바람직한 소재

① 피부에 촉감이 좋은 것으로 면이나 거즈 등 좋다
② 땀이나 피부의 오염을 흡수하는 흡습성이 높은 것
③ 피부가 습해지지 않는 통기성이 좋은 것
④ 보온성이 있는 것으로 모, 목면, 플란넬 등이 좋다
⑤ 잘 망가지지 않고, 세탁에 잘 견디는 것으로 면, 마 등이 좋다
⑥ 갈아입는 것이 용이하고, 활동하기 쉬운 신축성이 있는 것

이러한 조건들을 만족시키는 소재는 주로 면이 있으며, 촉감이 좋은 거즈나 무명, 보온성이나 신축성이 좋은 메리야스, 양질의 양모나 마 등도 좋다.

2) 바람직한 디자인

① 갈아입기가 쉽고 편리한 소재와 디자인이어야 한다.

② 소재는 계절에 따라 흡습성, 통기성, 보온성을 고려한다.

③ 상의와 스커트, 바지 등 위아래가 따로인 것이 좋다.

④ 단추는 큼직하고 지퍼 등은 매직 테이프로 바꾼다.

⑤ 허리나 소매 등은 꽉 조이지 않는 고무나 편물 옷이 좋다

⑥ 신축성이 있으면서 가정에서 쉽게 세탁할수 있는 것이 좋다.

⑦ 본인이 좋아하는 색상으로 더러움이 쉽게 눈에 띄는 연한 색깔의 옷감이 좋다.

3) 편마비의 경우 위로 갈아입는 상의의 교환 방법(왼쪽마비)

① 전신부위를 가슴까지 걷어 올린다.

② 건강한 쪽의 손으로 옷의 뒷덜미 목 부분을 끌어 당겨 목을 벗긴다.

③ 건강한 쪽의 소매는 건강한 쪽의 손은 옆구리에 면 번 끌어당긴 다는지 손을 움직인다든지 해서 벗는다. 환부 쪽의 소매는 건강한 쪽의 손으로 끌어 당겨 벗는다.

④ 깨끗한 옷의 소매를 환부 쪽으로 통과시킨다.

⑤ 건강한 쪽의 소매를 끼우고 옷의 뒤 옷깃 목과 옷자락을 건강한 쪽으로 잡고 머리를 끼운다.

⑥ 옷의 앞깃과 옷의 뒷깃을 내리고, 옷자락과 양쪽 어깨를 정리한다.

4) 편마비의 경우 위로 갈아입는 하의의 교환 방법

① 건강한 쪽의 무릎을 세우고 허리를 든다.

② 무리 없이 환부 쪽의 바지를 내린다.

③ 깨끗한 바지를 환부 쪽으로 끼운다.

④ 건강한 족의 바지를 끼우고 나서 무릎을 세우고 허리를 들고 입는다.

5) 누운 채로 잠옷의 교환(오른쪽이 마비)

① 환부 쪽의 어깨를 벗기고 건강한 쪽으로 잡아당겨 여유를 갖게 한다. 건강한 쪽의 겨드랑이에 손을 넣어 어깨를 벗기면서 팔을 올려서 팔꿈치를 뺀다. 벗은 측의 잠옷은 몸체 아

래에 말아 넣는다.

② 건강한 쪽을 아래로 하여 옆으로 눕히고 아픈 쪽 소매를 내리고 전부 벗는다.

③ 재빨리 환부 소매를 앞부분과 환부 쪽의 겨드랑이를 맞추고 신체를 감싸듯이 잠옷을 넓힌다. 건강한 쪽의 몸 아래에 잠옷의 여유분을 말아 넣는다.

④ 반듯이 누워 더러워진 잠옷을 제거한 후, 건강한 쪽으로 잠옷을 끌어당겨 넓히고 여유를 갖게 하여 소매를 낀다.

⑤ 우측 밑에 옷깃을 맞추어 끈을 부드럽게 맨다. 잠옷의 등 부분, 셔츠의 주름을 편다.

12 이동 서비스 기술

이동이란 개인이 특정한 목적의식을 가지고 공간적, 물리적으로 움직이는 일체의 행동을 지칭한다. 인간의 생활에 있어 이동의 역할은 극히 중요하다. 하루의 생활을 살펴보면 식사, 배설, 청결 등 인간의 기본적 욕구를 만족시키면서 자립해 가기 위해서는 없어서는 안되는 요소이다. 건강한 사람은 자신의 의지를 바탕으로 자유롭게 움직일 수 있는 반면, 노인, 장애인등은 기능적 한계로 인해 자유로운 이동에 제한이 있다. 따라서 자신이 목적한 바대로 자유롭게 이동할 수 있도록 지원하는 이동케어는 노인, 장애인등을 위한 필수적인 케어라고 할 수 있다.

1) 이동케어의 기본 원칙

① 대상자의 심리적 안정과 함께 장애 및 질병상태, 통증 등 전반적인 신체상태를 고려해야 한다.

② 케어내용을 사전에 설명하고 동의를 얻음으로써 대상자를 존중하여야 한다. 이러한 설명은 대상자의 준비는 물론 가능하면 스스로 하려는 의지와 의욕을 북돋는 계기가 될 수 있다.

③ 신체활동은 머리, 무릎, 손발 등의 자연스러운 움직임이 전제되며 아울러 신체의 양 측면을 모두 활용하여 몸의 균형을 잡는다. 따라서 케어는 정상적인 활동을 저해함이 없이 유용하게 지원되어야 한다.

④ 상황에 따른 적합한 방법, 속도 등을 고려해야 하며 특히 세심한 관찰을 바탕으로 안전하고 안락한 케어를 해야 한다.

⑤ 인체공학 활용

대상자를 최대한 가깝게 하여 무게 부담을 줄이고, 지지기반을 넓게 하여야 한다. 또한 중심을 낮게 하고 근력을 활용하여 수평으로 당기면서 마찰저항을 적게 하는등 인체공학의 이침을 적절하게 활용한다.

2) 편마비의 경우 옆으로 이동

① 건강한 손을 장애가 있는 손 위에 올리고 건강한 무릎을 세운다.
② 건강한 발을 장애가 있는 발밑에 넣어 발목에 힘을 주어 지탱하게 하여 침대 옆으로 이동시킨다.
③ 허리를 이동시킨다.
④ 베개를 이동시킨 후, 건강한 부분의 어깨를 사용하여 머리와 상반신을 이동시킨다.

3) 바로 누운 자세에서 옆으로 누운 자세로 이동

① 케어자는 체위 변환 위치에 서서 반대편의 팔을 다른 팔위의 가슴 부분에 포개어 놓는다.
② 무릎을 세우고 베개를 움직이면서 얼굴은 케어자 위치로 향하게 한다.
③ 오른손으로 대상자의 무릎, 그리고 왼손으로는 어깨를 잡는다.
④ 무릎을 아래로 당기고 골반을 회전시킨다.
⑤ 어깨를 살짝 일으킨다.

4) 편마비의 경우 침대 끝에 앉히기

① 장애가 있는 손을 복부 위에 올리고 건강한 손으로 손잡이를 잡게 한다. 발은 건강한 발을 장애가 있는 발밑으로 넣고 힘을 주어 고정시킨다.
② 건강한 손으로 손잡이를 잡고 다리를 침대 밖으로 낸다. 이때 몸을 손잡이 방향으로 이동시키면 쉽게 이동이 된다.
③ 머리를 들어 시선이 복부로 향하게 하여 침대 손잡이를 당김과 동시에 몸을 옆으로 회전하듯이 일어난다.
④ 양발을 바닥에 대고, 앉은 자세로 안정시킨다.

5) 침대에서 휠체어로 이동(편마비인 경우)

① 휠체어는 침대에서 20~30° 각도의 건강한 측에 놓고 브레이크를 걸어 두고, 발판도 올려둔다.

② 천천히 일어서면서 몸을 안정시키고 나서 건강한 손으로 멀리 있는 방향의 휠체어 손잡이를 잡는다. 장애 있는 다리가 불안정하면 케어자는 양 무릎으로 고정시킨다.

③ 건강한 다리를 축으로 하여 몸을 회전시켜 무릎을 충분하게 굽힌 상태에서 허리를 내린다.

④ 발판을 내리고 다리를 올린다. 몸을 들어 자리 깊숙이 앉히다.

6) 휠체어에서 침대로 이동

① 편마비의 경우에는 침대 옆에 휠체어를 건강한 측면에서 약30° 붙인다. 브레이크를 걸어 두고 발판은 젖히고 발을 바닥에 내린다.

② 둔부를 좌우로 움직여 주면서 몸을 앞으로 당겨 무릎으로 고정시킨다.

③ 일으키다.

④ 천천히 방향을 바꾼다.

⑤ 침대에 앉게 하고 자세를 바르게 해 준다.

7) 휠체어에서 이동(모랫길, 비포장도로 이동)

앞의 작은 바퀴가 지면에 닿게 되면 움직이기 힘들게 되므로 젖힌 상태에서 이동한다.

8) 계단, 턱 오르기

① 휠체어를 계단에 근접시켜 뒤 발판(케스트)을 밟아 계단 위로 올린다.

② 뒷바퀴가 계단 턱에 닿을 때까지 앞으로 전진시킨다.

③ 핸들을 위로 들어올리고 뒷바퀴가 조금 뜨도록 하여 앞으로 전진시킨다.

9) 계단. 턱 내리기

① 휠체어 뒤에서 뒤로 향하게 하여 뒷바퀴를 조금 뜨도록 하면서 계단 턱에 붙인다.

② 계단 턱에 붙이고 나서 뒷발판(케스터)을 밟아 뒤로 내린다.

③ 천천히 뒷발판을 놓는다.

9) 경사길 이동

오르막길은 상반신을 앞으로 조금 숙이는 자세에서 한 음 한 걸음 천천히 밀고 나간다. 완만한 내리막길은 뒤로 약간 당기듯이 하면서 내려간다. 이때 안전벨트를 반드시 착용시킨다. 급한 내리막길은 안전벨트를 착용시키고, 케어자가 뒤로 향한 채 가볍게 브레이크를 잡으면서 천천히 내려간다. 급히 멈추지 않는다.

10) 지팡이 짚고 보행하기(편마비의 경우)

편마비가 있는 사람은 건강한 손으로 지팡이를 잡고, 케어자는 마비가 있는 측면에 선다.

① 겨드랑이와 팔목을 잡는다. 한 손으로 겨드랑이 부분, 한 손으로 팔목을 잡는다. 장애가 있는 다리를 너무 넓게 벌리면 넘어질 수 있기 때문에 주의한다.

② 안전벨트를 잡는다. 케어자는 장애가 있는 측면에 서고 허리부분의 안전벨트를 잡는다. 몸은 가능한 밀착시킨다.

11) 계단 오르기(편마비의 경우)

케어자는 장애가 있는 측면에 서고 벨트를 잡는다. 상대방의 움직임에 맞춰 몸을 유지하고 안정시킨다. 손잡이 대신 지팡이의 경우에도 동일한 방법으로 한다.

① 건강한 발부터 먼저 오르고, 건강한 손으로 손잡이를 잡는다.

② 건강한 손으로 손잡이를 잡고 위로 향한다.

③ 건강한 다리를 한 계단 위로 올리고 건강한 손으로 손잡이를 이용하여 몸을 끌어당긴다.

④ 장애가 있는 다리를 한 계단 위로 올리고 건강한 다리와 나란히 한다.

12) 계단 내려오기(편마비의 경우)

① 건강한 손으로 손잡이를 잡는다. 케어자는 장애가 있는 측면에 서고 몸을 부축한다.

② 건강한 손으로 손잡이를 잡고 아래로 향한다.

③ 장애가 있는 다리를 먼저 내리고 건강한 수족으로 지탱하면서 몸을 한 계단 내린다.

④ 건강한 다리를 내리고 장애가 있는 다리와 나란히 한다.

〈참고문헌〉

양점도 외(2005). 케어복지실천기술론. 양서원.

강용규(2006). 케어개론. 창지사.

정인숙(2006). 노인수발의 이론과 실제. 창지사.

김영호 외(2005). 케어복지실천기술론. 창지사.

한국케어복지협회(2003). 케어기술론

제18장

치매노인 케어

8 치매노인 케어

1 치매의 이해

1) 치매의 정의 및 유형

치매(dementia)란 용어는 원래 '정신이 나갔다' 혹은 '제 정신이 아니다' 라는 의미의 라틴어 'Dement' 에서 유래된 것으로, 프랑스의 정신과의사인 Pinel이 처음으로 사용하였다. 치매란 인지기능과 고등정신기능이 감퇴되는 대표적인 기질성 정신장애(organic mental disorder)로서 단기 및 장기 기억장애가 특징적으로 나타나며, 추상적 사고장애, 판단장애, 고위 대뇌피질장애, 성격변화 등이 점차적으로 수반됨으로써 직업과 일상적 사회활동 또는 대인관계에 지장을 받게 되는 복합적인 임상증후군이다. 치매에서 손상을 보이는 인지기능장애에는 지능, 학습능력과 기억력, 문제해결능력, 지남력, 주의집중력, 판단력 등이 포함된다. 이런 장애가 직업수행이나 사회활동 및 타인과의 관계를 유지하는 데 어떤 지장을 초래할 때 임상적으로 치매를 의심하게 된다.

치매의 역학 및 원인으로는 연령의 증가에 따라 치매인구의 수도 증가한다. 미국통계에 의하면 65세 이상 노인의 5%가 중증치매이고, 15%가 경증치매라고 하며, 80세 노인에서는 약 20%가 중증치매의 소견을 보인다고 한다.

이러한 정의에 부가하여 치매는 "① 선천적인 것이 아니고 후천적으로 나타난 현상이어야 하고, ② 뇌에 국부적인 결손으로 인한 국부적 증상이 아니라 전반적인 정신증상이어야 하며, ③ 기억력 · 지능 · 인격기능의 장애가 전반적으로 있어야 하고, ④ 의식의 장애가 없어야 한다" 라고 대부분의 학자들은 보고 있다.

치매의 초기에 환자는 정신적 수행능력의 유지가 힘들고, 피로를 느끼며, 새롭거나 복잡한 과제나 문제해결에서 장애를 보인다. 치매가 진행됨에 따라 더욱 심해져 결국은 가장 기본적인 일상생활조차 지속적인 감독과 도움을 필요로 하게 될 수가 있다. 가장 두드러진 행동상의 문제는 대상자가 기질적 뇌장애에서 기인하는 인지능력이 손상되었을 때 보이는 정서적 반응이다.

(1) 감각 및 주의력 결핍

감각결핍은 환경을 식별하기 위하여 각 기관을 통해 수집한 정보를 적절하게 활용하지 못하기 때문에 발생한다. 이처럼 환경에 대한 식별이 어려워지면 대상자는 혼란을 겪으며, 이것이 환경에 대한 주의력에 영향을 미치고, 궁극적으로는 의식의 수준에도 손상을 준다. 의식수준이 낮아지면서 대상자는 구체적인 사건에 집중할 수 없게 된다. 주의를 집중할 수 있는 시간이 감소하고, 대상자는 매우 산만해진다.

(2) 지남력 장애

지남력 장애는 내 · 외적 환경으로부터 오는 자료를 받아 통합하는 능력의 장애가 발생할 때 일어난다. 감각입력이 최저수준으로 떨어지고, 뇌가 구조적 손상을 받아 자극을 적절하게 수용하여 해석할 수 없게 됨에 따라 그 결과 지남력의 감퇴가 발생한다.

(3) 지각장애

급성 기질적 뇌장애를 앓고 있는 대상자들은 흔히 환각?착각 등의 지각장애를 일으킨다.

(4) 기억장애

기억장애는 특히 알츠하이머형 치매와 같은 피질을 침범하는 치매의 초기에 나타나는 현저한 증상이다. 치매가 진행됨에 따라 기억장애는 점차 심해지며, 고도로 학습된 정보(예: 고향)

만을 기억하게 된다. 지남력에 있어 기억이 중요하므로 지남력은 치매의 경과동안 점차로 영향을 받을 수 있다.

최근 기억에 손상에 오는 것이 가장 두드러지게 나타나지만, 먼 과거에 대한 기억도 손상을 받는다. 축적된 정보의 등록 · 저장 · 재생 · 능력의 상실이 치매에 있어 가장 중요한 임상적 현상으로, 이것이 대상자의 지적 능력에 영향을 미친다. 지남력 장애와 최근의 기억상실이 있어야만 급성 기질적 정신장애의 진단을 확인할 수 있다. 이상행동 중에는 일몰 이후 저녁시간에 착각이나 환각의 정도가 심해지는 일몰효과(sundown effect)도 있다.

(5) 언어능력장애

알츠하이머형 치매와 혈관성 치매와 같은 대뇌 피질에 영향을 주는 치매는 환자의 언어능력에 영향을 줄 수 있다. 언어혼란은 모호하고 상동적이고, 부정확하거나 우원적인 대답이 특징이며, 물건이름을 지칭하는 데 장애를 보이기도 한다.

(6) 성격변화

환자의 가족들을 가장 곤란하게 하는 문제의 하나가 성격의 변화이다. 병전 성격경향이 치매이환 중 강화되며, 환자의 행동이 남들에게 끼치는 영향에 대하여 주의를 하지 않는다. 전두엽과 측두엽에 장애를 가지고 있는 환자들은 성격의 변화가 현저하고, 폭발적이거나 자극과민적이다. 알츠하이머 치매환자의 20~30%는 환각증상을 보이고, 30~40%는 망상을 갖는다. 이때 망상은 주로 체계적이지 못한 편집성 혹은 피해망상이 주를 이루고 있다. 신체적 공격과 다른 형태의 폭력들이 정신병적 증상을 보이는 치매환자들에게 흔하다.

2) 알츠하이머병

알츠하이머병(알츠하이머 치매, Dementia of the Alzheimer's Type: DAT)은 1907년 알츠하이머(Alzheimer)가 처음 기술한 병으로 대표적인 퇴행성의 피질성 치매(degenerative cortical dementia)이며, 알츠하이머병은 노인성 치매 중에서도 가장 특징적인 질환으로 고령이 가장 확실하고 높은 위험인자이고, 남성보다 여성의 발병률이 두 배 이상 높으며, 유병률은

65세 이상 노인들의 3~7%로 추정되고, 전체치매의 50~60%를 차지하고 있다. 대개 서서히 발병하며, 대부분은 10~15년에 걸쳐 천천히 그러나 꾸준히 진행된다. 65~70세 이전에 발병한 경우는 유사한 치매의 가족력이 있는 경우가 많다. 그 밖에 직계가족에 이 병의 가족력이 있거나 두부손상으로 인한 기왕력, 출생시 모친의 연령이 40세 이상인 경우 알루미늄을 포함한 기타 중독?영양결핍 등도 위험인자로 보고 있다. 유전적 요인으로 다운(Down)증후군이 있는 경우 중년이 지나면 많은 환자들에서 알츠하이머병으로 이행되며, 지금까지 밝혀진 유전자이상으로는 상염색체 19, 21, 14에서 이상이 보고되었다.

서서히 진행되는 병의 특성으로 인해서 증상이 언제부터 시작되었는지 정확히 알기는 어렵다. 치매의 증상들은 서서히 진행되지만, 감기 등의 흔한 질병이나 고열이 있는 후 머리에 외상을 입거나 약물을 복용한 후에 갑자기 증상들이 심지고, 때로는 심한 혼란상태와 섬망(delirium)의 증상이 생길 수도 있다.

말이나 행동을 멈추거나 다른 행동으로 옮겨 가지 못하고 같은 행동을 계속해서 반복하는 증상(보속증, perseveration)이 생기기도 하고, 주변의 자극에 대해서 무감각해지는 상태(apathy)가 되며, 심하면 편집증상(paranoia)이나 여러 가지 환각(visual & auditory hallucination)이나 착각(illusion)을 보인다. 기억력의 변화 외에도 실어증(aphasia)과 발음이 부정확(dysarthria)해지고, 같은 단어나 문장을 여러 번 반복해서 말하는 증상(palilalia), 상황에 전혀 맞지 않는 심한 욕(coprolalia)을 하기도 하는 등의 언어장애가 올 수도 있다. 언어장애와 함께 시 · 공간(visuospatial)에 대한 방향성이나 기억력의 감소도 두드러진 증상이다.

3) 혈관성 치매

혈관성 치매는 두번째로 흔한 치매의 원인이며 전체치매환자의 10~20%이다. 그 외에 10~15%는 혈관성 치매와 알츠하이머병이 같이 있는 혼합형 치매환자이다. 혈관성 치매의 위험인자로는 고혈압 · 심장질환 · 흡연 · 당뇨 · 비만 · 뇌졸중의 기왕력 등 뇌졸중 자체의 위험인자와 관련되어 있다. 다발성 경색치매는 시작이 급성이고, 경과는 계단식으로 악화되는 것이 특징이다. 시야결손이나 건망증과 같은 국소증상들이 동반된다. 두정엽이나 전두엽의 병소에 의해서 추상적인 행동을 하지 못하는 실행증(apraxia)이 생긴다. 다발성 경색치매를 일으키는 뇌졸중은 큰 동맥의 폐색보다는 세동맥의 폐색으로 인한 뇌졸중이 더 중요하며, 알츠하이머병과 혈관성 치매가 동반된 경우도 많이 있다.

표 알츠하이머와 혈관성 치매의 진행과정과 증상 비교

진행과정	알츠하이머 치매	혈관성 치매
초기	의욕저하 우울증 기억장애: 물건을 어디에 두었는지 잊어 버림. 가족 · 환자가 이상하다는 것을 인지하고 가정 내에서 혼란	오래된 일 기억, 2~3시간 전의 일 떠올리기 힘듦. 물건 둔 곳, 사람들과의 약속 잊어 버려 교제에서 혼란 기본적인 인격(무례한 행동과 말을 삼가는 것)은 비교적 유지
중기	기억장애 빈번, 지능 떨어짐, 이해력과 판단력 및 유추하고 계산하는 능력 감퇴 사물의 명사형 이름 생각나지 않음, '이,' '저,' '이것,' '저것' 기억장애를 감추기 위한 작화 식사 · 목욕 · 배변 등 일상생활에서 도움 필요	새로운 일을 생각해내는 것이 어려워지며, 장소 · 사람 · 시간 인식장애 시작
말기	기억장애 진전, 가족 알아 보지 못함. 이름 · 출생지 등 단편적인 것 알고 있음. 일상생활의 모든 면에서 도움 필요 가족 · 환자 골칫거리로 여기고 슬픔과 절망감	기억력 극도로 저하, 젊은 시절의 기억만이 단편적으로 남아 있음. 식사 · 목욕 · 배변 등에서 타인의 도움 주위에서 일어나는 일에 대해 반응 · 흥미 없음. 의사전달 불가능, 말을 하지 않게 됨.

4) 기 타

• 파킨슨병 : 파킨슨병은 주로 50~60대에 발병하며, 30세 이전의 발병은 매우 드물다. 대뇌 피질에 퇴행성 변화가 일어나서 대뇌의 기능장애가 일어나면 치매를 일으키지만, 대뇌의 피질보다 기저핵의 퇴행성 변화가 주로 생기면 파킨슨병이 생긴다. 원인은 명확히 밝혀지지는 않았으며, 초기증상으로 한쪽 팔이나 다리가 저리고 아프거나 혹은 힘이 빠진다는 증상을 주소로 병원을 방문하며, 병이 진행되면서 움직이지 않아도 떨리는 등의 증상이 나타난다. 떨림은 주로 손에서 관찰되고, 움직임이 없을 때 나타나며, 행동을 하면 감소된다. 병이 경과하면서 얼굴의 표정이 감소되고, 목소리도 작고 단조로워진다. 눈을 깜

빡이는 횟수나 보폭이 감소되고, 발을 끌면서 걷고 빨리 걷지 못하고 팔을 흔드는 것이 감소하는 등의 증상이 있고, 자세도 허리가 앞으로 구부러지는 포즈를 취한다.

- HIV 감염 : HIV 환자 중 약 16~25% 정도는 치매가 기회감염이나 종양에 의한 증상보다 선행되며, 매년 약 14% 정도의 환자에서 치매가 발생한다.
- 두부 외상 : 두부 외상 후의 치매는 극심한 상태인 지속적 식물상태로부터 경미한 지적 장애에 이르기까지 그 정도는 천차만별이다. 대표적인 예로 권투가명정증후군을 들 수 있다.
- 헌팅톤병 : 65세 이전에 발병하여 처음에는 얼굴 · 어깨 · 사지를 움츠리거나 찡그리는 불수의 운동으로 시작하여 기억력의 감퇴와 인격의 황폐로 가며, 발병 10~15년 후에 사망하게 되는 양상을 보이는 염색체 우성인자에 의해서 전달되는 유전성 질환이다.
- 피크병 : 알츠하이머병과 유사한 또 하나의 노인성 퇴행성 치매가 피크병(Pick's disease)이며, 알츠하이머병보다는 발병빈도가 낮다. 주로 50대 초반 또는 중반에 발생하며 초기부터 인격변화와 감정변화가 심하게 나타나는 것이 특징이며, 남루한 옷차림 및 정서적 측면에서는 극적인 성격변화와 사회적으로 부적절한 행동을 보이기도 한다.
- 크루츠펠트-야콥병 : 주로 중년기와 초로기에 발생하고, 다양한 신경학적 이상과 함께 실어증 · 실인증 등의 피질성 치매의 특징을 보인다. 발병후 비교적 급속히 진행하여 1년을 전후하여 사망하게 된다. 이 질환은 Slow 바이러스에 의한 감염질환으로 밝혀졌다.
- 알코올성 치매 : 알콜성 치매는 알코올중독으로 입원한 환자의 3% 정도에서 나타나며, 인지장애가 의심되어 검사받는 환자의 7% 정도가 알코올성 치매로 추정된다. 이 치매의 위험인자로 여성, 50세 이상인 경우, 지속적인 음주가 있다.

베르니케 코르사코프 증후군

베르니케-코르사코프 증후군은 음주충동으로 인해 영양섭취가 방해되는 만성 알코올중독자들에게 주로 나타난다. 드물게는 정맥내 치료를 받고 있는 입원한 대상자들에게서도 볼 수 있다. 환자는 대부분 40~70세의 알코올 중독자로서 장기간에 걸쳐 더 많은 양의 알코올섭취를 한 결과 비타민 B1 결핍으로 인해 뇌에 가장 중요하게 영향을 주는 물질인 글루코스 생성의 장애가 일어난다. 환자는 기억이 지속되지 않아 새로운 정보습득이 불가능하며, 시간의 정지 및 2~3분만 지나면 망각과 광범위한 기억력 상실의 증상을 보인다. 의식수준은 명료하며, 의사소통은 최근의 기억상실로 인해 잃어 버린 정보를 제공하기 위해 작화증을 사용할 때도 있다.

2 치매의 진단 및 평가검사

노인인구의 증가와 더불어 이에 따른 만성의 노인성 질환이 늘어나고 있으며, 그와 더불어 치매환자들의 수도 나날이 증가하고 있다. 치매의 정확한 진단을 위해서는 치매전문의의 진단과 함께 신경심리학적 평가가 필수적이겠으나, 경제적이거나 지역적인 여러 가지 이유로 많은 노인들이 치매에 대한 전문인력의 평가와 도움을 받지 못하고 있는 것이 우리 나라의 현실이다.

따라서 이 분야의 전문가가 아니더라도 검사자가 간단한 교육과 훈련만 받으면 지역사회에 거주하고 있는 노인들 중에서 치매노인을 1차적으로 선별(screening)하고, 그 노인에게 적절한 후속조치를 취할 수 있도록 하는 정보를 제공하는 표준화된 검사도구의 필요성이 강력히 대두되어 왔다. 이런 필요에 따라서 국내에서는 최근 5년간 다양한 치매평가척도들이 개발되어 임상과 지역사회의 보건소 및 복지관 등에서 사용되고 있다.

치매의 검사법은 매우 광범위하고 다양하다. 치매라는 병이 진행되면서 뇌의 전반적인 기능, 즉 감각운동기능은 물론, 정신기능에까지 영향을 미칠 수 있기 때문이다. 따라서 본장에서는 국내에서 개발된 치매평가척도들 중에서 간단한 교육과 훈련 후에 지역사회에서 쉽게 사용될 수 있는 간편검사들을 소개하고자 한다.

1) K-MMSE

현재 치매의 선별검사로서 세계적으로 가장 보편적으로 사용되고 있는 검사도구는 MMSE이며, 우리나라에서도 K-MMSE(Korean-Mini Mental State Examination)가 표준화되어 현재 널리 사용되고 있다. MMSE는 다양한 인지기능들을 5~10분 정도에 측정할 수 있도록 고안된 검사로서 심하거나 중간 정도의 수준으로 진행된 치매를 탐지하는 데 있어 그 신뢰도와 타당도가 입증되었고, 알츠하이머병의 진단기준에도 포함되어 있는 검사이다.

표 5-3 K-MMSE(Korean-Mini Mental State Examination)

성 명 : (남,여) 연 령 :		
검 사 일 :	검사자 :	
Ⅰ. 시간지남력(5)	년 월 일 요일 계절	
Ⅱ. 장소지남력(5)	나라 시/도 현재장소 몇 층 무얼하는 곳	
Ⅲ. 기억등록(3)	비행기 연필 소나무	
Ⅳ. 주의집중과 계산(5)	100−7=( )−7=( )−7=( )−7=( )−7=( )	
Ⅴ. 기억회상(3)	비행기 연필 소나무	
Ⅵ. 언어(8)	· 이름대기 : 시계, 볼펜 · 명령시행 : (1) 종이를 뒤집고, (1) 반을 접은 다음, (1) 제게 주세요. · 따라 말하기 : '백문이 불여일견' · 읽고 그대로 하기 : '눈을 감으세요' · 쓰기 : 오늘 날씨나 기분에 대해 써 보세요.	
Ⅶ. 시각적 구성(1)	보고 그리기(겹쳐진 오각형) 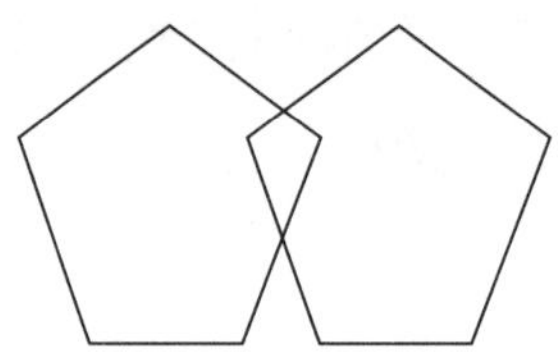	
Total Score : (24 이상 : 정상, 13~23 : 치매의심, 12 이하 : 치매) Mental : Alert. Drowsy. Stupor. Coma		

K-MMSE는 시간에 대한 지남력(5점), 장소에 대한 지남력(5점), 기억등록(3점), 기억회상(3점), 주의집중과 계산능력(5점), 언어(8점), 시각적 구성능력(1점)으로 총 30점으로 구성되어 있다.

MMSE 검사에 있어서 주의하여야 할 점은 피검자의 나이와 교육수준에 따라서 점수가 영향을 많이 받으므로 인지기능 저하 여부에 대한 임상적 판단을 위해서 반드시 나이와 교육수준에 따른 세부적인 규준을 참조하여야 한다.

2) 한국판 치매평가검사

매티스(Mattis, 1988)의 Dementia Rating Scale(DRS)을 한국에서 재표준화한 검사로서 치매환자의 진단 및 경과를 측정하기 위한 것이다. 한국판 치매평가검사(K-DRS)는 개인적으로 실시되는 검사로서 치매환자의 진단에 중요한 하위인지기능인 주의집중력 · 관리기능 · 구성능력 · 개념화 · 기억 등 5가지 영역으로 구분하여 실시한다. 이 검사는 각 5개 영역별 점수와 전체총점에 해당하는 백분위점수가 제시되며, 저연령과 고연령집단, 저학력과 고학력집단으로 분류되어 인지기능의 감퇴 및 정도를 알 수 있다.

① 주의력
  ⓐ 숫자 외우기
  ⓑ 두 개의 연속된 지시
  ⓒ 단일지시
  ⓓ 모방
  ⓔ 간섭된 셈
  ⓕ 언어적 재인-제시
  ⓖ 시지각

② 관리기능(언어적)
  ⓐ 복잡한 언어 유창성
  ⓑ 단순언어 유창성
  ⓒ 자음 보속성
  ⓓ 모음 보속성
  ⓔ 양손 교대동작 및 번갈아 두드리기
  ⓕ 그리기 1, 2, 3, 4(시각적)

③ 구성능력: 도형구성 1, 2, 3, 4, 5, 6

④ 개념화
  ⓐ 동질성과 이질성
  ⓑ 유사성

ⓒ 점화유도 추론

ⓓ 상이성

ⓔ 유사성-선다형

ⓕ 언어적 회상

⑤ 기억력

ⓐ 지남력

ⓑ 언어적 회상

ⓒ 언어적 재인

ⓓ 시각적 기억력

3) 한국판 노인우울척도

한국판 노인우울척도(geriatric depression scale)(Yesavage et al., 1983)는 노인의 우울 증상을 변별하기 위하여 사용하며, 노년기 우울의 특징적인 증상들을 포함할 수 있는 유도용한 문항으로 구성되어 있다.

표 5-4 한국판 노인우울척도

항목	내용	반응
1	쓸데없는 생각들이 자꾸 떠올라 괴롭다.	예
2	아무 것도 할 수 없을 것처럼 무기력하게 느껴진다.	예
3	안절부절 못하고 초조할 때가 자주 있다.	예
4	밖에 나가기보다는 주로 집에 있으려 한다.	예
5	앞날에 대해 걱정할 때가 많다.	예
6	지금 내가 살아 있다는 것이 참 기쁘다.	아니오
7	인생은 즐거운 것이다.	아니오
8	아침에 기분좋게 일어난다.	아니오
9	예전처럼 정신이 맑다.	아니오
10	건강에 대해서 걱정하는 일이 별로 없다.	아니오

항목	내용	반응
11	내 판단력은 여전히 좋다.	아니오
12	내 나이의 다른 사람들 못지 않게 건강하다.	아니오
13	사람들과 잘 어울린다.	아니오
14	정말 자신이 없다.	예
15	즐겁고 행복하다.	아니오
16	내 기억력은 괜찮은 것 같다.	아니오
17	미쳐 버리지나 않을까 걱정된다.	예
18	별 일없이 얼굴이 화끈거리고, 진땀이 날 때가 있다.	예
19	농담을 들어도 재미가 없다.	예
20	예전에 좋았던 일들을 여전히 즐긴다.	아니오
21	기분이 좋은 편이다.	아니오
22	앞날에 대해 희망적으로 느낀다.	아니오
23	사람들이 나를 싫어 한다고 느낀다.	예
24	나의 잘못에 대하여 항상 나 자신을 탓한다.	예
25	전보다 화가 나고 짜증이 날 때가 많다.	예
26	전보다 내 모습(용모)이 추해졌다고 생각한다.	예
27	어떤 일을 시작하려면 예전보다 힘이 많이 든다.	예
28	무슨 일을 하든지 곧 피곤해진다.	예
29	요즈음 몸무게가 많이 줄었다.	예
30	이성에 대해 여전히 관심이 있다.	아니오

※전체점수 14 이하 : Normal, 14~18 : Mild Dep., 19~21 : Depression, 22 이상 : Severe Dep.

4) Clinical Dementia Ration(CDR)

구분	CDR 0	CDR 0.5	CDR 1	CDR 2	CDR 3
기억력 (Memory: M)	기억장애 전혀 없음. 또는 간혹 경미한 건망증이 있음.	경한 건망증이 지속적으로 있음.부분적인 사건회상만 가능 (양성건망증)	중등도의 기억저하. 최근 것에 대한 기억장애가 더 심하며, 일상생활에 지장 있음.	심한 기억장애. 과거에번번히 반복되어진것만 기억가능. 새로운 것은 금방 잊음.	최고도의 기억장애, 아주 부분적인 단편만 보존됨.
지남력 (Orientation: O)	정상	정상	시간에 대해 약간 장애가 있고, 사람과 장소에 대해서는 정상, 그러나 방향감각이 떨어질 수 있음.	시간에 대한 지남력은대부분 상실되어 있고, 가끔 장소에 대한 지남력이 남아 있음.	사람에대한 지남력만 유지되어 있음.
판단력과 문제 해결능력 (Jndgement and Problem Solving: JPS)	일상생활의 문제를 잘 해결함. 과거경험에비추어 판단을 잘함.	문제해결능력 · 유사성 · 상이성 해석에 대한 장애가 의심스러운 정도	복잡한 문제를 다루는 데에는 중등도의 어려움이 있지만, 사회생활에서의 판단력은 대체적으로 유지되어 있음.	문제해결 · 유사성 · 상이성 해석에 심한 장애가 있으며,사회생활에서의판단력이대체적으로 떨어짐.	판단이나 문제해결이 불가능함.
사회활동 (Community Affairs: CA)	직업 · 사업 · 물건사기 · 재무활동 · 자원봉사활동 등 독립적기능이 가능	이와 같은 활동에약간의 장애만 있음.	이와 같은 활동의 일부에 참여가능하고, 언뜻 보기에 정상활동을 수행하는 것처럼 보이나 사실상 독립적인 수행이 불가능함.	집밖의 모든 활동을 독립적으로 할 수 없음.	집밖의 모든 활동을독립적으로 할 수 없음.
집안생활과 취미 (Home and Hobbies: HH)	집안생활, 취미생활, 지적인 관심이 잘 유지되어 있음.	집안생활, 취미생활, 지적인 관심이 잘 유지되어있거나 약간의지장 있음.	집안생활에 경하지만 분명한 장애가 있고, 좀 복잡한 취미나 흥미를 상실함.	아주 간단한 잡일만 하고, 관심이나 흥미가 매우 제한됨.	자기방을떠나서는기능을 못함.
위생 및 몸치장 (Personal Care: PC)	정상	정상	가끔 개인위생에대한 권고가 필요함.	옷입기 · 개인위생 · 개인소지품의 유지에 도움이 필요함	개인위생과몸치장의 유지에 많은 도움이 필요하며, 가끔대 · 소변의 실금이 있음.

* Interpreation: Consists of 5 Stage
0=Normal Subject: No Disorder, No Reeducation of Activity
0.5=Doubtful Dementia: No Reduction of Activity but a Mild Amnestic Impairment
1=Mild Dementia, 2=Moderate Dementia, 3=Severe Dementia

5) Global Deteriorating Scale(GDS)

1단계 (인지적 감퇴가 없음)	· 기억력 감퇴에 대한 주관적 호소가 없음 : 임상적 면담에서 기억력 감퇴의 증거가 없음.
2단계 (경미한 인지적 감퇴)	· 주관적인 기억력의 감퇴 　－낯익은 물건을 어디에 놓았는지 잊어 버림. 　－예전에 잘 알던 사람의 이름을 잊어 버림. · 임상적 면담에서 기억력 감퇴의 객관적 증거가 없음. · 직장이나 사회적 환경에서 객관적인 지장이 없음. · 증상과 관련하여 적절한 걱정을 표현
3단계 (경도의 인지적 감퇴)	· 초기의 명백한 결함이 있음, 다음 중 한 가지 이상의 영역에서 증상을 보임. 　－낯선 지역을 여행할 때 잃어 버릴 수 있음. 　－직장동료들이 환자의 비교적 작업수행이 떨어진 것을 알게 됨. 　－밀접한 사람들이 환자가 단어나 이름을 찾는 데 어려움이 있음을 명백히 앎. 　－책의 문구를 읽을 수 있으나 비교적 거의 기억하지 못함. 　－새로운 사람을 소개하면 이름을 기억하는 능력이 감소 　－귀중품을 잃어 버리거나 잘못 놓아 둠. 　－임상적 검사에서 집중력의 감퇴를 보임. · 훈련된 노인정신과 의사에 의한 집중적 면담에서만 기억력의 감퇴의 객관적 증거가 발견 · 직장이나 사회적 환경의 요구를 수행하는 능력이 감소 · 자신의 병에 대하여 부정하기 시작 · 경도 내지 중등도의 불안을 동반
4단계 (중등도의 인지적 감퇴)	· 임상적 면담에서 명백한 결함이 있음. 다음의 영역에서 결함이 있음. 　－현재와 최근의 사건에 대한 지식이 감소 　－자신의 개인력에 대한 기억력이 다소 감퇴 　－7 연속 빼기에서 집중력의 감퇴 · 복잡한 작업을 수행하기 어려움. 부정이 중요방어기재임. · 정동의 둔마, 경쟁적 환경에서 철수
5단계 (중등도의 심한 인지적 감퇴)	· 일부 도움을 받지 않으면 환자는 더 이상 생존할 수 없음. · 손자와 같은 가까운 가족의 주소 · 전화번호와 이름을 잊을 수 있다. · 자주 시간과 장소에 대한 지남력을 잃는다. · 자신의 이름이나 배우자와 자녀의 이름을 기억한다. · 신발을 잘못 신는다든지 옷을 적절치 못하게 입을 수 있다. · 식사와 용변에는 도움을 필요로 하지 않는다.
6단계 (심한 인지적 감퇴)	· 결국 배우자의 이름을 잊는다. · 생활에서 일어나는 모든 최근의 사건이나 경험을 대체로 알지 못한다. · 과거의 생활에 대하여 일부 개략적인 지식을 갖고 있다. · 주변 · 계절 · 연도를 알지 못한다. · 수면 패턴이 자주 방해를 받는다. · 인격과 정서적 변화가 흔하다(가끔 초기에 일어난다). · 망상(예: 배우자가 사기꾼이라고 말하거나, 오지 않은 사람을 상상으로 찾아 왔다고 하거나, 거울에 비친 자신의 모습에 말을 한다). · 반복적 행동: 지속적으로 닦거나 낙엽을 긁어 모으거나 잔디를 꺾는다. · · 불안, 초조, 가끔 난폭한 행동 · 자발력의 상실, 의지결여, 무감동
7단계 (극심한 인지적 감퇴)	· 치매의 후기 · 소통이 불가능하고 알 수 없는 소리를 낸다. · 소변, 결국은 대변의 실금 · 용변과 식사에 도움을 필요로 한다. · 걷지 못할 수 있다. · 국소적 신경학적 증상이나 증후가 흔하다.

6) 노인장기요양보험제도 치매평가척도

치매 환자를 비롯한 인지 장애 환자들의 인지 장애와 문제 행동의 양상정도 및 그에 필요한 서비스의 등급을 평가하고 판정할 수 있도록, 일본을 비롯한 외국의 기존에 개발된 항목과 국내에서 개발한 치매 선별 설문지, Behave-AD, NIP 등의 항목을 참고하여 개발함.

(1) 측정기준

- 최근 한 달간의 상황을 종합하여 판단한다.
- 가족 등 보호자가 있는 경우는 신청인의 증상과 보호자의 의견을 종합하여 판단하고, 독거인 경우에는 좀 더 많은 시간을 확보하여 신중하게 판단한다. 필요시에는 이웃주민의 의견이나, 부녀회장 등의 의견을 반영한다.
- 인지 · 문제행동 문항은 치매 등 인지장애로 인한 장기요양의 필요성을 판단하기 위한 항목으로 무의식 신청인의 경우에는 인지문제와 문제행동은 모두 정상(나. 아니오)로 한다.
- 약의 복용 여부에 상관없이 증상의 유무로 판단합니다.

(2) 인지기능영역

최근 한 달간의 상황을 종합하여 어르신께서 보였던 증상에 V표 하십시오.

항목	증상여부	
	예	아니오
1. 방금 전에 들었던 이야기나 일을 잊는다		
2. 오늘이 몇 월 며칠인지 모른다		
3. 자신이 있는 장소를 알지 못한다		
4. 자신의 나이나 생년월일을 모른다		
5. 지시를 이해하지 못한다		
6. 주어진 상황에 대한 판단력이 떨어져 있다		
7. 의사소통이나 전달에 장애가 있다		
8. 계산을 하지 못한다		
9. 하루 일과를 이해하지 못한다		
10. 가족이나 친척을 알아보지 못한다		

□ 방금 전에 들었던 이야기나 일을 잊는다 (단기기억장애 검사)

- 이전 식사에서 반찬이 무엇이었는지, 몇 시에 기상하였는지, 아침에 어떤 약을 복용하였는지 등을 물어 볼 수 있다.
- 과거 일주일 동안에 누가 다녀가거나, 누구를 만나거나, 어떤 일을 했거나, 집안에 있었던 행사 등을 가족들로부터 정보를 얻어 신청인이 기억하는지 파악한다.
- 주위에 있는 물건 3개를 보여주고 보는 앞에서 물건들을 각기 보관했다가 5분 후 보관 장소를 2개 이상 기억하는지 알아본다.

□ 오늘이 몇 월 며칠인지 모른다.(시간지남력 검사)

- 신청인에게 오늘이 몇 월 며칠인지 조사자가 직접 물어본다.

□ 자신이 있는 장소를 알지 못한다(장소지남력 검사)

- 신청인에게 현재 있는 장소가 무엇을 하는 장소이며 대강의 위치가 어디인지 질문한다.

□ 자신의 나이나 생년월일을 모른다(장기기억 검사)

- 신청인에게 나이와 생년월일을 묻는다.

□ 지시를 이해하지 못한다(지시이해력 검사)

- 신청인에게 "왼손을 머리 위에 얹고 눈을 감으세요" 라고 지시하여 명령을 이해하고 따를 수 있는지 평가한다.
- 볼펜을 신청인의 앞에 놓고 "볼펜을 집어서 저에게 주세요" 라는 지시를 따라 행할 수 있는지 평가한다.
- 종이를 한 장 주면서 "이 종이를 오른손으로 받아서 반으로 접어 저한테 주세요"라는 지시를 이해하고 행할 수 있는지 평가한다.
- 신체기능이 떨어져 있는 대상자에게는 "눈을 두 번만 깜박여 보세요", "이-(직접 시범을 보이며) 해 보세요", "고개를 두 번 끄덕여 보세요" 등 간단한 지시를 한 후 이해하고 행할 수 있는지 평가한다.

□ 주어진 상황에 대한 판단력이 떨어져 있다(상황판단력 검사)

- 신청인에게 일정한 상황을 설명하고 어떠한 행동을 할 것인가에 대해 듣는다.(2가지 이상의 상황을 질문한다)

□ 의사소통이나 전달에 장애가 있다(의사소통 전달 검사)

- 신청인의 발음이 불분명하여 알아듣기 어렵다.
- 적절한 단어를 찾는데 어려움을 느낀다.
- 상대방의 말은 알아듣는 것 같으나 말로 표현하지는 못한다.
- 말은 유창하게 하는 것 같으나 이치에 맞지 않거나 문법 등이 틀려 무슨 말을 하는지 알아듣기가 어렵다.

□ 계산을 하지 못한다(숫자계산력 검사)

- "200원은 10원짜리로 몇 개입니까?", "하루에 500원씩 일주일 동안 모으면 얼마입니까"라는 질문을 하여 정확하게 "20개", "3,500원"이라고 대답하는지 여부로 판정한다.

□ 하루 일과를 이해하지 못한다(일과 이해력 검사)

- 대상자에게 오늘 하루를 어떻게 보낼 것인지에 대하여 물어보고 특별한 계획이 있는지, 있다면 그 내용에 대하여 질문한다.
- 하루 동안의 식사, 활동, 서비스의 제공, 시설 프로그램 등을 이해하고 있는지 판단한다.

□ 가족이나 친척을 알아보지 못한다(사람지남력 검사)

- 조사장소에 있는 가족이나 보호자를 가리키면서 대상자에게 누구인가를 묻는다. 그 후 보호자에게 친척, 친구, 손주, 자녀, 배우자 등을 알아보는지 묻는다.
- 조사 장소에 가족이나 친척이 없다면 사진을 가리키며 물어보고(2~3명 이상을 물어본다) 일관성 있게 답변하는지를 반드시 확인하여 가능한 사실 여부를 파악한다. 만약 사실 여부를 확인하지 못한 경우는 특기 사항에 기록한다.

(3) 행동변화영역

최근 한 달간의 상황을 종합하여 어르신께서 보였던 증상에 V표 하십시오.

항목	증상여부	
	예	아니오
1. 사람들이 무엇을 훔쳤다고 믿거나 자기를 해하려 한다고 잘못 믿고 있다		
2. 헛것을 보거나 듣는다		
3. 슬퍼 보이거나 기분이 처져 있으며 때로 울기도 한다		
4. 밤에 자다가 일어나 주위 사람을 깨우거나 아침에 너무 일찍 일어난다. 또는 낮에는 지나치게 잠을 자고 밤에는 잠을 이루지 못한다.		
5. 주위사람이 도와주려 할 때 도와주는 것에 저항한다		
6. 한군데 가만히 있지 못하고 서성거리거나 왔다 갔다 하며 안절부절 못한다		
7. 길을 잃거나 헤맨 적이 있다. 외출하면 집이나 병원, 시설로 혼자 들어올 수 없다		
8. 화를 내며 폭언이나 폭행을 하는 등 위협적인 행동을 보인다		
9. 혼자서 밖으로 나가려고 해서 눈을 뗄 수가 없다		
10. 물건을 망가트리거나 부순다		
11. 의미없거나 부적절한 행동을 자주보인다		
12. 돈이나 물건을 장롱같이 찾기 어려운 곳에 감춘다		
13. 옷을 부적절하게 입는다		
14. 대소변을 벽이나 옷에 바르는 등 행위를 한다		
15. 가스불이나 담뱃불, 연탄불과 같은 화기를 관리할 수 없다		
16. 혼자 있는 것을 두려워하여 누군가 옆에 있어야 한다		

□ 사람들이 무엇을 훔쳤다고 믿거나 자기를 해하려 한다고 잘못 믿고 있다(망상 검사)

- 사람들이 물건을 훔쳐간다.
- 자신을 해치려 한다.
- 가족을 다른 사람이라고 믿는다.
- 가족들이 자신을 버리려고 한다.
- 배우자가 바람을 피운다.
- 모르는 사람들이 자신의 집에 와있다
- 음식에 독이 들었다 등의 표현을 하는지 관찰하거나 알아본다.

① 과대망상 : 자신이 신, 대통령, 중요인물, 특수인, 도사, 지도자, 초능력 보유자 등 과대한 능력이나 높은 신분 혹은 처지에 있는 것으로 생각한다.
② 관계망상 : 현실적으로 아무런 관계가 없는 타인이나 사건 사물에 대하여 자신과 모종의 연관이 있다고 생각하는 것이다.
③ 피해망상 : 주변 환경이나 사람이 자신을 괴롭히거나 감시, 독살, 미행 추적한다고 생각한다.
④ 애정망상 : 비현실적인 애정관계를 주장하거나 사실이라고 믿고 행동한다.
⑤ 질투망상 : 배우자의 남녀 관계를 의심하는 경우. 의처증이나 의부증이 이에 속한다.
⑥ 종교망상 : 종교적 내용의 망상
⑦ 신체망상 : 자신의 신체에 관한 망상.
⑧ 질병망상 : 자신이 병에 걸렸다는 망상
⑨ 조정망상 : 외부의 존재가 자신의 생각이나 느낌. 행동 등을 조정한다고 생각하는 것

□ 헛것을 보거나 듣는다(환각 검사)

- 신청인이 환각을 표현하는지를 알아본다.
- 환상이나 환청을 보거나 듣는 듯 한 행동(예를 들어 허공을 손으로 쫓는 행동)도 포함한다.

□ 슬퍼 보이거나 기분이 처져 있으며 때로 울기도 한다(우울증 검사)

- 신청인의 감정 상태에 대한 객관적인 관찰과 주관적인 호소, 동반하는 신체 증상으로 판단한다.
- 외양상 기분이 슬프고 우울해 보이며 몸이 처지고 동작도 둔해 보인다. 본인 스스로 의욕이 없고 만사가 귀찮고 이렇게 살아서 무엇하나하는 비관적인 생각이 든다고 한다. 동시에 불면증을 수반하기도 하며 식욕이 떨어지고 여러 가지 신체 증상을 호소할 수도 한다.

우울증의 진단기준(미국 정신의학회의 진단 및 통계 편람 4편 인용)

다음 증상 가운데 적어도 5개 이상의 증상이 연속 2주 이상 지속되는 경우

1. 하루의 대부분 거의 매일 우울한 기분이 지속된다.
2. 모든 또는 거의 모든 일상활동에서 흥미나 즐거움이 현저하게 저하되어 있다.
3. 의도적으로 체중조절을 하고 있지 않은 상태에서 현저한 체중감소 또는 체중증가(예: 1개월 동안 5% 이상의 체중 변화)가 나타난다. 또는 식욕의 현저한 감소나 증가가 거의 매일 나타난다.

4. 거의 매일 불면이나 과다수면이 나타난다.
5. 거의 매일 나타나는 정신운동성 초조나 지체를 나타낸다.
6. 거의 매일 피로감이나 활력의 상실이 나타난다.
7. 거의 매일 무가치감 또는 과도하고 부적절한 죄책감을 느낀다.
8. 거의 매일 사고력이나 집중력의 감소 또는 우유부단함이 나타난다.
9. 반복되는 죽음에 대한 생각(단지 죽음에 대한 두려움뿐만 아니라) 특정한 계획 없이 반복되는 자살에 대한 생각, 또는 자살기도나 자살수행에 대한 특정한 계획을 지니고 있다.

□ 밤에 자다가 일어나 주위 사람을 깨우거나 아침에 너무 일찍 일어난다. 또는 낮에는 지나치게 잠을 자고 밤에는 잠을 이루지 못한다.(불면증 검사)

다음과 같은 행동이 있는지 알아본다.

- 잠이 들기 어렵거나 수면 도중 자주 깨어나 잠을 이룰 수 없다
- 잠은 쉽게 들지만 새벽에 일찍 깬다
- 밤낮이 바뀌어 낮에는 잠을 자고 밤에는 잠을 자지 않는다.

□ 주위사람이 도와주려 할 때 도와주는 것에 저항한다(거부증 검사)

다음과 같은 행동이 있는지 알아본다.

- 뚜렷한 이유없이 옷을 입거나 세수나 목욕하는 행동을 도와주려할 때 화를 내며 이를 거부한다.

□ 한군데 가만히 있지 못하고 서성거리거나 왔다 갔다 하며 안절부절 못한다(불안 초조 검사)

- 신청인이 불안해하며, 서성거리는 증상이 있는지 관찰하거나 알아본다.
- 때로 신청인은 손을 비비거나 이리 저리 왔다 갔다 하며 서성거리거나 담배를 연속 피우는 등의 행동을 보인다. 손이 떨리거나 식은땀을 흘릴 수 있다.

□ 길을 잃거나 헤맨 적이 있다. 외출하면 집이나 병원, 시설로 혼자 들어올 수 없다(길 잃음 검사)

- 외출 시 목적지를 찾지 못하거나 다시 돌아오지 못해 보호자가 항상 동행해야 한다.
- 예전에는 잘 이용하던 길을 잃어 버린다.
- 거실이나 주방에서 나와서 방으로 돌아오지 못하는 경우도 포함한다.

□ 화를 내며 폭언이나 폭행을 하는 등 위협적인 행동을 보인다(폭언 폭행 검사)

- 신청인이 맘에 들지 않으면 화를 내고 욕을 하며 폭언이나 폭행을 하는 등 위협적인 행동을 한다.
- 폭언은 고함치기, 욕하기, 알아들을 수 없는 말을 반복하거나 무의미한 소음 등을 낸다.
- 폭행은 신체적 폭력으로 치기, 물기, 차기, 꼬집기, 손으로 남을 때리기 등의 행위 등을 보인다.

□ 혼자서 밖으로 나가려고 해서 눈을 뗄 수가 없다(배회 검사)

- 혼자 문을 열고 밖에 나가려고 하여 계속 감시해야 한다.
- 환경상의 조건 (건물 내에서 모든 서비스를 이용하거나 주위가 훤히 보이는 베란다 등)으로 밖에 나가는 일이 없거나 걸을 수 없는 경우 등은 포함하지 않는다.

□ 물건을 망가트리거나 부순다(물건 부숨 검사)

- 옷을 찢거나 물건을 부수어서 망가뜨린다.

□ 의미없거나 부적절한 행동을 자주보인다(부적절 행동 검사)

- 신청인이 아무 이유 없이 습관적으로 침 뱉기, 보따리를 쌌다가 풀기, 옷 입었다 벗기 서랍 열었다가 닫기, 수건을 접었다가 펴기와 같이 의미 없는 행동을 반복한다.
- 또는 부적절한 곳에 물건을 두거나 숨긴다. 예를 들면 쓰레기통에 옷을 넣거나, 빈 접시를 전자레인지에 넣는 부적절한 행동을 한다.

▸위의 행동에 대하여 가족이나 수발자가 계속 경계하고 감시하며 필요시에는 이를 저지해도 같은 행동이 반복된다.

□ 돈이나 물건을 장롱같이 찾기 어려운 곳에 감춘다(물건 감추기 검사)

- 본인의 소유인지 타인의 소유인지 인지하지 못하고 숨기는 경우도 포함한다.
- 타인의 소유임을 명확히 인지하고 자신의 재산증식을 목적으로 숨기는 경우는 포함하지 않는다. 즉 도벽이 있어 의도적으로 숨기는 것은 포함하지 않는다.

□ 옷을 부적절하게 입는다

- 여름에 겨울옷을 입는 등 계절에 맞지 않는 옷을 입거나 속옷 바람으로 공공장소에 나가려 하는 등 장소에 적절치 않는 옷을 입는다.

• 옷을 뒤집어 입거나 거꾸로 입는 경우, 속옷을 바깥으로 순서를 바꾸어 입는 경우를 포함한다.
• 적절한 옷을 입는 과정 중에 단순히 신체기능상의 문제로 단추를 잘못 끼는 경우는 포함하지 않는다.

□ 대소변을 벽이나 옷에 바르는 등 행위를 한다
• 자신의 배설물이나 타인의 배설물을 주물럭거리거나 벽에 바르는 행위, 먹는 행위, 화장실 변기를 손으로 휘휘 젓는 행위 등이 이에 해당한다.

□ 가스불이나 담뱃불, 연탄불과 같은 화기를 관리할 수 없다
• 기억력이 떨어져 주전자나 냄비를 불 위에 올려놓고 잊어 버려서 태우거나 예전에는 잘 다루던 가스레인지를 조작하는 것을 할 수 없어서 화재의 위험성이 있고 이 때문에 화기에 접근하지 않도록 수발자가 계속 감시하여야 하며 가족들이 외출할 경우 집에 혼자 있게 할 수 없다.
• 담뱃불을 끄거나 관리할 수 없어서 화재의 위험성이 있는 경우로 수발자가 계속 감시하여야 한다.
• 가족이나 수발자의 지속적인 감시 행위가 있어야 한다.
• 어쩌다가 가끔 주전자나 냄비를 불 위에 올려놓고 잊어 버려서 태우는 경우는 포함되지 않는다.

□ 혼자 있는 것을 두려워하여 누군가 옆에 있어야 한다
• 혼자서 집에 있는 것을 두려워하여 가족이나 수발자가 반드시 옆에 붙어 있어야 하거나 함께 외출하여야만 한다.

3 치매와 케어실천

1) 치매노인을 위한 의사소통

치매노인들은 병이 진전될수록 자신이 표현하고자 하는 것을 하지 못한다거나 타인의 말을 이해할 수 없게 된다. 다음과 같은 사항을 미리 알아 두면 치매노인과 이야기하거나 접근하는데 도움이 될 것이다.

① 치매노인에게 다가갈 때 자신의 이름을 이야기하고, 왜 여기에 있는지 이야기한다. 침착하고 관심을 보여 주는 것은 환자에게 안정을 줄 수 있다.

② 치매노인과 이야기를 할 때 시선을 맞춘다. 갑작스러운 움직임은 치매노인이 놀랄 수 있으므로 천천히 움직이도록 한다.

③ 치매노인의 감정에 관심을 갖는 것이 바로 그들에 대한 존중과 배려를 전달하는 것이다. 치매노인들이 말하는 단어에만 초점을 두지 말고 그들이 전하려는 메시지가 무엇인지에 관심을 갖고, 만약 이해하지 못한다면 치매노인에게 다시 물어 보아야 한다.

④ 간결하고 구체적이면서도 쉬운 단어와 단순한 문장을 사용하여야 한다.

⑤ 낮은 음조로 천천히 그리고 부드럽게 이야기하며 개방적이며 우호적이며 편한 태도로 온화하게 접근한다.

⑥ 한번에 한 가지 지시를 하거나, 한 가지 질문만 한다.

⑦ 천천히 움직이고 주위를 끌려면 부드럽게 팔이나 손을 잡는다.

⑧ 소음이 없고, 산만하지 않은 장소에서 대화하며, 거리는 악수할 수 있는 정도의 거리를 두고 하는 것이 치매노인에게 안정감을 느끼게 한다.

⑨ 치매노인이 표현한 말이나 감정이 옳지 않다 하더라도 그 감정을 존중한다.

⑩ 치매노인과 대화할 때는 짧은 문장을 사용하고, 서로 말을 자주 주고 받는다.

⑪ 손의 움직임의 증가, 큰 소리, 침착하지 못하고 눈길을 돌리거나 얼굴을 찌푸리는 등의 행동을 할 때는 치매노인에게 지금은 이야기할 적당한 때가 아닌 것 같다고 이야기하고, 다음에 이야기하도록 한다.

⑫ 치매노인들은 순간에 안심하는 것이 필요하며, 즉각적인 보상이 이루어져야 한다.

⑬ 할 말을 잊어 버리고 적당한 단어를 찾지 못하는 치매노인에게는 'Yes,' 'No' 또는 몸짓으로 답할 수 있는 질문으로 해야 하고, 치매노인이 쓰는 단어를 사용하여야 한다. 또한 적당한 단어를 찾아낼 수 있도록 힌트를 주며, 대화 도중에도 생각을 유지할 수 있도록 치매노인이 했던 말을 되풀이 해 주면 좋다.

⑭ 결코 치매노인이 이해하지 못할 것이라 생각하고 치매노인 앞에서 환자에 대한 이야기를 하면 안된다.

⑮ '하지 말아야 할 것' 의 수를 제한하고, 긍정적인 방향으로 말하며, 끄덕임 · 접촉은 신뢰와 의사소통을 형성하므로 미소지음 등의 비언어적 칭찬을 많이 한다.

2) 치매노인을 위한 집안꾸미기

청결이 가장 중요하며, 청소하기 쉽게 가급적 단순하게 꾸며야 한다. 방의 넓이는 3~4평이 적당하다.

① 방바닥에는 아무 것도 놓지 말아야 걸려 넘어지지 않는다.

② 화재나 생각지 못한 사고로부터 환자를 지킨다는 의미에서 1층이 좋다.

③ 화장실은 가까운 것이 곳이 좋다.

④ 만약 주택사정으로 노인전용방을 만들어 주지 못하는 경우에는 커튼 등을 이용하여 침실을 만들어 주도록 한다.

⑤ 치매노인의 방에는 고약한 냄새가 날 수 있으므로 하루에도 여러 번 창문을 활짝 열어 환기를 시킨다. 또한 따뜻한 물로 자주 목욕을 시켜서 환자에게서 역한 냄새가 나지 않도록 하고, 부패해서 이상한 냄새가 생길 가능성이 있는 음식물은 방에 갖고 들어 가지 않도록 한다.

⑥ 청소시 되도록 환자는 산책을 하도록 하며, 거동이 가능한 노인의 경우에는 유도하여 함께 청소를 하는 것도 자립심을 위한 좋은 방법이 된다.

⑦ 여름철에는 바깥 기온보다 조금 낮은 온도를 유지하고, 겨울철 난방은 넘어질 경우 위험한 난방기구는 사용하지 말며, 전기담요는 화상이나 심장에 무리를 줄 가능성이 있으므로 피한다. 난방기구를 사용하는 경우 가습기 등으로 적절한 습도를 유지시켜 준다.

⑧ 치매노인의 방을 자물쇠로 잠그게 되면 노인은 어떻게 하든지 밖으로 나가려고 하다가 급기야는 유리를 부수는 등의 사고를 낼 수도 있다.

3) 치매노인을 위한 침구와 의복 관리법

방바닥보다는 침대가 위생적이며, 케어하는 입장에서도 허리에 무리를 덜 준다. 침대를 놓는 위치는 케어하는 입장에서 가장 최소한의 힘이 가도록 하여 정한다. 침대를 선택할 때 매트리스가 너무 푹신하면 허리 주위로 욕창이 생길 수 있으므로 주의해서 선택한다.

① 침대는 한 달에 한번씩 매트리스의 방향을 반대로 바꾸어 주고, 1주일에 한번 청소기로 청결하게 청소한다.

② 오랫동안 이불에서 생활하던 노인이 침대를 사용하는 경우에는 한 쪽에 침대와 같은 높이의 탁자나 종이상자를 놓아 두어야 한다.

③ 침대의 높이는 바닥에서 매트리스 위까지의 높이가 50cm 정도가 적당하고, 되도록 2인용을 준비한다.

④ 침대 밑이 서랍으로 되어 있는 것은 환자나 수발자 모두에게 불편하다.

⑤ 시트는 부드러운 목면을 사용하고, 풀을 먹이지 않고 사용한다.

⑥ 잠옷은 소맷부리가 헐겁고, 배설이나 기저귀 갈기를 쉽게 할 수 있는 것이 좋다.

⑦ 아침이 되면 옷을 갈아 입게 하는 것이 생활에 리듬을 갖게 하고 활력을 갖는 데 도움이 되며, 밤과 낮을 구별하는 데 도움이 된다.

⑧ 옷갈아 입기를 도와 줄 때는 단정하게 입도록 해야 한다. 또한 가장 중요한 것은 환자 마음에 드는 옷을 준비하는 것이다.

⑨ 옷을 갈아 입힐 때는 부자연스러운 쪽부터 입히고, 벗길 때는 건강한 쪽부터 벗긴다. 일어날 수 있는 사람은 앉은 자세로 갈아입히면 운동도 되고, 케어도 편하다. 여러 벌을 겹쳐 입힐 경우는 미리 겹쳐 놓은 상태에서 한번에 입히도록 한다.

4) 치매노인을 위한 식사와 간식

치매노인은 자신이 식사를 했는지조차 기억하지 못하고, 식기를 사용하는 방법도 잊어 버리게 되며, 말기의 치매환자는 씹거나 삼키는 데 어려움이 있으므로 도와 주어야 한다.

① 환자에게 식단을 설명해 주고, 처음에는 국물류를 먹게 한 뒤 말을 걸면서 천천히 식사하도록 한다.

② 운동기능의 장애 때문에 지저분하게 식사하는 경우 굳이 수저질을 하지 말고, 손가락으로 먹도록 해도 좋다.

③ 음식을 잘게 썰어 목이 막히지 않도록 하고, 말기에는 음식을 으깨거나 주스로 만들어 주도록 한다.

④ 서두르지 않고 천천히 먹도록 하고, 한번에 조금씩 먹이도록 하며, 입 속의 상태를 보면서 너무 많이 먹지 않게 주의하고, 특히 틀니 등을 삼키지 않도록 조심한다.

⑤ 환자는 차거나 뜨거운 음식은 특히 주의해야 한다.

⑥ 식사를 수발하는 사람의 태도와 분위기는 환자의 식욕에 크게 영향을 미친다는 것을 항상 인식해야 하며, 되도록 노인의 기호에 맞는 음식을 제공한다.

⑦ 치매가 진행된다고 하여 식욕이 감퇴하지 않는다. 오히려 식욕이 늘어나 먹는 것에 집착하기도 한다.

⑧ 밥공기나 찻잔 등은 어느 정도 두툼한 것이 좋은데, 그렇지 않으면 뜨거워서 들기가 어렵기 때문이다. 젓가락은 목재로 각이 진 것을 준비한다. 포크나 나이프 등은 안전성에 문제가 있다.

⑨ 식탁에는 비닐 식탁보를 깔고, 환자는 앞치마를 입도록 하면, 치우기가 한결 낫다.

⑩ 환자가 씹는 음식을 먹지 못하게 되면 유동식 같은 것을 먹여도 된다.

⑪ 병이 진행됨에 따라 삼키는 작용의 이상 때문에 사래가 들 만한 작고 단단한 사탕이나 땅콩 · 껌 · 팝콘 등은 먹지 않도록 해야 한다.

⑫ 환자가 사래가 걸렸을 때는 환자의 등 뒤에서 환자의 몸을 감싸 안은 뒤 두 손을 쥐고 배를 힘껏 누르면서 명치를 향해 힘차게 밀어 올린다. 이럴 때 구강 대 구강 호흡을 하면 위험하다.

⑬ 먹을 때는 허리를 쭉펴고 앉아서 식사를 하도록 하며, 식사를 다 한 후에도 약 15분간은 식탁에 앉아 있도록 한다.

⑭ 배가 부를 때 간식을 주면 나중에 먹으려고 숨겨 놓았다가 본인도 잊어 버려 부패하게 될 수 있기 때문에 간식은 식사 사이사이에 적당한 간격을 두고 준다.

⑮ 환자가 하루에 몇 공기의 밥을 먹는지 그리고 몇 잔의 차를 마시는지 정도는 파악하고 있어야 한다.

⑯ 환자는 배설의 불편함 때문에 수분섭취를 삼가는 경우가 많으므로 하루 1,000~1,500ml의 수분을 적극적으로 권하도록 한다.

5) 치매노인을 위한 세면과 양치질

매일 아침 얼굴을 씻거나 이를 닦는 동작은 대부분의 사람들이 장기간 해 온 습관이지만, 치매가 진행되고 시간감각을 잃어 버리면, 세면 또는 양치질도 잊어 버리는 일이 많다. 또 외견상으로는 얼굴이 더럽다거나 양치질을 하지 않았다는 것을 잘 알 수 없기 때문에 간호하는 사람도 무심코 지나쳐 버리기 쉽다. 생활에 변화를 주고 자극을 받을 수 있도록 하기 위해서는 매일 아침 세면과 양치질을 열심히 시켜야 한다.

① 와상의 노인의 세면의 순서는 먼저 젖은 수건으로 이마부터 눈꼬리를 향해 문지른다. 다음에 얼굴 전체를 문지른다. 눈주위는 탈지면이나 깨끗한 솜으로 부드럽게 문지른다. 목 부분 · 귀뒤 · 귀속까지 깨끗이 닦는다.

② 손 · 발을 씻을 때는 손 · 발이 충분히 들어 가는 깊은 용기를 준비하면 좋은데, 비닐을 깔아 둔 위에 용기를 놓고 손과 발을 담근 채로 닦아 주는 것이 좋다.

③ 양치질할 때는 타올을 가슴에 걸쳐 의류가 젖지 않도록 하고, 칫솔을 적셔 소량의 치약을 바른다.

④ 양치질은 세면보다도 복잡한 동작이 필요하기 때문에 천천히 닦도록 한다.

⑤ 치매환자 중에는 머금은 물을 어떻게 해야 할지 몰라 숨이 막혀 버리는 사람도 있으므로 주의가 필요하다.

⑥ 칫솔을 사용할 수 없는 경우에는 깨끗한 거즈를 손가락에 말아서 이 · 잇몸 · 혀 · 입천장 및 볼 안쪽을 닦아낸다.

⑦ 의치를 사용하는 경우에는 식후에 꺼내어 청결히 씻어내며, 취급에 주의한다.

6) 치매노인을 위한 목욕 · 및 위생

목욕 · 위생은 합병증의 예방차원에서 중요하지만, 치매노인들은 목욕하는 것을 잊어 버리거나 아예 필요성을 느끼지 못하는 경우도 있다. 이런 상황에서는 환자의 자존심을 상하지 않도록 잘 설득하는 것이 중요하다.

① 환자 자신이 평소에 보통 씻던 시간에 목욕할 수 있도록 유도한다.

② 목욕하는 것은 매우 즐거운 일이며, 기분좋은 일이라는 것을 알려 준다.

③ 목욕하는 과정을 간단히 설명해 준다.

④ 샤워는 목욕보다 간단하지만, 샤워하는 데 익숙하지 못한 환자에게는 주의해야 한다.

⑤ 환자가 목욕하는 것을 싫어 하면 기분이 좋아졌을 때 다시 한번 시도해 본다.

⑥ 자신이 닦을 수 있는 부분은 스스로 하게 한다.

⑦ 환자가 부끄러워 할 경우, 부분적으로 가려 주어서 수치감을 느끼지 않도록 한다.

⑧ 손잡이나 미끄러짐 방지용 매트 및 샤워 의자 등을 이용하여 안전에 신경을 쓰도록 한다.

⑨ 수발자가 목욕시키는 것을 싫어 할 경우에는 다른 사람이 시도한다.

7) 치매노인을 위한 의복 갈아입히기

치매노인은 옷입는 방법을 잊어 버리거나 옷을 갈아 입어야 할 필요성을 못느끼기도 하며, 계절이나 상황에 맞지 않는 옷차림으로 사람들을 당황하게 만들기도 한다.

① 옷을 입는 순서대로 놓아둔다.

② 입기 힘든 옷은 피한다.

③ 환자 자신이 옷을 입을 수 있도록 도와준다.

④ 옷입는 방법을 반복해서 가르쳐 준다.

⑤ 신발은 미끄러지지 않게 신긴다.

8) 치매노인을 위한 화장실사용과 실금

치매노인은 화장실에 가야 할 시간을 알지 못하거나 화장실이 어디에 있는지, 또 그 곳에서 무엇을 해야 하는지 모르는 경우가 있다.

① 화장실에 갈 시간을 표로 만들어 놓는다.

② 문에는 환자가 잘 알아 볼 수 있도록 커다란 글씨나 밝은 색상을 사용하여 화장실을 구별해 놓는다.

③ 화장실 문을 열어 놓는다.

④ 쉽게 벗을 수 있는 옷을 입힌다.

⑤ 가능한 한 잠자기 전에 마실 것을 줄인다.

⑥ 침대 옆에 간이변기를 준비해 둔다.

〈참고문헌〉

구본용, 노인장기요양보험과 케어복지실천의 이해, 대왕사 : 2007

국민건강보험공단, 노인장기요양보험 수발인정 · 서비스지원 세부메뉴얼 : 2007

국민건강보험, 장기요양 관리 요원 양성과정(Ⅱ) : 2007

국민건강보험, 노인장기요양보험제도 장기요양요원 실무교육과정 : 2007

사회사업사전. 제2판. 서울: 이론과 실천 : 1996. 환경요법 : p.257

오병훈, 치매 이해와 치료의 바른 길잡이, 무지개사 : 2002

이상일, 다시보는 노인과 치매, 이상일 신경정신과 의원, 1999

현외성외, 노인케어론, 양서원 : 2001

제9장

호스피스 케어

9 호스피스 케어

지난 30~40년동안 생활수준의 향상으로 우리나라의 질병양상은 크게 변화하였다.

과거에는 폐렴 · 장티푸스 · 이질 등 전염성 질환이 대부분을 차지하였으나 현재는 각종 암 · 당뇨 · 고혈압 · 뇌혈관질환 등 만성 퇴행성 질환이 주종을 차지하고 있다. 사망의 원인 역시 각종 암과 뇌혈관질환이 대부분을 차지한다.

죽음은 인간 개개인이 모두 맞아야 할 인간 실존의 단면이어서, 죽음을 눈앞에 둔호스피스 서비스대상자에게 개입하게 되는 빈도수 또한 높아지고 있는 실정이다.

호스피스 서비스는 인간의 존엄성에 기초하여 임종을 자연스러운 삶의 한 과정으로 인식하고 수용하며, 임종을 앞둔 말기 환자가 남은 삶을 보다 충만하게 영위할 수 있도록 돕고, 이를 위하여 질병의 치료를 추구하기보다는 환자의 신체적 · 정신적 · 영적 · 사회적 고통을 경감시키는 데 그 목적이 있다. 그러므로 본 장에서는 호스피스에 대한 정의를 이해하고, 윤리강령과 실천이론과 원칙등을 적용하여 말기환자를 위한 올바른 케어방법에 대해 알아보고자 한다.

1 호스피스의 정의

호스피스의 어원은 라틴어의 Hospes(손님), 또는 Hospitum(손님을 맞이하는 장소)에서 기원한다. 1900년 영국의 빈민가에서 죽어가는 사람들을 돌보던 자비수녀회가 성요셉 호스피스를 창설해 임종환자를 돌보기 시작한 것이 시초이다. 현대적 의미의 호스피스는 영국인 여의사 시실리 손더스(Cicely Saunders)가 1967년 성 크리스토퍼 호스피스(St. Christopher's

Hospice)를 설립하면서부터였다.

호스피스는 죽음에 대해 보다 개방적인 감정 · 태도 · 믿음 등을 가능케 함으로써 긍정적인 사회변화를 가능케 하는데, 환자 스스로 선택할 권리를 주게 되며, 환자의 죽음을 실패로 인식하는 일반의료인의 짐을 덜어 주기도 한다. 호스피스는 개인의 죽음을 인위적인 조작없이 최소한의 의료기술과 최대한의 개인적 보살핌을 병행시키는 것으로, 환자와 보호자 그리고 그 가족에 대한 서비스와 죽음에 대한 바람직한 태도를 형성하는 하나의 개념이며 철학이다.

호스피스의 정의는 "죽음을 앞둔 말기환자와 그 가족들을 사랑으로 돌보는 행위로서 환자가 남은 여생동안 인간으로서의 존엄성과 높은 삶의 질을 유지하면서 삶의 마지막 순간을 평안하게 맞이하도록 신체적 · 정신적 · 사회적 · 영적으로 도우며, 사별가족들의 고통과 슬픔을 경감시켜 주기 위한 총체적인 돌봄"이라 할 수 있다(노유자 외, 1994).

1978년 미국 호스피스협회는 다음과 같이 호스피스를 정의하였다.

"임종은 자연스런 한 과정이며, 모든 사람은 자신의 임종에 참여할 권리가 있다. 호스피스는 말기 환자를 위한 것으로 의료지식을 포함한 모든 지식을 동원하여 말기 환자의 삶의 질을 높여 환자로 하여금 죽음을 부정하게 하는 것이 아니라, 임종시까지의 삶을 확인시키는 활동으로서 독립된 전문기관에서 종합의료팀이 말기 환자 및 그 가족을 위하여 지속적인 가정간호와 입원간호를 제공하는 의료 프로그램을 말한다. 이와 같은 지원은 환자의 경제적 여건과는 관계없이 하루 24시간 어느 때라도 제공되어야 하며, 환자의 진료 및 교육을 위해 모든 사항에 대한 기록을 유지한다."(가톨릭 성모병원 호스피스과, 2001)

2 호스피스의 역사 및 각국의 현황

(1) 한국의 호스피스

우리나라는 1965년 강원도 강릉에서 마리아의 작은 자매회 수녀들에 의해 갈바리의원이 세워져 임종환자를 돌보기 시작한 것이 시초이다. 그 이후 천주의 성요한의원(1968년)과 성 이시돌의원(1976년) 등의 종교소속 병원들을 중심으로 수녀들이 주축이 되어 말기 환자를 돌보아 왔는데, 1982년부터는 가톨릭대학교 의과대학과 강남성모병원에서 호스피스활동이 시작되었고, 1987년에는 세브란스 암센터에서도 가정간호 호스피스활동 프로그램이 시작되었다. 1991

년에는 성가복지병원에 무료 호스피스병동이 개설되었고, 이화여대는 1992년부터 가정 호스피스 간호사업을 시작했으며, 1993년에는 고대병원 구로병원이, 1995년에는 안암병원 등이 호스피스회를 만들어 활동하고 있다.

1988년에는 종교를 중심으로 가톨릭호스피스협회와 한국호스피스협회가 설립되었으며, 1998년 7월 4일 의사 · 간호사 · 사회사업가 · 성직자 · 자원봉사자들이 서로 협력하여 한국호스피스완화의료학회가 창립되어서 학문적으로도 발전할 수 있는 계기가 되었다.

현재 한국에는 약 60여개 이상의 호스피스단체가 활동 중이지만, 의료보험 등 제도적 지원체계가 전무한 실정이어서 조직적 활동을 하는 기관은 아주 적다(최윤선, 2000).

운영주체는 종합병원, 사회복지법인, 또는 산하조직 및 단체로 대별되며, 사업유형은 병원중심과 가정중심 그리고 독립시설을 중심으로 전개하고 있다.

(2) 영국의 호스피스

프랑스의 성 빈첸시오 아 빠울로(St. Vincent de Paul)에 의하여 창립된 자비수녀회는 17세기 초 병자들을 돌보기 시작하여, 특히 소외되고 버림받은 환자들을 돌보았는데, 1936년 독일에서는 프리드너(Pastor Fridner)가 첫 프로테스탄트 병원을 설립하여 간호수녀회를 창립하고, 소외되고 병든 자 및 임종자를 돌보도록 하며, 인도주의에 입각한 사회봉사를 위해 회원들을 교육하였다. 이러한 움직임이 영국에 확산되어 1900년 자비수녀회에서는 런던시 빈민지역에서 죽음을 맞고 있는 사람들의 가정을 방문하기 시작하였고, 1905년에는 건물을 얻어 성 요셉 호스피스를 창설하였다.

20세기 초기에는 결핵이 가장 큰 문제였기에 호스피스는 결핵으로 임종하는 환자가 주대상이었으나, 이후 점차 결핵환자가 감소하면서 그 초점이 만성 · 말기 환자로 바꾸어지기 시작하였다. 1935년 말기암의 관리와 간호, 특히 동통의 조절에 관한 연구와 실천이 사운더스(Cicely Saunders)에 의해 이루어져 세계의 주목을 받게 되었다. 사운더스는 다양한 학위과정(의학, 간호학, 의료사회사업학)의 이수를 배경으로 이상적인 호스피스를 시도하기 위해 1967년 성 크리스토퍼 호스피스를 설립하였다.

이 호스피스는 초기의 호스피스에서 제공했던 돌봄의 영적인 면의 지지 및 정서적 지지에 첨가해서 말기 질환의 관련된 증상조절에 초점을 두어 오늘날 미국과 카나다에서 체계화되고 전문화된 호스피스의 모델이 되었다.

영국의 호스피스는 통원가능한 환자를 위하여 주간 호스피스(day care service)와 가정 호스피스 프로그램도 운영하며, 재정지원은 35%가 정부기관인 National Health Service의 지원으로, 34%가 각종 기부금으로 충당하고 있으며, 나머지 약 30%는 환자의 보험사와 기타로 구성되어 있다.

(3) 미국의 호스피스

미국은 종교적 배경에서 출발한 영국의 호스피스와는 달리 죽음에 대한 타부와 임종환자에 대한 병원의 비인간적 · 기계적인 생명관 등 사회제도와 의료체계에 대한 지적을 통하여 이에 대한 구체적인 방법을 강구하기 시작하면서 호스피스운동이 시작되었다. 따라서 호스피스 설립자들의 대부분은 비의료인들로 1968년 Yalu New Haven에서의 가정 호스피스가 미국 호스피스의 시작이다.

그 이듬해 로스(Kubler Ross)의 "On Death and Dying"(1969)의 출판은 죽음과 말기 환자에 대한 관리에 많은 관심을 불러 일으켰고, 1978년 NHO(National Hospice Organization)의 설립을 계기로 조직적인 홍보와 계몽 및 적극적인 입법추진 활동이 전개되어 호스피스 위치가 기존의료체계의 한 분야로 정착하게 되었다.

즉, 호스피스의 기본철학과 방법론을 제시한 NHO에서의 호스피스에 대한 정의 및 관련내용은 1970년대 호스피스의 입법화과정에 많은 영향을 주었고, 호스피스에 대한 다양한 조사 및 연구들이 수행되었다.

이들 연구결과들은 1982년 의료보험(medicare)의 수혜대상 서비스로 호스피스가 포함된 TEFRA(Tax Equity's Fiscal Responsibility Act)가 의회를 통과하는 데 근거가 될 수 있었다. 이 때부터 호스피스가 기존의료체계의 한 분야로 자리잡게 되었으며, 그 해 레이건 대통령은 11월 7일부터 14일까지를 국가 호스피스 주간(National Hospice Week)으로 선포하여 국가적 차원에서의 지지를 표명한 바 있다.

호스피스 사업유형의 운영주체는 독립기관 · 병원 · 가정간호기관 등으로 다양한데, 1994년 인가된 호스피스기관의 수는 완전히 독립된 호스피스기관이 556개소, 가정간호기관 518개소, 병원중심 호스피스가 373개소, Skilled Nursing Facility가 12개소로 완전히 독립된 호스피스가 가장 많다. 그리고 호스피스 재원은 주정부기금, 연방복지기금, 상업보험, Medicare, Medicade 등 다양하게 충당되고 있다.

(4) 일본의 호스피스

일본은 1973년 노인복지법 개정 이후 노인층의 병원사망과 이에 따른 의료비증가문제, 그리고 영국과 미국에서 전파되어 온 호스피스철학에 영향을 받아 호스피스가 주목을 받게 되었다. 1981년 성 복지사업단에서 30병상 규모의 호스피스병동을 설립한 것이 호스피스의 시초이다. 호스피스 시설에 대한 정부의 인가는 1990년 4월에 시작되어 당시 3개소의 호스피스 기관과 1개소의 완화요법센터(Palliative Care Center)에 대하여 의료보험 혜택을 주는 것으로 시행되었다. 호스피스 사업유형은 독립형태의 호스피스와 복합병원형태, 그리고 병원내 호스피스 병동의 운영형태를 띠고 있다.

정부에 의해 인가된 호스피스 기관은 1990년 5개소가 있으며, 그 외에 비공인된 많은 호스피스기관들이 운영되고 있다. 일본의 호스피스는 노인복지와 노인의료체계를 중심으로 운영되고 있는 것이 특징이며, 재원은 전액 의료보험재정으로 부터 보상받고 있다(황나미 외, 1995).

3 호스피스 서비스에서 케어복지사의 역할

케어복지의 전문직으로서의 가치는 개인의 존엄성과 자기결정권, 그리고 개인의 잠재능력의 향상에 대한 확고한 신념과 노력 등이며, 케어복지는 환자와 그 가족의 육체적 · 심리적 · 사회적 · 경제적 및 기타 문제를 도와 줌으로써 그들이 건전하게 사회적응을 할 수 있도록 원조하는 데 그 목적이 있다.

말기 환자를 위한 케어복지 서비스분야인 '호스피스 서비스' 역시 인간의 존엄성에 기초하여 환자 스스로 선택할 권리를 주어 그의 남은 삶을 충만하게 영위할 수 있도록 도우며, 이를 위하여 환자의 신체적 · 정신적 · 영적 · 사회적 고통을 경감시키려는 노력을 말한다. 따라서 '호스피스 서비스' 는 케어복지와 같은 가치와 목적을 추구한다고 볼 수 있다.

'호스피스 서비스' 에 있어서 케어복지의 중요성은 웨이스만(Weisman)에 의한 "불치의 병으로 장기간 투병하고 있는 말기 환자들이 그들의 병의 상태에 대하여 죽음이 예상되는 말기 상태를 인식할 때 가장 두드러진 관심은 건강, 생존에 대한 회의, 자신의 업적과 직업문제, 재정상태, 가족과 친지의 장래, 종교적 신념과 자신의 능력 등이다"(A.D. Weisman, 1975)라는 말을 통해서도 충분히 이해할 수 있다(이광재, 1993).

말기 환자와 그 가족의 문제점을 파악하고 이들에게 도움을 줄 수 있는 케어복지사의 역할은 매우 중요하지만, 외국과는 달리 우리 나라에서는 아직 초기단계에 머물러 있음을 부인할 수 없다. 그러나 케어복지사의 역할의 중요성은 점점 더 강조되어질 전망이다.

말기 환자를 위한 케어복지 서비스, 즉 호스피스 서비스(hospice service)는 여러 전문분야의 구성원에 의한 팀접근이 필요한데, 이는 어느 전문가도 임종환자와 그 가족의 문제에 대하여 모든 해답을 줄 수 없기 때문이다. 즉 호스피스 대상자의 요구는 복잡하고 다양하기 때문에 여러 분야에 관여하는 구성원들이 함께 팀을 이루어 그들의 요구를 충족시키도록 상호 협력한다.

그 구성요원으로는 호스피스행정가 · 사회복지사 · 케어복지사 · 의사 · 간호사 · 사목자 · 자원봉사자 등이며, 현재 각 전문분야의 팀구성은 각각의 호스피스 서비스기관마다 조금씩 다르다.

케어복지사의 역할은 환자와 그 가족을 돕기 위해 가능한 모든 자원을 찾으며, 특히 재정적 문제, 법적 문제, 보험관계 등의 문제를 해결하고, 사회심리적 측면의 도움을 주기 위하여 상담자 역할을 담당한다. 또한 유가족으로 하여금 환자의 죽음에 대한 슬픔과 상실에 대한 고통을 극복할 수 있게 사별관리에도 참여하며, 심리적 · 정신적 · 사회적 · 경제적 지지 및 상담 등을 통한 원조를 한다.

죽음을 앞둔 환자에게 있어서 중요한 문제가 되는 것은 여러 가지 통증(pain)에 관련된 것들로서, 특히 암과 같은 경우에는 심각한 재정적(financial) · 사회적(social) · 심리적(psychological) · 영적(spiritual) · 육체적(physical) 고통을 수반하게 된다. 이 때 케어복지사는 사회적 · 심리적 · 육체적 · 재정적 고통을 경감시키는 데 주로 조력하게 되는데, 구체적 내용은 다음과 같다.

(1) 재정적 고통에 대한 원조

말기환자는 장기간의 투병생활을 하는 동안 직업상실에 따른 수입감소와 막대한 치료비의 재정투자로서 경제적인 어려움에 시달리게 되는 경우가 많다. 특히 이러한 재정적인 고통은 자신으로 인해 일어나는 가족 내의 문제(주거지의 변경, 자녀의 학업중단 등)에 대해 가중된 부담으로 작용하여 환자를 고립시킬 수 있다.

이러한 문제들은 경제부조나 주택제공 및 지역사회의 물적 · 제도적 자원을 알선 · 제공 · 지원함으로써 완화될 수 있는데, 케어복지사는 이를 위하여 지역사회자원체계의 공동정보망을 통하여 후원자 연결 및 각종 기금조성 등 말기 환자나 그 가족에게 필요한 자원을 지원함으로써 그들의 경제적 · 심리적 · 사회적 안정에 기여하게 된다.

(2) 사회적 고통에 대한 원조

케어복지사는 말기 환자의 사회적 고통을 완화시키기 위하여 환자의 고독감과 두려움 및 불안한 감정들을 함께 나눌 수 있는 전문가이고, 환자의 말을 경청하고 이해해 주며, 어떤 형태로든 말기 환자로 하여금 사회생활을 유지하도록 도움을 준다.

말기 환자의 인간관계에 있어서도 질을 향상시키기 위해 노력하며, 환자에 대한 인간적 관계를 유지함으로서 마지막 순간까지 사회적 접촉을 시도한다.

특히 죽음의 과정에 있어서는 임종환자와 그의 가족이 미결된 인간관계적 과업을 처리하도록 도우며, 말기 환자와 다른 사람과의 분쟁이나 직장문제 등 사회적 문제해결을 위하여 중재활동이나 대변자로서의 역할을 함으로써 말기 환자와 가족들의 사회적 고통을 경감시킨다.

(3) 심리적 고통에 대한 원조

임종을 앞둔 말기 환자의 근본적인 대처과업은 불안을 극복하고, 자존심을 유지하며, 환자가 떠나야 하는 대상에 대한 애도과정을 거치는 일인데, 이 때 가장 중요한 대처기제 중 하나가 희망을 유지하는 것이다.

이에 대하여 케어복지사는 환자와 그의 가족의 내적 문제를 조정하여 희망과 공포의 내면적 균형을 유지하도록 지원한다. 케어복지사는 임종을 앞둔 말기 환자와 그 가족의 사회심리적 문제에 대한 포괄적인 평가를 수행하며, 임종에 대한 심리변화단계에 따른 방어기제의 건전한 사용을 지원함으로써 말기 환자들이 현실적인 수용을 하게 하며, 냉철하게 자신의 삶을 정리해 나가도록 함으로서 환자가 심리적 고통을 극복하고 죽음을 받아들이는 마음을 준비하도록 돕는다.

(4) 육체적 고통에 대한 원조

말기 환자들, 특히 암환자의 신체적인 통증은 호스피스 서비스의 초점이 된다. 의사의 통증 조절을 위한 진통제나 마약류 사용과 함께 케어복지사는 환경요법[1] 을 통한 참여, 흥미와 관심 유발, 즐거운 추억에의 유도 등으로 환자의 고통을 경감시키려는 치료팀의 노력을 지원할 수 있다. 환경요법은 환자의 고통을 완화시키는 데 유용한 보조치료(supportive care)이며, 이를 위하여 케어복지사는 자원봉사자를 조직 · 동원할 수 있다.

(5) 사별관리 및 말기 환자의 가족에 대한 원조

말기 환자의 가족들 또한 환자와 유사한 위기상황에 의해 영향을 받고, 많은 적응상의 문제에 직면하게 된다. 말기 환자의 가족들은 불확실성과 무력감 · 절망감 그리고 환자의 증세를 더 빨리 인식하지 못한 것과 치료를 충분히 행하지 못했다고 하는 감정, 가족들 자신의 건강함 등에 대한 죄의식, 고독감, 불안과 슬픔을 느낀다(한숙정, 1992).

린데만(Lindemann)은 질병에 대한 가족의 정서적 · 사회심리적 반응을 6단계로 나누어 설명하였는데, '부정적 태도의 단계,' '정서적 격동의 단계,' '병든 가족구성원에 대한 죄책감과 책임감을 느끼게 되는 단계,' '분노의 단계,' '슬픔과 우울의 단계,' '수용의 단계' 이다. 가족이 일단 이러한 일련의 정서적 반응을 거치게 되면, 새로운 평형을 이루는 가족도 있으나, 적절한 반응을 하지 못하는 경우 가족의 역기능적 발전으로 인해 문제가 가중되어지기도 한다.

보통 가족이 느끼는 비통한 정서의 과정은 환자가 죽기 이전부터 시작하여 죽음 이후에도 계속되며, 가족의 비탄은 환자의 질병에 대한 회복가능성이 보이지 아니할 때, 즉 '환자가 회복의 기미가 보이지 않는다고 말할 때' 부터 시작되는 것이다(이광재, 1993).

말기 환자에 대한 케어복지 서비스는 어떤 의미에서는 유족에 대한 서비스이기도 하며, 환자와 분리시켜 생각할 수 없다.

이 때 케어복지사는 상담치료 · 사별가족모임 등의 방법을 통하여 환자가족의 심리사회적 문제해결과 가정기능의 항상성을 유지하도록 도와 주는 역할을 담당한다. 그리고 위기에 관련

---

1) 환경요법(environmental treatment or milieu therapy) : 개인 외부의 힘의 영향력을 인식하고 특별한 자원을 제공하거나 배치시키는 것. 다른 사람에게 클라이언트의 욕구를 알리는 것. 옹호 및 중재의 기술을 통하여 이러한 영향력을 수정하려는 노력인 개별사회사업의 개념. 일부 사회사업가는 이러한 활동을 '간접치료' 혹은 '환경수정' 이라고 부른다(Robert L. Barker, 1996).

된 그들에게 고민하는 것들에 대한 감정을 분출할 기회를 제공하여 함께 나누고, 극복할 수 있는 방법을 모색하도록 지원하는 역할도 담당하게 된다.

말기 환자에 대한 케어복지 서비스는 결국 말기 환자와 그 가족들에게 심리 · 사회 · 경제적인 도움을 주는 이외에도, 개인의 죽음을 인위적인 조작없이 최소한의 의료기술과 최대한의 개인적 보살핌을 병행시키고, 죽음에 대한 개방적인 감정 · 태도 · 믿음 등을 가능케 함으로써 긍정적 사회변화를 이루어 나가도록 도우며, 임종환자가 그의 가족과 친지들에 둘러싸여 평온하게 최종의 생을 마감할 수 있도록 돕는다.

그러므로 환자와 가족이 죽음의 문제를 부정하거나 회피하는 것이 아니라, 정면으로 긍정하게 하는 것이 오히려 더 바람직하며, 이러한 인식을 바탕으로 죽음에 대한 새로운 가치관과 문화를 창출하는 것을 포함하고 있다(이은숙, 1995).

4 안락사(Euthanasia)에 대한 논쟁

(1) 안락사의 정의

① 대한의사협회(1999) : 안락사라 함은 환자의 감내할 수 없고 치료와 조절이 불가능한 고통을 없애기 위한 목적으로 환자 본인 이외의 사람이 환자에게 죽음을 초래할 물질을 투여하는 등의 행위를 지칭한다.

② 옥스퍼드 영어사전 : 조용하고도 안락한 죽음을 야기시키는 행위

③ 웹스터 새 국제사전 : 치료할 수 없는 상황이나 질병으로 인해 고통받고 있는 사람을 아무런 고통도 주지 않고 죽여 주는 행위나 관행

④ 우리 말 큰 사전 : 심한 고통으로 고생하여 도저히 살아 날 가망이 없는 병자의 고통을 덜기 위하여 본인 또는 가족의 요구에 의해 고통이 적은 방법으로 죽음에 이르게 하는 것이다.

(2) 안락사의 유형별 분류 및 검토

가) 사기의 단축 여부에 따른 분류

① 생명을 단축시키지 않는 안락사(진정안락사) : 생명의 단축없이 임종의 고통 자체만을 경감

② 생명을 단축시키는 안락사(협의의 안락사)

나) 허용성의 범위에 따른 분류

① 최광의의 안락사(도태적 안락사, 포기적, selective) : 명백한 살인

② 광의의 안락사(존엄사) : 고통 여부에 상관없이 인간다운 죽음을 위하여 치명적인 질병(AIDS or 암) 또는 뇌의 손상으로 의식이 회복될 수 없는 경우를 통상 존엄사라고 부르고 있다.

③ 협의의 안락사(자비적 안락사) : 불치의 병으로 견디기 힘든 고통이 있을 때 고통제거를 환자가 요구할 때

④ 최협의의 안락사 : 진정안락사

다) 생명체의 의사에 분류

(가) 자발적 안락사

① 자발적 · 적극적 안락사 : 극심한 고통의 해결을 위해 의사에게 사망시기의 단축을 한 자스스로 요청한 후 이것을 의사가 받아들여 치사량의 주사약을 주입하여 죽게 하는 것으로, 네덜란드가 세계에서 유일하게 이것을 법적으로 허용하고 있다.

네덜란드의 안락사 지침은 감당할 수 없을 만큼의 심한 통증이 있는 환자의 자발적 요청이 있고, 죽음을 지속적으로 원할 때 주치의사가 동료의사들과 상의한 후 의학적 혹은 약리학적으로 정당한 방법을 택해야 한다고 되어 있다.

② 자발적 · 소극적 안락사 : 환자가 무의미한 생명연장장치를 원치 않는 경우 일반적인 치료만 하면서 자연의 경과에 따라 죽음을 맞도록 하는 것을 가리킨다. 미국의 8개주에서 허용하고 있다.

(나) 비자발적 안락사

환자의 의사표현이 없었는데도 시행된 안락사로, 생명주체가 의사를 표시할 수 없거나 그 결정이 불가능한 경우로, 심한 선천성 기형아를 낳은 부모들이 요구한 안락사로 인위적 생명장치를 제거해 줄 것을 요청하게 된다.

(다) 반자발적 안락사

나치의 안락사 프로그램

라) 시행자의 행위에 따른 분류

① 소극적 안락사(부작위적 안락사) : 생명유지장치를 제거하거나, 기본적인 치료 외에 여타

치료행위의 과정들을 멈추거나, 심장박동이 멈춘 환자에 대해 심폐소생술을 멈추는 것.

② 간접적 안락사(결과적 안락사) : 고통완화를 목적으로 한 치료가 죽음이 야기되는 것으로 동통을 감소하기 위하여 몰핀을 계속 증량하여 사용하는 경우

③ 적극적 안락사 : 의사가 직접적이고 적극적인 방법으로 환자의 생명단축을 의도하여 안락사시키는 것.

마) 존엄사(Death to Dignity)

일반적으로 회복의 가망이 없는 말기 상태의 환자에 대해서 생명유지치료를 중지하여 인간으로서의 존엄을 유지하면서 죽음을 맞이하게 하는 것이다. 환자의 자기결정권과 그에 따른 치료거부권이 결부되는 문제이다.

〈표 11-1〉 존엄사와 안락사의 관계

안락사(일반적으로 적극적)	존엄사
적극적으로 죽음을 의도한다.	생명유지장치 제거라는 소극적 방법이다.
환자의 참기 힘든 육체적 고통과 그 완화제거를 동기로 한다.	회복의 가망이 없는 환자의 생명유지치료의 중지가 문제이다.
환자 본인에 의사에 근거한 임의적인 것을 주된 것으로 한다.	환자는 소위 식물인간상태로 의사표명이 불가능하다.
소극적 안락사는 통상의 일반적인 치료행위조차 하지 않는다(자연의 경과에 따라 죽음을 맞도록 하는 것이다).	존엄사의 경우는 특별한 생명유지장치의 제거라는 소극적 의료처치를 한다.

(3) 안락사에 대한 각국의 사회적 동향의 비교분석

가) 영 국

현대적 의미에서 최초로 안락사의 합법화를 주창한 사람은 영국의 톨레마치(Tollemach)로서 그는 1907년 불치의 병인의 신치료법이란 안락사 합법화안을 제출하여 그 효시를 이루었다.

최근에 의회에 제출된 법안의 특징은 그 대상 및 요건을 엄격히 제한하고, 식물인간상태의 환자의 생명연장장치의 제거문제 등을 포함하고 있는 것이 특징이다.

공식적으로는 안락사에 반대하고는 있지만, 어느 정도 안락사에 대해 옹호하고 있다는 면을 엿볼 수 있다.

나) 독 일

안락사의 입법화를 위한 노력이 처음 시도된 나라는 실질적으로는 독일이었다. 자살?안락사의 문제와 인공생명유지장치의 제거 · 제공 등에 대한 문제들이 검토되었다.

다) 네덜란드

안락사의 합법화논쟁에 대하여 가장 너그럽고 적극적인 입장을 보이고 있다.

1971년 의사 포스트마(Geertruida Postma)가 고통에 시달리던 자신의 모친을 안락사시켜 기소되었으나, 당시 안락사에 대한 네덜란드의 형량은 징역 1년이었음에도 포스트마에게는 1주의 집행유예와 1년의 보호관찰선고를 받았다. 이는 어느 정도 합법적으로 받아들여졌음을 의미하는 것이다.

1984년 대법원에서 열린 알크마(Alkmaar) 사건에서 환자가 충분한 정보에 근거하여 명백하고 일관되게 안락사를 요청한다면 그 요청에 응하여 안락사를 수행하는 의사는 무죄라고 판시하였다. 알크마 판결에서 의무의 충돌에 근거한 변호가 효력을 보는 바람에 네덜란드 법무부는 왕립의사협회의 조건들이 충족되기만 하면 안락사를 수행한 의사들에 대해서 기소하지 않기로 결정했다. 대신 안락사를 행한 의사가 검찰에 합법적으로 보고하는 절차들을 법으로 규정했다.

그 후 네덜란드는 안락사를 묵시적으로 인정하게 되었고, 1994년 5월부터 성인환자에 한해서 제한적으로 안락사를 허용해 왔다. 1999년 이후 제정된 법은 12~18세 청소년환자들에게도 특정조건 아래 안락사가 가능하도록 규정하고 있다.

라) 프 랑 스

사실상 치료가망이 없는 환자에 대하여 안락사를 실행한 자의 처벌은 유보하거나 처벌하지 않는 경향이다.

가장 최근의 경향으로 국가윤리위원회는 2000년 3월 종전의 완강한 안락사 반대입장에서 한 발 물러나 예외적인 경우에는 안락사를 허용하라고 정부에 건의했다. 의학자와 성직자 등 사회 각계 인사로 구성된 윤리위는 3년 동안의 논란 끝에 이 날 낸 보고서에서 안락사는 처벌받아야 할 범죄라는 기존원칙을 재확인했지만, 예외적인 경우에는 허용하라고 건의했다. 즉 다른 해결책이 없을 경우, 진통제가 전혀 효과가 없을 경우, 모든 치료법이 실패했을 경우, 돌이킬 수 없는 상황이라는 의견일치가 될 경우 등 예외적인 때에는 안락사문제를 상정해 볼 수 있다고 밝혔다.

마) 미 국

미국은 안락사논쟁이 주로 존엄사 및 말기 환자의 자기결정권 문제에 초점이 맞추어져 있다.

1976년 캘리포니아주에서 자연사법이 제정되었는데, 이러한 입법은 1977년에는 50개 주 중 38개 주에서 논의가 되었으며, 그 중 8개 주에서 채택되어 조심스럽게 한계를 긋는 법적 조건하에서 치명적인 병을 앓고 환자들에게 죽을 권리를 확인해 주었고, 식물인간에 대한 생명유지장치의 제거를 합법화하게 되었다.

통증치료가 진보하여 말기 환자의 육체적 고통문제는 거의 해결이 된 반면, 소위 식물인간에 대한 문제가 사회적으로 확산됨에 따라 현대 미국의 안락사문제가 Living Will과 관련한 존엄사문제로 관심이 집중하고 있다.

1994년 11월 오리건주 존엄사 법안은 성인환자가 인도적인 존엄을 갖춘 형태로 생명을 종결할 수 있는 약의 처방을 의사에게 요청할 수 있는 권리(자살 도움)의 법적 승인을 청구하는 내용이었다. 이것이 1997년 10월 주민투표로 통과된 안락사허용법에 대해 합헌판결을 내림으로써 오리건주는 안락사가 합법화된 미국내 최초의 주가 되었다.

바) 일 본

현재까지도 안락사를 부정하고 있으나 판례에 의해 안락사를 엄격한 조건이 충족된다면 형법상의 위법성 조각사유로서 죄가 될 수 없다는 온건한 입장을 보이고 있다.

사) 호 주

현재 호주연방 8개 주 가운데 3개 주가 생명연장장치를 제거하는 의료행위를 법으로 허용하고 있고, 나머지 주들도 관습법상 이를 인정하고 있다.

아) 우리나라

우리나라의 경우는 주로 형법학자들이 형법교과서에서 안락사에 관해서 논의되거나 생명윤리와 관련되어 의료부분에서 논의되고 있는 것 외에는 안락사를 논의할 만한 안락사협회 등도 설립되지 않았고, 더군다나 안락사의 합법화를 내용으로 하는 입법화운동은 추진되지 않은 실정이며, 죽음에 대한 논의를 꺼리는 분위기 속에서 안락사문제를 도덕 · 관습 등으로만 해결하려고만 하는 입장에 있었다.

최근에는 장기 등 이식에 관한 법률의 제정으로 뇌사자의 장기이식을 인정하는 등 생명의료윤리와 관련하여 안락사에 대한 사회적 관심이 점차 높아지고 있는 추세이다.

(4) 안락사의 의료 · 윤리적 논점분석

가) 죽음의 시기

(가) 죽음의 시기결정의 의의

자연사(자연적으로 죽게 되는 시점인 자연사개념)의 기준점이 있어야만 의사의 행위가 자연사의 기준점을 앞당겼는가 그렇지 않은가를 판단할 수 있다. 죽음의 시기결정에 대한 문제는 1차적으로 인간의 존엄성 및 인간생명 존중의 차원에서 결정되어야 한다. 죽음의 시기결정에 대해 가장 논란이 되는 것이 바로 죽음의 시기를 심폐사로 볼 것인가 뇌사로 볼 것인가에 대한 것이다.

의사의 환자에 대한 치료의무가 무한대로 확장될 수는 없는 것이며, 환자의 죽음과 동시에 의무가 종결된다고 전제할 때, 죽음의 시기가 결정된다면 후술할 의사의 환자에 대한 치료의무와 생명유지의무가 어느 시기에 종결되는가를 결정할 수가 있는 것이다.

A) 심 폐 사

호흡운동과 심장박동이 정지되고, 뇌반사가 소실된 것이 불가역적일 때(임상에서는 30분간 반복검사하여도 회복되지 않을 때) 죽음으로 판단하고, 다시 24시간을 기다려서 법적으로 죽은 것으로 판정되는 죽음의 기준

B) 뇌 사

뇌기능의 종국적인 상실, 즉 뇌사에 이른 때에 사람이 사망하였다고 판단한다. 뇌사의 기준으로 1968년 미국 하바드 의과대학에서는 영구적으로 기능하지 않게 된 불가역적 혼수상태의 뇌의 특징을 다음과 같이 제시하였다.

① 수용성과 반응성의 상실 : 환자는 체외에서 가해진 자극과 체내의 필요에 대하여 전혀 감지하지 못하고, 대단히 아픈 자극을 주어도 전혀 반응이 없다.

② 운동과 호흡의 상실 : 자발적 근육운동 전부, 자발적 호흡, 동통, 촉각, 음향, 광선 등의 자극에 대한 무반응

③ 무반사 : 고정되어 있고, 산대된 동공, 머리를 회전하였을 때 안구운동결여, 유해한 자극에의 무반응 및 일반적으로 조건반사의 소실

추가하여 뇌사판정시설의 이용이 가능하다면 평탄한 뇌파의 확인을 요구하였고, 24시간 후에 반복하여야 하고 변화가 없어야 한다는 것을 덧붙였다.

우리나라 정부는 1999년 2월 국무회의를 열어 뇌사를 공식적으로 인정 · 의결하였다(2000년 2월 9일부터 시행). 정부가 장기이식을 주도하는 것은 우리 나라가 처음이다.

뇌사의 인정의 효과로 장기이식의 합법화와 치료중단의 합법화가 있다.

(5) 안락사의 대한 대안 : 호스피스 서비스

안락사에 대한 대안 중 하나는 죽어가는 환자를 인정있게 보살펴 주는 일, 즉 호스피스일 것이다. 만일 환자가 안락사나 자살에 대한 조력을 요청한다면 왜 그가 그런 요청을 했는지 원인을 찾아야 할 것이며, 그 원인을 고치기 위하여 노력해야 한다. 환자가 안락사나 자살에 대한 조력을 요청한다면 왜 그가 그런 요청을 했는지 원인을 찾아야 할 것이며, 그 원인을 고치기 위하여 노력해야 한다. 환자의 통증 · 구역질 · 변비 또는 불면증을 완화시키기 위해 최대한 노력을 기울여야 하며, 또한 그 환자의 고독이나 영적인 고통 및 경제적인 어려움을 덜어 주려고 노력해야 하며, 환자에게 가능한 최대한의 통제력을 주려고 해야 한다. 실제로 말기 환자에게 있어서 고통은 특히 암이 아닌 다른 환자들에게서도 중요한 증상인 것이다. 우리는 병상태를 더 이상 효과적으로 치료할 수 없을 때, 과잉진료를 하지 않으면서 환자의 증상을 호전시키기 위한 광범위한 진료를 계속해 나가야 하며, 지원을 아끼지 말아야 한다. 이것이 바로 안락사의 대안으로서의 호스피스적 접근이라고 볼 수 있다. 이것은 의료기관의 환자에 대한 법적 · 윤리적 책임에 대한 건전하고도 온전한 이해에 기초를 두고 있고, 일단 환자의 생명을 인위적으로 단축시키지 않는 면에서 윤리적으로 적절한 방법이며, 그 방법이 건전하기 때문에 현재 종교계 등에서 안락사의 대안으로서 제시하고 있다.

그러나 우리나라에서는 아직도 호스피스에 대한 이해가 부족한 실정이다. 호스피스에 대한 이해를 높이기 위해서는 호스피스 발전에 저해되는 요인을 파악하여 해결해 나가도록 노력해야 할 것이며, 호스피스에 대한 교육이 폭넓게 실시되어 이해를 높이는 방안을 강구하는 한편, 호스피스관리에 관한 규정이 마련되어 바람직한 호스피스가 전개되도록 하여 안락사에 대한 또 다른 대안이 될 수 있도록 하여야 한다.

5 임종 단계이론

(1) 퀴블로 로스의 죽음의 5단계

① 부정의 단계

임종에 가까운 환자가 의사가 진단을 잘못내린 것으로 해석하여, 병원을 이곳 저곳을 옮겨가며 검사를 받으로 돌아다니며, 자신의 죽음을 인정하려 들지 않는다.

- 자신의 질병이나 증상에 대해 부정하며, 의사가 실수한 것이라 생각하며, 다른 환자와 바뀐것이 아닌지 의심한다. 또한 죽음에 대한 말이 나오면 화제를 바꾸려한다.

② 분노의 단계

가족과 같이 가까운 주위사람에게 직접적인 분노를 표현하면서, 왜 하필이면 내가라며 모든사람이 미워지고, 때때로 파괴적이며 공격적인 성향을 보이기도 한다. 이때에는 환자를 위해 충분한 시간을 주어야 하며, 이해하려고 노력해야 한다.

③ 타협의 단계

“조금만 더 살게 해준다면 훨씬 착하게 살겠다며 자신의 신과 타협을 하게 된다. 이 단계는 기간이 짧으며, 이때 환자는 표면으로는 조용해 보이나 실제로 매우 심적으로는 초조하고 바쁜 단계이다.

④ 우울의 단계

자신의 병을 더 이상 부인하지 못하고 심한 우울감에 빠지게 된다. 초연한 자세와 분노, 걱정은 오래지 않아 심한 상실감으로 바뀌며 우울증에 빠지게 되어 음식을 거부하거나 의사의 치료를 거부하기도 한다. 이때 대화를 원하지 않는 경우도 있으나 옆에 누가 있어 주기만 해도 환자에게는 큰 도움이 된다.

⑤ 수용의 단계

이 시기에는 매우 침착해 지고, 평화로우며 뚜렷한 자아를 가지고 있으나, 환자의 관심세계는 좁아지고 혼자있고 싶어하거나 이야기를 나누고 싶어하는 사람도 있다. 이때 자신이 버림 받지 않았다는 확신이 들게 하기 위해 자신이 소중한 존재라는 것을 인지시켜 줄 필요가 있다. 임종하는 사람을 앞에 두고도 침착해 할 줄 아는 사람에게는 이러한 침묵의 순간이야말로 정말 뜻깊은 의사소통이 이루어지는 순간이기도 하다.

6 호스피스 대상자의 케어

(1) 통증관리

말기 환자에게 있어 가장 흔히 나타날 수 있는 증상이며 통증은 신체 어딘가에 문제가 있다는 것을 알리는 신호이다. 만성통증의 효과적인 조절을 위해서는 의사, 간호사, 사회복지사, 사목자, 환자 및 가족 모두 포괄적이고 종합적인 중제가 이루어 져야 한다.

통증조절을 위해서는 약물투여(진통제, 마약성 진통제, 항우울성제제, 항불안성제제, 항정신제제), 비침습성 치료(열 냉요법, 말초신경 자극요법, 마사지, 부동, 방사선요법)과 심리적중재(이완술, 생체회환, 전환요법)이 있다.

이 때 환자가 너무 자거나 구역질이 있을 경우 약의 용량을 감소시키고 투약시간을 늘려야 하며, 불안감과 공포를 최대한 줄이기 위해 옆에 있어주어야 한다.

환자와 통증이 아닌 다른 것에 관하여 이야기하면서 시간을 보내는 것도 좋다.

비침습성 방법의 하나로 전통적으로 열과 냉요법이 통증완화를 위해 사용되기도 한다. 습열을 적용할 때, 타월을 뜨거운 물에 담근후 아픈 신체부위를 덮거나 얼음 마사지를 하여 혈관을 수축시켜 통증관리나 만성적인 허리통증에 도움을 준다.

이러한 마사지 방법은 환자와 관계증진에 도움이 되기도 한다.

심리적인 중재로는 이완요법, 생체회환, 전환요법이 있는데 긴장을 완화시키고 호흡을 가다듬으면서 통증을 완화시키는 방법을 사용하기도 한다.

(2) 식욕부진

환자가 오심과 구토로 어려워하면 더욱 식욕부진이 오기도 한다. 그러므로 체중감소 유무, 쇄약, 빈혈, 피부의 변화등의 증상을 잘 관리하여야 한다.

대부분의 환자는 아침에 불편감을 덜 호소하므로 단백질과 같은 열량이 높은 음식을 아침에 제공하는 것이 낫다. 식사시 여럿이서 식사를 하는 것이 좋으며, 적은 양보다는 푸짐하고 먹음직 스러운 음식을 보여주는 것이 더 효과적이다.

닭고기와 같은 경우 껍질로 인해 설사를 할 수 있으므로 껍질을 벗기고 살코기로만 제공하는 것이 좋으며, 소량씩 자주 먹기 좋게 해주어야 한다.

음료수는 보리차 보다는 과일넥타나 밀크쉐이크를 주어 열량을 높이는 것이 필요하다.

(3) 배변문제

만성환자는 대부분 침대에 오랫동안 누워만 있고 운동량이 적기 때문에 변비가 생기기 쉬우며 일부 항암제와 진토제의 사용으로 마약을 사용하는 환자에게서 발생할 가능성이 높다.

따라서 변비를 예방하기 위해서는 수분을 공급해 주어랴 하며, 신선한 과일 및 야채, 살구 등 고섬유질 음식을 식사때 제공을 하는 것이 좋다. 또한 배변 1시간 30분 전에 따뜻한 음료를 마시고, 공복시 찬물이나 과일주스(자두주스)를 마시는 것이 좋다.

이때 케어자는 적당한 운동을 하게 하며, 누워만 있을 경우 하복부를 시계방향으로 둥글게 맛사지해 주는 것이 좋다.

(4) 수면문제

통증이나, 정신적압박감 등으로 인한 불면증은 환자뿐만 아니라 케어자도 지치게 만든다.

불면을 호소하는 환자에게 매일 같은 시간에 휴식을 할 수 있게 환경을 조성해주며 낮에는 신체활동을 할 수 있게 한다. 또한 잠자기 전 우유나 꿀물 같은 따뜻한 음료를 마시게 하며 등이나 발 맛사지와 같은 것도 효과적이다. 이것들이 안될 경우 의사의 처방에 따라 규칙적인 시간에 수면제나 진통제를 투여한다.

(5) 호흡기 문제

환자가 숨쉬기가 힘들 경우 머리를 높혀주며 침대의 머리쪽을 올려주는 것이 좋다. 흡인기가 필요한 경우 사용법과 청결법을 익혀야 하며 한번에 15초 이상 흡인하지 않게 주의한다.

구강에 염증이 있는 경우 식사 전 수분이내에 미란타, 베나드릴, 싸일로카인 2%의 혼합물로 구취하게 하면 효과가 크다. 구강 간호는 과산화수소와 생리식염수를 섞어 식후 정규적으로 하며 이때 면봉을 이용하는 것이 좋다.

기침은 염증, 과다한 분비물, 기관지에 압박을 주는 종양등으로 인해 자극을 받아 일어나게 되는데, 이때 가습기와 같은 것을 이용하여 습도를 올려주거나 가능한 수분을 공급(우유제품은 삼가는게 좋다)해 주거나 더운 음료를 조금씩 마시게 한다.

호흡곤란은 보통 말기환자의 마지막 6주 동안 발병하며 몸 전체에 충분한 산소공급이 안될 때 발생한다. 이때 케어자는 환자의 눈, 손톱등에 청색증이 있는지, 맥박은 일정한지, 숨을 쉬고 있는지 등을 주의깊게 살펴보아야 한다.

(6) 생에 마지막 48시간에 나타나는 증상

의식 정도가 감소하며 물도 먹지 못하고 소변량이 아주 줄어 거의 소변을 보지 못하거나 매우 진한 색깔의 소변을 조금 보게 된다. 다리와 팔이 보라색으로 변하고 차가워지며 간헐적으로 무호흡, 호흡곤란을 보이며 인후와 가슴에 부글거리며 끓는 소리가 난다. 호흡은 점차 빨라 지며 피부는 차고 축축해지며 창백하다. 혈압과 체온은 떨어지고 동공이 확대된 상태로 고정되며 대소변의 실금이 나타나기도 한다. 의식은 변화되어 혼수를 나타내지만 턱과 얼굴근육이 이완되어 얼굴표정이 점차 평화롭게 보이기도 한다.(현외성외, 2001)

7 호스피스와 윤리적 딜레마

말기환자를 위한 케어서비스에서 제기되는 윤리적 갈등을 논의하고 최선의 윤리적 결정을 내려보려고 한다.

(1) 사례소개

P씨는 48세의 남자환자로 1년 전 흑변(melena)때문에 내과에서 진찰받은 결과 진행성 위암으로 판명되어져 수술(radical total gastrectomy & esophagojejunostomy)및 항 화학요법을 받았다. 그러나 6개월 후의 진단 결과는 위암이 식도로 전이된 것으로 나타났으며, 식도의 협착 때문에 스텐트(stent)를 삽입하고 약간의 죽 또는 미음을 먹으며 지내고 있다.

P씨는 날로 복부통증이 심해지고, 왼쪽 폐엽에 폐렴증상까지 겹쳐 신체적 고통이 심하다.

P씨에 대한 치료적 조치는 사실상 중단되었고, 그의 여명이 얼마(2~3개월)남지 않았다고 판단한 의료진에 의해 P씨는 호스피스 서비스(hospice service) 대상자로 의뢰되었다.

호스피스 팀 중 H사회복지사는 P씨와 그 가족들의 심리 · 사회 · 경제적인 문제를 주로 담당하였는데, 그 과정에서 환자의 신뢰를 얻게 되었고 관계형성도 잘 되어갔다.

어느날 P씨는 H사회복지사에게 자신의 병의 진행에 대해 자세히 알려달라고 요구하였다. 아무도 자신의 병에 대해 솔직하게 얘기해 주지 않아 너무 답답하고, 불안하며, 찾아오는 모든 사람들이 자신을 속이고 있는 것 같다고 하면서, 사실을 알고 자신이 그 다음은 결정하겠노라고 했다.

H사회복지사는 이 문제에 대해 환자와 가장 가까운 관계이고, 자녀가 없으므로 가족으로는 유일한 P씨 부인의 생각을 알아보았다.

P씨의 부인은 환자의 병이 치유 불가능하며, 임종이 가까워 온다는 것을 P씨가 눈치채지 않도록 해 달라며, 사실을 절대적으로 비밀에 부쳐달라고 하였다. 그리고 P씨가 만일 사실을 정확히 알게되면 지금의 고통을 참지 못하고 자살을 생각하거나 안락사를 요구하게 될지도 모르고, 환자를 두번 죽이는 것이나 다름없다며 완강하게 반대하였다.

H사회복지사는 말기환자인 P씨의 품위있는 죽음을 위하여 병황진실을 말해줘야 옳은지, P씨 부인의 말대로 사실을 비밀에 부쳐야 옳은지에 대한 윤리적 딜레마에 처하게 되었다.

(2) 문제제기

일반적으로 모든 사회복지 전문 분야가 인간에 대한 기본적인 가치인 인간의 존엄성과 생명에 대한 존중과 보호와 같은 가치들이 중요하게 대두된다.

말기환자를 돕는 사회복지 서비스에서는 더욱 더 한 인간의 존엄성과 생명보호의 문제, 그리고 삶의 질의 문제를 깊이 있게 생각해 보아야 한다.

사회복지사의 실천오류를 줄이고, 주변의 예측되어지는 부작용들을 줄이면서 P씨와 그의 가족이 의연하게 P씨의 죽음을 맞이하도록 돕는 방법은 무엇일까?

- 당신은 소중합니다.
왜냐하면 당신은 유일한 당신 자신이기 때문이지요.
당신은 또한 죽음의 마지막 순간까지 소중합니다.
그래서 우리는 당신이 평화스럽게 죽을 수 있도록 도울 뿐만 아니라,
당신이 생을 다할 때까지 평화스럽게 살 수 있도록
최선을 다해서 도와드리겠습니다. -

Dr. Cicely Saunders

〈참고문헌〉

가톨릭대학교 성가병원 호스피스과. 호스피스 교육자료집 : 2001.

가톨릭성모병원 호스피스과. 호스피스 교육. 제24차 호스피스 교육자료 : 2001.

노유자, 한성숙, 안성희, 김춘길. 호스피스와 죽음. 서울 : 현문사 : 1997.(p.122~126).

사회사업사전. 제2판. 서울 : 이론과 실천 : 1996. 환경요법 : p.257

이광재. 한국 호스피스의 활성화를 위한 의료사회사업적 개입방안연구[석사학위논문]. 서울 :중앙대학교 사회개발대학원 : 1993.

이금재. 만성질환자의 가족기능정도와 환자역할행위 이행정도와의 관계에 관한 연구[석사학위논문]. 서울 : 이화여자대학교 대학원.

이은숙. 호스피스 자원봉사활동이 봉사자와 가족에게 미치는 영향[석사학위논문]. 서울 : 중앙대학교 사회개발대학원 : 1995.

최윤선. 호스피스 완화의학. 서울 : 고려대학 출판부 ; 2000.(p.3-5)

한숙정. 암환자가족의 가족기능에 관한 조사연구[석사학위논문]. 서울 : 고려대학원 : 1992.

황나미,노인철. 말기환자관리를 위한 호스피스 제도화 방안. 서울 : 보건사회연구원 : 1995.

제10장

응급처치

10 응급처치

Ⅰ. 응급처치

1 응급처치의 정의 및 중요성

응급처치는 응급환자의 위험사항에 대하여 행하여지는 기도 확보 및 유지, 심박의 회복 등 신체적, 정신적으로 안정적인 상태를 만들어주는 것이라 할 수 있다.

위험사태가 발생할 수 있는 모든 환경은 유기적 생명체인 인간의 생명과 직결되기 때문에 위험사태의 예방은 무엇보다도 최우선이 되어야한다.

하지만 응급상황이 발생되었다면 처치자는 본인이 평소에 습득한 여러가지 응급처치법을 이용하여 정확하고 신속한 판단으로 적절한 조치를 실행하는 것이 손실을 최소화할 수 있는 방법임을 염두하여야 한다.

갑작스러운 상해나 질병의 발생에서 그 상태를 아무런 대책 없이 방치하면 손상 정도는 더욱 악화되고 이후에는 치명적으로 이어질 수 있기 때문에 여기에 대한 즉각적 조치가 뒤따라야 한다.

즉 위급상황의 발생시 신속하고 적절한 응급처치는 인간의 생명을 구할 수 있고 부상환자의 장애정도를 경감시킬 수 있다는 관점에서 응급처치의 필요성이 대두된다.

응급처치는 전문의료치료 이전에 최초반응자에 의해 임시적으로 실시되는 제 1차적 처치방법으로써 처치방법에 대한 숙지는 구조 중 일어날 수 있는 돌발사항을 침착하게 처리할 수 있다.

이러한 응급처치가 완벽하게 진행된다면 사망에 이르던 생명을 구할 수도 있지만 반대로 처치방법을 모르거나 또는 처리과정이 잘못되었을 경우에는 오히려 생명에 치명적 손상이 초래될 수 있다. 이렇듯 응급처치는 삶과 죽음을 결정짓는 중요한 요소로서 응급처치에 대하여 폭넓게 이해하려면 사고예방 프로그램과 사고 발생 시의 정확한 대책을 동시에 다루어야 한다.

2 응급처치 교육의 목적

응급처치 교육의 목적은 인간의 생명과 관련되어 사고를 예방하고 위급한 사태가 발생되었을 때 부상자 또는 현장을 목격한 사람이 상태의 악화를 방지하기 위한 올바른 응급처치 지식과 기술을 익히는 데 있다.

이러한 응급처치 교육의 목적은 다음과 같이 두 가지 중요한 내용이 있다.

1) 사고 및 질병의 예방

응급처치 교육의 첫째 목적은 사고 또는 질병의 예방에 있다.

예방적 교육이 중요시되는 이유는 위급한 상황에 대한 대처방법과 발생원인을 알게됨으로써 사고나 질병의 예방에 힘쓰게 된다는 것이다.

2) 적절한 조치과정

사고예방을 위한 조치에도 불구하고 위험사태가 발생하면 여기에 대한 적절한 조치가 필요하게 된다.

즉 적절하게 행하여진 응급처치는 환자의 상태의 악화를 방지하고, 신체의 회복기간을 단축시켜 일상생활로의 복귀가 빨라진다.

또한 응급처치의 정확성 여부에 따라 사망여부, 회복기간, 불구여부가 판가름 된다.

그러므로 각각 상황이 다른 환자에게 어떻게, 어떠한 방식으로 처치하는 것이 좋을지 올바르게 판단해야만 그것을 실천에 옮길 수 있는 것이다.

3 응급처치의 일반적 유의사항

1) 생명과 직결되는 상황에서 처치가 필요한 경우

① 생명에 직접적으로 지장이 있는 심정지, 호흡정지, 의식장애, 대출혈, 심한 열상, 음독 등의 환자는 발견 즉시 처치하여야 한다.

② 여러가지 질병이 복합적인 합병증으로 발생되었을 경우 긴급한 순서대로 처치하여야 한다.

2) 처치의 기본

가) 환자의 관찰

① 환자를 자세히 관찰한다.

② 의식, 호흡, 맥박, 피부변색, 대출혈 등 활력징후를 조사한다.

③ 상처, 출혈, 골절, 탈구, 타박, 통증 등의 유무 및 상태와 손, 발의 가동성 여부, 상해 및 질병의 발생원인 등에 대해서도 자세히 살펴본다.

④ 의식이 있는 경우, 사고발생의 원인과 사고상황을 환자에게 직접 들어보아 참고로 한다.

⑤ 많은 환자가 발생한 경우에는 생명이 위독한 환자 순으로 우선 처치한다.

나) 환자의 자세

환자의 상태 및 상황에 따라 가장 편안하고 처치에 도움을 주는 자세로 이동하거나 유지하여야 한다.

다) 보온 및 기온

체온이 떨어지지 않도록 신체 전체의 안정을 유지하도록 하는 것을 보온이라 한다. 특히 물에 빠진 사람 또는 눈, 비속에서의 사고자는 급속도로 체온이 내려가는 경우가 있다. 이러한 경우 환자의 체온을 유지하는 보온처리는 필수적인 조치가 된다.

또한 어떠한 경우에는 온도를 높여줄 필요가 있는데 이때에는 구조자의 옷, 신문지, 담요, 등 모든것을 도구로 활용하여야 한다.

그러나 기온이 너무 지나쳐 덥게 해주면 피부에 땀이 나서 오히려 체액손실을 조장할 우려가 있으므로 주의해야 한다.

라) 음식물

일반적으로 환자에게 음식물 제공은 금지하고 있으나 필요한 경우 음료수는 제공이 가능하다. 그러나 알콜류, 또는 자극적인 맛이 나는 음료수의 경우는 제외된다.

3) 환자 접촉시 주의사항

가) 환자의 정신적 불안감 해소를 통한 안정감 조장

일단 환자를 불안감 또는 공포감에서 안심시키는 것이 중요하므로 될 수 있으면 환자에게 상처, 혈액, 구토물 등을 보이지 않도록 한다.

이것은 환자의 정신적 안정감을 위한 것이며 처치자의 올바른 행동과 언어사용이 무엇보다도 중요하다.

나) 안정

환자의 상태를 악화시키지 않기 위해서는 안정이 중요하므로 다음 사항에 유의하여야 한다.

① 심하게 흔들리는 상태에서의 운반은 상황을 악화시킬 수 있다.

② 주위의 소란스러움은 환자에게 불안감을 조성한다.

③ 누워있는 장소의 환경도 안정에 영향을 미친다.

④ 신체적 안정과 심리적 안정이 무엇보다 중요하다.

다) 협력자를 요청한다.

사고현장에서 혼자서 모든 응급처치를 실행하는 것은 매우 어려운 작업이며, 당황한 나머지 오히려 응급처치를 그르칠 수도 있으므로 처치자를 도와줄 수 있는 협력자를 구하는 것은 무엇보다도 중요하다. 좋은 협력자의 경우 처치과정, 연락 및 운반, 군중정리, 교통정리, 보조역할 등 제반사항에 도움을 받을 수 있다.

라) 연락 및 통보

연락하기 이전에 [언제], [어디서], [누가(무엇이)], [무엇을], [어떻게] 하였는가를 간단 명료하게 정리한다.

① 의료기관, 구급대에 연락한다.

환자의 상태와 실시한 응급처치법을 설명하고 이후의 처치방법을 문의한다.

또한 구급요청을 할 때에는 정확한 장소를 알리고 사이렌이 들리면 누군가 나가서 안내나 유도를 하며, 이때 야간이라면 회중전등으로 신호를 보낸다.

또한 구급대원이 요청한다면 누구든 즉시 협력하도록 한다.

② 가족들에게 연락한다.

침착하게 자신의 이름을 말하고 사고 상황에 따른 현 환자의 상황을 가족들에게 설명한다. 그러나 가족들이 불안감을 갖지 않도록 하는 것이 좋으며 환자의 인계 또는 입원한 의료기관, 장소, 전화번호 등을 알려주고 환자의 간단한 조언도 전해준다.

마) 운반

응급처치 실시 이후의 환자운반은 매우 중요하다.

잘못된 환자의 운반은 상태를 더욱 악화시킬 수 있으므로 서두르지 말고 침착하게 올바른 방법으로 운반하여야 한다.

바) 처치의 기록

① 처치상의 기록

응급처치를 실시한 경우에는 환자의 성명, 연령, 주소, 상해부위, 특히 실시한 처치내용 및 그 시각을 기록한다.

그리고 의료진에 인계되기까지의 환자상태 즉 호흡, 맥박, 출혈, 의식, 구토, 안색, 통증, 체온 등 활력징후도 기록하여 의사에게 제공한다.

② 처치기록표

처치기록표란 환자의 성명, 연령, 현주소, 환부, 실시한 응급처치내용, 현재의 상황 등에 대한 기록표를 말한다.

처치기록표는 특히 한꺼번에 많은 숫자의 환자가 발생하였을 때 필요하며 눈에 띄기 쉬운 곳에 단단히 부착한다.

4) 사고현장에서의 유의사항

가) 주변상황의 관찰

처치자는 환자의 관찰과 주변상황도 자세히 파악하여 사고 발생시의 상황과 사고위치, 상해가 일어난 원인 등에 관하여 알아두어야 한다.

또한 처치자 경우 주변 사람들의 소견에 휘말리거나 주변상황의 혼란스러움 때문에 당황하여 처치를 그르칠 수도 있으므로 주의하여야 한다.

나) 2차 사고의 방지

교통사고, 야간사고, 유독가스가 방출된 곳, 바람이나 눈 속에서의 사고 등은 환자뿐만 아니라 구조자도 위험에 노출될 수 있음을 알아야 한다. 이러한 2차사고의 우려가 있는 상황의 경우 환자와 구조자 자신의 안전을 생각하고 사고 방지책을 고려하여야 한다.

다) 증거물, 소지품 보전

사고현장에 남아있는 모든 것은 사고와 관련되어 사고해결에 좋은 참고물이 된다. 때문에 현장을 잘 관찰하여 증거물, 소지품 등을 그대로 보전해 둘 필요가 있으며 이것을 함부로 처리해서는 안된다.

4 처치의 기본

1) 응급구조 활동의 원칙

응급상황이 발생하면 어떤 방법으로 어떻게 시작해야 할지 당황함이 앞서는 경우가 의외로 많이 생긴다. 이러한 경우 무엇을 어떻게 하는것이 효율적인가를 생각하여야 한다.

다음은 응급활동의 기본적인 원칙이다.

가) 현장조사를 통한 사고상황 파악

구조활동 시 현장의 안정성 여부를 반드시 확인한다.

사고현장을 조사할 때 눈에 보이지 않는 위험요소까지 파악하여 접근성이 떨어진다고 판단되면 곧바로 응급의료서비스 체계에 신고해야 한다.

또한 사고현장이 안전하다고 판단되어 접근성이 용의하게되면 사고상황을 자세히 관찰하여 응급사태 발생원인과 환자의 상해정도를 파악하여 신속하고 정확한 응급처치를 실시한다.

만일 환자가 의식이 있다면 사고상황과 환자의 상태를 물어보며 의식이 없다면 정확한 현장 조사로 사고상황을 파악하여야 한다.

사고발생시 눈에 보이는 환자이외에 또 다른 환자가 있을 수 있음을 가정하여 환자가 몇 명인지 확인하는 것이 무엇보다 중요하다. 또한 많은 수의 환자가 발생하면 협조자를 요청하여 주위사람들에게 연락, 통제, 처치보조 등의 협조체계를 구성한다.

나) 응급의료서비스 체계에 연락(119)

기본적인 호흡과 맥박을 확인한 후 곧바로 응급의료서비스체계에 연락한다.

다) 호흡, 맥박 확인(생명이 위험한 상태)

필요하다면 환자의 의식유무에 관계없이 호흡과 맥박을 확인한다.

A : Airway (기도) - 기도가 열려있는지를 확인한다. 기도가 막혀있을 시 호흡을 제대로 할 수 없다.

B : Breathing (호흡) - 생명현상의 가장 기본적인 산소공급을 위한 호흡의 작용은 5분 이상 호흡작용이 없을 시 뇌쪽으로 가는 산소공급의 차단으로 뇌사상태가 야기될 수 있으며 심하면 목숨을 잃게 된다.

C : Circulation (순환) - 인체의 혈액은 혈관을 통하여 온 몸을 순환하며 각 장기와 기관에 산소를 공급한다.

라) 응급처치(머리에서 발끝까지)

환자의 머리끝에서 발끝까지 전신을 자세히 관찰하면서 머리끝에서 발끝까지 환자를 자세히 관찰하면서 부상의 종류 및 정도, 위치, 동통부위 등을 명확하게 파악한다.

2) 생명유지

생명유지는 응급처치의 가장 우선적인 사항이다. 호흡, 순환이 정지되어 생명을 잃게 된다면 응급처치의 전개는 아무런 의미가 없게 된다. 사고발생 이후 호흡정지의 상태가 5분 이상이 경과되면 심장이 멈추고 혈액의 순환이 정지되며, 뇌의 혈액순환도 멈추게 된다. 혈액순환의 정지는 맥박과 호흡정지현상을 보인다.

때문에 기도, 호흡, 순환기 중 어느 하나라도 문제가 있다면 즉시 의료적 도움을 요청하는 동시에 생명을 유지시키기 위한 노력을 계속 행해야만 한다.

그리고 기도, 호흡, 순환기가 정상이라 할지라도 상태가 나빠지고 있는지 자세한 관찰이 계속되어야 한다.

3) 응급처치의 원칙

사고상황에서 환자 발생시에 응급처치자는 항상 지켜야 할 원칙이 있다는 것을 기억해야 한다. 무작정 응급처치만 서둘러 실시한다고 좋은 결과가 나오는 것이 아니므로 순간적으로 짧은 시간 동안 최상의 처치법을 활용하여 행동을 취하는 것이 중요하다.

즉 우선 행동을 취하기 이전에 관찰사항과 행동사항을 생각해야 한다.

무엇을 관찰할 것이며 행동할 것과 행동하지 말아야 할 것을 구분하여 어떻게 행동할 것인가를 판단하여야 한다.

응급처치의 원칙을 일반적인 원칙과 PRICESM의 원칙으로 구분하면 다음과 같다.

가) 일반적인 원칙

① 안전지역 또는 주위의 위험 요소가 제거된 곳으로 환자를 이동

② 호흡정지, 대출혈, 쇼크, 음독 및 중독 등 긴급환자 순으로 처리

③ 호흡정지시 즉각적인 인공호흡 실시

④ 쇼크의 예방과 쇼크발생시 신속한 처리

⑤ 과도한 출혈시 신속한 지혈법의 실시

⑥ 먼지나 세균의 침입으로부터 환부를 보호

⑦ 신체에 압박을 줄 수 있는 의복, 허리띠, 넥타이 등은 느슨하게 풀어주고 보온처리

⑧ 의식이 없는 환자, 복부 및 기관에 심각한 창상을 입은 환자, 과도한 출혈 현상을 보이는 환자에게는 구강으로 아무것도 제공하지 말아야 함

⑨ 심리적으로 불안한 환자를 안심시켜 쇼크상태를 방지

나) PRICESM의 원칙

P : Protection (보호)

R : Rest (휴식)

I : Icing (냉각)

C : Compression (압박)

E : Elevation (거상)

S : Support (고정 및 지지)

M : Massage (마사지)

① 보호

환부의 보호는 감염된 상처가 더이상 악화되지 않도록 하기 위함이다. 따라서 상해발생 시에는 환부를 안전하게 보호하여 더이상 감염의 진행을 방지한다.

② 휴식 및 안정

환부는 움직일수록 상태가 악화되기 때문에 될 수 있으면 움직이지 않도록 환부부위를 고정하고 휴식 및 안정을 취한다. 또한 휴식 및 안정은 고통과 통증을 줄이고 최소화시키며, 장애의 회복속도를 앞당긴다.

③ 냉각

상해발생 직후의 냉각처치 과정은 이후의 경과에 상당히 많은 영향을 미치는 부분이다.

냉각처치 기간은 가벼운 상태의 경우 약 24~48시간 혹은 심한 경우라면 72시간 정도를 기본으로 한다. 냉각처치는 출혈과 수분 및 액체상실로 야기된 통증을 경감시켜 부기를 억제하고 신경전도성을 둔화시켜 통증요소를 마비시킨다.

또한 혈액순환을 완화시켜 출혈을 억제하며, 감염의 진행도 느리게 하므로 반드시 실시하여야 한다.

냉각처치 시간은 일반적으로 손상정도가 가볍다면 약 10~15분 정도가 소요되고 손상정도가 심하다면 약 20분 이상이 소요된다. 이렇게 약 2~3일 정도 철저히 냉각처치를 하면 대개의 부기와 열은 가라앉을 것이다.

④ 압박

환부를 압박하여 부기를 억제하는 역할을 한다.

그러나 너무 강하게 오랫동안 압박을 가하면 근육장애, 신경장애, 혈행장애 등 부작용이 초래되고 또한 너무 느슨하게 감싸면 압박의 의미를 상실하기 때문에 가장 적절한 압력강도가 필요하다.

⑤ 거상

혈액은 다른 액체와 마찬가지로 압력이 높은 곳에서 낮은 곳으로 흐르기 때문에 환부를 심장보다 높은 곳에 위치시켜 중력의 작용으로 출혈이나 부종을 억제한다. 출혈발생시 환부가 심장보다 낮은 곳에 위치하면 그만큼 출혈량만 늘어나기 때문에 환부를 심장보다 높은 곳에 위치시켜 과잉의 출혈이나 부종을 억제시키는 거상처치는 상해 직후 특히 출혈에 대한 즉각적 처치로 이어져야 한다.

⑥ 고정 및 지지

뼈의 손상 즉 염좌, 탈구, 골절시에는 즉시 관절을 조정하여 원위치로 되돌린 다음에 부목 등을 대어 붕대로 감아서 고정시킨다.

뼈의 손상은 주변의 인대 및 다른 결합조직도 연쇄적으로 손상되어 관절의 결합기능은 저하되게 된다. 이때 염좌의 손상정도가 가볍다면 환부에 테이핑을 이용하여 고정력을 되살리고 지지역할을 해줌으로써 가벼운 신체활동도 가능해진다.

그러나 탈구나 골절상해와 같은 심각한 골상해는 신체활동을 가능한 줄이고 부목을 대어 통증 및 악화를 예방한 후 모든 것을 의료진에 위임한다.

⑦ 마사지

상해발생 초기에는 환부를 직접 손으로 쓰다듬거나 문지르는 등의 행위를 삼가하고 열을 냉각시킬 수 있는 얼음마사지로 냉각효과를 기대하는 것이 좋다.

즉 얼음마사지 이외에 다른 여러 가지 마사지는 부기와 열이 가라앉은 이후에 실시하는 것이 바람직하다.

여러 가지 응급처치 과정이 진행되고 기간이 지나면서 환부는 정상대로 되돌아오지만 조직 자체는 원래대로 회복되는데 시간이 걸리기 마련이다.

따라서 경직된 조직을 원래상태로 회복시키는 과정의 마사지가 필요해지며 여기에는 검사방법(관찰, 기능테스트, 느끼기)을 통한 신체변화에 대응하는 마사지 기법을 적용해야 한다.

4) 환자의 관찰

환자가 발생하게 되면 처치를 실시하기 전에 환자의 상태를 조사하며 동시에 주변의 상황도 파악할 필요가 있다.

2차사고의 위험이 없는 경우에는 즉각적 처치가 필요한 환자인지 구별하고 대출혈 유무도 조사하며 동시에 생기도 계속되어야 한다.

이것은 다음과 같은 것 등을 포함한다.

① 의식의 유무

② 호흡, 맥박

③ 안색과 체온

④ 손 · 발의 가동성

이러한 것을 조사하는 방법은 다음과 같다.

가) 의식

① 의식의 유무를 확인한다.

무슨 일이 일어났는지 물어보고 가볍게 어깨를 두드린다.

이때 어린아이나 젖먹이 아기라면 발바닥을 가볍게 두드리며 접촉을 시도한다.

② 의식장애가 있을 때 어느 정도인지를 조사한다.

- 의식혼돈 – 귀에 대고 큰 소리를 지르면 눈을 뜨거나 반응을 보이지만 멍한 상태를 하고 있다.
- 반혼수 – 귀에 대고 큰 소리를 질러도 반응이 없고 세게 꼬집으면 몸을 움직인다.
- 혼수 – 귀에 대고 큰 소리를 지르거나 세게 꼬집어도 전혀 반응이 없다.

③ 동공을 조사한다.

눈꺼풀을 들어올려 좌 · 우의 동공을 비교하면서 관찰하여 의식상태를 조사한다. 동공이 크게 열려있으며 의식이 없다면 위험을 예고하는 것이다.

동공의 좌, 우 크기가 다르거나 의식이 없고 또는 양쪽 눈의 어느 한 쪽이 치우쳐져 있을 때에는 뇌손상인 경우를 의심해봐야 한다. 현저하게 동공이 축소되어 있을때는 약물의 영향에 의한 경우가 많다.

또한 심각한 약물중독, 외상, 급성질환의 경우 의식에 이상이 생기며 정도의 심각성에 따라 생명에 큰 영향을 줄 수 있다.

턱, 목, 혀 등에 힘이 없어지고 설근이 말려들어가면 의식에 이상이 있음을 의심해야 하며 이러할 경우 액체나 음식물이 걸려 목 안쪽이 막히기 쉬우며, 그대로 방치하면 호흡곤란이 발생하기 때문에 기도의 개방을 위해 고개를 옆으로 돌려 이물질이 흘러나오도록 한다. 그리고 혼수상태가 되면 반사운동 기능이 저하되고 토사물을 뱉을 수 없어 그것이 목에 걸리거나 폐로 흡입될 위험성이 있기 때문에 의식이 불투명한 사람에게는 음식물 제공을 절대적으로 금지한다.

경련을 일으키고 있는 경우에는 의식을 잃게 될 빈도가 높아지는데 오랫동안의 경련은 호흡장애의 위험을 초래하기는 하지만 경련만으로 사망에까지 이르는 경우는 비교적 적다.

나) 호흡

① 흉부가 상, 하로 움직이고 있는지, 깊은 숨인지, 얕은 숨인지, 가쁜 숨을 쉬는지 또는 전혀 움직임이 없는지 등을 조사, 관찰한다.

② 호흡소리를 듣는다.

기도가 폐쇄되거나 이물질, 침 등으로 막히면 호흡소리로 알 수 있다.

③ 환자의 호흡이 처치자의 볼에 느껴지는지 감지한다.

다) 맥박

① 맥박을 촉진한다.

손목, 서혜부, 목에 검지와 중지 손가락 끝으로 가볍게 대어 맥박을 확인한다.

먼저 요골동맥 확인하는데 맥박을 찾기가 어렵다면 그것은 혈압이 내려갔다는 증거이므로 그런 경우에는 경동맥을 짚어본다. 맥박이 촉진되지 않으면 혈압이 심하게 내려가 있거나 심정지를 의심할 수 있다.

② 맥박이 이상이 있다면 동공을 관찰한다.

동공이 크게 열려 있다면 사망의 위험성도 있다.

정상적인 성인의 안정시 맥박수는 1분에 60~80회 정도이고 어린이 경우는 1분에 90~120회 정도인데 맥박이 50회 이하로 너무 느리거나 안정상태인데도 120회 이상으로 너무 빠르다면 심각한 문제를 야기시키게 된다.

라) 안색, 체온

① 청색증

호흡곤란, 심장이상, 약품중독 등으로 일어나는 위험한 상태에서는 안색, 사지의 피부색, 입술, 손톱등의 색깔이 검푸르게 나타나는 청색증이 나타날 수 있다.

② 창백

안색, 피부색이 하얗게 되고 피부를 만져보아 차갑게 식은 느낌이 들 때는 다량의 출혈로 혈압이 내려가거나 심장발작 등으로 심박작용이 저하되어 혈액순환이 원활하지 못함을 보이는 것이다.

③ 홍색

안색, 피부색이 홍색을 띠고 있을 때에는 혈압이 높거나, 일산화탄소 중독, 일사병, 열사병 등을 의심한다.

④ 혈색이 좋고, 따뜻하고 건조한 느낌

맥박을 잡을 수 있고 안색이 좋고 피부가 따뜻하며 건조한 느낌이 있다면 사망의 위험은 보다 적어진다.

마) 손, 발

의식이 있는데도 손이나 발을 움직일 수 없을 때에는 신경계의 손상이 의심된다. 단, 골절에 의한 경우도 손과 발의 움직임을 제한시킬 수 있다

Ⅱ. 근육상해와 골(骨) 상해

1 근경직

1) 증상 및 원인

비복근이 강하고 급격하게 수축되어 근육의 긴장성이 이상상태에 있을 때 나타나는 일종의 근피로 현상을 근경직이라고 한다.

이러한 현상은 부분적인 운동기능의 저하는 물론 이로 인하여 신체 전반의 보든 신체기능의 저하로 이어질 수 있다. 이러한 근경직의 발생원인은 분명하지 않지만 가장 부각되는 발생이론은 다음과 같다.

① 과도한 근수축의 결과로 근육내에 젖산 및 대사물질의 과다 축적

② 발한에 의한 혈액과 근육 중에 식염소실 및 탈수현상

③ 극심한 운동량으로 인한 근피로 현상

④ 국소적인 순환기계의 기능장애

⑤ 근육의 냉각상태

⑥ 비타민 B1의 부족

2) 응급처치

근경직이 자주 나타나는 사람은 평소에 마사지를 하는 것이 예방대책이 된다.

그리고 식염, 비타민 B_1을 충분히 섭취하고 정신적인 안정감을 도모하며, 근육내의 냉각을 방지해야 한다.

고온에서의 활발한 신체활동은 염분과 분비액의 보충을 요구하므로 여기에 대비하는 예방책을 준비한다. 근경직이 발생되었을 때 부분적인 근경직이 생명을 직접 위협하는 것은 아니기 때문에 성급하게 서두를 필요는 없다. 이럴 때에는 침착하게 마사지, 스트레칭, 온냉교체욕 등 적절한 방법을 적용하는 것이 효과적인 대책이 된다.

그러나 전신에 광범위하게 나타나는 근경직은 매우 위험한 상태를 초래할 수 있으므로 즉시 의료기관으로 후송해야 한다.

2 타박상

1) 증상 및 원인

강한 외력의 작용으로 근육 및 골격에 충격이 가해져서 발생되는 손상을 타박상이라고 한다.

타박상은 강한 외부로부터의 충격이 피부나 피하조직에 손상을 입히기 때문에 혈액이 정체되고 부기가 생기며, 열과 통증이 수발된다. 외력에 의한 피하조직의 손상은 모세혈관이나 임파관이 절단되어 피하혈종이 생겨 임파순환의 장애를 야기시키고 종창을 더욱 악화시키는 결과로 된다.

손상 정도가 심할 경우에는 근육 및 근막이 부분적으로 파열되고 근육내 출혈이 근섬유 사이로 침윤되어 근경련까지도 나타날 수 있다. 또한 타박 부위도 매우 광범위하여 신체 모든 부위에 손상을 입히며 그중에서도 두부, 흉부, 복부, 골반의 타박은 특히 위험하다.

① 흉부타박 - 특골 및 흉골골절과 폐손상이 발생할 수 있으며, 심한 경우는 늑골의 골절단에서 조직이 손상되어 이로 인하여 흉곽내에 혈액이 괴이는 혈흉이 생길 수 있다. 또한 늑골 골절만 처리하는 동안에 심하게 피를 토하거나 호흡장애를 일으킬 수 있다.

② 두부타박 - 뇌진탕의 위험성을 간과할 수 없고 의식불명이 될 수 있으며 또한 메스꺼움을 느끼거나 심한 두통을 호소하고 맥박이 불규칙해진다.

③ 복부타박 - 인체의 소중한 장기가 많이 들어있는 복강내에 강한 타격이 가해지면 그 직후 또는 얼마 후에 쇼크상태가 되어 혈압이 떨어질 수 있다. 만약 내장기계가 터지면 복막염을 일으켜 상태는 더욱 악화되는데 이때에는 수술여부를 감안하여 수분을 제공하지 말아야 한다.

④ 골반타박 - 골반에 매우 강한 외력이 작용되어 골반가동에 제한성이 생긴다면 이것은 곧 허리 회전력을 저하시키고 이로 인한 여러 가지 운동장애가 나타난다.

2) 응급처치

응급처치의 목표는 출혈을 억제하고 임파액의 원할한 유통을 촉진시키는 것이다. 타박상의 초기에 완전히 치유시키는 것이 중요하므로 우선 환자를 안정시키고 환부에 냉각처치를 실시하며, 필요에 따라 압박과 고정을 실시한다.

타박상은 처치순서에 따라 이후의 경과가 다르게 나타나므로 불필요한 행위는 절대 금지한다. 타박시에 그 정도가 가볍다면 근육이나 근막에 손상이 없으므로 환부를 식혀서 피하출혈, 부기, 통증을 진정시키고 부기가 내리면 온습포로 피하출혈 등의 흡수를 촉진시킨다. 그리고 회복기에는 온냉교체욕, 온열요법, 마사지나 스트레칭 등으로 빠른 회복을 도모한다. 그러나 만약 근육파열, 뇌손상, 내장기관 손상이 있을 때에는 즉시 의료기관으로 후송해야만 한다.

3 아킬레스건 손상

1) 증상 및 원인

아킬레스건은 매우 두꺼운 것이어서 쉽게 손상을 받지 않는 부위이지만 추위와 함께 건의 노화라든지 건의 피로 등으로 인해서 자칫 파열되는 경우가 있다.

건은 움직이는 뼈에 수축근육을 연결시키는데 건에서는 혈액공급이 빈약하고 신진대사가 그다지 활발한 편은 못되지만 잘 짜여진 교원질 섬유조직으로 인해 높은 장력을 나타낸다. 대부분의 건은 미끄러지는 운동의 윤활제인 활액을 포함하는 섬유초를 가지고 있는데 탄력성이 제한되어 있다.

아킬레스건은 혈액을 분비하는 관절막이 없고 충격흡수와 발의 지지라는 두가지 기능으로 인한 운동압박이 많이 가중화되며, 따라서 딱딱한 표면에서의 반복적인 점프와 착지는 아킬레스건 손상에 직접적으로 관련된다.

아킬레스건의 손상이 심한 상태로 나타나게 되어 건 자체를 파열시키면 염증을 일으키고 앞으로의 자극상태도 방지하기 어렵다.

아킬레스건 파열은 완전파열과 불완전파열로 구분되며, 증상은 다음과 같다.

① 완전파열 – 발뒤꿈치 몇 cm 부위 건부와 때로는 근육과 아킬레스건의 여결목 근처가 완전히 절단된 상태가 되어 위로 젖혀져 버리면 혈종, 압통이 매우 심하고 직립보행조차 어려워진다.

② 불완전파열 – 근섬유가 급격히 수축되어 부분적으로 끊어지는 것으로 심한 통증이 발생하고 내출혈이 나타난다.

2) 응급처치

아킬레스건 파열은 운동 전에 하퇴근 마사지와 스트레칭이 예방책이 된다.

추위가 심할 때와 신체의 과도한 피로 시에는 특히 주의해야 하는데 불행하게도 아킬레스건 파열이 발생되었다면 냉각요법을 취하고 환부를 높은 곳에 위치시키는 일이 중요하다. 이는 환부가 심장보다 낮은 곳에 위치하였을 때 내출혈이 심해져서 후속 조치가 늦어지기 때문이다. 다음에 압박 고정하여 휴식을 취함이 필요한데 아킬레스건은 비복근에 연결되는 건이기 때문에 족저부에서 슬와부에 이르도록 깁스고정 한다.

만일 수술을 하게되면 수술 이후 3~6주간의 깁스고정이 필요하며 그 후에 서서히 족관절의 저굴, 배굴운동을 하여 근력증강을 꾀하도록 하는데 증상에 따른 차이로 부분파열시에는 약 4주간, 완전파열시에는 약 3~6개월의 치유기간이 필요하다.

회복기에 이르러서 직립보행시에는 처음에 지팡이 등을 사용해서 환부측 발에 조금씩 체중을 얹어서 보행연습을 하고 이때 보행이 불편하다면 족관절과 아킬레스건에 대한 테이핑을 하는 것이 매우 효과적이다.

4 염좌

1) 증상 및 원인

염좌란 관절을 구성하는 근막, 인대, 건 등이 과도하게 신장됨으로써 그 근섬유가 부분적으로 찢어지거나 늘어나거나 끊어지게 된 상태를 말한다.

대부분의 염좌는 관절이 정상적인 운동가동 범위를 벗어나는 심한 부하를 받을 때 발생된다. 염좌는 주로 사지를 움직이는 관절 즉 발목, 무릎, 손목, 팔꿈치 등에 자주 발생하며 특히 발목관절에서 가장 상해빈도가 높다.

염좌시에는 인대나 다른 결합조직이 늘어나거나 찢겨진다. 직접적인 외력이나 비틀림에 의해 야기되는 염좌상해시 인대가 과도하게 늘어나거나 찢어지면 관절의 안정성이 상실된다.

손상된 인대는 원래상태로 복원하는데 상당한 시간을 요구하는데 이대손상을 가볍게 보아 완전처치를 등한시하면 이후에 나타나는 후유증은 재발성 염좌 즉 만성화되는 것이다.

염좌상해는 정도에 따라 1도 염좌(인대가 몇가닥의 섬유와 함께 쉽게 늘어져 찍어질 가능성이 잇는데 5~6회 정도의 점프는 가능하다), ,2도 염좌(인대가 늘어져서 부분적으로 찢겨져 있으며, 통증은 있으나 체중이동은 가능한 정도이다), 3도 염좌(인대손상으로 인한 내출혈 동반, 체중이동이 불가능한 상태이다)로 구분할 수 있다.

2) 응급처치

단순한 염좌는 관절부의 가장 기초적인 상해로 그다지 염려하지 않아도 되지만 그것을 과소평가하여 처치를 소홀히 한다면 이후에 나타나는 후유증이 나쁜 영향을 불러올 수 있다.

발목관절 염좌가 발생하였다면 무엇보다 상태정도를 빨리 파악하는 것이 중요하며, 1도단계에서 완전치유하여 2차상해를 방지하는데 주력한다.

그렇지 않으면 염좌가 반복발생됨으로 말미암아 급기야 만성화될 수도 있다.

일단 말목관절 염좌가 발생되면 PRICESM의 원칙 7가지 즉 보호, 휴식, 냉각, 압박, 거상, 고정 및 지지, 마사지요법을 적용하는 것이 회복을 가장 빠르게 하는 최상의 방법임을 명심하여 순서대로 실시한다.

염좌정도가 1도 단계라면 테이핑을 하여 효과를 볼 수 있으며, 안정을 취함으로써 자연적인 치유도 가능하다. 그러나 통증이 심하고 운동기능의 저하가 심하다면 골절의 위험도 있으므로 부목을 대어 완전히 고정하여야 하며, 이런 경우에는 자연치유력에 의존하지 말고 초기에 완전치유로 원상복원시킨다는 자세를 갖는 것이 중요하다.

발목관절 염좌를 초기에 완전치유시키지 못해서 이후에 만성염좌로 진행되어 고생하는 예를 흔히 볼 수 있으며, 이러한 경우 재발 가능성을 항상 내포하고 있다.

5 근단열

1) 증상 및 원인

근단열이란 근섬유의 일부가 끊어진 상태를 말한다.

근단열은 피로가 누적되거나 근육조정이 불충분한 상태에서 신체운동을 할 때 순간적으로 발생한다.

근단열의 증상은 다음과 같이 제 1~3기 증상으로 구분할 수 있다.

① 제 1기 증상 – 근육 압박통이 나타나고 근육이 굳어지며 부분적인 기능저하를 보인다.

② 제 2기 증상 – 근육 압박통이 나타나고 환부는 부어오르며 기능 장애를 일으킨다.

③ 제 3기 증상 – 심한 근육 압박통과 기능상실 그리고 심한 부기와 광범위한 내출혈이 발생하고 단열부분은 움푹 들어간다.

2) 응급처치

우선 환부에 냉각처치 및 고정 그리고 거상처치가 필요하다.

냉각처치할 때 주의할 점은 얼음주머니를 사용하지 않고 얼음을 직접 환부에 접촉하면 얼음물이 단열된 근섬유 사이로 침윤될 수 있으므로 특히 유의한다.

조직파열 및 출혈이 나타난 상태에서는 몸을 움직이는 것이 과잉출혈을 일으키는 원인이 되기 때문에 안정을 취하는 것이 절대 필요하다. 여하튼 환부를 움직이는 어떤 행동도 근단열 상태를 악화시킨다는 점에 유의하여 안전하게 고정상태를 유지한다.

응급처치의 목적은 출혈방지 및 조직손상을 최소화시키는데 있으며 이것은 회복을 위한 최소한의 지연행위이다.

6 탈구

1) 증상 및 원인

관절손상이 염좌보다 정도가 심하여 관절막이 파열되면서 골두가 관절포를 뚫고 관절 밖으로 이탈의 된 상태가 탈구이다.

탈구는 이탈정도에 따라 완전탈구와 불완전탈구로 구분된다. 때때로 관절이 외력에 의하여 원위치에서 이탈되는데, 대부분의 탈구는 주로 견관절부, 주관절부, 수지골부, 슬개골 등에 발생되며 완전탈구는 주로 견관절과 주관절이다.

탈구를 일으키는 원인은 간접적 외력, 직접적 외력, 근육의 견인 등이 있다 이때에 뼈를 결합하는 인대 및 관절을 둘러싸고 있는 액낭이 부분적 또는 전면적으로 파손되며 주위와 혈관, 건, 근육 및 신경 등이 터지거나 갈라지는 등 손상을 입게 된다.

2) 응급처치

탈구가 발생되었을 때 즉시 상해관절을 원위치에 조정하는 것이 가장 이상적이지만 이것은 전문가에 의해서만 가능하다.

만약 골절이 병행발생된 탈구상해라면 관절정복은 더욱 어렵게 되고 정복동작에 의해 주위조직이 손상되거나 합병증을 일으킬 수도 있다. 때문에 의료적 처방에 의한 정복이 원칙이 된다.

따라서 응급처치 행위는 그 이전에 최소한의 임시적 처치만이 허용된다. 그것은 통증을 가라앉히고 부기를 억제하는 것이며, 관절이 원위치로 회복된 이후에는 염좌상해에 준한 처치를 행한다.

Ⅲ. 심폐소생법 및 인공호흡

1 심폐소생법의 정의 및 중요성

심폐소생법이란 의식장애 또는 호흡, 순환기능의 정지 또는 현저히 저하된 상태로 인하여 사망의 위험이 있는 자에 대하여 즉각적인 기도개방과 함께 인공호흡과 심장압박을 실시해서 신속하게 생명유지를 꾀하는 처치방법이다.

호흡 · 순환기능이 정지되면 곧 심장정지 사태가 발생되는데 이때 5분 이내에 응급처치를 실시하지 않는다면 뇌손상이 초래되고 환자의 회복가능성이 감소되며 급기야는 사망에까지 이르게 된다. 즉 시간이 경과될수록 소생률은 저하되기 때문에 1초라도 빨리 심폐소생법을 시작해야만 되고 방치하면 사망하는 환자일지라도 현장에서 즉시 실시함으로써 소생이 가능해진다. 이러한 심폐소생법의 성공 가능성은 신속하고 정확한 처치방법에 달려있으며, 즉시 심폐소생법을 실시하더라도 그 방법이 잘못되었다면 효과를 보지 못하거나 역으로 손상을 입힐 수도 있다.

따라서 심폐소생법에 대한 바른 지식과 기술을 습득하는 것이 무엇보다 중요하다.

2 심폐소생법의 범위

심폐소생법이 필요한 경우는 의식장애, 호흡정지, 심정지, 호흡 · 순환기능이 현저히 저하될 때이다.

이러한 현상이 일어나기 쉬운 원인으로는 익수, 기도내 이물, 감전, 중독, 두부 및 뇌부위의 외상, 뇌졸중, 심장발작, 폐질환, 쇼크 등이 있으며 이러한 경우에는 즉시 심폐소생법을 실시해야만 한다. 그리고 심폐소생법은 환자를 안전하게 구조하여 올바른 응급처치를 한 다음에 의료기관에 인계할 때까지가 그 범위가 되며 이후의 모든 처리는 의사의 지시에 따른다.

3 심폐소생법의 구성

심폐소생법은 기도개방, 인공호흡, 심장압박으로 구성된다.

즉 기도를 개방하여 인공호흡을 실시하고 가슴을 눌러서 심장을 펌프질시켜 인위적으로 산소를 공급해 주는 것이다.

1) 기도개방

기도개방은 공기가 폐까지 들어가도록 하는 방법으로 심폐소생법의 가장 주요한 기본기술이 된다.

2) 인공호흡

인공호흡은 기도를 개방했는데도 호흡이 정지해 있거나 또는 곤란한 경우에 실시하는 호흡운동의 대행방법이다.

3) 심장압박

심장압박은 심정이 또는 심장기능이 현저히 저하된 경우에 흉곽을 압박하여 심장의 펌프작용을 대행하는 방법이다.

4 심폐소생법의 실제

1) 심폐소생과정

가) 현장조사/연락/의식유무확인

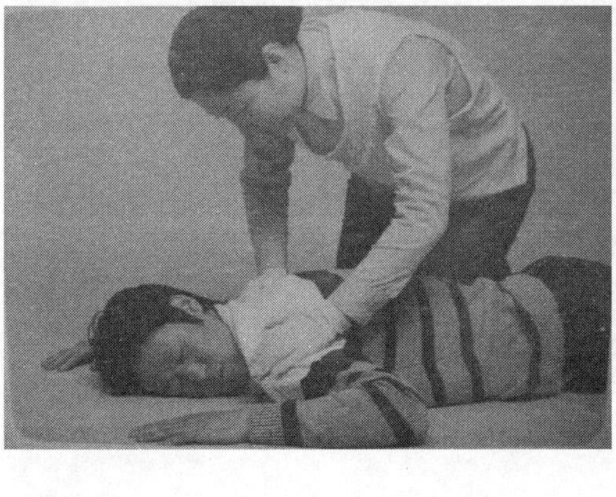

- 현장은 안전한가 확인한다.
- 119, 응급의료기관에 전화하도록 요청한다.
- 환자의 어깨를 두드리며 의식유무를 확인한다.

나) 일차호흡 확인

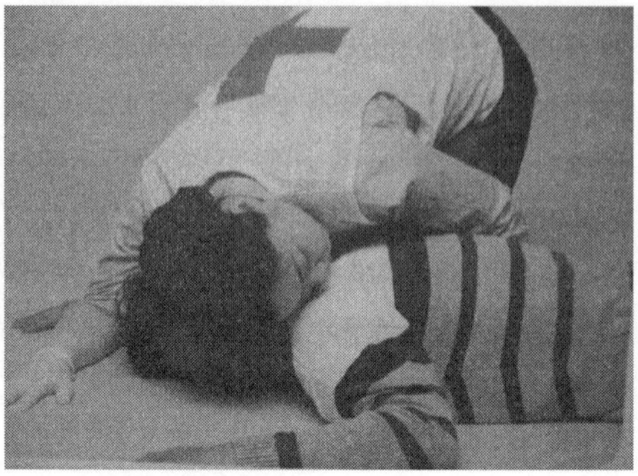

▸환자의 자세는 그대로 유지하고 환자의 얼굴 가까이 대고 10초간 호흡을 확인한다.

다) 환자의 자세교정

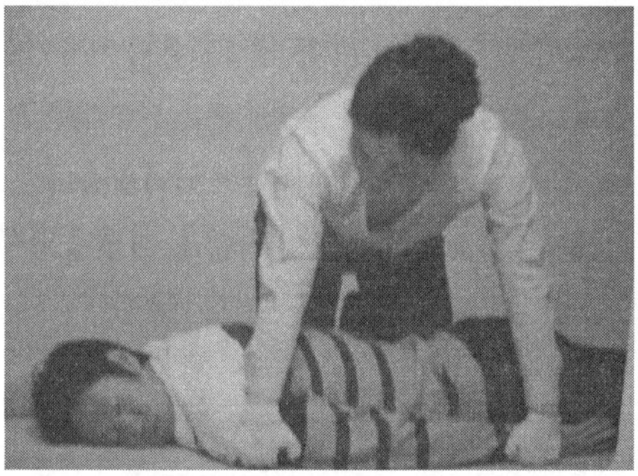

▸필요한 경우 환자를 똑바로 눕힌다.
▸환자의 얼굴을 보고 무릎을 꿇고 앉는다.
▸환자를 돌릴 때 환자 어깨에 얹은 손으로 환자의 머리와 목뒤 받침.
▸자세교정은 신속하게 처리 10초 이내에 마치도록한다.

라) 기도개방(환자 머리 뒤로 젖히기/턱 끓어올리기)

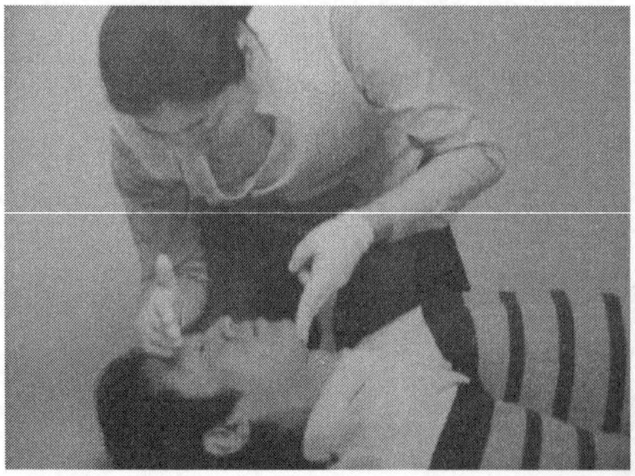

▸머리쪽에 있는 손을 환자의 이마 위에 얹고 머리를 뒤로 젖힌다.
▸턱을 위로 끌어올려 기도 개방
▸위 아래의 이가 거의 맞닿을 정도까지 턱을 끌어올린다.

마) 이차호흡 확인

▸기도개방을 유지하고 환자의 입과 코 가까이 귀를 대고 환자의 가슴을 본다.

▸환자의 가슴이 오르내리는지 살펴 보고, 호흡을 하는지 들어보고 코와 입에서 공기가 나오는지 10초간 확인한다.

바) 두 번 충분히 불어넣기

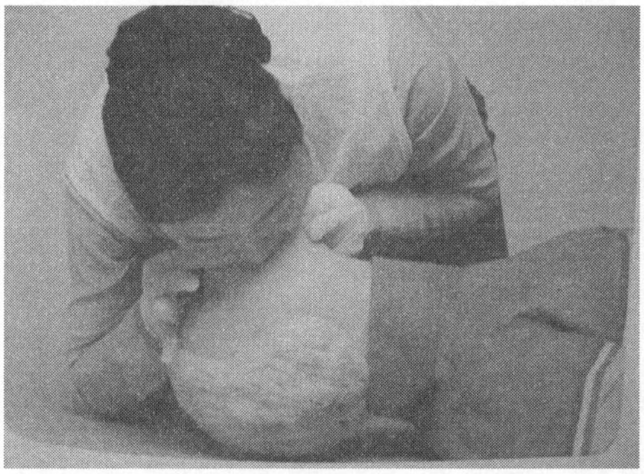

▸기도개방 유지하며 엄지와 검지로 코를 막는다.

▸입을 크게 벌려 환자의 입언저리에 입술 밀착시킨다.

▸두번 충분히 불어넣기를 2초간 실시한다.

▸귀를 환자의 코에 대고 환자 가슴의 오르내림을 살펴본다.

사) 맥박확인

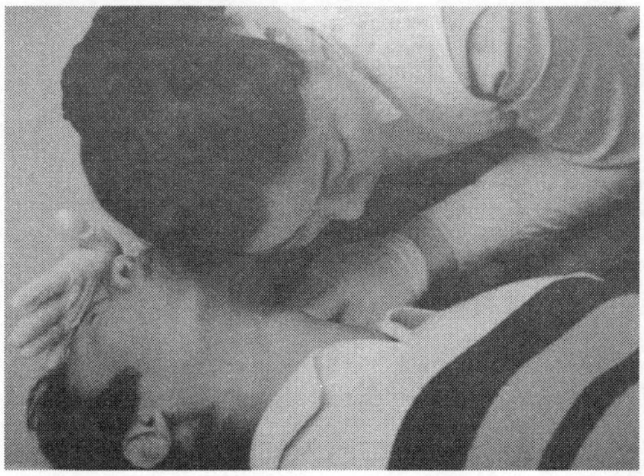

▸한손을 이마에 얹고 뒤로 젖힌 상태 유지하며 환자의 다리 쪽에 있는 손의 중지와 검지로 맥박 확인

아) 30회 가슴압박

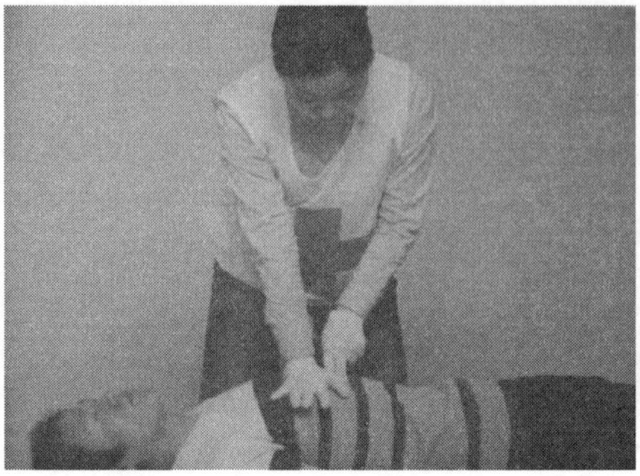

- 분당 100회의 속도로 흉골을 5cm 정도 누른다
- 처음부터 끝까지 손을 떼지않고 동일한 힘으로 부드럽게 압박하고 힘을 뺀다.

자) 두 번 충분히 불어넣기

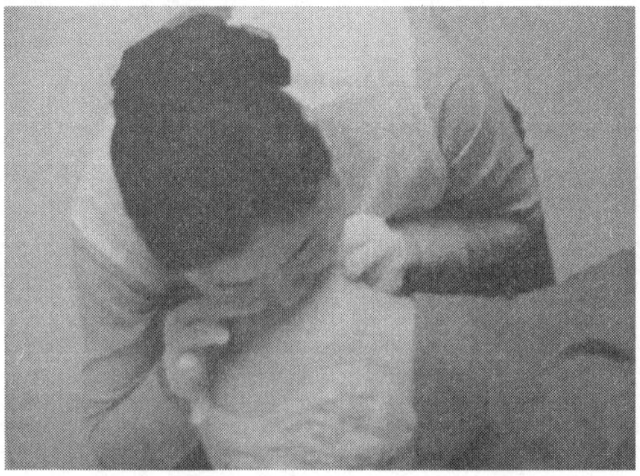

- 기도 개방
- 두번 충분히 불어 넣기를 매 2초간 실시
- 불어넣는 사이 시술자 자신의 호흡하기
- 10초간 맥박

차) 가슴압박과 호흡의 반복

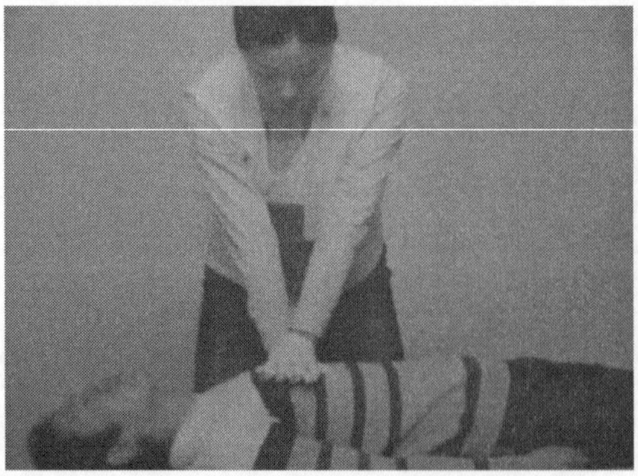

- 손을 정확한 위치에 둔다.
- 30회 가슴압박과 두번 불어넣기의 주기를 반복
- 매 2분마다 호흡과 맥박을 10초간 재확인
- 호흡이 돌아올 때까지 반복한다.

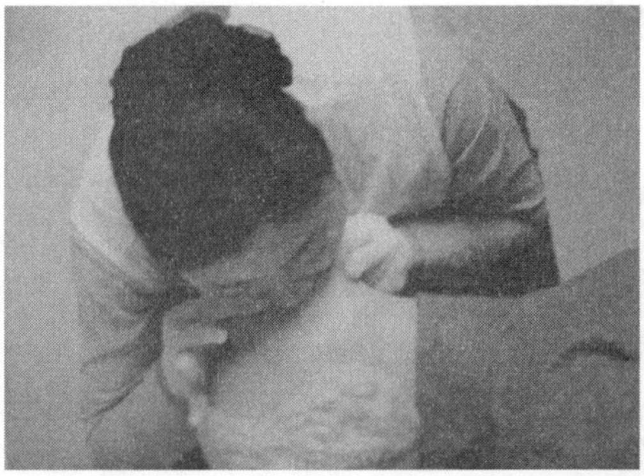

2) 심폐소생법 실시 중 야기될 수 있는 손상

심폐소생법을 실시할 때 기술이나 적용이 적절하다 할지라도 환자의 상태에 따라 다른 손상이 야기될 수 있다.

심폐소생법 실시 중 야기될 수 있는 손상에 대해 미리 알아두면 그 손상을 방지하거나 최소화 할수 있다.

가) 기도개방시

고령자나 어린이는 강하게 목을 젖히지 않도록 주의한다.

너무 강한 동작은 경추손상이나 역으로 기도폐색을 야기시킬 수 있다.

나) 인공호흡시

환자의 기도를 충분히 개방하지 않은 상태에서 강하게 숨을 불어넣는 것은 위 확장을 일으켜 위 내용물이 역류하는 원인이 되어 폐내부를 오염시키거나 질식을 야기시킬 수 있다.

다) 가슴압박시

가슴압박시 늑골골절과 늑연골이개 등의 손상이 일어날 수 있다.

골절된 늑골에 기흉, 혈흉, 폐손상이 야기될 수 있다

3) 의식이 있는 경우의 기도폐쇄

가) 환자의 상태를 물어봄

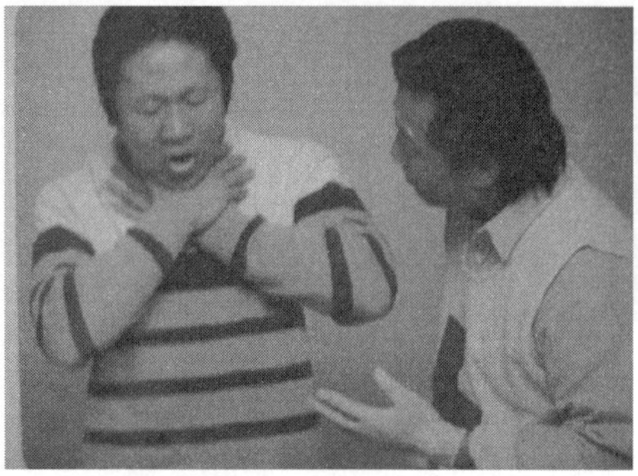

▸약한 기침을 하거나 쌕쌕거리거나, 말, 호흡, 센 기침을 할 수 없으면 응급처치 원임을 밝히고 도와주겠다고 한다

나) 복부 밀쳐 올리기

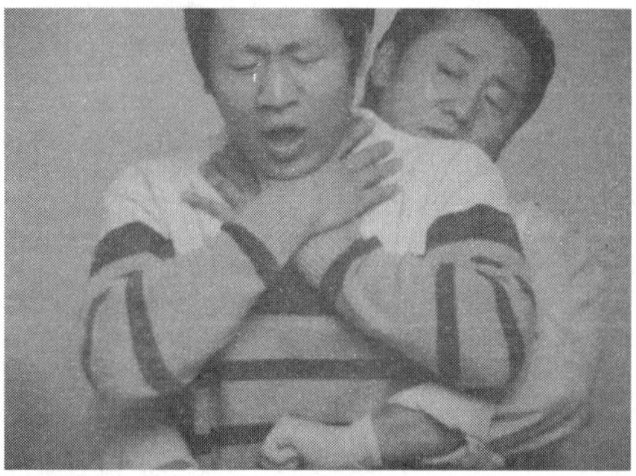

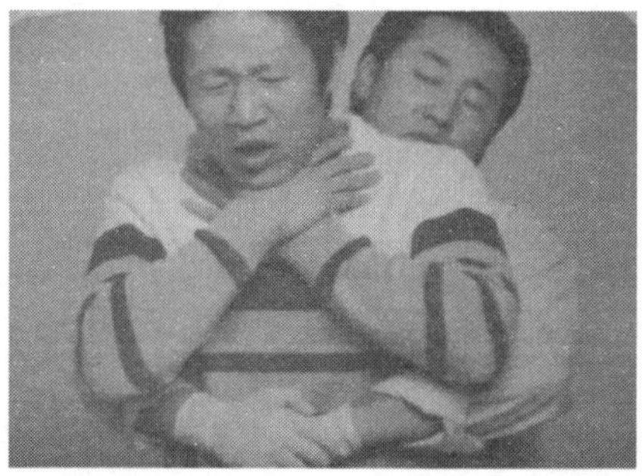

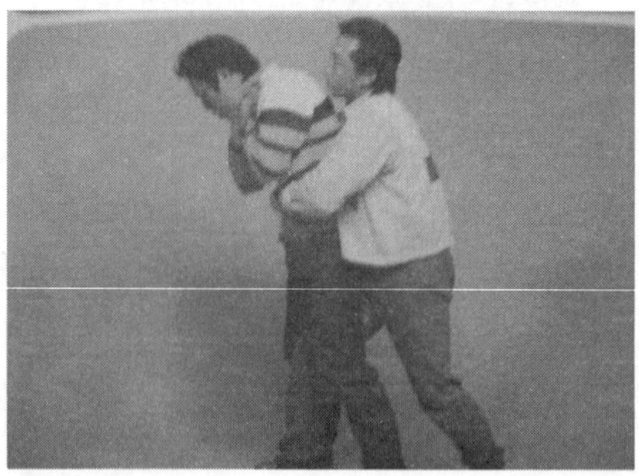

다) 복부 밀쳐올리기 및 가슴압박의 중단

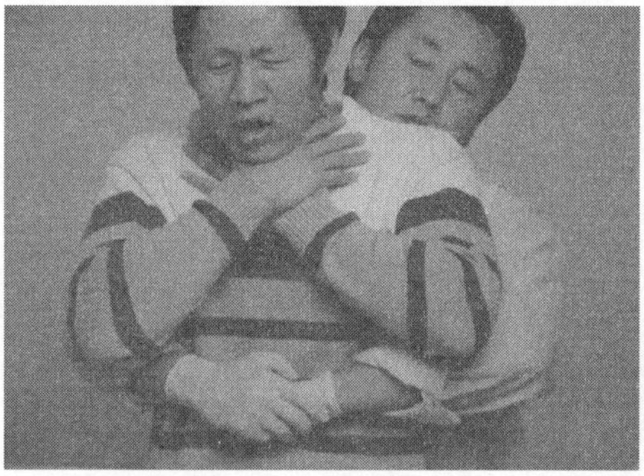

▸이물질이 제거
▸환자가 숨을 쉬기 시작함
▸내장에 손상을 줄 수 있다는 것을 명심하고 가까운 병원의 응급실로 데려감

4) 의식이 없는 경우의 기도폐쇄

가) 현장조사/연락/의식유무확인

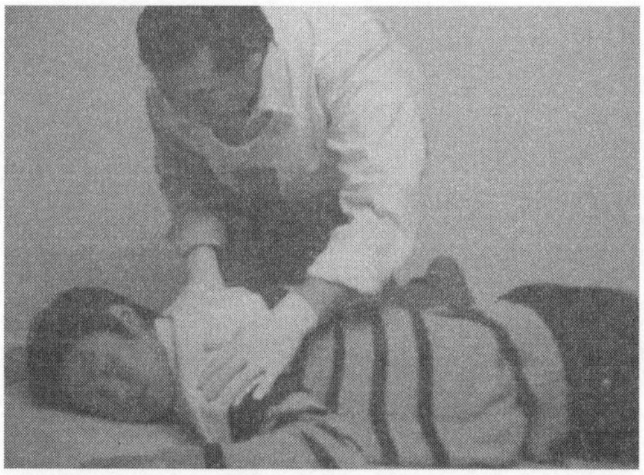

▸현장이 안전한가 조사
▸119나 응급의료기관에 연락
'괜찮습니까?' 하고 묻기

나) 1차 호흡확인

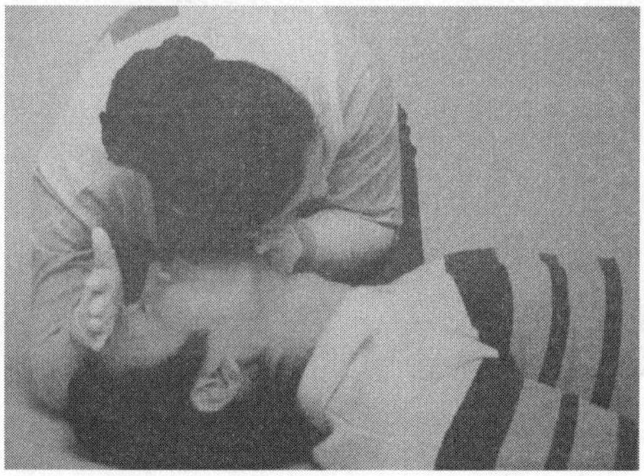

▸환자의 자세를 그대로 한 채 얼굴을 가까이 대고 10초간 호흡 확인

다) 환자의 자세교정

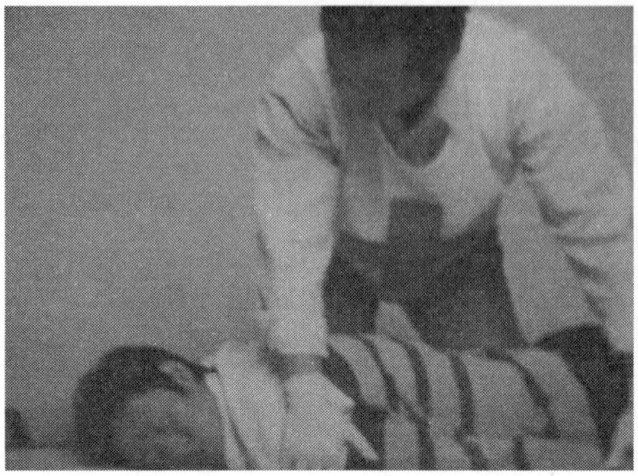

▸필요하면 환자를 똑바로 눕힌다.
▸자세교정은 신속히 처리하여 10초안에 실시

라) 기도개방

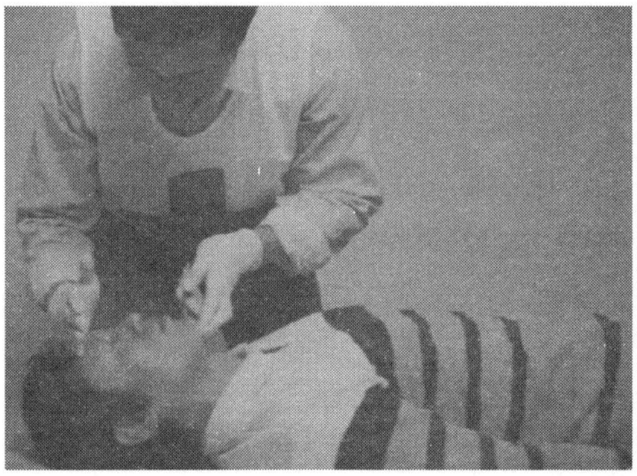

▸머리 뒤로 젖히기
▸턱 끌어올리기

마) 2차 호흡확인

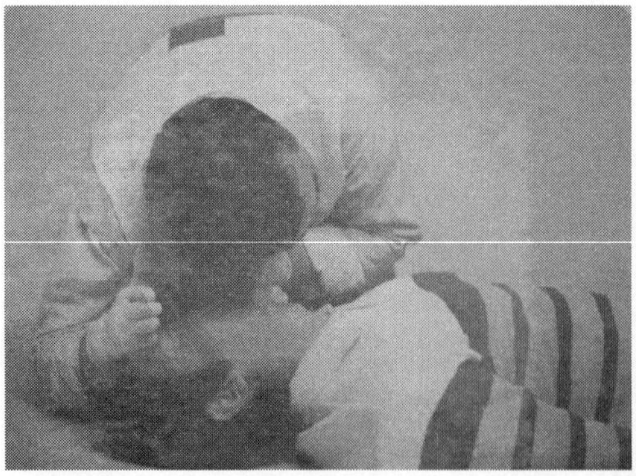

▸기도개방을 유지
▸환자의 입과 코에 귀를 댄다
▸가슴을 살펴본다.
▸10초간 호흡하는지 보고 듣고 느낀다.

바) 두 번 충분히 불어넣기

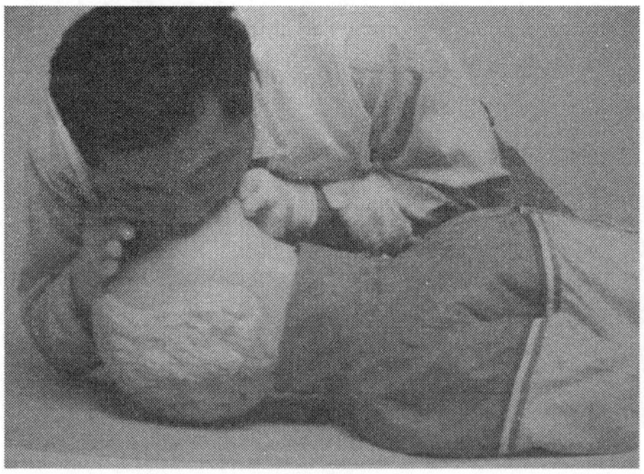

- 기도개방을 유지
- 코를 잡아 막는다.
- 두번 충분히 불어넣기

사) 다시 기도 개방/두번 충분히 불어넣기

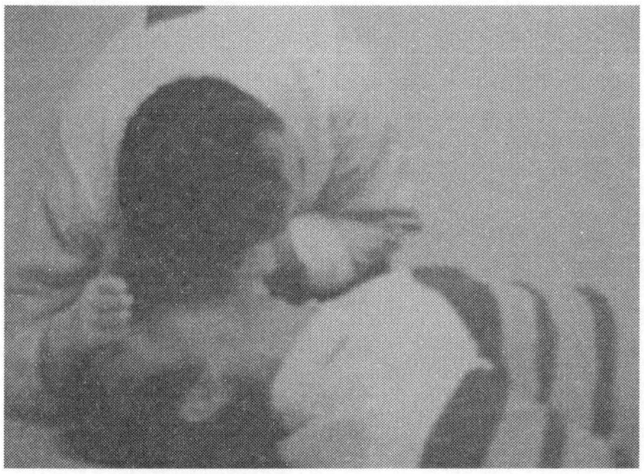

- 호흡이 들어가지 않을 경우 기도개방 유지
- 두번 충분히 불어넣기

아) 가슴압박 30회

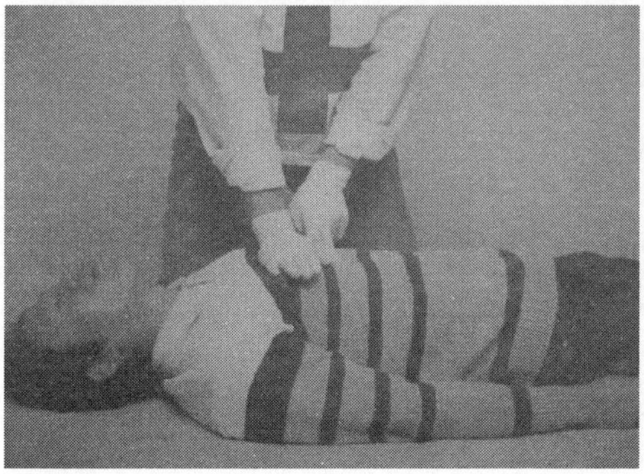

- 호흡이 들어가지 않을 경우 기도가 막힌 것을 간주
- 가슴압박 30회

자) 이물질 확인

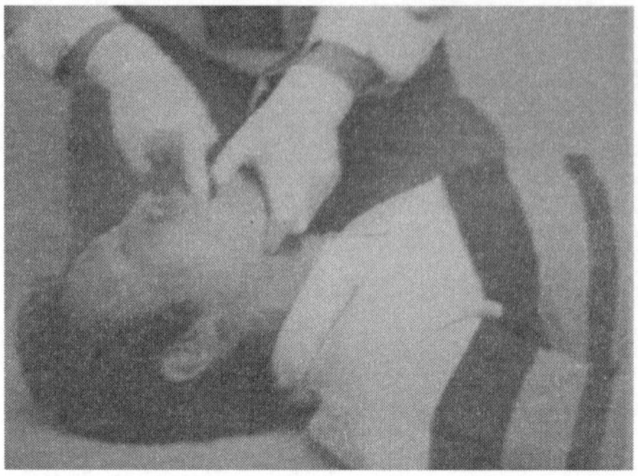

- 한손의 손가락을 입안에 넣어 아래턱을 들어올린다.
- 다른쪽 손은 갈고리 모양으로 끄집어 낸다.

차) 두번 충분히 불어넣기

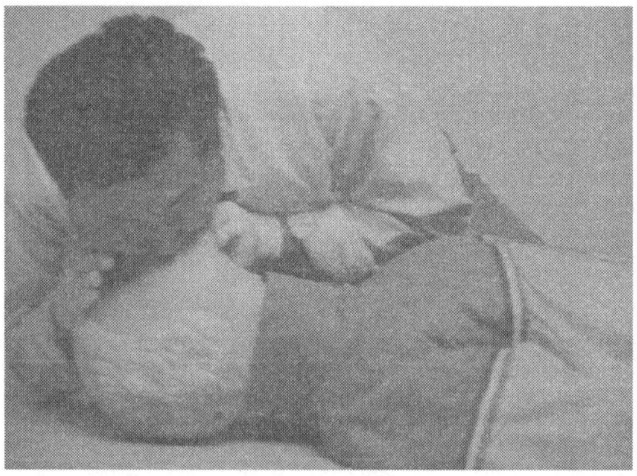

- 기도개방을 유지
- 코를 잡아 막는다.
- 두번 충분히 불어넣기

카) 순서대로 반복

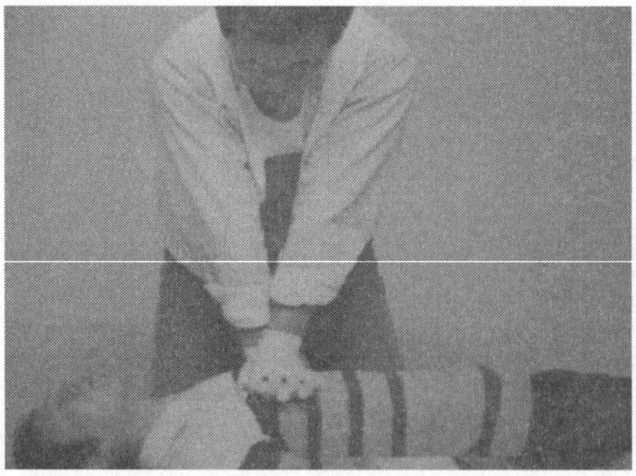

- 30회 가슴압박
- 이물질 확인
- 기도개방과 두 번 충분히 불어넣기

4) 기도개방

기도란 코, 입에서 시작하여 비강, 후두, 기관, 기관지를 거쳐 폐에 이르기까지의 공기통로를 말한다.

기도개방은 기도폐쇄를 방지하는 방법으로 공기가 폐까지 잘 들어가도록 하는 것으로 심폐소생법 중에서 가장 중요한 기술이 된다.

가) 기도개방의 중요성

의식이 없고 호흡도 불가능한 상태로 사망에 이르던 중에도 기도개방만으로 생명을 되찾는 경우가 많다.

만약 어떤 방법을 실시하더라도 기도가 막혀있다면 그 효과는 철저히 봉쇄되기 때문에 기도개방이 우선적으로 이루어져야 한다.

나) 기도개방이 필요한 경우

- 의식이 없는 경우
- 호흡정지의 경우
- 인공호흡시 저항이 있어서 폐가 부풀어 오르지 않는 경우

〈참고문헌〉

이인모 외 2인. 생리학. 서울 : 형설출판사. 2006.

노민희 외 2인. 인체해부학. 서울 : 정담미디어. 2004.

우철호 외 2인. 응급처치 및 안전관리. 서울 : 신교당. 2004.

이현주 외 4인. 응급처치의 이해. 서울 : 기문사. 2005.

엄기매 외 2인. 필수 응급처치. 서울 : 청구문화사. 1998.

이수영 외 4인. 스포츠구급 및 안전관리. 서울 : 금룡문화사. 1995.

제11장

상담이론 및 기술

11 상담이론 및 기술

1 상담의 정의

상담이란 도움을 필요로 하는 내담자와 전문적 훈련을 쌓아 조력자로서의 자격을 갖춘 상담자와의 사이에 이루어지는 조력관계의 과정이며 전문가의 일방적인 지시나 충고가 아니라 하나의 역동적인 상호작용의 관계이다.

또한 상담은 도움을 필요로 하는 사람과 전문적 훈련을 받은 사람 사이의 대면 관계에서 생활과제의 해결과 사고 측면의 인간 성장을 위하여 노력하는 학습과정이다.

결국 상담은 인간을 다루는 학문이며 그 기능은 개개인의 최대한의 발달과 복지를 이룩하도록 돕는 것이다. 인간발달과 복지의 증진을 돕기 위하여 그 인간 존재에 영향을 미치고 있는 가능한 모든 요인들에 대해 이해할 뿐만 아니라 이들 요인에 관한 지식을 충분히 활용하여야 하므로 다 학문적 바탕을 필요로 한다.

상담은 다양한 상황에서 여러 가지 의미로 사용되기 때문에 그 개념을 한마디로 정의 하기는 어렵다. 하지만 상담이 기본적으로 긴장되지 않은 상호작용에 기초한 '협력관계' 이고 클라이언트의 문제나 관심사를 해결하기 위한 목적지향적 과정 이며 클라이언트의 욕구와 관점이 존중되는 클라이언트 중심의 활동이라는데 합의가 이루어질 수 있을 것이다. 이것을 기초로 특별히 노인상담은 도움을 필요로 하는 노인(가족)이 전문적 훈련을 받은 사회복지사와의 관계에서 일상생활에서 경험할 수 있는 문제를 보다 효과적으로 해결하는 과정으로 정의한다.

Burlingame(1995)에 의하면 노인상담에서는 노인의 삶에 대한 지지와 상담과정에서 이루어진 성과를 실생활에 적용하는 것을 더 강조하고 노인의 체면을 손상시키지 않기 위해 방어기제와 전이를 관대하게 다룬다. 또한 노인은 돌아가시거나 살던 집을 떠나 요양원과 같은 시설로 들어가면서 상담관계가 끝나는 경우가 다른 연령층에 비해 높기 때문에 종결과정에서 에너지가 더 투입된다는 점도 일반상담과 차이가 있다.

2 상담의 목표

상담의 목표는 인간의 성장과 발달을 촉진하는 것이다. 상담은 단순한 대화가 아니기 때문에 상담자와 내담자가 일대일의 상담관계를 형성하고 뚜렷한 목표를 세우고 상담에 임해야 한다.

상담의 목표는 일반적으로 다음과 같다.

1) 행동의 변화 촉진

2) 적극적인 정신건강의 증진

3) 문제의 해결

4) 내담자의 잠재적 효율성 촉진

5) 의사결정 능력 함양

3 상담의 특성

1) 내담자를 위해 설정 설계된 조력 관계

2) 상호 협력을 통해 목표를 달성하는 역동적인 관계

3) 구조화된 상호 작용 과정

4) 사적이고 비밀이 보장되는 한계

4 상담의 필수 조건

상담활동은 만남에서 이루어진다. 만남의 기본적 조건은 지식이나 기술의 문제라기보다는 인간관계를 형성하는 태도라는 것을 많은 학자들이 주장하고 대부분의 상담자들은 상담을 성공시키는 데 다음과 같은 사항이 중요하다고 강조한다.

1) 수용

수용이란 상담자가 편견이나 판단없이 내담자의 견해, 태도, 존재 가치에 관계없이 하나의 존귀한 인간으로서 내담자를 받아주고 인정하는 것을 말한다. 수용은 인간의 가치와 존엄에 대한 인식에서 출발된다. 내담자를 수용한다는 것은 존재 그 자체를 수용하고 인간의 제 특성을 수용하며 인간의 구체적인 행동을 수용하는 것이다. 모든 인간의 경험은 인지, 정의, 행동의 복잡한 유형이 뒤얽혀져 있다는 사실을 도덕적 평가와 사회적 편견 없이 받아들여야 된다는 것이다. (정원식 외 1982)

상담자의 수용적 태도는 상담의 성패를 가늠하는 중요한 관건이 된다. 상담의 전과정을 통해서 편파적인 감정이나 태도 없이 일관된 자세를 가져야 내담자는 확신을 가지고 상담에 응할 자세를 갖게 되는 것이다.

2) 감정이입적(공감적)이해

개인의 인지, 정의, 행동의 과정이나 특징, 그리고 그 개인이 관계하고 있는 물리적, 사회적, 과업적 환경의 과정과 특징을 개념화하고 내면화하고 내면화하는 것을 가리켜 감정이입적 이해라고 할 수 있다. 그러므로 상담자자는 그 언어적 표현의 이면에 있는 왜곡되고 은폐된 의미를 이해하여야 한다. 내담자를 이해하기 위해서 상담자는 내담자의 입장에 서서 내담자가 뜻하는 감정을 느끼고 사고하며 행동을 상상적으로라도 해보는 인지적 측면과 감정의 영역을 강조하는 것으로 내담자가 경험하는 것을 충분히 이해 할 수 있어야 한다. 이러한 것을 감정이입적 이해라고 한다. 상담자는 내담자의 입장이 되어 그의 의사결정의 문제, 불안, 좌절, 환경적 압력등을 이해해야 한다. 공감하는 상담자는 내담자가 표현한 말 뿐만 아니라 그 밑에 깔려 있는 중요한 감정 태도 신념및 가치기준을 포착하여야 하며, 또한 이러한 것들에 관해 내담자와의 의사소통이 잘되도록 노력해야 한다.

3) 진지성

진지성은 일치성 또는 성실성 이라고도 하는 것으로 상담자가 말하고 행동하는 것이 그의 내면세계의 실제와 일치하는 것을 가르킨다. 다시 말하며 진지성이란 상담자가 내담자를 심리적으로 조력하는 과정에서 정직하고 성실한 태도를 지니는 것이라고 한다. 상담관계에서 진지하고 자발적인 언어표현이 이루어질 때 의도적으로 꾸며서 하는 역할놀이의 함정에서 벗어날 수 있게 된다는 것이다.

일치란 경험과 인식을 정확하게 합치시키는 것이다. 넓은 의미에서 일치하는 경험, 인식, 의사소통이 모두 합치되는 것을 말한다. 이러한 일치정도가 증가되면 그만큼 상호 의사소통이 증가될 것이고, 서로 상대방의 표현을 더 정확히 이해하고 두 사람 모두의 심리적 적응과 기능이 향상될 것이며, 그 관계는 서로 만족하게 될 것이다.

4) 신뢰

상담과정이 원활하게 진행되려면 무엇보다도 내담자가 상담자의 모든 면을 믿고 의지해야 하는데 이것이 바로 신뢰인 것이다. 내담자가 상담자를 불신하면 내담자는 자신의 감정, 사고 문제와 갈등, 의견교환이 솔직하게 전달될 수 없으므로 효과적인 상담을 기대할 수 없다. 따라서 상담자는 솔직하고 믿음직한 감정과 태도를 보이고 인내와 협동으로 명랑하고 온순한 태도와 감정을 솔직히 털어놓을 수 있도록 개방적이어야만 내담자도 상담자와 상담상황을 신뢰하여 자신을 개방할 수 있게 되어 보다 적극적인 상담이 가능해진다.

5) 긍정적 존중

긍정적 존중은 상담자가 내담자의 생각이나 감정, 태도 등을 판단하지 않으며 조건이 없다는 것이다. 즉 내담자를 선택적으로 평가하지 않으며 탐색, 동의, 반대, 권위적 해석 등을 가능한 한 피한다.

상담자가 진정으로 내담자를 돌보려면, 무조건적으로 긍정적 지각을 유지하여야 한다. 그러기 위해서 상담자는 내담자를 판단하거나 내담자의 행동, 태도에 대하여 찬성 혹은 반대하지 말아야 하며 따뜻한 수용을 해주어야 한다. 상담자는 내담자의 자기이해와 긍정적인 변화를 위해 내담자가 지니고 있는 자원을 전적으로 믿어야 한다. 상담자가 내담자를 진지하게 신뢰하면 할수록 내담자는 더 자유스럽게 자기탐색을 할 수 있다.

그러한 관계를 통해 내담자는 그의 자아개념이 일치하지 않는 내적 경험과 그 가 강하게 방어해 왔던 부분이 그의 의식과 행동으로 점차 받아들여 질 수 있다. 내담자가 이전에는 허용할 수 없는 느낌을 말로 표현할 때 그는 변화하는 새로운 자아의 긍정적 수용을 받게 된다.

5 상담의 과정

상담은 상담자와 내담자가 만나서 상담관계를 형성함으로써 이루어진다. 상담이라는 관계 속에서 진행되는 상담자와 내담자의 상호작용은 매우 다양하고 개인에 따라 제각기 독특한 면을 지니고 있다. 상담이 시작되어 끝나는 단계에 이르는 모든 과정은 상담자, 내담자, 호소문제의 특성 등에 따라서 각각 다른 모습을 가지고 있다. Brammer는 상담의 과정을 아래와 같이 8단계로 설명하였다.

1) 준비와 시작의 단계

상담을 받기로 결심하기 위해서 내담자에게 커다란 용기가 필요하다. 즉 상담을 받는것에 대한 마음의 준비가 적지 않게 필요한 것이다. 내담자가 상담을 받으로 올 때 대개는 복잡하게 얽힌 감정과 생각을 가지고 있다.

한편으로 상담자가 이야기하는 모든 것을 그대로 받아들이길 원하면서도 또 다른 한편으로는 심리적 도움을 받거나 문제를 해결하는 것 자체에 대해서 강한 저항을 가지고 있기도 한다.

이 단계에서는 면접과 도움 전체에 대해서는 물론이고 상담자 자신에 대한 내담자의 신뢰가 얻는 것이 무엇보다 중요하다.

2) 명료화 단계

이 단계에서는 내담자와 문제를 명백하게 한다. 즉 내담자가 도움을 청하는 원인과 문제의 배경을 밝히는 것이 이 단계에서 이루어진다. 상담자는 내담자가 어떤 내용의 도움을 구하고 있는지에 대해서 내담자 자신의 진술을 통해서 상세화 하고 명백하게 하도록 고무하고 격려해야 한다.

또 다른 중요한 문제는 누가 문제를 가지고 있느냐 하는 점을 내담자가 결정 하도록 도와 주는 것이다. 요컨대 명료화의 단계는 문제가 무엇이며 누가 상담의 대상인가 하는 것을 분명하게 밝히는 단계라고 할 수 있다.

3) 구조화 단계

구조화는 심리적 조력관계의 본질, 제한점, 목표 등을 규정하고 상담자와 내담자의 역할과 책임, 그리고 가능한 약속 등의 윤곽을 명백하게 하는 것을 가르킨다.

상담자는 내담자가 목표에 도달하는 단계를 알도록 함으로써 어느 방향으로 상담이 전개되는지 또 최종 목표에 도달하기 위해서 얼마나 오랜 시간이 걸릴 것이냐에 대한 어느 정도 분명한 생각을 가지도록 하는 것이 도움이 된다.

4) 상담 관계심화의 단계

상담자와 내담자간에 이루어진 관계를 더욱 심화 하고, 내담자가 상담자를 신뢰하며 자신의 문제를 해결하기 위해 상담과정에 전력을 다해 참여하게 되는 일들이 바로 관계심화의 단계에서 이루어진다.

이 단계에서는 내담자가 상담자의 전문적인 자질과 심리적 조력의 방법에 대한 신뢰를 갖는 것이 무척 중요한 역할을 한다. 일부 학자들은 상담자와 내담자 사이에 이루어지는 관계 자체만으로도 심리적 문제의 해결이 가능하다고 주장한다.

즉 특정한 기술이나 방법이 아니라 내담자가 상담자에 대해서 갖는 기대와 쌍방간에 이루어지는 일반적인 관계의 심화만으로도 문제가 해결되고 변화가 이루어질 수 있다는 것이다. Fish(1973)는 이러한 입장을 플라스보 치료(placebo therapy)라고 명명 하였다.

5) 탐색단계

탐색의 단계에서는 중요한 두 가지 질문에 관련된 활동이 전개된다. 하나는 내담자의 문제 해결이나 행동수정을 위해서 어떤 변화가 일어나야 하는가 다른 하나는 도달하려는 목표를 성취하기 위해서 어떤 방법이나 절차가 이용될 수 있는가 하는 것이다.

이 단계에서 상담자는 내담자의 문제, 감정, 사고를 명확하고 구체적으로 밝혀서 자기 자신과 환경에 대해서 보다 정확한 이해를 할 수 있도록 그를 도와 주어야 한다.

그리고 문제해결에 도움이 될 수 있는 사실에 대한 정보를 수집하고 목표에 도달 할 수 있는 방법과 절차를 이야기 하며 이를 위한 과제 내지 활동을 전개하게 된다.

6) 견고화의 단계

상담의 진행과정에서 대부분의 시간이 탐색을 위해 쓰여지지만 탐식애 끝난 후 가장 적합한 대안, 방법, 사고, 행동 등을 확정하여 이를 실천해 나가는 견고화의 단계는 성공적인 상담에서의 결실이라고 할 수 있다.

이 단계에서는 그 이전의 단계에서 제시된 많은 대안, 대체될 행동, 감정, 사고 등에서 가장 적합한 것을 선정하여 이를 실제로 전용해 나간다.

7) 계획수립 및 검토단계

이 단계에서는 상담을 끝맺거나 혹은 계속할 것을 결정할 때 필요한 여러 가지 계획을 수립하고 검토하는 일을 하게 된다. 계획단계에서 이루어져야 될 목표는 내담자의 성장과 행동변화가 잘 이루어져 상담단계를 종료할 시점까지만 아니라 상담이 끝난 후에 이루어져야 할 구체적 활동에 대한 계획을 수립하는 것까지 포함된다.

8) 종료단계

1회 상담시간은 보통 한 시간이 적당하다. 1회 상담으로 문제해결이 되지 않지만 아쉬움을 느끼면서 다음 상담기회를 마련하도록 해야 할 것이다.

종결은 다음 의 몇 가지 경우에 따른다. 첫째, 상담이 성공해서 종결할 경우를 들 수 있다. 둘째, 상담의 진전이 별로 없어서 내담자나 상담자가 중단하는 것으로 상담실패의 경우라고 할 수 있다. 이상의 어떠한 경우의 중단이나 종결될 때는 최소한 한 번은 만나서 중단에 관한 문제를 의논하는 것이 바람직하다.

상담의 종결 시 반드시 언급해 두어야 할 것은 현재 문제가 해결되었다 하더라도 앞으로 그런 문제가 다시 생길 수 있고 갈등이 심해서 고통스러울 수 있다는 것을 알려 주는 일이다. 그럴 경우 내담자 자신이 스스로 직면해서 해결할 수 있는 힘을 길러야 한다.

이 단계에서는 상담을 통해서 성취한 것들을 상담의 목표에 비추어서 평가하게 된다.

만약에 성취되지 못한 목표가 있다면 왜 그렇게 되었는지 논의한다. 종료 시에는 상담자 자신이 상담의 전체과정을 요약할 수도 있고 내담자로 하여금 요약하도록 요구할 수도 있다.

만약에 내담자가 상담관계를 계속해서 유지하기를 희망하거나 또는 상담이 아직 덜 끝났다는 미완성감 같은 것을 가지고 있으면 다른 기관에 의뢰하는 방법도 있고 추후상담의 가능성을 남겨둠으로써 상담의 종료를 보다 원만하게 할 수 도 있다.

6 노인 클라이언트의 이해와 상담기술

상담은 상담가와 내담자 쌍방의 전문적 의사소통 과정이다. 따라서 상담의 효율성을 높이기 위하여 상담가는 내담자의 일반적 특성과 개인의 독특성, 한계와 강점 등에 대한 종합적인 인식을 필요로 한다.

1) 노인 클라이언트의 특성과 상담

가) 노인의 신체적 특성과 상담

노화와 더불어 가장 먼저 지각하게 되는 것은 신체상 외모의 변화와 신체 기능의 쇠퇴이며 1차적으로 신체를 구성하고 있는 세포가 노화에 의해 제 기능을 충분히 발휘하지 못함으로 시작된다.

첫째, 신체의 구조상의 쇠퇴로서 피부 및 피부지방조직의 감소, 세포의 감소, 골격 및 수의근의 약화, 치아의 감소, 심장의 비대 등의 증상이 나타난다.

둘째, 신체의 외면상의 변화를 들 수 있는데, 백발의 증가, 두발 감소, 주름살의 증가, 얼룩반점의 증가, 신장의 감소 등이다.

셋째, 만성 질환의 증가로서 동맥경화증, 고혈압, 당뇨병, 심장병, 신장병 등의 만성 질환이 나타난다.

넷째, 생리적 기능의 저하가 두드러진다. 즉, 소화기능, 호흡기능, 신진대사기능, 혈액순환기능, 수면과 배뇨기능 등의 생리적 기능의 저하는 만성 질환의 높은 발병률과 직결된다.

이와 같은 노인의 신체적 기능의 변화 및 상실은 노인들의 활동성을 저하시키고, 질병과 죽음에 대한 두려움, 젊음을 잃었다는 구체적인 현실로 인한 상실감, 혹은 의존성의 증가 등의 심리사회적 변화를 경험하게 된다. 따라서 상담자는 노인의 일반적인 신체변화에 대한 지식을 갖고 있는 것이 좋다. 왜냐하면 노인의 심리사회적 문제가 신체적인 상실로부터 비롯된 것일 경우도 많기 때문이다. 한편 노인들이 질병이나 생리적 이상현상에 대한 상담 시에 준전문가로서 적절한 전문가를 선택, 의뢰하는 데 필요한 정도의 지식을 갖고 있는 것이 좋다.

나) 노인의 심리적 · 사회적 특성과 상담

노년기는 쇠퇴하는 시기이며 공포, 외로움, 실망, 분노가 유쾌한 정서보다 더 빈번히 오고 이기적이고 자기 중심적이며 권위적이 되며 자기 연민에 빠져 들기도 하며 심한 경우에는 슬픔과 우울증으로 정신의학적인 치료를 받아야 하는 경우도 생기기 쉽다.

① 감각 및 지각기능의 변화와 상실

감각기능은 신체의 내적 및 외적 상황과 변화에 대한 정보를 수집하여 뇌에 전달하는 기능을 말하며, 시각, 청각, 미각, 후각, 촉각, 및 통각을 말한다.

노화와 더불어 수정체근육이 약해져 조절 능력을 상실하므로 노안과 원시안이 나타나며, 백내장과 녹내장과 같은 질병 발병률이 급격히 증가한다. 특히 50세 이후에는 노인성 난청이 현저해지는데, 여성보다 남성이 더 심하며, 청각장애는 언어기능 및 의사소통 장애를 유발하여 복합장애를 초래하는 원인이 되기도 한다.

이와 같은 노인의 감각 및 지각기능의 변화는 지각과정의 속도를 저하시키므로 환경의 변화에 따른 적절한 반응과 대처를 하기 어렵게 하여 노인들로 하여금 일상생활에 자신감을 잃게 하거나, 대인관계를 어렵게 하는 원인이 되기도 한다. 노인들과 상담하는 상담자는 노인들의 감각기관의 상태에 대해 잘 파악할 필요가 있다. 특히 전화상담자는 상대방 노인의 청력 정도에 따라 목소리의 고저를 조절해야 하며, 발음도 주의해야 한다.

② 정신기능의 변화

정신기능은 인간이 인간다운 기능을 하는 특징적인 기능으로 감각 및 지각기능을 기초로 하여 지능, 기억력, 학습능력, 사고력, 문제해결 능력, 그리고 창의력 등으로 구분된다. 일반적으로 기억능력은 노화에 따라 감퇴한다고 하지만, 아직 확실한 연구 결과는 없는 실정이며, 다만 노화에 따라 장기기억력보다 최근 기억력이 더 감퇴하며, 논리적인 기억력이 기계적인 기억능력보다 더 크게 감퇴하고, 들은 것이 본 것보다 더 심하게 감퇴한다는 연구가 있다. 이러한 기억력에 대한 연구는 상담과 관련하여 의미가 있다고 본다. 노인상담을 치료적 목적 외에 예방적 목적으로 볼 때, 노인집단상담이나 전화상담 등을 통해 노인의 기억 속에 있는 여러 가지 지식과 장면들을 상담이라는 언어활동을 통하여 재연시키고 회상시키는 것은 노인들의 정신기능에 활력을 주기 때문이다. 치근 노인을 대상으로 한 회상요법도 이와 같은 맥락의 시도라 여겨진다.

사고능력과 문제해결 능력, 학습능률이 노화와 더불어 저하된다는 통념이 있지만, 학습과 반응기간을 적절히 조정하고 학습의 과제와 동기가 분명한 경우, 노인들의 학습 효과는 매우 크며, 창의력과 통합적 능력은 노년기에 오히려 왕성한 것으로 알려졌다.

상담의 중요한 기능으로 상담자는 내담자로 하여금 자신의 문제에 대해 객관적으로 인식하고, 문제의 해결을 위한 실마리를 찾아 스스로 해결하려는 시도를 할 수 있도록 도와주는 기능이 있다. 이러한 목적을 위해 내담자의 정신기능은 상담에 매우 중요한 요소가 된다. 상담자는 노인 내담자의 교육 정도와 경험, 정신적 에너지의 정도를 잘 파악하여, 내담자로 하여금 자신의 내적 정신기능을 충분히 발휘할 수 있도록 도와야 한다.

③ 성격 특성의 변화

Allport(1976)는 "성격(personality)은 그 사람의 특징적인 행동과 사고를 결정하고 환경에 대하여 독자적으로 적응방법을 결정하는 개인의 정신적, 신체적인 역동체제"라고 정의하였다. 즉, 성격은 일반적으로 그 사람의 행동양식이나 가치의식을 결정짓는 개인의 욕구와 동기, 태도라고 할 수 있다. 일반적으로 성격은 아동기 중기에 안정되어 가고, 그 이후로는 거의 변화하지 않는 연속성과 일관성을 갖고 있다고 하였으나, 최근 많은 연구들이 사람의 성격이 노화에 따라 변화한다고 주장한다.

노인의 발달적 심리 특성은 노인의 신체적 건강 상태와 심리적 특성, 그리고 사회와 가족 내에서의 관계와 역할 특성에 따라 영향을 주고받으며 발달하게 된다. 개인차가 있음에도 불구하고, 노인의 성격 특성에 대한 대부분의 견해는 신체적인 노화와 사회관계의 축소에서 오는 사회, 심리적인 변화와 관련지어 부정적 특성이 강조되어 왔다. 그러나 전생애적인 인간발달이론에 의하면, 인간은 65세 이후에도 계속 발달하며, 노년기는 사람이 자신이 일생동안 배운 바를 이해할 수 있게 되고 그것이 가치있는 것임을 발견하는 긍정적인 발달단계라고 정의한다. 노년기를 인생에 대한 통합과 자아실현, 그리고 죽음과 삶의 본질에 대한 이해와 통찰 등을 통하여 자신의 삶을 정리하는 바람직한 발달단계로 보고자 하는 견해들과 함께, 많은 학자들은 노년기의 성공적인 적응을 위해 바람직한 발달과업들을 제시하고 있다. 그들은 인생주기의 마지막 단계인 노년기를 신체적 활동이 축소되고 심리적으로 위축되는 시기로 보고, 이 시기에 적당한 과제를 얼마나 잘 수행하느냐의 정도에 따라 노년기의 성패가 달려 있다고 하였다.(노인케어론, 현외성 외, 2001)

④ 노인의 정신장애

노년기의 정신장애는 첫째는 정서적 측면으로 성격, 생활 경험 등과 관련되는 기능적 장애이며, 둘째는 신체의 기관의 기능과 구조적인 변화에 따른 병적인 기질적인 장애이다. 노년기의 기능적 정신장애는 노인성 정신분열증, 정동장애, 우울, 편집장애 등의 정신병, 건강염려신경증, 강박신경증, 히스테리성 신경증과 공포신경증과 같은 신경증, 자율신경조직의 장애와 관련된 정신신체장애 등이 있다. 노년기의 기질적 정신장애는 뇌조직의 기능의 손상에 의하여 발생되는 것으로 급성 기질성 정신장애, 만성 기질적 정신장애, 그리고 전노인성 치매로 분류된다. 이들 가운데 급성 기질성 정신장애와 노인성 치매는 장기간에 걸쳐 발생하여 오래 계속되고, 회복이 힘든 것으로 알려져 있다.

고령화 추세에 따라 노인성 정신질환의 발병률이 급속히 증가함에 따라 노인 개인은 물론 노인 부양가족들에게 있어서 노년기 정신적 질병에 대한 종합적 대책에 대한 문의는 매우 중요한 노인상담의 분야가 되고 있다. 따라서 노인케어 전문가들은 특히 이러한 영역에 있어서의 종합적인 지식과 사례관리적인 상담방법을 도입하여 체계적인 상담을 시도해야 할 것이다.

⑤ 사회적 특성

현대사회의 노인의 사회적 특성은 가족 내외적으로 역할이 축소 내지 상실되고 새로운 노년기의 역할의 적응에 따르는 과정에서 비롯되는 갈등과 심리적 스트레스에서 출발된다. 즉, 성인자녀와 노부모와의 관계는 부양자와 피부양자의 관계로 역전이되고, 가정의 중심인 성인 자녀세대로 옮아감에 따라 노인들은 가정 내의 주도적인 가장과 주부의 역할을 상실하면서 정체감의 위기에 직면하게 된다. 한편 배우자의 사망과 더불어 아내와 남편으로서의 역할이 상실됨과 동시에 그동안 부부로서 함께 가졌던 사회관계망이 단절되어, 노년기는 사회적 소외와 심리적 고립감이 증가하는 시기이기도 하다.

더욱이 우리 사회의 노인들은 조부모 역할에 대한 분명한 역할 기준이나 기대가 확립되지 않았으며, 부부간의 수평적 관계에도 익숙하지 않다. 남성 노인들은 가정내에서의 남성의 역할에 대해 무지하고, 여성 노인들은 가정 밖의 활동에 대해 무지하여 변화하는 성역할 태도와 가족간의 관계의 융통성에 쉽게 적응하지 못하여 갈등을 겪게 된다. 또한 현대 노인들은 너무 많은 여가시간을 갖게 되고, 이는 무위와 상실감을 더해 주는 요인이 된다. 따라서 현대의 노인들은 늘어난 여가시간에 대한 바람직한 대책을 찾아 적절한 사회적 활동을 재개할 수 있도록 돕는 체계적이고 공적인 지원이 필요하게 되었다. 노년기의 심리적, 신체적, 사회적 욕구에 대한 적절한 대처방안으로서 노년기의 발달과업에 관심을 갖고 계획된 많은 노인교육 프로그램 등은 노인의 사회적 역할과 지위의 회복, 새로운 역할 탐색을 통한 건설적인 적응을 위한 지원이라고 할 수 있다 (노인케어론, 현외성외, 2001).

2) 노인상담의 과정과 기술

가) 노인상담의 기본 원칙

노인 클라이언트를 대상으로 하는 상담은 노인의 개별적 특성과 사회적 특성을 고려하여 일반적인 상담의 기본 원칙을 준수해야 한다.

① 노인 내담자에 대한 존중과 수용

기본적으로 상담가는 모든 내담자가 성장과 문제해결을 위한 잠재적 동기와 능력을 소유한 기능하는 유기체적 존재임을 인식하고 있어야 한다. 다시 말하면, 모든 사람이나 집단은 있는 그대로 존중받고 이해받을 만한 자격과 능력이 있는 존재임을 인정하고, 내담자의 현재의 부정적인 상황이나 문제에도 불구하고 내담자가 인간으로써 타고난 존엄성과 가치를 인정하는 것이다.

내담자에 대한 통합적이고 비심판적인 수용적 태도는 내담자와의 진실된 관계형성의 토대를 형성함으로써 상담관계를 촉진시킨다.

② 노인 내담자의 개별화

상담가는 노인 내담자의 문제를 볼 때, 내담자 개인과 가족의 독특한 경험과 특성, 내담자에게 관련된 다양한 생태체계 내의 집단이나 지역사회의 특성을 고려하여 문제에 따라 내담자를 일반화시키지 않고 개별적으로 다루어야 한다. 즉, 상담가는 언제나 '내담자가 있는 그 곳에서 출발하라' 는 대원칙을 염두에 두고 각각 독특한 존재로서 보아야 한다. 특히 노인들의 경우 그들의 세대가 겪었던 집단 특성과 효과와 개인의 인생여정의 다양한 경험들에 대한 고려가 요구된다.

③ 노인 내담자의 참여 촉진과 자기결정의 원리

상담가는 근본적으로 내담자의 문제를 해결해 주는 마법사가 아니라 함께 문제를 풀어가는 사람이다. 따라서 상담의 효과를 극대화하기 위하여는 내담자가 스스로 자신의 문제해결을 위한 변화과정에 능동적으로 참여할 수 있도록 촉진해야 한다. 또한 내담자는 자신의 문제를 직면하고 이에 대한 개입절차나 방법 등에 자신의 결정권과 선택권을 행사할 수 있도록 상담자에 의하여 안내될 필요가 있다. 이는 내담자를 적극적이고 능동적인 참여자가 되게 하며, 자신의 문제에 대한 책임의 소재를 스스로 갖게 됨으로써 상담의 효과를 증대시킬 뿐 아니라 결과에 대한 만족도를 증가시키게 한다.

④ 비밀보장과 정상화의 원칙

상담가는 모든 내담자의 문제에 대한 비밀을 지키는 것을 기본적인 원칙으로 한다. 한편 노인과 같이 정신적, 신체적 장애의 문제를 갖고 있을 가능성이 큰 내담자들에 대해서는 원칙적으로 정상화와 통합적 문제해결을 추구하려는 기본적인 태도를 갖고 있을 필요가 있다.

⑤ 성실성과 전문적 능력

상담은 내담자와 상담자와의 인격적 신뢰와 존중하에 이루어지는 전문적 관계이다. 따라서 상담자는 기본적으로 내담자의 예상되는 문제들에 대한 전문성에 기초한 과학적이고 객관적인 지식과 기준, 그리고 문제해결에 유용한 기술을 잘 이해하고 있어야 한다. 반면에 상담은 모든 기술을 능가하여 상담가의 인간적 온화함과 일관적인 성실성과 진지함과 같은 인격적 자질을 기초로 하는 과정이라고도 할 수 있다.

나) 노인 상담의 과정과 기술

① 접수면접과 관여

일반적으로 상담의 초기 접수는 전화상의 면접으로 시작될 때가 많다. 전화면접으로 접수할 때는 간단하고 쉬운 용어로 내담면접에 대한 소개와 일시, 장소 등을 설명하는 것이 좋다. 내담면접의 초기에 상담가는 내담자의 일반적인 정보에 대한 사전지식을 갖고 있을 필요가 있으며,

이는 초기의 라포 형성과 내담자를 이해하는데 도움이 된다. 그러나 때로는 이러한 사전 정보는 상담자로 하여금 내담자에 대한 주관적인 선입관을 형성하는 요인이 되기도 한다.

관심 집중(주목)은 상담자와 내담자와의 첫 대면시의 중요한 문제가 된다. 상담자는 내담자가 호소하는 문제와 상황에 대한 진실한 관심을 표명하여야 하며 경청해야 한다. 이 시기는 상담의 초기 단계이므로 무엇보다도 내담자가 상담자에 대한 신뢰감을 획득하고 긍정적인 라포가 형성될 수 있도록 노력해야 한다. 이를 위하여 상담자는 내담자의 연령, 성별, 사회경제적 지위와 삶의 경험들을 고려하여 내담자의 심리적 긴장을 완화하고 자기노출에 대한 두려움을 없앨 수 있는 물리적, 언어적, 사회적 환경을 조성할 수 있다. 예를 들면, 친근한 음악이나 그림, 그 시대의 사건이나 이야기들을 끄집어내어 이야기를 유도하는 것들이다. 또 상담자는 클라이언트의 긍정적인 관심을 끌 수 있는 옷차림이나 신뢰할 수 있는 자격증 등으로 전문성을 강조함으로써 신뢰 형성을 도모할 수도 있다. 상담자는 의심이나 호기심이 많거나, 비자발적으로 내방한 노인 내담자들에게 그들의 관심과 욕구를 충족시킬 수 있는 초기 관계 형성을 위한 구조화방안을 강구할 필요가 있다.

② 자료 수집과 사정

내담자가 호소하는 문제와 감정을 경청함으로써 내담자가 처한 상황에 대한 객관적인 정보를 수집하고, 내담자의 욕구를 파악하여 문제를 사정하는 단계이다. 상담자는 내담자와의 언어적, 비언어적 의사소통 과정을 통하여 내담자의 표면적인 문제와 정서적 문제를 인지해야 한다.(감정 듣기와 공감) 이때, 상담자는 경청과 공감, 자기노출, I-message 기법 등을 충분히 활용하여 내담자의 진정한 문제에 접근해야 한다. 적극적인 경청방법과 초점화된 질문 혹은 투사적 질문 등을 적절히 활용함으로써 내담자의 이야기의 핵심선을 가려 나가는 기술이 요구된다.

내담자의 문제에 대한 정확한 사정과 개입계획을 위하여는 객관적이며 과학적인 자료와 정보의 수집이 필수적이다. 따라서 이 단계에서 상담자는 경험과 직관에 의한 주관적 느낌 등에 의지하려는 태도를 지양하고 보다 객관적인 자료 수집을 위한 노력을 해야 한다. 예를 들면, 문제 체크리스트나 다양한 척도나 검사도구들을 활용하거나, 직접 혹은 간접적인 관찰방법을 활용 할 수 있다. 이러한 방법은 자기표현력이 부족한 어린이나 노인 혹은 자신의 문제를 노출하기를 꺼리는 내담자들에게 자신의 문제를 일반화시키거나 객관화된 간접적인 방법으로 노출하게 되어 유용하게 사용될 수 있다. 노인 내담자들의 경우, 관련된 그림이나 가계도 등의 간단한

도구나 비디오 등을 활용하고 회상적 대화를 통하여 편안하게 많은 내용의 대화를 유도해 낼 수도 있다.

③ 상담의 목표 설정 및 대안 모색

내담자의 문제에 대한 사정을 통하여 드러난 문제들 가운데 상담과정을 통하여 해결할 수 있거나(가능성), 해결해야 하는(긴급성 혹은 필수성) 표적문제를 설정하고 이에 대한 대안을 모색하는 단계이다. 상담의 표적문제와 대안을 모색하는 데 있어서 상담자는 내담자와 함께 풀어가는 과정을 강조한다. '지금 여기서' 다루어야 할 것과 다룰 수 있는 것에 대하여 상담자는 내담자와 상의하며, 내담자와의 상호 역할과 행동에 대하여 논의하고, 내담자의 강점과 자원을 충분히 활용할 수 있는 대안을 설정한다.

이때 상담자는 내담자가 결정한 대안에 대하여 적절한 과제를 부여하거나, 상호역할을 수행하게 된다.

④ 종결

상담의 목표와 목표 달성 여부에 대한 진단과 더불어 시기적절하고 책임있는 상담과정의 공식적인 종결과정이 중요하다. 내담자의 정서가 안정되었다고 느낄 때, 표적문제의 객관적 해결이 성취되었을 때, 혹은 내담자의 문제가 상담자의 능력을 벗어난다고 판단될 때는 상담을 마무리짓는 것이 좋다. 다른 기관이나 상담자에게 의뢰할 때에는 내담자에게 충분히 설명하고 내담자의 동의가 있으면, 전문적 관계의 종결을 의미하는 전환의식을 거친 후 의뢰하는 것이 바람직하다.(노인케어론, 현외성 외, 2001)

7 노인상담의 과정

노인복지실천현장에서 이루어지는 상담은 대개 노인의 신체적, 심리적, 사회적 기능수행능력을 고려하여 노인의 강점과 문제를 분석하고 해결책을 제안하며 제안된 해결책을 행동으로 옮기는 문제해결과정을 따르게 된다. 일반적으로 문제해결과정은 사정, 개입, 종결단계로 구성된다.

1) 사정단계

사정이란 노인이 처한 상황에서 노인의 강점과 취약점을 평가하여 적절한 서비스를 제공하는 데 필요한 계획을 세우는 과정이다. 사정을 통해 사회복지사는 노인이 독립적이고 만족스러운 생활을 하는데 필요한 서비스가 무엇인가를 파악할 수 있다. 또한 노인이나 가족에게 노인의 안녕을 위협하는 위험영역을 경고하는 교육적인 효과도 볼 수 있다.

가) 사정단계에서 고려할 사항

사정단계에서 중요하게 고려할 사항은 다음과 같다.

첫째, 사정단계의 문제정의과정에서는 문제가 무엇인지 충분히 파악한 후에 문제를 정의하는 것이 중요하다.

나) 사정의 요소

사정에서는 노인의 신체적, 심리적, 사회적 기능을 포괄적으로 고려해야 한다. 노인의 신체적 기능을 사정할 때는 전반적인 건강상태와 일상생활수행능력에 초점을 두며, 심리적 기능 사정에서는 성격, 인지, 정서 기능에 초점을 둔다. 사회적 기능 사정에서는 노인이 주고받는 사회적 지원, 재정상태, 사회활동 참여 정도 등을 사정한다. 또한 사정에서는 이러한 요소들 간의 상호연관성과 한 기능의 저하가 다른 기능에 미치는 영향도 고려해야 한다. 물론 사정이 노인의 기능과 욕구를 광범위하게 평가하는 작업이기는 하지만 노인이 가진 문제에 따라 어떤 영역에 더 초점을 두어 사정하느냐가 달라지게 된다. 예를 들어, 신체적인 건강에는 문제가 없지만 심각한 우울증제를 보이는 경우라면 노인의 정신건강을 평가하는 데 초점을 둔다. 또한 정서적인 문제는 없지만 일상생활수행능력에 어려움이 있다면 이러한 영역에 초점을 두어 사정해야 한다 (Mclnnis-Dittrich, 2002).

① 신체적 기능 : 사정과정에서 사회복지사는 서비스 욕구에 영향을 미치는 노인의 건강상태와 일상생활수행능력을 평가하게 된다. 전반적인 건강상태에 대해서는 노인의 주관적인 생각을 평가하는 동시에 노년기의 신체적 변화를 고려하여 노화과정에서 나타나는 전반적인 기능 저하에 대해서도 살펴보아야 한다.

신체적 기능 사정과 관련하여 일상생활수행능력에 대해서도 사정해야하는데, 이 경우에는 대개 일상 생활 수행 능력(ADL)과 수단적 일상 생활 수행 능력(IADL)을 체크하게 된다.

ADL(Activities of Daily Living)의 내용으로는 식사, 목욕, 대 · 소변처리, 옷갈아입기, 집안에서의 이동 등과 IADL(Instrumental Activities of Daily Living)의 내용으로는 집안일(세탁, 식사준비), 쇼핑/장보기, 은행일 보기 등이며 ADL, IADL은 신체기능을 측정하는 척도이며 사회적 안녕상태를 반영하는 지표가 되기도 한다.

② 심리적 기능 : 심리적 기능과 관련하여서는 노인의 성격, 인지, 정서의 정상적인 측면과 비정상적인 측면을 사정하게 된다. 심리적 기능 사정의 목적은 노인의 성격, 인지, 정서상의 장애를 진단하는 데 있는 것이 아니라 그 장애에 대하여 좀 더 면밀히 검토하거나 다른 전문가와 함께 필요한 서비스를 제공하는 데 있다.

먼저 심리적 기능 사정에서는 성격을 통해 노인이 세상을 보는 방식이나 스트레스 대처방식에 관하여 파악할 수 있다. 융통성이 없고 부적응적인 특성 때문에 노인이 사회적 역할을 하거나 직업을 갖는 데 심각한 어려움을 겪을 수 있는 성격장애는 MMPI(Minnesota Multiphasic Personality Inventory)나 DSM-IV(Diagnostic Statistical Manual of Mental Disorders-IV)를 통해 파악할 수 있다(Burlingame, 1995). 노인의 심리적 기능 사정에서는 인지기능과 더불어 인지장애 여부도 사정하게 된다. 구체적으로 노인의 지능이나 기억력과 치매 여부를 사정하게 된다. 우리나라에서는 보건소 치매 상담센터를 통해 MMSE-KC(간이정신상태검사)을 실시하여 치매진단을 할 수 있도록 하고 있다.

또한 노인의 정서적 안녕상태는 정서적으로 안정적인 정도와 상황별 감정표현의 적절성을 통해 평가할 수 있다. 정서적 기능상태는 우울증을 통해 평가할 수 있다. 우울증이란 정상적인 기분변화에서 병적인 기분상태까지의 연속선상에 있으며 근심, 침울함, 무력감 및 무가치함을 나타내는 기분장애를 말한다. 우울증진단에는 GDS(Geriatric Depression Scale), SGDS(GDS 단축형), CES-D(Center for Epidemiologic Studies Depression Scale) 등이 다양하게 사용되고 있다. 최근에는 국내에서 정인과 등(1997)이 개발한 한국형 노인우울검사도구(Korean Geriatirc Depression Scale)도 활용되고 있다.

③ 사회적 기능 : 사회적 기능 사정 시 중요하게 고려해야 할 요소 중의 하나는 사회적 지원이다. 사회적 지원을 제공하는 사회적 지원체계는 가족, 친척, 친구, 이웃 등과 같은 사적 체계와 정부기관이나 사회복지기관 혹은 사회복지사와 같은 공적 체계로 구성된다. 여기서 노인이 이들과 어떠한 사회적 지원을 주고받는가를 사정하는 것이 중요하다. 노인이 사회적 지원을 주

고받는 사람들과 어떠한 관계에 있는가를 평가하는 것도 중요하다. 이러한 사회적 지원에 대한 정보는 사회적 관계망 지도(social network map)나 사회적 관계망 표(social network grid)를 통해 수집할 수 있다.

이외에도 노인의 재정상태와 사회활동 참여 정도, 주거환경에 대해 사정해야 한다. 이때 노인에게 자신의 재정상태에 대해 묻는 것은 민감한 문제이므로 간접적인 방법으로 질문하는 것이 좋으며, 지출에서 노인의 기호를 존중하는 것이 필요하다.

2) 개입단계

초기단계에서 문제의 본질, 개입의 목적, 활용 가능한 자원 등이 명확해졌다면 상담은 계획한 활동을 실제 행동으로 옮기는 개입단계로 접어들게 된다.

가) 개입방법 선택 시의 지침

Burlingame(1995)에 의하면, 개입방법을 선택하는 데 고려해야 할 지침은 다음과 같다. 첫째, 노인의 능력보다 가정이나 이웃 등과 같은 환경의 사회적, 물리적 요구가 다소 높도록 한다. 환경의 요구가 노인의 신체적, 인지적, 사회적 기능에 비해 지나치게 크다면 노인은 그 요구에 압도되어 실패하거나 포기할 수 있다. 반면, 환경의 압력이 지나치게 적은 경우에도 노인은 지루해 하거나 학습된 무기력을 나타낼 수 있기 때문이다. 둘째, 개입을 최소한도로 한다. 의료적인 처치에서와 마찬가지로 개입은 낮은 수준에서 천천히 이루어져야 한다. 셋째, 개입방법을 선택할 때 노인의 가치를 고려해야 한다. 노인의 도덕, 종교, 문화, 계층규범, 전반적인 태도 등에 기초하여 개입방법을 선택해야 한다. 넷째, 노인의 상황에 따라 방어기제를 다룬다. 노인의 정서적인 고통이 클 경우에는 방어기제를 사용하더라도 정면으로 도전하지 않는 것이 중요하다. 다섯째, 체계적 관점(순환적, 전체적, 상호작용적 접근)에서 노인과 그 가족에게 개입한다. 한가족구성원의 변화는 가족 전체에 영향을 미치기 때문에 가족 전체에 접근할 때는 한 사람에게 먼저 개입할 수 있다. 이때는 다른 사람에 비해 문제를 해결하려는 도익가 강하거나 강점이 있는 사람에게 먼저 개입하는 것이 유리하다.

나) 개입기술

노인복지실천현장에서 활용되는 개입기술은 광범위하고 다양하다. 여기서는 이러한 개입기술 중에서 노인의 인지문제와 사회정서적인 문제에 효과적인 인지행동치료와 인정요법, 회상에 대해 살펴본다. 인지행동치료는 인지능력에 손상이 없는 노인의 정서문제 도움이 되며, 인정요법은 인지장애가 있는 치매노인에게 적합하다. 그리고 회상은 과거를 돌이켜보는 과정을 통해 노인에게 긍정적인 사건과 감정을 다시 떠올리게 한다.

① 인지행동치료 : 노인의 문제나 관심사에 따라 상담과정에서 정서적인 지지나 이해만으로도 상담의 목적이 달성되는 경우가 있다. 하지만 문제해결을 위해 노인의 바람직하지 않은 사고나 감정 혹은 행동을 수정해야 한다면 인지행동치료를 활용할 수 있다. 심리치료의 한 형태인 인지행동치료는 우울증이나 불안을 포함한 다양한 정서문제를 다루는 데 일반적으로 사용되는 방법이다. 여기서는 우리가 느끼고 행동하는 데 사고가 중요하다는 것을 강조한다. 즉, 인지행동치료자들은 뇌에 이상이 없다면 우리가 어떻게 느끼고 어떻게 행동하느냐가 우리의 생각에 달려 있다고 교육한다. 따라서 우리가 원치 않는 느낌과 행동을 경험한다면 그러한 느낌이나 행동을 일으킨 생각이 무엇인지 알아내서 그것을 보다 바람직한 반응을 이끌어 낼 수 있는 생각으로 바꾸는 방법을 학습하는 것이 중요하다고 강조한다.

② 인정요법 : 인지행동치료가 인지능력이 높은 노인에게 적합하다면 인정요법은 치매노인과 같이 인지능력이 저하된 노인에게 효과적이다. 인정요법은 1960년대에 사회복지사인 Feil에 의해 주창되어 최근 치매노인을 부양하는 가족들에게 큰 호응을 얻고 있다. 인정요법은 치매노인의 감정과 표현을 의미 있는 것으로 받아들이고 노인의 과거 갈등을 해결하도록 원조함으로써 치매노인의 불안과 스트레스를 줄이고 자존감을 높일 수 있는 일종의 정신요법이다(김경애, 하양숙, 1999).

인정요법의 주요 기술에는 문제중심(centering), 반복(rephrasing), 따라하기(mirroring) 등이 있다(Feil, 1993). 문제중심이란 인정요법 제공자가 의심하거나 비난하는 노인에게 개입하는 경우 상처받거나 갈등을 느낄수 있는데, 이때 자신의 현재 감정을 솔직히 인정하고 이완요법처럼 심호흡을 하고 한 곳을 집중하여 쳐다보는 등의 방법으로 문제가 되는 감정을 해결하는 것이다. 반복이란 치매노인은 자신이 말한 내용을 다른 사람에 의해 다시 듣게 될 때 종종 편안함을 느끼므로 치매노인이 말한 핵심 단어뿐만 아니라 목소리 톤과 말의 속도도 똑같이 흉내내는 기술이다. 따라하기란 반복적인 동작을 계속하는 치매노인에게 공감을 갖고 노인의 동작을 따라하여 신뢰를 구축하는 기술이다(김경애, 하양숙, 1999).

③ 회상 : 회상은 과거의 사건이나 경험을 기억해 내는 과정으로 과거를 돌아보고 지나온 생을 정리하는 특성을 가진 노인들에게 적합한 개입방법이다. 관련 문헌을 요약해 회상의 결과를 제시한 전시자(1989)에 의하면, 회상을 통해 노인들은

- 과거 자신의 긍정적인 자아상과 현재를 동일시함으로써 자아성취감, 충족감, 생의 의미를 발견하게 되고,
- 심리적 상실감을 극복하고 자아통합을 성취하며 우울이 감소하고,
- 자신의 과거를 미화하거나 합리화함으로써 죄의식과 갈등을 극복할 수 있지만,
- 자신의 생애를 완전한 실패로 회고할 경우에는 외로움, 우울, 죄의식이 심화될 수도 있다(엄명용, 2000). 회상은 대개 이러한 긍정적, 부정적 효과가 있지만 그 효과는 대상에 따라 다양하다. 예를 들어, 무료하고 일상적인 시설에서 생활하는 노인의 경우에는 회상이 강한 즐거움인 데 반해 지역사회에서 활발하게 활동하는 노인의 경우에는 그 효과가 덜할 수 있다(Burnside, 1996).

회상은 개별 노인이나 노인집단 모두를 대상으로 행해질 수 있지만 대개 집단과정을 통해 이루어진다. 집단에서의 회상이 개별 노인에 대한 회상보다 비용이 적고, 기억공유과정을 통해 소속감이 증진되며, 다른 노인의 경험과 자신의 경험을 비교함으로써 개인적 정체성과 인간적인 가치감이 강화되고, 외로움과 소외감을 줄일 수 있기 때문이다.

회상집단의 일반적인 진행양식은 다음과 같다(엄명용, 2000).

- 집단을 시작하면서 간단한 인사말을 주고받은 후 그날의 주제나 화제를 소개한다.
- 참가자들이 주제와 관련된 자신의 경험 및 쟁점을 자유롭게 이야기하도록 한다. – 집단지도자는 노인들이 이야기한 내용인 krudgja을 스스로 정리 · 통합할 수 있도록 적절한 도움을 제공한다.
- 구성원의 이야기 내용과 경험을 다른 참여자가 공유할 수 있도록 유도한다.
- 모든 사람이 어느 정도 경험을 이야기하고 나눈 후 전체적인 정리를 한다.
- 다음 모임에서 이야기할 주제를 소개하고 끝맺는다.

이때 회상의 주제는 집단지도자 쪽에서 정할 수도 있고 집단에 참여하는 노인들이 상의하여 정할 수도 있다. 노인의 회상작업을 촉진하기 위해 기념일, 명절, 제사, 좋아하는 음식, 기억에 남는 선생님, 어린 시절 살던 동네, 군대생활, 첫 직장, 결혼, 첫 자녀출산, 즐겨 부르던 노래와 같은 주제가 사용될 수 있다.

3) 종결단계

종결단계에서 중요한 활동은 평가와 종결이다. 평가란 개입과정 동안에 이루어진 활동의 결과를 연구하고 측정하는 것이다. 이러한 활동의 핵심은 특정 지표를 이용하여 목적성취 정도를 분석하는 것이다. 종결이란 사회복지사와 클라이언트 간의 상담관계가 끝나는 것을 의미한다. 이 단계에서는 종결의 이유를 명확히 하고 종결에 대한 계획을 세우며 진전상황을 평가하게 된다(McMahon, 1996).

상담관계를 종결하는 과정에서는 종결의 시기, 이별의 슬픔, 의뢰, 종결후의 방문, 추후지도의 문제 등에 대해 생각해 보아야 한다. 이와 관련하여 McDonald와 Haney(1997)는 각 문제에 대해 다음과 같이 유용한 지침을 제시하였다. 첫째, 종결의 시기와 관련하여 클라이언트와 사회복지사가 상호합의된 상태에서 관계를 종결하기로 결정했더라도 클라이언트에게 추가회기를 권유하는 것이 필요하다. 문제가 해결됐을 때 관계를 종결하는 것이 사회복지사의 입장에서는 합리적이지만 클라이언트의 입장에서는 차갑고 무관심하다고 느낄 수 있기 때문이다.

둘째, 사회복지사는 종결과 관련된 클라이언트의 슬픔을 다루기 위해 클라이언트의 분노, 슬픔, 죄의식, 버려졌다는 두려움, 새로운 과정을 시작하는 데서 오는 흥분 등의 감정을 탐색해 볼 필요가 있다. 이러한 감정을 드러내 놓고 논의하는 과정에서 클라이언트가 사회복지사만큼 친근하게 이야기할 대상이 없다고 느낀다면 클라이언트가 적어도 한 명의 친한사람과 지원망을 개발할 수 있도록 추가회기를 갖는다. 셋째, 클라이언트를 다른 기관이나 전문가에게 의뢰할 경우에는 다음과 같은 활동이 필요하다(Weissman, 1976). ① 필요한 기관이나 서비스에 대한 정보를 글로 써서 클라이언트에게 전달한다. ② 의뢰할 기관에 클라이언트의 욕구에 대해 개괄적으로 정리한 글을 보낸다. ③ 클라이언트가 떠나기 전에 의뢰기관에 연락하여 클라이언트와 만날 약속시간을 정한다. ④ 클라이언트가 의뢰기관에 가기를 꺼리거나 스트레스 상황에 있을 때 혹은 거동이 불편할 때는 클라이언트와 함께 의뢰기관에 동행한다. ⑤ 의뢰기관에 대해 객관적인 정보를 제공하여 비현실적인 기대를 갖지 않도록 한다.

넷째, 상담이 효과적으로 진행되고 적절하게 종결되었다면 새로운 문제가 발생해도 클라이언트는 문제를 다룰 자원과 자신감을 가질 수 있다. 하지만 클라이언트가 여전히 사회복지사나 기관이 자신을 지지해 주기바란다면 향후 상담할 일이 있을 때 방문하도록 권유한다.

다섯째, 추후지도를 실시하는 것이 중요하다. 추후지도란 클라이언트와 종결하고 어느 정도 시간이 흐른 후 클라이언트가 잘 지내고 있는가를 알아보기 위해 접촉하는 것이다. 신중한 추후지도를 통해 사회복지사는 자신이 클라이언트에게 관심을 갖고 있다는 것을 보여 줄 수 있다.(현대노인복지론, 모선희 외, 2006)

8 노인상담기법

1) 생애 회고 기법

생애 회고 기법은 가장 널리 이용되는 방법 중의 하나로 단순히 과거를 회상하는 것보다 광범위하며, 자서전, 가족앨범, 족보, 편지, 순례여행 등을 이용하여 노인의 자전적 정보를 알아냄으로써 그것을 순서대로 정리하게 하는 것이 중요하다. 그렇게 함으로써 내면적 갈등, 가족관계, 죄의식 등을 이해 할 수 있다. 이 기법이 가장 효율적으로 이용되기 위해서는 노인이 과거에 자신이 기대하던 바대로 생활하는 것이 힘들다는 것을 지각할 수 있도록 정서적으로 지지적 환경을 만들어 주어야 한다.

2) 음악치료

음악치료는 치료적인 환경 속에서 노인의 행동을 바람직한 방향으로 변화시키기 위하여 음악 치료사가 음악을 단계적으로 사용하는 기법이다. 이 기법은 운동을 용이하게 하고 활동 수준을 높이며 삶의 만족감과 참여를 증가시키기 위하여 악기연주, 노래, 음악청취 등의 방법을 이용한다.

3) 역할놀이

역할놀이는 개개의 가족구성원에게 다른 사람의 역할을 수행할 기회를 주는 것으로 가장 중요한 조건은 역할 놀이자가 그가 연기하는 역할에 적합한 사람처럼 느끼고 행동해야 한다는 것이다. 역할놀이를 통해 다른 사람의 입장을 이해할 수 있다(예: 시어머니와 며느리의 역할전환) 이러한 역할 전환은 다른 사람을 통해 자신을 보게 되고 자신의 모습에 새로운 견해를 가지게 되므로 서로의 관계에 변화를 가져올 수 있다. 따라서 상담자는 적절하게 역할놀이를 실시함으로써 노인과 가족의 문제 상황을 재구성할 수 있다.

4) 경청하기

경청하기는 단순히 남의 이야기를 들어주는 것 이상의 기능을 뜻한다. 노인들은 대화상대를 찾지 못하는 것에 불만을 억압하며 소외감을 느끼는 특성이 많은데 이때 경청하기는 노인의 상황을 파악하고 노인이 편안한 마음을 가지게 함으로써 억압된 불만을 드러나게 하는데 가장 적절한 치료기법이다. 경청하기는 상담자로 하여금 내담자의 정서적 상황을 보다 깊이 이해하고 그 속으로 빠져들게 하는데 도움을 주기 때문에 성공적 상담과정에서 가장 중요한 기법이라 할 수 있다. 상담자는 듣기를 통해 노인에게 안전감, 소속감, 자존심 등을 촉진시킬 수 있으며 보다 쉽게 노인과 친밀한 관계를 형성할 수 있다.

5) 요점 반복과 명료화

상담중 노인들의 특성 중 하나는 조리 없는 긴 이야기를 두서없이 장황하게 늘어 놓는다는 것이다. 따라서 정작 중요한 문제는 잊어버리게 되며 상담과정에서 가장 중요하게 다루어야 할 문제에 대해서 혼란을 불러온다. 이때 상담자는 상담과정의 흐름을 순환시키고 명확하게 의사가 전달 될 수 있도록 노인의 이야기에 요점을 파악하여 반복해 주어야 하며 내담자가 말하려는 상황을 가장 적절한 표현으로 명료화 시켜야 한다. 이러한 상담자의 요점반복과 의미의 명료화는 노인이 자신의 생각이 정확히 전달되었다는 것을 알게 해주며 노인이 의도하는 바를 정확하게 이해하고 판단하는데 도움을 주는 것이다.

6) 직면

직면은 전체상담 과정을 촉진시키기 위해 내담자에게 직접적으로 질문하는 것이다. 첫 면접에서 부끄러움과 당황스러움으로 긴장을 하여 침묵만을 지키고 있는 노인에게 직면을 사용하는 것이 효과적인 방법이다. 그러나 직면은 솔직하게 성실하게 사용해야 하며 상담자는 직면이 노인에게 비난이나 공격적인 것으로 인식되지 않도록 사용하는데 있어 신중을 기해야 한다. (권육상 외, 2005)

7) 상황별 의사소통 지침

가) 위축되거나 의기소침한 노인과 대화할 때

① 실제적인 일에 대해 이야기한다.

② 잘 진행되고 있는 일에 대해 구체적으로 격려/칭찬을 한다.

③ 과거 및 다가올 즐거운 일에 대해 이야기한다.

④ 성공할 수 있는 활동을 제안한다.

⑤ 슬프거나 두려운 감정이 실제로 존재한다는 것을 받아들인다.

나) 청각장애가 있을 때

① 가능하다면 같은 높이에서 상대방을 똑바로 쳐다보고 이야기 한다.

② 음식을 먹거나 씹거나 담배 피는 등의 행동을 하면서 이야기하지 않는다.

③ 대화할 때는 소음을 줄인다.- TV 라디오를 끈다.

④ 말하는 동안 얼굴에 손을 대지 않는다.

⑤ 다른 방에서 이야기하지 않는다.

⑥ 소리 지르거나 조급해하지 말고 평상시대로 이야기한다.

⑦ 주제를 갑자기 변경하지 않는다.

⑧ 상대방이 더 잘 들을 수 있는 쪽이 있다면 그 쪽에서 이야기 한다.

⑨ 함께 있는 사람들을 가장 잘 볼 수 있는 자리에 앉는 경우 더 잘 들을 수 있다.

⑩ 보청기를 사용하는 경우에는 목소리 톤을 약간 높인다.

⑪ 여성의 목소리는 높아서 남성 보다 듣기 어려울 수 있으므로 여성은 목소리 톤을 낮춰서 이야기하도록 한다.

⑫ 상대방이 잘 듣지 못할 경우에는 같은 말을 반복하는 것보다 다른 방법을 찾는다.

⑬ 인내한다.

다) 시각장애가 있을 때 (한국재가노인복지협회 역, 2000)

① 수발하기 전에 반드시 자신의 이름을 확인시켜 준다.

② 저기, 거기, 이것 등의 표현은 쓰지 않는다.

③ 가능한 한 구체적인 사물의 이름을 사용한다.

④ 맹인안내견을 데리고 가는 경우 안내견의 머리를 쓰다듬거나 귀엽다고 말하지 않는다.

⑤ 처음 만났을 대는 가볍게 악수를 하며 '저는 누구입니다.' 라고 말한다.

⑥ 자리를 비울 때는 '잠시 어디에 갑니다' 라고 이야기 하고 움직인다.

⑦ 식사 시 시계방향에 따라 음식의 종류와 위치를 미리 알려 주고 색깔과 모양 등에 관해 설명한다.

⑧ 점자와 문자해독기의 사용을 권장한다(현대노인복지론, 모선희 외 2005).

〈참고문헌〉

권육상 외(2005), 노인생활건강, 유풍출판사.

김경애, 하향숙(1998), 치매노인에 대한 인정요법의 효과, 정신간호학회지, 7(2), 384~397.

김청자, 정진선 공저(2006), 상담의 이론과 실제, 동문사.

모선희 외 (2005), 현대노인복지론, 학지사.

전시자(1989), 회상(reminiscence)에 관한 개념 분석, 대한간호학회지, 19(1), 92~98.

정원식 외 (1982), 카운슬링의 원리, 교학사.

정인과, 곽동일, 조숙행, 이현수(1997), 한국형 노인우울검사 표준화 연구, 노인정신의학, 1(1), 61~72.

한국재가노인복지협회(2000), 가정 봉사원 핸드북.

현외성 외 (2001), 노인케어론, 양서원.

Burlingame, V. S. (1995), Gerocounseling elders and their families. NY: Springer.

Burnside, I.M.(1996) Reminiscence, In J. E. Birren et al.,(Eds.), Encyclopedia of gerontology : Age, aging, and the aged. Calif : Academic press.

Feil, N(1993) The validation breakthraugh. Health professional press.

McDonald, D. A., & Haney, M(1997), Counseling the older adult : A training manual in clincal gerontology. San Francisco : Jossey-Bass.

Mclnnis-Dittrich, K.(2002), Social work with elders : A biopsychosocial approach to assessment and intervention. Boston : Allyn & Bacon.

McMahon, M. O.(1996) The general method of social work practice : A generalist perspective(3rd ed.). MA : Ally & Bacon.

Weissman, A.(1976) Industrial social services : Linkage technology, social casework, 57(I), 50~54.

제12장

재활치료

12 재활치료

1 재활(再活)치료의 정의

재활이란 말은 다시 활성화 시킨다는 뜻을 담고 있다. 각 나라별로 재활에 관련된 학문을 다르게 표기하는데 중국에서는 강복(康復醫學)의학이라고 하고 우리나라에서는 재활의학(再活醫學)이라고 부르며 일본에서는 적절한 말이 없다고 하여 리해빌리테이션 의학이라고 하는데 발음적 문제로 리하비리 의학이라고 한다. 영어권에서는 Physical Medicine and Rehabilitation이라고 칭한다.

재활 치료법의 범주로는 수술적 요법과 심리적 요법과 물리적 요법 그리고 화학적 요법 등으로 구분할 수 있으며 재활 의학에서는 물리적인 치료 방법을 특히 많이 이용하는 분야라 해서 물리의학을 강조한 것이다. 물리의학 및 재활을 한 단어로 표시할 때는 Physiatry라고 부르며 재활의학 전문의를 Physiatrist라고 부른다. 그러나 최근에는 비 침투적이고 비침습적인 방법으로 재활에 적용시키는 스포츠 재활과 운동처방학이 발전하여 새로운 분야로 자리매김하고 있다.

운동재활의 정의는 현대의 질병들은 운동 부족으로 인해서 발병되며 그러한 운동부족은 곧 운동을 통해서 치료될 수 있다는 학문으로 약물을 사용하지 않고 질환을 치료하는 전문 분야로서 여러 가지 증상이나 질환 치료를 목적으로 운동의 방식과 작용 및 부작용을 연구하는 학문이다. 비특정 증상과 기능적 장애를 회복시키는 스포츠 의학의 한 학문이다.

2 재활의학의 특성

재활 의학의 특성은 기능위주(function oriented)와 포괄적(comprehensive)이어야 하며 팀 접근법(team approach)을 사용한다.

기능 위주라 함은 환자를 치료함에 있어서 질병의 원인을 정확히 규명하고 그 원인을 근본적으로 치료하는 것과 손상된 기능이 무엇인지를 평가하고 손상된 기능을 회복시켜 주는 것에 초점을 맞춘다는 것이다.

포괄적이라는 말은 육체적 측면만 치료하는 것이 아니라 심리적, 정서적, 정신적인 측면, 의사소통(언어, 청각 등), 자기 관리(Self care), 가정적, 사회적, 직업적인 측면까지 총체적으로 관리되어야 한다는 것이다.

팀 접근법은 환자 : 치료자 혹은 환자 : 의사의 1:1 관계가 아닌 환자를 중심으로 환자의 가족과 간호하는 사람들, 의사, 물리치료사 등으로 구성되는 치료 수혜 팀이 구성되어 의사를 중심으로 팀을 이루어 치료 혹은 재활이 이루어져야 한다는 뜻이다.

3 성공적 재활의 구비조건

성공적인 재활 수준의 달성을 위해선 다음과 같은 구비조건이 필요하다.

1) 환자의 회복 잠재력(Potential)

재활 치료에서 환자의 회복 잠재력을 정확히 평가하는 것은 올바른 치료 방향을 설정하는데 있어서 매우 중요한 부분을 차지한다. 재활치료는 각 환자의 회복 잠재력 정도에 따라서 알맞은 치료 프로그램을 제공해야 가장 성공적인 치료 성과를 이끌어 낼 수 있다.

2) 환자의 참여의지(Motivation)

환자의 긍정적 사고와 의지로 재활 치료에 임해야 하는데 환자의 재활 치료는 어느 단계에서는 치유를 넘어 훈련의 과정이 오는데 그때는 환자의 참여를 위한 동기 부여가 재활의 성공을 좌우한다.

3) 사회와 가족의 지지(Support)

환자의 재활은 초기에서 사회복귀 단계에 이르기 까지 환자가 필요한 것은 가족과 사회의 직접적 도움, 심리적 격려, 긍정적 이해, 재정적 뒷받침 등이다. 이때 사회적 지지와 격려는 절대적이다. 육체적 회복이 되었다 할지라도 사회적 이해와 지지가 없으면 사회적 장애는 남아있게 된다. 사회적 편견으로 인한 채활 치료가 무너질 수는 없다. 이러한 사회적 지지도가 높은 나라가 복지 구현이 높은 선진국이며 경제적으로 부강한 나라이다.

4) 잘 짜여진 재활 치료팀(Good rehabilitation team)

다양한 세부 분야 전공자들이 구성되어 전체속의 일부로 치료를 알맞게 제공해야 이상적인 재활 치료의 효과를 얻을 수 있다. 그러한 팀이 유기적으로 잘 이루어져야 성공적인 재활을 기대할 수 있다.

4 재활 치료 처방 시 유의 사항

재활 치료 처방시 유의사항은 다음과 같다.

1) 점차적이어야 한다(progressive)

환자의 상태는 계속 호전되거나 혹은 변화하기 때문에 그러한 상태 변화에 따른 치료나 훈련이 점진적이고 단계적이어야 하며 상황에 따라 처방이 점차적으로 변해야 한다.

2) 참여적이어야 한다(participatory)

재활 치료에 있어서 교육과 훈련은 중요한 부분이며 환자의 자발적이고 긍정적인 참여 없이는 성공적인 재활을 기대할 수 없다. 그러므로 환자의 참여에 동기를 부여할 수 있는 방법을 선택해야 하며 "마지못해"가 아니라 "기꺼이" 참여할 수 있도록 한다.

3) 예방적이어야 한다(Preventive)

예방에는 1차적 예방과 2차적 예방이 있다. 1차적 예방은 애당초 병이 생기지 않도록 예방하는 것을 의미한다. 2차적 예방은 어떠한 질병에 대한 재발 또는 그 병과 관련된 합병증을 예방하는 것을 의미한다.

4) 개별적이다(Personalized)

같은 병명이라 할지라도 각 개인마다 상태는 모두 다르게 나타난다. 또한 치료나 재활되어지는 과정도 모두 다르게 나타나며 작용되어진다. 그러므로 각 개인별 발병 상태나 시기 그리고 개인적 체력에 관한 차이, 성별, 연령 등의 차이에 따라 처방이나 치료는 개개인 모두 달라야한다는 것을 의미한다.

5 재활 치료의 기본 테두리

재활 치료 팀에 참여하는 모든 구성 요원들은 3가지 치료 테두리를 항상 염두에 두고 동시적으로 치료를 제공하여야 한다. 특히 재활 치료에서 강조하는 치료 테두리는 다음과 같다.

1) 일반 상태의 관리(management of general codition)

환자의 일반적 건강 상태를 유지시키는 것은 모든 치료와 재활의 근본이다. 표면에 나타나지 않는 또는 잠재적인 문제까지도 찾아내어 관리해 줌으로써 일반적 전신 건강 상태를 유지하는 것이 매우 중요하다.

2) 구체적 결손의 관리(Specific physical deficit)

재활의학의 특징가운데 하나가 "기능 위주의 관리"이다. 결손 되거나 손상된 기능을 제대로 관리하기 위해서는 3가지 진단이 중요하고 필요하다.

- 해부학적 진단(anatomical diagnosis)
- 병리학적 진단(pathological diagnosis)
- 기능적 진단(functional diagnosis)

ex) 뇌졸중(중풍) : 뇌의 어느 부분이 손상이 있는가, 전두엽인가 측두엽인가 뇌간인가의 손상을 해부학적인 구분을 하는 것은 해부학적 진단이고 출혈에 의한 것인가 혈전에 의한 것인가 경색에 의한 것인가 하는 병리학적 진단이며 그것으로 인한 신체의 기능적 손실을 구분하는 것 즉 편마비라든가 하반긴 마비라든가 또는 언어마비 등의 완전 손상 불완전 손상 등이 기능적 진단이다.

3) 합병증의 예방과 관리(prevention and management of complications)

흔히 나타나는 합병증은 다음과 같다.

욕창, 관절구축, 이소성골화증, 말초신경 손상, 혈전 정맥염, 요로감염, 흡인성 폐렴, 경련발작, 전신상태 악화, 성기능 장애, 반사성 교감신경 디스트로피 등이다.

6 재활의학에서의 기본적 검사 방법

1) 혈액 검사

각종 질환을 혈액 검사로 판단하는 것으로 빈혈, 당뇨병, 고지혈증, 고 콜레스테롤, 간 기능, 이온 반응, 염증성 반응 등을 검사한다.

2) 이학적 검사

신체검사를 말하며 전문의가 질병을 진단하고 그러한 질병을 치료하고 재활하는 과정에서 생길지 모르는 2차적 손상을 예견하고 손상 후 남아있는 기능을 평가한다.

3) 전기진단검사(electrodiagnosis)

신경속도검사와 근전도 검사 그리고 체신경 검사를 통해 신경과 근육의 손상상태를 진단한다.

4) 요류동태검사(Urodynamic study)

방광에 대한 기능을 검사하는 항목으로 요로감염이나 요실금, 빈뇨 등을 관찰할 수 있다.

5) 방사선검사(X-ray)

뼈의 손상과 흉부 질환, 유방조직과 복부질환을 관찰할 수 있는 기본적인 검사방법이다.

6) 전산화 단층 촬영술(C.T, Computed Tomography)

컴퓨터 단층 촬영기술로 방사선 검사보다 더욱 정밀하게 촬영할 수 있으며 횡적 단면을 관찰할 수 있는 특수 기법이다.

7) 자기공명 영상술(MRI, Magnetic Resonance Imaging)

강한 자력을 환자에게 노출시켜 컴퓨터로 영상을 구성하는 기법으로 CT보다는 한 차원 높은 진단 기술로 최근 급속히 보편화되고 있는 진단법이다.

8) 초음파 검사(Ultrasonography)

들을 수 없는 음파를 많이 인체에 보내어 반사되는 초음파를 통해 영상화하는 기법으로 체내 장기와 태아를 관찰할 수 있으나 공기를 통과하지 못하는 단점으로 폐나 창자는 관찰할 수 없다.

9) 혈관조영술(Angiography)

혈관 내 대조물질을 투여하여 X-ray 검사에 보이도록 하는 기술로 동맥과 정맥의 질환을 찾는데 사용된다.

10) 골 스캔(Bone scan)

방사성 동위원소 영상법으로 주입된 동위원소를 흡수하고 방사되는 과정에 감마선이 기록된다. 이러한 기법은 골절(스트레스), 골 염증 등을 진단하는데 많이 사용된다.

11) 스펙트(Single photon emission computed tomography)

중풍이나 뇌의 기능을 검사하는데 많이 사용되며 CT나 MRI 기법 보다는 해부학적 정확성이 부족하다.

12) 보행분석(Gait analysis)

보행을 통하여 역학적 정보나 운동성 정보를 파악하며 병적 보행의 원인을 분석하고 규명하여 치료법에 대처하기 위한 검사로 보행을 통한 전신 반응 검사이다.

13) 전산 적외선 체온 조영술(DITI, Digital infrared thermographic imaging)

인체에서 방출되는 체열과 적외선을 감지하여 컴퓨터로 영상화하여 신체의 변화와 이상을 감지하고 예측하는 검사 기법이다.

7 질환별 재활치료의 원칙

1) 뇌졸중

① 중풍 후 우울증 : 발병 후 6개월~2년 사이에 흔하게 발생하며 뇌세포와 관계가 있으며 심리적 치료와 항 우울제 사용이 있다.
② 견관절 아탈구 : 회전근개 손상, 관절 강 손상, 삼각근 손상, 상완 이두근 손상 등이 있을 때 발생률이 높으며 Sling 치료는 삼가는 것이 좋다.
③ 상완 신경총 손상 : 삼각근, 상완 이두근의 위축과 무기력이 동반된다.
④ 견수 증후군 : 발병 후 2~4개월에 흔히 발생하며 어깨의 동작에 통증을 느끼며 손목의 부종과 동통, 손가락 관절의 통증이 있다.
⑤ 이소성 골화 : 주관절에 가동범위가 축소되고 통증 및 발열, 부종 등이 생긴다.
⑥ 전간 : 발작으로 발병환자의 10~15%가 생긴다.
⑦ 기타 : 요실금, 대변의 실금 등

2) 외상성 뇌손상의 재활 : 2차적 손상에 주의해야 할 합병증의 목록

① 골절
② 전간 : 뇌손상 후 2년간은 발생 빈도가 높다
③ 뇌수종 : 뇌손상 후 2주내에 생기며 보행 장애와 실금증과 치매증 등으로 나타난다.
④ 고혈압

⑤ 시상하부와 내분비의 기능저하

⑥ 뇌신경 기능 장애 : 시각 후각 청각 장애, 안면신경 마비 등이 나타난다.

⑦ 이소성 골화증 : 체간에 가까운 관절에서 주로 생기며 지속된 혼수상태와 근육긴장으로 증가한다.

⑧ 근육긴장의 증가와 관절의 구축

3) 척수 손상의 재활

① 주요 문제점

- 신경계 : 근육마비, 감각 이상
- 골격계 : 척추골절과 그에 따른 수술
- 비뇨기계 : 신경인성 방광
- 소화기계 : 신경인성 장
- 경직
- 정신적 문제
- 관련된 외상 : 뇌손상, 신경손상, 골절

② 합병증

- 폐 : 환기장애, 폐렴과 무기폐, 기도절개
- 심장계통 : 기립성 저혈압
- 심부정맥 혈전증과 폐색전증
- 열 : 요로감염, 폐렴, 복강내 질환, 췌장염, 사지의 외상, 심부정맥 혈전, 폐색전, 이소성 골화, 욕창, 골수염, 변온증 등
- 소화기계 : 위 공복 지연, 위산분비의 변화, 비정상적인 대장 근전활동, 위장반사, 위 근무력증 및 장 폐쇄증, 소화기관 출혈, 췌장염, 담석증 등
- 체내성분과 조절 작용의 변화 : 빈혈, 골다공증, 요로결석, 기초대사율과 에너지소모 감소
- 하지골절
- 자율신경 과잉 반사 또는 반사부전증
- 상지 과로 증후군

③ 치료의 예

• 물리치료(PT)

• 작업치료

• 보조기

4) 사지절단 환자의 재활

① 사지절단의 종류

• 상지절단 : 부위별 손상에 따른 종류의 다양화

• 하지절단 : 부위별 손상에 따른 종류의 다양화

② 환자의 평가

• 과거 병력

• 정신상태

• 관절 가동 범위

• 근력

• 감각

• 침상활동

• 균형과 협응

• 이동

• 의자차 전진

• 의족없이 보조기만을 이용한 보행 능력

③ 의족 착용전의 훈련

• 근력강화 운동

• 관절가동 범위 운동

• 기능적 활동

• 전신 건강 상태 강화운동을 수술 직 후에 시작한다

• 침상활동

• 이동 훈련

- 차 전진 훈련
- 직립균형
- 보조기를 이용한 보행 훈련

④ 보행전 훈련

- 균형과 협응
- 무게 중심과 지지 기반
- 한발로 서기

⑤ 골반운동을 가진 보행 훈련

- 수직이동
- 측면이동
- 수평경사
- 횡적회전

⑥ 실생활 보행훈련

- 계단 오르내리기
- 한 발짝씩 걷기
- 한 발짝씩 건너 딛기
- 울퉁불퉁한 표면 걷기
- 경사로와 언덕
- 옆으로 걷기
- 걷기
- 여러 방향으로 돌기
- 직렬로 걷기
- 다리 꼬아 걷기
- 한 다리로 쭈그리고 앉기
- 넘어지기
- 바닥에서 일어서기
- 뛰기

5) 뇌성마비의 재활

① 분류 : 경직성 마비
불수의
진전과 고축형
운동 실조형
혼합형

② 원인

• 선천성 뇌성마비 : 조산, 산모의 산전 상태, 산모의 감염, 신생아 질식, 분만기간중 감염, 빌리루빈 과다, 신생아 황달, 중추신경 기형 등
• 후천성 뇌성마비 : 중추신경 감염, 뇌출혈, 뇌수종, 외상, 뇌종양 등

③ 관련된 장애

• 언어 장애 : 50~70%
• 정신박약 : 50%
• 시력장애 : 50%
• 경련 : 35%
• 청력 장애 : 25%
• 정서 장애

④ 진단

• 발달검사 : 운동발달
구강발달
언어
사회정서
• 신경검사
• 보이타 조기진단법

⑤ 치료

• 물리치료
• 보바스 치료법

- 보이타 방법
- 구체적 치료방법 : 머리 가누기
  몸 가누기
  몸 굴리고 기어가기
  상지 체중부하
  어깨, 머리, 몸통 사이의 동작을 분리시키기
  뒤로 기대앉은 자세로 있으면서 상지로 몸을 지탱
  팔의 Protective extention
  서기와 걷기
- 작업치료 : 식사 행위
  옷 입고 벗기
  세수, 목욕하기
  화장실 이용법
  개인위생
- 언어치료
- 심리치료
- 보조기 착용
- 신경 차단술
- 외과적 수술

6) 폐 질환의 재활

① 이완 자세(relaxation position)의 교육

② 호흡 훈련

③ 타법 치료(percussion)

④ 진동 치료법(vibration)

⑤ 체위배액법

⑥ 해소 훈련

⑦ 흡입 호흡근 훈련

⑧ 부속 호흡근 강화 훈련

⑨ 음압 또는 양압 기도요법

7) 심장 질환 환자의 재활

① 처방 원칙

- 점진적이어야 한다.
- 참여적이어야 한다.
- 예방적이어야 한다.
- 개별적이어야 한다.

② 치료 단계

- Phase 1 : 입원치료 단계
- Phase 2 : 외래 치료 단계
- Phase 3 : 사회 재적응 단계
- Phase 4 : 직장생활 단계

8) 관절염 환자의 재활

① 재활치료의 대상이 되는 관절염

- 류마티스 관절염
- 골성 관절염
- 건선 관절염
- 강직성 척추염
- 경피증
- 피부근염
- 전신 홍반성 낭창

② 평가

- 병력 조사

• 임상 병리 검사
• 이학적 소견
• 방사선 검사

③ 관절염의 재활치료 방향
• 통증 관리
• 기형의 예방과 교정
• 근력과 근지구력의 향상
• 심리적 자문

④ 관절염의 단계별 재활치료계획
• 급성기 : Cold, splint, Isometric exercise
• 아급성기 : Superficial heat, active ROM exercise, Joint protection, Energy conservation technique
• 만성기 : Deep heat, stretching exercise, Passive ROM exercise

9) 통증환자의 재활 의학적 관리

① 통증을 유발할 수 있는 위험요소의 분석
• 직업적 요인
• 환자의 직접 관련된 요인들 : 연령
성별
인체 계측적 요인
자세
척추가동성
근력
신체 적응도
흡연
심리적 요인

② 통증의 치료와 관리

• 약물치료 : 진통제, 진정제
소염제
근육 이완제
• 주사요법 : 관절 내 주사
압통점 주사
유발점 주사
운동 신경점 주사
신경차단 주사
조직경화 주사
• 수술적 요법
• 물리치료 : 열 · 냉 치료
전기자장치료
경피적 전기 자극요법 (TENS)
기능적 전기 자극요법 (FES)
간섭파 및 미세전류 자극요법
레이저 치료
맥동성 자기요법
생체 피드백 요법
수 치료
견인요법
수기요법
운동치료
• 작업치료 : 통증과 관련된 일일 동작 훈련
기능위주 훈련
에너지 보존 운동
지구력 향상 운동
보조기 및 자조기 제공

- 심리적 요법
- 통증 행태 교정요법
- 침술치료
- 기타 : 최면술, 명상, 기공치료 등등의 대체 의학적 치료법

8 물리치료

1) 물리치료의 정의

물리치료란 열, 전기, 광선, 물, 운동의 법칙과 같은 물리적 에너지 현상 뿐 만 아니라 도수적 방법으로 동통의 완화, 근육의 수축 및 이완, 혈액의 순환, 비정상적 자세 및 운동 형태를 교정시킬 목적으로 전문가인 물리치료사에 의하여 이루어지는 체계적이고 과학적인 재활치료의 한 전문영역이다.

2) 전기치료

① 전기적 근육자극에 따른 생리학적 반응

- 경축의 이완
- 근육의 수축, 능동적 운동 자극의 관찰
- 엔돌핀의 분비증가
- 근섬유동원이 증가
- 전극을 부착하고 무저항운동들이 가능
- 수축되는 근육에 의한 pumping action 으로 혈액순환이 자극
- 세망내피계반응의 강화로 노폐물 제거 증진

② 적응증

통증, 관절 가동역의 제한, 신경근계의 기능장애에 기인한 수행이 불가능한 환자의 운동양상을 제공한다. 근 골격계 에만 제한하지 않고 산부인과적, 비뇨기과적, 안근의 문제들에도 사용되고, 최근에는 악 관절 문제, 치과 문제 등에서 사용된다.

전기가 신체에 주어졌을 때 그 효과를 이해하기가 힘들다. 때문에 많은 서로 다른 치료변수

가 조직 내에서 독특한 효과를 만드는 자극의 각 양식과 광범위한 치료반응 영역을 생산하기 위해 수정되어진다.

③ 금기증

- 최근 골절
- 활동성 출혈
- 정맥염
- 심장 조율기를 착용 중인 사람
- 감염
- 암
- 쇼크
- 생식기
- 부종
- 임신, 생리
- 의사소통이 안 되는 사람
- 개방성 상처

9 운동 재활 치료

1) 운동치료의 개념

운동치료라는 용어는 운동과 치료라는 두 가지 의미를 가지고 있다. 운동치료는 근육을 이용하여 몸의 일부분을 어떤 형태로 움직이게 하는 운동을 통하여 근력, 근지구력, 운동 조절, 그리고 운동 범위와 같은 근육의 기능을 향상시키기 위해 운동 처방사, 운동 치료사 또는 트레이너에 의해 수행되는 치료의 한 부분으로 신학문이다. 운동은 물리의학과 재활치료 분야에서 가장 많이 사용되고 있으나 최근 들어 스포츠의학의 발달과 직업의 세분화로 스포츠의학분야에서 가장 많이 사용되고 있다. 현대의 질병들이 운동 부족으로 초래되며 운동을 통해서 치료 될 수 있다. 약물을 사용하지 않고 비 침투적인 방법으로 질환을 치료하는 전문 분야로 각광받고 있다. 여러 가지 증상이나 질환 치료를 목적으로 운동의 방식과 작용 및 부작용을 연구하는 학문이다. 비 특정 증상과 기능적 장애를 회복시키는 스포츠 의학의 한 분야이며 자연 치유력을 이용한 가장 근원적인 치료방법이다. 현대 세계적인 의학의 추세는침투적이고 약물에 의존하는 방식에서 비 침투적이고 비 약물적인 보존적 치료로 변환 중이며 이러한 학문은 운동 생리학, 운동역학, 스포츠 과학의 원리와 병리적 임상 질환에 관련된 의학의 종합 학문 분야로서 발전의 극대화를 추구하며 적용되어 진다.

① 이 운동치료 역시 다음과 같은 유의사항이 있다.

- 점차적이어야 한다.
- 참여적이어야 한다.
- 예방적이어야 한다.
- 개별적이어야 한다.

② 운동치료(운동처방)의 원리는 다음과 같다.

- 개별성의 원리(personality)
- 과부하의 원리(over load)
- 점증부하의 원리(progressive load)
- 특이성의 원리(specificity)

③ 운동치료가 시행되는 과정은 다음과 같다.

- 접수
- 사전검사
- 의학검사
- 체격 및 신체 구성 검사
- 체력 검사
- 근 관절 기능 검사
- 운동 부하 검사
- 평가
- 운동 처방 실행
- 재평가
- 운동 처방(반복)

2) 스포츠의학

Sports Injury의 종류에는 급성과 만성 외상과 과 사용 손상(O.U.S)으로 구분할 수 있다.

① Sports Injury의 해부학적 손상에 따른 분류는 다음과 같이 구분한다

- Bone: Fracture, Periosteal contusion
- Articular joint: osteochondral, chondral 등의 fracture
- Joint: Dislocation, Subluxation
- Ligament: Sprain
- Muscle: Strain, contusion, muscle cramp, acute compartment syndrome myositis ossifocans
- Tendon: tear, tenosynovitis
- Bursa: bursitis
- Nerve: neuroparaxia, neuratimesis
- Skin: laceration, abrasion, puncture wound, infection

② 운동재활의 프로그램 설정 시에 지켜야 할 단계는 다음과 같다.

- 제 1기 기본적 응급 치료(염증 조절기)
- 제 2기 통증 조절기
- 제 3기 관절 가동 범위 회복기
- 제 4기 근력 복원기
- 제 5기 근 지구력 향상기
- 제 6기 스포츠 기술 훈련기
- 제 7기 심폐 지구력 향상기
- 제 8기 기능적 회복기

3) 운동 치료의 목적(운동처방의 기준)

① 근력 및 근지구력 : 운동치료에 의해 성취될 수 있는 것 중 가장 중요한 목표

※ 정상적인 근력에 영향을 미치는 요인들

- 근육의 횡단면적
- 근육 수축 시의 근육의 길이-장력의 관계

- 운동 단위의 동원
- 근육 수축의 유형
- 근육 수축의 속도
- 환자의 동기

※ 근력증가를 일으키는 신경 근육계의 변화

- 근육비대
- 동원

※ 근육강화를 위한 저항운동의 종류

- 등척성 운동 : 정적인 운동으로써 근육의 길이는 변하지 않으면서 수축하거나 관절의 움직임이 없이 수축하는 운동이다.
- 등속성 운동 : 등장성 운동으로 근육이 수축할 때 속도를 기구를 이용하여 조절하여 행하는 운동이다.
- 등장성 운동 : 동적인 운동으로써 저항에 대하여 근육의 길이가 수축영역 내에서 길어지고 짧아지는 운동이다.

② 심폐지구력

심장기능과 폐순환계의 기능적 지구성은 매우 중요한 항목이다. 심장에서 혈액이 박출되어 대동맥을 거쳐 동맥을 지나 모세혈관으로 가서 가지고 온 영양분과 산소와 홀몬이나 포도당 등을 각각의 세포에 전달해 주고 세포가 사용하고 남은 이산화탄소와 노폐물 등을 혈액이 다시 가지고 정맥과 대정맥을 거쳐 심장으로 와서 심장에서 다시 폐동맥으로 가고 폐에서 호흡에 의한 혈액의 정화를 거치고 깨끗해진 혈액은 폐정맥을 거쳐 심장으로 와서 또다시 일련의 순환을 한다. 이러한 순환과정을 운동을 통하여 증진되어 질 수 있다는 목표를 가지고 운동재활이나 처방 또는 운동치료가 이루어져야 한다.

③ 유연성(Flexibility)

※ 연부조직 유연성

- 근육
- 결합조직
- 피부
- 관절 유연성

④ 이완 (Relaxation)

이완이란 근 장력을 완화하기 위한 의식적인 노력을 의미한다. 운동치료를 통하여 개인은 장기간의 근 긴장에서 벗어날 수 있고, 조절하거나 억제할 수 있다. 장시간의 근 긴장은 근 경련에 의해 일어날 수 있고 이것은 통증으로 유발될 수 있다.

⑤ % Body fat

현대인의 수명이 늘어났음에도 불구하고 40~50대의 사망률이 증가하는 가장 큰 이유 중의 하나는 대사증후군이다. 당뇨병, 고혈압, 고지혈증 등이 서로 연관되어 있다는 사실은 이미 40년 전부터 알려져 왔으며 최근 이에 대한 많은 연구결과에 근거하여 세계보건기구(WHO)가 1998년 대사 증후군으로 명명한 이래 그대로 사용되어지고 있다. 대사증후군의 가장 중요한 원인은 인슐린 저항성으로 알려져 있으며 대사증후군은 협심증, 뇌졸중 등 심혈관 질환의 중요한 위험인자 이며 특정한 개인에게 심혈관 질환의 여러 위험인자가 동시에 발생한다는 의미를 갖기 때문에 관리가 매우 중요하다. 대사증후군의 진단 기준을 보면 복부비만과 중성지방, 콜레스테롤 수치와 혈압 그리고 공보혈압 등인데 이것은 신체가 가진 지방의 비율과 상당한 관계가 있는 것을 알 수 있다. 국가대표 선수단의 비만도를 참고하면 남자는 10% 내외이며 여자는 15% 내외이다. 일반인의 표준 % Body fat은 문헌마다 조금씩 차이가 있을 수 있으나 대략 남자는 20% 미만이 적당하며 여자는 25% 미만이 좋다.

이 비만도는 운동치료를 통하여 충분히 조절될 수 있으며 또한 그렇게 당연히 되어야 한다. 그러나 무리한 살빼기의 일환으로 비정상적인 다이어트는 생체리듬과 기능의 손상을 줄 수 있으며 요요현상으로 효과가 없다. 곧 운동을 통하여 체중조절이 아닌 근육량의 증가를 꾀하여 지방의 에너지원 활성화를 늘려야 한다.

⑥ 협응과 기술

※ 운동 조절 능력을 증진시키는 운동치료 모형

- 보상모형(compensatory model)
- 신경 촉진 접근(neurofacilitation model)
  브룬스트롬
  보바스
  고유 수용성 신경근 촉진법(PNF)
- 운동조절 모형(motor control model)

〈참고문헌〉

대한스포츠의학회. 스포츠의학. 도서출판의학출판사. 2001

이수영 외. 대체운동의학. 대왕사. 2005

전세일. 재활치료학. 계축문화사. 1998

Robert K. Snider, MD(이영진 역). Essentials of Musculoskeletal Care. 도서출판 한우리. 2001

제13장

노인 영양과 조리

13 노인 영양과 조리

Ⅰ. 노화와 영양

수명이 연장되고 출생률이 감소하면서 젊은 연령층의 인구에 비해 노인인구의 비율이 증가하고 있다. 우리나라는 2000년도 기준으로 65세 이상 노인인구가 전체 인구의 7.1%를 차지하면서 유엔이 규정한 '노령화 사회(Ageing Society)' 에 진입하였고, 2005년도의 65세 이상 노인인구가 전체 인구의 9.1%를 차지하고 있다. 이어 2022년도에는 노인층 비율이 14% 이상인 ' 노령사회(Aged Society)' 에 들어설 것으로 예상되고 있다. 또한 노령인구 내에서도 고령화 현상이 두드러지고 있으므로 인구의 노령화와 수명의 연장은 그 어느 때보다 노년기의 건강상태와 노화에 대한 관심을 증대시키고 있다.

한국인의 평균수명은 20001년을 기준으로 남자 72.8세 및 여자 80.0세이며, 최근 2004년 통계를 보면, 남자 74세 및 여자 81세이며, 평균 77세로 나타났다. 이와 같은 속도로 평균수명이 해마다 꾸준히 증가해 간다고 가정할 때, 2030년에는 남녀의 평균 수명이 각기 75.4세 및 82.5세가 될 것으로 전망하고 있다.

이같이 평균 수명의 증가와 관련하여, 고령사회가 되면 질병이환율이 상승하고 막대한 의료비 지출이 예상되므로 건강하게 장수한다는 것은 국가적으로도 대단히 유익한 것이다. 개인적으로도 누구나 단순한 수명의 증가보다는 건강이 보장된 삶의 연장을 원하고 있으며, 이와 함께 현대인의 주요 사망원인이 되고 있는 만성질환 및 성인병의 예방, 치료에 대한 중요성이 강조되고 있다.

최근 한국인의 사망원인을 살펴보면, 1950~1960년대까지는 궁핍한 식량사정과 낮은 생활 수준으로 인한 영양섭취의 부족, 그리고 열악한 보건 및 위생환경 등으로 인하여 폐렴 및 결핵이 1위를 차지하였다. 그러나 2000년에는 사망원인의 순위가 바뀌어 악성 신생물(각종 암, 1위), 뇌혈관 질환(2위), 심장질환(3위) 등이 주요 사인이 되면서, 점차 선진국의 사망원인 패턴과 유사해지고 있다(표 1). 남자의 경우 1위-악성신생물(28.1%), 2위-뇌혈관 질환(12.1%), 3위-심장질환(7.0%)의 순으로 나타났고, 여성의 경우에는 1위-악성신생물(19%), 2위-뇌혈관 질환(16.6%), 3위-심장질환(7.9%)의 순으로 나타나 순환기계 질환(뇌혈관 질환과 심장질환)에 의한 사망 비율이 가장 많았다.

이처럼 최근 들어 우리나라에서 순환기계 질환 및 악성 신생물이 주요 사망원인의 자리에 오르게 된 것은 식생활 패턴의 변화와 밀접한 연관이 있다. 건강에 영향을 미치는 위험 요인 중에서는 생활양식이 약 50%를 차지하고 있으며 그 중 가장 중요한 부분이 식생활인 것으로 학자들은 주장한다.

〈표 1〉 한국인의 연도별 사망원인의 변천

순위＼연도	1953	1960	1965	1970	1974	1980	1985	1990	1995	2000
1	결핵	폐렴	폐렴	순환기계	악성 신생물	순환기계 (고혈압)	순환기계 (뇌졸중)	악성 신생물	순환기계 (뇌졸중)	암(악성 신생물)
2	위장질환	결핵	결핵	호흡기계	뇌혈관 질환	악성 신생물	악성 신생물	뇌혈관 질환	악성 신생물	뇌혈관 질환
3	뇌혈관 질환	소화기계	신경계	감염	고혈압성 질환	불의의 사고	불의의 사고	불의의 사고	불의의 사고	심장질환
4	폐렴 및 기관지염	감염	악성 신생물	악성 신생물	사고	소화기계	소화기계	심장병	소화기계	운수 사고
5	신경계	악성 신생물	소화기계	손상 및 중독	결핵	호흡기계	호흡기계	고혈압	호흡기계	간질환

자료 : 통계청(2001)

Ⅱ. 영양소에 대한 이해

1 영양과 영양소

영양(nutrition)이란 신체가 식품을 선택하여 섭취한 후 식품성분이 우리 몸의 일부가 되는 것으로, 좀 더 폭넓게 신체가 음식물을 섭취하여 소화, 흡수시킨 후 각 영양소를 이용함으로써 건강을 유지하는 상태를 뜻한다고 할 수 있다.

영양소는 식품으로부터 공급되어 체내에서 열량을 내주거나 신체를 구성하며 성장 시켜주고 체조직을 유지, 보수하고 인체의 기능을 조절하는 성분들을 말한다. 이들 영양소는 주로 식품 속에 함유되어 있어 식품을 섭취함으로써 얻게 되지만, 때로는 인체 내에서 합성되기도 하고 섭취된 영양소가 체내에서 다른 영양소로 전환되기도 한다.

영양소 중에 필수 영양소라 불리는 영양소들은 체내에서 수행하는 고유의 역할을 가지고 있으며 인체는 충분한 양을 합성 할 수 없기 때문에 식품을 통해서 공급을 받아야 하는 영양물질을 뜻하는 것이다. 필수 영양소를 식사로 충분한 양을 섭취하지 못하였을 때는 성장부진, 질병유발 등 각종 부작용이 일어날 수 있으며 적절한 조치가 일어나지 않을 경우 이러한 부작용은 영구적인 손상으로 남게 된다.

인간이 생명을 유지하기 위해서는 여러 종류의 다양한 영양소가 필요하다. 영양소는 탄수화물, 단백질, 지질, 비타민, 무기질의 5대 영양소와 인체를 구성하는 성분인 물을 포함하여 6대 영양소로 분류되어진다. 이러한 영양소는 하는 역할에 따라 세가지로 구분할 수 있다. 첫째, 에너지를 공급해 주는 영양소로서 탄수화물, 단백질, 지질은 체내에서 연소되어 에너지를 발생하므로 이들 3대 영양소를 '열량소' 라고도 한다. 둘째, 구성 영양소로서 신체의 성장과 유지에 중요한 영양소로는 수분, 단백질, 지질, 무기질이 속한다. 셋째, 조절 영양소로서 체내에서 대사와 기능을 조절하는 역할을 하는 영양소로서 무기질, 비타민, 물이 해당된다.

필수 영양소의 종류		
탄수화물	포도당	
지질	리놀레산, 리놀렌산, 아라키돈산	
단백질	히스티딘, 이소루신, 루신, 메티오닌, 리신, 페닐알라닌, 트레오닌, 트립토판, 발린	
비타민	지용성 비타민	비타민 A, D, E, K
	수용성 비타민	티아민, 리보플라빈, 나이아신, 판토텐산, 비오틴, 비타민 B_6, 엽산, 비타민 B_{12}, 비타민 C
무기질	다량 무기질	칼슘, 인, 마그네슘, 소디움, 포타슘, 염소, 황
	미량 무기질	철분, 아연, 구리, 요오드, 불소, 셀레늄, 망간, 크롬, 몰리브덴, 코발트
물	물	

2 영양소의 종류

1) 탄수화물

탄수화물은 주로 탄소, 수소, 그리고 산소로 구성되어 있다. 탄수화물은 식이에서 단맛을 낼 뿐만 아니라 체세포에 에너지를 공급하는 중요한 역할을 한다. 체내 에너지 공급의 주된 형태는 대부분의 탄수화물에서 쉽게 얻어지는 포도당이다. 그러나 충분한 탄수화물은 섭취하지 않았을 경우에는 포도당의 공급이 불충분해져서 체단백질의 분해로부터 얻을 수 밖에 없다. 우리나라의 정상적인 균형식사에서는 이러한 부작용을 충분히 방지할 수 있다.

일부 복합탄수화물 중에는 인간의 소화효소로 분해가 되지 않는 분자결합들이 있으며, 이러한 탄수화물들이 식이섬유소의 일부를 이룬다. 식이섬유소는 소화되지 않은 채로 소장을 통과하여, 대장에서 만들어지는 변에 부피를 주게 된다.

2) 지질

지질은 주로 탄소와 수소로 이루어져 있으며, 탄수화물보다 산소분자를 적게 함유하고 있기 때문에 동일한 양으로도 더 많은 에너지를 생산해낼 수 있다. 지질은 대부분 글리세롤 1분자와 지방산 3분자로 구성된 중성지질이 기본구조이다. 바로 이 형태가 신체의 주된 에너지 급원 및 저장형태이며, 식품의 지방성분도 주로 중성지질이다.

지질이라는 용어보다는 지방과 기름이 더 익숙하게 사용되며, 일반적으로 지방은 상온에서 고체형태이고 기름은 액체 상태이다. 동물성 지방은 포화지방산이 풍부하므로 고체인 경우가 많고 식물성 기름은 불포화지방산을 많이 포함하기 때문에 액체인 경우가 대부분이다.

어떤 종류의 불포화지방산은 체내에서 합성되지 못하기 때문에 필수지방산이라고 불린다. 필수지방산은 하루 한 큰술 정도의 식물성 기름을 섭취하면 필요한 양을 충족시킬 수 있다. 지방은 꼭 섭취해야 하는 영양소지만 질병을 예방하기 위해서는 섭취량과 종류가 모두 중요하다.

3) 단백질

단백질은 탄수화물, 지방과는 달리 탄소, 수소, 산소 이외에도 질소를 포함하고 있다. 단백질의 기본단위는 아미노산이며, 식품의 단백질에는 20가지 정도의 아미노산이 존재하고, 이중 성인에게 필요한 필수 아미노산은 9가지이다.

단백질은 신체 구성의 주된 기본단위로서 뼈와 근육의 대부분을 구성하고 있고, 혈액, 세포막, 면역체계의 중요한 요소를 이루고 있다. 뿐만 아니라, 단백질은 효소, 호르몬의 구성요소이며 수분 평형, 산 · 염기 평형 등에 관여하는 대표적인 조절 영양소이다. 단백질도 에너지를 공급할 수 있으며 분해과정에서 질소노폐물이 발생한다.

4) 비타민

비타민은 여러 다양한 구성원소와 화학구조를 가지며, 주로 체내의 여러 생체반응이 쉽게 일어나도록 돕는 역할을 한다. 예를 들어, 비타민은 탄수화물, 지질, 단백질 식품으로부터 에너지를 생산하도록 에너지 대사과정에 조효소로서 작용한다.

그러나 비타민 자체는 에너지를 생산하지 않는다 비타민은 크게 지용성과 수용성 두 가지로 나눌 수 있고, 이들은 서로 다르게 작용한다.

예를 들면, 수용성 비타민은 조리시 쉽게 손실되는 대신 과잉섭취시 소변으로 배설되어 과잉섭취로 인한 과잉증은 흔하지 않으나 매일 섭취량을 음식으로 섭취해 주어야 한다. 반면, 지용성 비타민은 체내에 저장이 잘 되어 과잉섭취시 축적되어 질병을 유발 할 수도 있다.

5) 무기질

앞서 소개한 유기화합물 영양소들은 복잡한 구조를 가진데 반해, 무기질은 매우 간단한 무기 원소들로 이루어져 있다. 무기질은 간단한 구조 때문에 조리시 파괴되지 않으나, 흡수율이 상대적으로 낮다.

무기질 자체는 에너지를 생산하지는 않으나 신경계의 기능, 대사과정, 수분평형 및 골격구조에 매우 중요한 역할을 한다. 건강 유지를 위해 필요한 무기질은 약 20가지 정도이며, 이들은 크게 다량무기질과 미량무기질로 나눌 수 있다.

6) 물

신체의 60%를 구성하고 있는 물은 가끔은 영양소로서의 중요성을 인정받지 못하나 체내에서 생명에 필수적인 역할을 수행한다. 예를 들면 용매와 윤활제로서 역할을 하고, 영양소와 노폐물의 운반 및 체온조절에 매개체로서 작용한다.

신체의 크기가 크면 물의 섭취량도 많아야 하며 하루에 필요한 물의 충분섭취량은 성인의 경우 1,800~2,700ml수준이다.

3 영양소의 에너지 함량

신체는 정상적인 기능을 위하여 탄수화물, 단백질, 지방으로부터 필요한 에너지를 얻는다. 대부분의 식품은 여러 종류의 영양소를 함유하고 있으나 100%지질로 구성된 식물성 기름과 같은 예외도 있다.

식품의 에너지는 칼로리 단위로 표시하며 1칼로리는 1g의 물을 섭씨 1도 올리는데 필요한 열량이다. 그러나 이 단위는 매우 작기 때문에 식품 에너지는 칼로리의 1,000배인 킬로칼로리 단위로 표시하는 경우가 많다. 이 킬로칼로리는 kcal로 약하여 표시하고 일상생활에서는 칼로리가 킬로칼로리의 의미로 통용된다

소화율을 고려하여 식품 내의 탄수화물은 4kcal/g, 단백질은 4kcal/g 지질은 9kcal/g의 에너지를 내는 것으로 계산한다. 예를 들어, 삶은 달걀(50g)g 하나를 먹었을 때, 탄수화물 4g, 단백질6g, 지방5g이 함유되어 있으므로 에너지는 73kcal를 섭취하게 된다.

또한 하루에 탄수화물이 300g, 단백질이 70g, 지방이 55g 포함된 식사를 하면, 1,975kcal의 에너지를 섭취하게 된다. 이 경우 전체 에너지의 60.8%를 탄수화물로부터, 14.2%를 단백질로부터, 25.0%를 비장으로부터 공급받게 되는 것이다.

Ⅲ. 노화에 따른 변화

1 노인기의 생리적 변화

노화(aging)의 시작은 신체기관의 기능 감소를 기준으로 할 경우 30세 전후라고 할 수 있다. 이러한 노화현상은 30세 이후부터 지속되어 백발, 주름, 근육 탄력 감소 등 임상적 징후가 중년기 후부터 표출된다. 그러나, 노화의 시작 시기는 개인에 따라 매우 차이가 나며, 한 개체 내 기관들도 서로 같은 속도로 노화하지 않는다. 더욱이 사람의 노화는 생물학적인 변화 이외에도 여러 가지 환경인자의 복합적인 영향을 받는다.

1) 감각기능

① 미각과 촉각

60세에 접어들면서 미각과 후각기능은 점차적으로 감소된다. 이러한 감각기능의 퇴화는 식욕저하를 야기하므로 영양상태를 좋지 않게 할 수 있다. 미각의 감소는 혀의 미뢰수 감소로 나타나며, 짠맛이나 단맛의 예민도가 떨어지는 것으로 보인다. 또한 후각의 예민도가 떨어지면 음식의 냄새를 즐길 수 없으므로 식사가 맛있지 않아 섭취량이 감소한다.

② 시각

노화로 인한 산화적 손상은 시각세포의 수를 감소시키며 시력감퇴를 초래한다. 이러한 시각기능의 감소로 노인들은 식품구입이나 식사 준비도 점차 어려워진다. 녹황색 채소 같이 카로티노이드가 풍부한 채소를 충분히 섭취하는 것은 시각의 감퇴를 막는데 도움이 되며, 당근, 호박, 귤 같은 음식이 대표적이다. 한편 백내장은 노인 시력 손상의 주원인으로 우리나라의 60세 이상 된 노인 중 40%는 시각장애를 수반하는 백내장을 갖고 있다. 백내장의 원인은 태양의 노출로부터 렌즈 내 단백질의 광산화적인 손상 때문으로 알려져 있으며, 항산화물질의 섭취가 낮을수록 그 위험도가 증가한다. 따라서 비타민 C가 많이 함유된 채소와 과일을 충분히 섭취하는 것은 백내장의 감소에 도움을 준다.

2) 치아

노인의 경우 타액분비 저하로 구강 내 잇몸질환이 많고, 더욱이 치아 손실로 인해 식품선택이 제한되어 영양불량이 쉽게 초래된다.

치아는 좋은 영양과 건강을 유지하는데 매우 중요하다. 치아가 좋지 않아 씹는 능력이 떨어지고 식욕이 감퇴하며 타액, 소화액의 분비가 감소하여 소화가 어렵고 구강 건조증 등의 증상이 나타난다. 그래서 노인의 경우는 개인의 저작능력에 따라, 거기에 맞게 조리된 음식이 제공되는 것이 필요하다. 씹는데 어려움이 있는 노인의 경우에는 식사와 식사 사이에 영양소밀도가 높은 간식들을 준비해 줄 필요가 있다.

3) 소화기관

노년기에 들어가면 소화기관의 기능이 저하된다.

첫째, 타액 분비가 저하되는데 이로 인해 노인들은 음식물을 씹는 것과 삼키는 것이 불편해진다. 또 타액은 치아를 깨끗이 하는 효과도 있기 때문에 타액 분비가 적어지면 치아에도 나쁜 영향을 미치게 된다.

둘째, 치아의 부재이다. 65세 이상인 노인들 가운데 50%에 해당하는 노인들은 치아를 모두 잃었으며 치아를 유지한 노인들이라도 잇몸 질환이나 치아 질환이 많은 것으로 나타났다. 그리하여 씹는 것이 불편하게 되므로 자연히 부드러운 음식을 찾게 된다.

셋째, 위산, 펩신, 내재적 인자(intrinsic factor)의 분비가 저하되어 단백질, 비타민 B_{12}의 흡수가 아주 저조해지며 또 위장액이 박테리아에 의해 오염될 가능성도 높다.

넷째, 대부분의 소화 효소, 담즙의 분비가 감소된다. 이는 음식물의 소화 · 흡수율을 저하시켜 지방, 지용성 비타민, 칼슘 등의 흡수율을 떨어뜨리는 결과를 초래한다.

마지막으로 음식물의 소화와 흡수가 저조해짐에 따라 위장 내 잔여물이 증가하게 되는데 이는 배에 가스가 찬 불편한 느낌을 주게 된다. 또 장운동이 미약하여 노인들에게 변비가 자주 오게 된다.

4) 심혈관계

심박동수와 심박출량은 노화가 진행됨에 따라 감소하여, 70세 노인에 있어서 최대 심장 박동률은 20세의 약 3/4정도에 불과하다. 심장의 기능은 혈액을 온 몸으로 펌프질하는 것인데 연령이 증가되면 이 기능이 떨어지며 보통은 신체활동이 충분하지 못해서 생긴다. 그 밖에도 심장혈관계의 기능이 감소되는 원인으로는 불충분한 식사 선택, 만성질환, 그리고 고혈압과 동맥경화증 등이다. 노화가 진행되면 혈관은 탄력성이 줄어들고 혈관벽에서의 저항이 증가하여 혈압을 높이게 된다. 고혈압은 심장병과 뇌졸중 모두와 상당한 관련이 있다. 고혈압의 예방과 관리에 있어 식이의 중요성은 잘 알려져 있으며 채소와 과일을 충분히 포함한 균형 잡힌 식시와, 적절한 운동, 적정 체중유지, 술 섭취 제한 등이 고혈압의 예방과 관리에 있어서 아주 중요하다. 심장 근육 세포내에 중성지방 및 갈색을 띠는 리포푸신(lipofuscin)이 노화와 함께 축적되어 고령의 심장은 갈색을 띠기도 한다.

5) 간과 췌장

나이가 많아지면서 간 조직은 크기와 혈류량이 줄어들고 대신 지방 축적이 증가한다. 이러한 결과, 간에서 영양소 대사와 약물이나 알코올의 분해 능력이 감소하게 된다. 또한 췌장의 혈당 조절 능력이 떨어지고 체세포들은 점차 인슐린 저항성을 갖게 되면서 당뇨병 유발이 빈번해진다.

6) 신장

심장과 혈관의 변화는 신장으로의 혈류량을 감소시켜 노폐물 배설의 효율성이 떨어진다.

신장조직도 크기가 작아지면서 여과능력이 감소하고 단백질 분해산물의 배설기능도 감퇴한다. 일부 노인에서는 단백질 섭취 시 혈액 내 요소 농도가 상상하기도 하며, 신장의 요 농축력이 감소되어 갈증반응이 나타나기 전에 탈수의 위험이 따르기도 한다.

7) 두뇌

노화현상이 진행됨에 따라 뇌는 구조적 · 생화학적으로 변화를 가져와 결국 뇌의 기능에도 변화를 초래하게 된다. 그러나 건강한 노인의 경우 75세 이전에는 인지능력의 감소가 거의 발견되지 않으며, 정신적 저하(mental decline)의 정도와 속도는 개인차가 심하다. 노화의 진행으로 인한 신경세포의 손실에도 불구하고 많은 노인들이 80~90세가 되어도 정신적 기능을 유지하는 것이 가능하다.

뇌의 기능적 손실은 불충분한 영양, 약물, 다른 장기의 질병, 감소된 혈액과 산소 공급, 그리고 많은 다른 환경적 요인들이 그 원인으로 밝혀졌으며 알쯔하이머 타입 노인성 치매(Alzheimer' s dementia[ASD])도 뇌질환의 하나로 알려져 있다.

8) 체구성 성분과 체중

① 노화는 체지방 증가와 근육량 감소 및 골 손실을 수반한다. 체지방 축적은 만성퇴행성 질환의 위험도를 높이나 노인의 경우 과다한 체지방으로 인한 위험성은 중 · 장년층에서보다는 덜한 편이다.

② 근육량과 강도의 저하는 골격근이나 심장, 호흡기 근육의 기능에 영향을 주므로 노인은 일상생활에 지장을 받고 힘든 일은 견디기 어렵다. 근육강도의 저하는 신체적인 허약과 신체의 균형감각 상실 등을 초래하여 골절이나 낙상 등의 위험이 높아진다. 근육량과 근력의 저하는 호르몬 분비와 근육단백질 합성의 변화에서 비롯되나, 운동부족 역시 근육기능 장애요인이 된다. 규칙적 운동은 근육량과 강도를 유지시켜 주고 심장 호흡기능을 좋게 하며 에너지 요구량을 상승시킨다.

③ 일정한 체중의 유지는 양호한 건강의 지표이나 노인의 지나친 체중감소는 건강의 적신호가 된다. 실험동물에서 에너지 결핍이 노화를 지연시키고 수명을 연장한다고 알려져 있으나 사람의 경우 이러한 효과의 과학적 증거는 아직 충분하지 않다.

④ 신체의 지지조직인 뼈의 노화가 일어나서 골세포수가 감소되고 뼈 망상구조를 이루는 콜라겐 합성과 무기질 침착이 부족 되어 골다공증이 나타난다. 이는 노인에게 쉽게 골절이 일어나는 원인이 된다. 노화성 골다공증은 노화로 인해 일어나는 골소모의 축적이 원인이다. 골질량은 30세 초기에 도달하였다가 35세에 총 골질량의 감소가 시작되어 매 10년마다 약 3%씩 손실된다.

9) 호르몬

일부 호르몬의 분비저하가 노화과정에 중요한 역할을 한다고 알려져 있다. 노화로 인한 호르몬 변화는 혈당, 체내 수분대사 및 체온의 조절기능에 영향을 주며, 또한 체구성의 변화를 초래한다.

① 노인인구에서 혈당상승이 자주 나타나는데 이는 췌장의 인슐린 분비 감소와 조직의 인슐린 예민도 감소를 인한 것이며, 이로 인한 인슐린 작용의 변화는 불량한 식사, 비활동성, 복부지방의 축적 및 근육량 감소와 관련된다. 따라서 노인층에서는 당뇨병의 유발이 많다.

② 노화로 인한 또 다른 호르몬의 변화로 갑상선 호르몬의 분비저하를 들 수 있는데 인슐린 예민성과 갑상선 기능의 변화는 일반적으로 이들 호르몬을 투여함으로써 회복될 수 있다.노인에게 성장 호르몬을 주사하면 근육량, 피부두께, 골밀도가 상승하고 지방량은 감소한다. 그러나 성장 호르몬 주사가 부작용이 전혀 없는 것은 아니다. 즉, 기존 당뇨증세의 악화, 수분축적 또는 관절통의 부작용이 나타나기도 한다.

③ DHEA는 테스토스테론, 에스트로겐 및 프로게스테론과 같은 성호르몬의 전구체인데, 미국에서는 처방 없이도 구입이 가능하다. DHEA는 골격 및 근육의 강도를 높이고 면역기능을 향상시키며, 당뇨 · 비만 · 심장질환 · 암 등을 예방하는데 도움을 준다고 알려져 있다. 그러나 사람에 대한 효과는 아직 분명하지 않다.

④ 멜라토닌은 송과선(pinealgland)에서 분비되는 호르몬인데 이의 분비감소는 신체 리듬을 변화시켜 노화를 촉진시킨다고 알려져 있다. 또한 이 호르몬은 수면주기를 조절하고, 일종의 항산화제로 면역기능을 향상시킬 수도 있다.

⑤ 호르몬의 변화 중 노인 여성에게 가장 뚜렷이 나타나는 증세 중 하나는 폐경(menopause)인데, 폐경은 노화와 관련된 호르몬 분비의 변화로 인해 일반적으로 50세 전후에 나타난다. 폐경기에는 여성 생식 호르몬인 에스트로겐과 프로게스테론의 분비주기가 지연되다가 결국 중단되고, 그로 인해 배란과 월경생리가 멈추게 된다. 에스트로겐 분비가 감소되면 기분과 정서의 변화, 피부의 탄력성 감소 및 체구성성분의 변화 즉, 체지방의 증가와 근육량 저하 등이 수반된다. 이와 같은 호르몬의 변화는 노인 여성의 질병발생이나 영양상태에도 상당한 영향을 미친다. 에스트로겐분비 감소가 유방암의 위험도를 저하시키지만, 반면 심장순환계 질환의 위험도를 높이기도 한다. 또한 에스트로겐 감소는 골절률 증가나 칼슘 흡수 저하를 초래함으로써 골다공증 유발률을 증가 시킨다. 또한 폐경은 정신 장애의 빈도

를 높이기도 한다. 그러나 이와 같은 폐경으로 인한 장애들은 호르몬 대체요법으로 어느 정도 예방 · 치료될 수 있다. 즉, 에스트로겐을 젊은 여성의 수준으로 회복시키면 체구성의 변화를 막을 수 있고 심장병 유발을 지연시키며 골 손실은 억제하고 정신기능 향상에도 도움이 된다. 그러나 이러한 호르몬 요법은 유방암의 위험도를 증가시킬 수 있다는 부정적인 측면도 있다.

⑥ 남성에게서는 여성의 폐경과 같은 변화가 뚜렷하게 나타나지는 않으나 나이가 들면서 테스토스테론의 점차적인 감소가 있고 이로 인해 근육량이 감소하고 근력이 약화 된다.

10) 면역기능

노화가 진행되면 면역기능의 저하가 나타난다. 이는 체내 방어계가 약해지면서 항체 생산이 줄고 면역세포 등이 외부 물질에 대해 약하게 반응하며 백혈구가 박테리아에 대해 효율적으로 대처하지 못하게 되기 때문이다. 이러한 변화는 노인들의 감염성 질환, 암, 자가면역성 질병의 유발률을 증가시킨다.

그러나 모든 노인들이 약한 면역계를 갖고 있는 것은 아니고, 젊은 사람만큼 충분한 면역기능을 갖는 노인들도 있다. 면역기능 저하는 영양결핍 상태에서 더욱 촉진될 수 있고, 이로 인한 감염 및 만성 질환은 영양상태를 악화시킬 수 있다. 이러한 면역능력의 저하에 큰 영향을 주는 것이 개인의 영양상태로 각각의 영양소가 면역능력에 영향을 미치게 된다.항산화 영양소들은 자유기 손상을 예방함으로써 면역기능을 향상시킨다. β-카로틴이나 아연, 비타민 B_6 및 비타민 E 등을 보충하면 건강상태와 상관없이 노인에게서 면역력이 개선되고 감염율이 저하되는 효과를 나타낸다. 그러나 과량의 미량영양소 보충은 면역기능 저하를 초래할 수 있으므로 영양소 보충은 세심한 주의가 필요하다.

2 노인의 사회적 · 심리적 변화

노인들의 경우에게는 육체적인 변화뿐만 아니라 사회적, 심리적 변화도 오게 된다. 직장으로부터의 정년은 수입원의 단절뿐만 아니라 사회로부터의 고립도 함께 가져다주게 된다. 또 이 연령에 이르면 행동의 불편함, 가족들의 무관심, 또는 배우자를 잃은 슬픔 등으로 인하여 우울증(depression)이 오기 쉽다. 우울증은 일반적으로 식욕을 감퇴시키고 음식에 대한 관심을 잃게 하여 식사를 거르거나, 제대로 먹지 않아서 영양문제가 초래될 수 있다. 반대로 외로움이나 우울증은 어떤 사람에게는 음식섭취에 집착하게 하여 체중을 늘게 하기도 한다.

또한, 독거노인의 증가함에 따라 식사가 불량해질 수 있다. 많은 노인은 아연, 비타민B_1, 비타민 C 및 비타민 D, 단백질 등의 영양소를 적게 먹는다. 이러한 문제는 개인의 노력뿐만이 아니라 사회의 도움이 절실히 필요하다.

Ⅳ. 노인기 영양

생물학적으로 노화는 55세 또는 66세 아니면 75세와 같이 어떤 특정 연령에서 시작되는 것이 아니라 수정 당시부터 전 생애 동안 지속되는 일련의 과정을 말한다. 따라서 노인기는 매우 넓은 연령 범위를 가지므로 영양필요량을 결정하기 어렵다. 또한 영양상태에 영향을 주는 질병의 이환율이 높고 경제적 제한, 사회적 고립, 정신적 소외감과 같은 사회 · 경제적 상황이 식욕이나 식생활에 부정적인 영향을 끼친다. 또한 점점 증가하는 고령인구와 함께 이들의 사회 · 경제적 생활여건이 독거노인, 저소득층 노인, 고소득층 노인 등으로 다양해지고 있어 노인의 영양관리도 그에 맞추어 다 변화돼야 할 필요성이 있다.

노인에 대한 영양권장량을 설정하는 것은 쉽지 않다. 현재 사용되고 있는 한국인 섭취기준은 건강한 노인 인구집단의 영양필요량에 기초하여 설정된 것이다. 일반적으로 나이가 많아지면서 청 · 장년층 성인의 영양필요량에 비해 에너지와 에너지 대사에 관여하는 영양소의 필요량은 감소한다. 한국인 영양섭취기준(2005)에서는 노인기의 영양소 필요량을 65~74세와 75세 이상으로 구분하여 제시하고 있다.

1 에너지

노인기의 에너지 필요량은 성인기에 비해 감소한다. 나이가 많아지면서 근육량이 적어지고 이로 인해 기초대사율이 감소하고, 신체 활동량도 줄어들기 때문이다. 신체 활동의 감소는 일차적으로 에너지 소모량 감소를 가져올 뿐만 아니라 이차적으로 근육량과 기초대사율의 감소에 영향을 준다. 60세 이상이 되면 일반적으로 노인의 식사 섭취량이 줄어들고, 그로 인해 에너지 섭취도 감소하여 영양불량이 초래되기 쉽다.

우리나라 노인의 에너지 섭취기준은 성별에 따라 차이가 있다. 노인 남성(65~74세, 75세 이상)은 2,000kcal/일, 노인 여성(65세~74세, 75세 이상)은 1,6000kcal/일이다. 이와 같이 총 에너지 필요량이 감소하기 때문에 모든 영양소를 충분히 섭취하기 위하여 영양밀도가 높은 식품을 주의 깊게 선택하여야 한다.

노인의 에너지원으로는 지방이 많이 함유된 식품보다는 소화하기 쉬운 당질식품이 좋다. 에너지의 50~60%는 당질로부터 섭취해야한다. 총 지방 섭취는 에너지의 30% 미만이어야 하며, 포화지방의 섭취는 10% 미만이어야 한다.

〈표 2〉 노인의 에너지, 단백질 섭취 기준

영양소	연령(세)			
	남		여	
	65~74(세)	75(세) 이상	65~74(세)	75(세) 이상
에너지(kcal)*	2,000	2,000	1,600	1,600
단백질(g) 1)	50	50	45	45

1) : 권장섭취량
* : 필요추정량
자료 : 한국영양학회 편(2005), 한국인영양섭취기준, 제8차 개정

2 단백질

노화로 인한 단백질 필요량의 감소는 없는 것으로 보인다. 노인의 경우 열량섭취 중 단백질의 비율은 더 많아야 한다. 단백질 섭취부족은 근육량 감소, 면역기능 저하, 상처회복의 지연 등을 유발할 수 있으므로 적절한 열량섭취와 함께 양질의 단백질을 섭취하고 적당히 운동을 하면 노인의 질소평형은 쉽게 유지된다.

노인의 경우 단백질 이용효율은 감소하나 체중당 근육의 비율이 감소하여 체중당 단백질 필요량은 젊은 성인과 동일하다고 볼 수 있다. 일부 연구들은 노인의 단백질 필요량이 증가한다고 하며 최근 호주/뉴질랜드 영양섭취기준 초안에서는 성인의 +25%를 제안하기도 한다.

우리나라 노인의 경우 체중1kg당 0.825g/일의 단백질을 섭취하면 질소평형을 유지할 수 있다. 우리나라 노인의 단백질 권장섭취량은 남자의 경우 50g/일이고, 여자는 45g/일이다.

단백질 권장량을 충족시켜주기 위해서는 단백질 함량이 풍부한 식품과 단백질의 질적인 면을 고려하여 생물가가 높은 단백질 식품의 섭취를 권장한다. 육류, 생선, 달걀, 우유, 대두 등은 좋은 단백질 공급원이다. 일반적으로 육류에는 동물성 지방이 많이 함유되어 있어서 고혈압, 동맥경화증과 같은 성인병의 원인이 되는 경우가 많으므로 지방이 적게 함유된 육류와 흰살 생선과 등푸른 생선을 권한다. 대두는 동물성 단백질 못지 않은 양질의 단백질 급원식품으로 두부, 두유, 콩국 등의 콩제품의 식품을 조리하여 섭취하는 것이 좋다.

3 지방

지방은 에너지 공급 이외에도 필수지방산과 지용성 비타민의 소화와 흡수를 돕고 식품의 풍미를 증가시켜 식욕을 돋운다. 따라서 노인에게 충분한 양의 지방이 함유된 식사를 공급하는 것은 바람직하지만 과잉 섭취하지 않도록 조심해야 한다.

지방의 과잉섭취는 비만과 순화기 질환을 비롯한 성인병의 유발 원인이 된다. 식이지방과 관련된 암은 유방암, 대장암, 직장암, 전립선암 등이며 지방섭취량과 포화지방산이 증가할수록 이환율이 증가한다.

포화지방산은 지방이 많이 함유된 삼겹살, 갈비, 햄과 같은 동물성 식품에 많이 함유되어 있기 때문에 이와 같은 식품의 섭취를 줄이고 다가 불포화지방산과 단일 불포화지방산이 많이 함유되어 있는 옥수수기름, 들기름 등의 식물성 기름과 생선으로 섭취하는 것이 바람직하다.

4 수분

노년기가 되면 체성분은 지방이 증가하고 수분은 감소되며 신장기능이 저하되어 낮보다 밤에 뇨량이 증가하므로 의식적으로 음료를 삼가는 경향이 있어서 수분결핍이 되기 쉽다. 체성분으로서 수분이 감소되는 노년기에는 수분섭취량을 줄이면 수분부족상태가 초래되고 이로 인한 발열이나 설사에 의해서 탈수 상태를 일으키는 수가 있다. 설사나 열이 있을 때 물의 섭취가 부족하면 변비나 신장결석은 물론 입원이 필요할 정도의 탈수가 일어나므로 조심해야 한다. 또한 수분의 예비력이 부족하여 섭취부족에 따른 탈수증뿐 아니라 과잉 섭취에 의한 부종을 일으키기 쉽다.

성인은 갈증기전(thirst mechanism)이 있으므로 충분한 수분의 섭취가 가능하나 노인의 경우는 탈수(dehydration)에 대한 민감성이 감소될 뿐 아니라, 신장을 통해 수분을 보존하는 능력도 부족하다. 따라서 노인을 위한 수분의 충분섭취량으로 노인 남성의 경우 2,100ml/일, 노인 여성의 경우 1,700ml/일을 제시하였다.

5 비타민과 무기질

1) 비타민 B군

가) 비타민 B_1, B_2, 나이아신

- 비타민 B_1, 비타민 B_2, 나이아신은 모두 에너지 대사에서 조효소로 중요한 기능을 수행하기 때문에 노인의 비타민 영양에서 매우 중요하다. 특히 곡류 위주의 식사를 하는 우리나라 노인에게는 비타민 B군의 섭취가 부족하기 쉽다.
- 비타민 B_1은 맥주 효모, 두류, 곡류의 배아 등에 많이 함유되어 있으나, 우유 및 우유가공품, 채소 및 과일류, 유지류 등에는 비타민 B_1 함량이 낮다.
- 비타민 B_2의 좋은 급원식품은 육류, 닭고기, 생선과 같은 동물성 식품과 유제품이며 그 외에도 두류, 녹색채소, 곡류 등이 있다.
- 나이아신의 좋은 급원식품은 육류(특히 간), 생선, 두유, 땅콩 등을 들 수 있으며, 우유나 난류는 나이아신을 거의 함유하고 있지 않으나 이를 충당할 만큼의 트립토판을 함유하고 있다.

나) 비타민 B_6

비타민 B_6는 주로 조효소로 작용하며 당질, 단백질, 지방 및 핵산 대사에 중요하다. 비타민 B_6 결핍증은 단독으로는 거의 나타나지 않고 주로 비타민 B복합체가 부족한 사람에게서 나타난다. 비타민 B_6는 단백질을 충분히 섭취하면 결핍증을 예방할 수 있으며, 결핍은 면역체계의 기능과 관련되므로 충분한 섭취가 매우 중요하다.

다) 비타민 B_{12}

비타민 B군 중에서 노인기에 가장 문제가 되는 것은 비타민 B_{12}이다. 노화가 진행되면서 혈액의 비타민 B_{12} 농도가 감소하고 그 대사산물의 농도가 상승하는 등, 비타민 B_{12} 영양상태가 불량해진다. 노인들은 흔히 식사량이 적어지면서 비타민 B_{12}의 섭취량이 부족해지며 비타민 B_{12}의 흡수율이 저조해지는 것이 비타민 B_{12} 결핍의 원인이다. 특히 노인 중 30% 가량은 위축성 위염을 갖고 있기 때문에 염증과 위산과 펩신 분비 감소로 인한 내인적 요소의 저하가 비타민 B_{12} 흡수불량을 악화시키기로 한다. 장기간의 비타민 B_{12} 결핍은 신경질환 즉, 정신기능과 인격장애, 신체운동기능 상실 등을 유도한다. 비타민 B_{12} 결핍을 예방하려면 비타민 B_{12}가 강화된 아침식사용 시리얼이나 콩제품 등의 섭취량을 늘리거나 보충제를 섭취하여야 한다. 강화된 식품이나 보충제에 함유된 비타민 B_{12}는 단백질과 결합되어 있지 않으므로 위산 분비량이 적은 경우에도 흡수가 잘 된다.

라) 엽산

엽산은 조효소로서 아미노산과 핵산의 합성에 필수적인 영양소이며 세포분열과 성장에 특히 중요하다.

엽산의 흡수나 체내 이용률은 노인기에 변화가 없으나 위염이나 심한 음주는 비타민 B_{12}와 마찬가지로 흡수장애를 초래하여 엽산 결핍 또는 악성 빈혈이 나타나기도 한다. 노인의 엽산 결핍은 비타민 B_{12} 결핍증의 2차적인 증상일 수도 있으므로 반드시 엽산 보충으로 치료해야 한다.

〈표 3〉 노인의 비타민 섭취 기준

영양소	연령(세)			
	남		여	
	65~74(세)	75(세) 이상	65~74(세)	75(세) 이상
비타민 A(μgRE)	700	700	600	600
비타민 D(μg)**	10	10	10	10
비타민 E(mg-TE)**	10	10	10	10
비타민 K(μg)**	75	75	65	65
비타민 C(mg)	100	100	100	100

영양소	연령(세)			
	남		여	
	65~74(세)	75(세) 이상	65~74(세)	75(세) 이상
비타민 B_1 (mg)	1.2	1.2	1.1	1.1
비타민 B_2 (mg)	1.5	1.5	1.2	1.2
나이아신(mgNE)	16	16	14	14
비타민 B_6	1.5	1.5	1.4	1.4
엽산(μg)	400	400	400	400
비타민 B_{12}	2.4	2.4	2.4	2.4

** : 충분섭취량

자료 : 한국영양학회 편(2005), 한국인영양섭취기준, 제8차 개정

2) 비타민 C

노인들은 일반적으로 비타민 C가 많이 들어 있는 신 과일이나 채소들은 잘 먹지 않으려고 하므로 이 영양소가 부족되기 쉽다. 비타민 C는 여러 가지 수산화(hydroxylation)반응의 조효소로 사용되며 콜라겐 형성, 도파민, 노에피네프린, 트립토판 등 신경전달물질의 합성, 카르니틴과 스테로이드 합성, 철의 흡수, 면역기능, 상처회복과 그 밖에 엽산, 아미노산, 콜레스테롤, 뉴클레오티드, 포도당 대사에 관여한다. 비타민C의 결핍은 상처를 잘 안 낫게 하고, 쉽게 멍이 들게 하고, 괴혈병에 걸리게 한다.

흡연은 비타민 C상태에 좋지 않은 영향을 미쳐 흡연자의 혈청과 백혈구의 비타민 C수준이 비흡연자보다 낮은데, 노인들은 흡연자가 많으므로 비타민 C의 섭취에 주의해야 한다.

비타민 C의 급원 식품은 채소, 과일류이며 이중에서도 비타민 C의 함량이 높은 식품은 풋고추, 고추잎, 피망, 케일, 양배추, 시금치 등의 채소와 키위, 감귤류, 딸기, 토마토 등의 과일이다. 그러나 노인의 경우 치아 상실 등으로 딱딱한 과일이나 생채소류의 섭취량이 낮으므로 믹서에 갈거나 쥬스 형태로 섭취할 것을 권장한다.

3) 비타민 A

비타민 A는 시각, 성장, 세포분열 및 증식, 생식 그리고 면역체계의 보존에 매우 중요한 영양소이다. 비타민 A는 동물성 식품에서 얻어지는 retinoids와 식물성 식품에서 공급되는 carotenoids로 구분된다. 국민건강 · 영양조사(보건복지부, 1999)에 나타난 바에 의하면 65세 이상 인구에서 비타민 A의 영양권장량에 대비한 섭취율은 남자 61.5%, 여자 54.3%로 권장량에 미달하고 있다. 우리나라 사람들의 비타민 A섭취는 주로 식물성 식품에서 이루어지고 있는 실정이다.

노인의 경우 비록 다른 연령층에 비해 비타민 A의 흡수, 저장, 이동에 나쁜 영향을 주는 질병이 일반적으로 많이 나타나지만, 건강할 경우 비타민 A상태는 특별한 주의를 요하지 않는 것으로 나타나 남자는 700㎎ R.E.(retinol equivalent), 여자는 600㎎ R.E.를 권장한다. 비타민 A의 경우에는 노인들이 너무 적게 섭취하는 것이 아니라, 너무 많이 섭취하는 것을 걱정하여야 한다. 비타민 A는 쉽게 흡수되어서 간에 축적되는 경향이 있어서 과잉섭취시 중독 위험이 있다.

비타민 A가 가장 풍부한 급원식품은 간과 생선의 간유이며, 상당량이 전분유와 달걀에 있다. 비타민 A를 만드는 화학적 물질인 베타카로틴(βcarotene)은 당근과 시금치와 같은 푸른잎 채소와 해조류에 많이 함유되어 있다. 우리나라 사람의 비타민 A급원은 주로 채소류의 카로틴이고 카로틴의 소화, 흡수는 유지와 함께 섭취해야 효율이 좋다.

4) 비타민 E

비타민 E는 세포막의 불포화지방산들 사이에 존재하면서 과산화 작용이 진전되는 것을 막는 항산화제로 알려져 있다. 노화현상과 밀접한 관계과 있으며 가령와 함께 증가하는 것으로 알려진 과산화 지방의 생성에 대한 지용성 항상화제로서 비타민 E(tocopherol)의 효과에 대한 연구 보고가 많다.

비타민 E는 일반 식품에 풍부하게 들어있고, 성인은 아무런 증상 없이 매우 많은 양의 비타민 E를 견뎌낼 수 있기 때문에 결핍이나 중독은 둘 다 흔하지 않다. 또한 비타민 E는 허약하고, 질병이 있고, 영양 결핍인 노인뿐 아니라 건강한 노인의 면역 기능도 향상시키는 것으로 밝혀지고 있다. 그러나 많다고 반드시 더 좋지는 않다.

식품중의 비타민 E의 양은 가공, 저장, 그리고 조리과정에 따라 크게 달라진다. 비타민 E가 가장 풍부한 식품은 콩, 옥수수, 목화씨, 해바라기씨 기름과 같은 식물성 기름과 이들의 가공제품인 마가린과 쇼트닝이다. 또한 비타민 E는 밀배아, 땅콩, 그리고 잎 많은 녹색 채소에 들어있다.

5) 항산화 비타민

산화적인 손상에 의해 노화가 진행될 수 있는 가설이 제시되면서 항산화 영양소의 섭취 증가는 노화를 지연시킬 수 있을 것으로 보는 견해가 주목을 받고 있다.

실제로 비타민 C와 비타민 E 또는 β-카로틴과 같은 항산화 영양소들이 계속 젊음을 유지해 주지는 못하지만 이들의 적절한 섭취는 질병이환율을 감소시킨다. 특히, 이들 항산화 영양소는 면역기능을 향상시켜서 감염성 질환으로부터 신체를 보호해 주는 데 기여한다. 항산화제의 보충 섭취가 여러 가지 만성 퇴행성 질환의 유발률을 감소시켰다는 많은 역학 조사결과가 보고 되었다. 보충제를 통한 β-카로틴은 심혈관 질환의 예방과 치료에 효과가 있었고, 하루에 100IU 이상의 비타민 E 섭취는 심장병 위험을 감소시켰다. 항산화제가 풍부하게 함유된 식사도 암 유발 감소와 관련이 있었다.

또한 비타민 C와 비타민 E 및 β-카로틴의 영양상태는 건강한 노인에서도 백내장 위험도와 상관성이 있었다. 영양보충제 형태로 항산화 영양소를 섭취하는 것은 항산화 영양소가 풍부한 식품을 섭취하는 것보다는 이러한 효과가 적은 편이다. 아마도 식품으로부터 이들 영양소를 공급 받을 때는 식품 중의 식물성 화학물질(phyto-chemicals)을 동시에 섭취함으로써 항산화 효과가 더 크고 또 다른 기전으로 만성 질환의 예방을 도와주기 때문이라고 생각된다.

6) 비타민 D

비타민 D는 적절한 골격형성과 무기질 평형에 필수적이다. 비타민 D는 혈청 칼슘과 인의 농도를 조절하여 항상성을 유지하는데 세포 내 과정, 신경 근육 기능, 뼈의 무기질화를 적절히 할 수 있는 범위 내에서 그 농도가 유지 된다. 또한 조혈계, 정상세포뿐 아니라 암세포의 분화 증식, 그리고 인슐린 분비과정에 관여하기도 한다.

비타민 D 결핍은 노인들에게 흔히 나타난다. 65세 이상 노인의 경우에는 노화로 인한 퇴행성 질환이 많아 햇빛에 노출이 제한되고 젊은이에 비하여 피부에서 비타민 D_3의 합성능력이 절반 밖에 되지 않는다.

특히 골밀도 감소로 인한 골다공증과 골절률의 증가가 노인인구 증가와 함께 심각하다. 비타민 D는 음식물로부터 칼슘의 흡수를 높이는데 필요하며, 매일 비타민 D와 칼슘을 함께 보충해줌으로써 뼈가 강해지고 노인의 골절 위험을 감소시킬 수 있다. 다른 나라에서는 노인의 경우 1일 비타민 D를 매일 10mg씩 섭취할 것을 권장하였으며 우리나라에서도 10mg으로 권장하고 있다.

자연계에서 비타민 D 함유식품은 흔하지 않지만 생선의 간유, 기름진 생선, 난황 등이다. 지역에 따라 비타민 D를 식품에 강화시켜 우유, 곡류, 마가린, 빵 등에 첨가하기도 하며, 우리나라에서도 몇 가지 우유제품에 첨가하고 있다. 가능하면 일광욕을 통하여 피부에서 생합성 되도록 하는 것이 바람직하다.

7) 칼슘

노령화에 따른 골격질환의 예방과 치료에 있어서 칼슘 영양의 중요성이 강조되고 있다. 노인기에는 뇨중 칼슘 배설량 증가, 칼슘 흡수율 감소, 신체활동 부족, 혈중 비타민 D_3 함량 부족, 일광욕 부족, 저칼슘 섭취에 대한 적응력 감소 등 노인 영양 문제에 따라 칼슘의 체내 요구량이 증가되므로 충분한 칼슘섭취를 해야 한다.

폐경기 여성의 경우 만성질환 및 골다공증 예방에 초점을 두어, 추가로 손실되는 양을 감안하여 800mg의 칼슘 권장섭취량을 산출하였다. 노인의 경우 칼슘 대사가 많이 알려져 있지는 않지만 남성과 여성 모두 연령이 증가함에 따라 칼슘 흡수는 감소된다. 노인 남성의 경우 성인과 마찬가지로 700mg을 유지하도록 하였다.

칼슘 급원식품으로는 우유, 유제품, 뼈째 먹는 생선류, 해조류, 두류, 곡류, 녹색 채소류 등이 있다. 급원식품의 가치는 함유량과 체내 이용성에 의해 평가 되는데, 칼슘의 체내 이용률은 개인의 생리상태와 식품에 따라 각기 다르게 평가된다. 칼슘보충제를 통해 많은 양의 칼슘을 섭취할 경우 철과 다른 무기질의 흡수를 방해할 수 있으므로 권장량과 비슷한 수준으로 식품을 통해 섭취하는 것이 좋다.

〈표 4〉 노인의 무기질 섭취 기준

영양소	연령(세)			
	남		여	
	65~74(세)	75(세) 이상	65~74(세)	75(세) 이상
칼슘(mg)	700	700	800	800
인(mg)	700	700	700	700
철(mg)	10	10	9	9
아연(mg)	9	8	7	7

자료 : 학국영양학회 편(2005), 한국인영양섭취기준, 제8차 개정

8) 철분

폐경 후에 노인 여성에게서 철분의 요구량은 감소된다(평균필요량 7mg, 권장섭취량은 9mg). 노인의 경우 젊은 성인에 비해 철 권장량이 증가한다고 하나 우리나라 노인들의 경우 철의 섭취가 부족하다는 보고와 노인기의 소화흡수 기능의 감소 등을 감안하여 노인 남성의 경우 성인기와 동일한 양을 섭취할 것을 권장한다.

식욕감소로 인한 식사에서의 섭취부족 외에도 궤양, 충수염 등과 같은 질환으로 인한 만성적인 출혈로 혈액손실증가와 위산분비감소 및 아스피린, 항응고제와 같은 약물복용으로 인한 흡수저하가 일어나기 때문에 노인들마다 철분영양상태가 매우 다르다.

철의 급원식품으로는 육류, 생선, 가금류 등으로 동물의 간과 난황에 철함량이 가장 높고 우유와 유제품은 철함량이 낮다. 곡류는 철의 함량이 다양하나 우리나라의 경우 곡류 섭취량이 많으므로 상당부분의 철을 곡류에서 섭취하게 되고, 식물성 식품 중 콩류와 진한 녹색 채소류(들깻잎, 무청, 시금치)도 철이 풍부하다.

동물성 식품에 함유된 철은 주로 헴철로 흡수율이 약 23%정도인데 비하여 식물성 식품에 함유된 철은 비헴철로 흡수율이 3%로 낮다. 철의 흡수 이용률은 식사 중의 철의 형태, 철의 흡수에 영향을 미치는 인자들에 의해 영향을 받는다. 식품중의 철은 헴(heme)철과 비헴(non-heme)철의 두가지 형태로 존재하며, 동물성 식품 중 철 함량의 평균 40%가 헴철이고 나머지 60%가 비헴철이며 식물성 식품중의 철은 모두 비헴철이다. 헴철은 대부분 헤모글로빈과 미오

글로빈의 형태로 섭취되며 흡수율이 매우 높고 식사요인에 의해 영향을 받지 않으나, 비헴철의 흡수는 여러 요인에 의하여 촉진되거나 저해된다. 즉 비헴철의 흡수는 비타민C, 육류, 생선류, 가금류의 섭취에 의하여 향상되고, 무산증, 흡수불량증, 차와 커피에 함유된 탄닌, 곡류겨의 피틴산 등에 의해 저해된다. 철의 흡수는 식품의 종류에 따라서 차이가 나서 육류식품에 함유된 철의 흡수율은 10%이상이고 쌀과 시금치의 철 흡수율은 대부분 10% 이하이다.

그러나 비헴철의 흡수율은 육류, 생선, 그리고 비타민 C를 충분히 섭취하면 3%에서 8%까지 증가시킬 수 있다. 그러므로 비헴철의 흡수율을 증가시키기 위하여 비타민 C가 많이 함유된 감귤류, 풋고추, 쥬스류 등을 한 끼의 식사에 같이 섭취하면 아주 효과적 이다.

9) 아연

노인기에 아연은 미각, 시각, 상처회복, 그리고 면역반응에 있어서 중요한 대사적 역할을 하기 때문에 매우 중요하다. 아연 결핍 시 맛에 대한 감각이 떨어지고 상처로 인한 회복이 느려진다. 특히, 욕창으로 고생하는 노인이나 수술 후 회복 시에 중요하다. 그러나 아연 영양 상태가 양호한 노인들에게 아연보충제를 사용해도 이런 노화에 따른 변화는 호전되지 않는다고 한다.

노년기에 아연의 결핍은 흔하다. 아연이 결핍되게 되면 식욕과 미각 감소를 유발해 식품섭취량이 저하되어 아연 영양상태를 더 악화시킨다. 복용하고 있는 이뇨제, 제산제, 철분보충제와 같은 약제들이 체내에서 아연의 흡수를 방해할 수 있다. 또한 감염, 수술, 췌장질환, 알코올중독증이 있을 경우 체내 아연의 요구량은 증가하게 된다. 아연의 권장섭취량은 노인 남성의 경우 65세에 9mg/일, 75세 이상 8mg/일, 노인 여성의 경우 7mg/일으로 설정하였다.

아연의 가장 중요한 공급원으로는 패류(특히 굴), 육류, 간, 가금류, 두류 등이며, 곡류와 채소류는 동물성 식품에 비해 적은 양의 아연을 함유하고 있다. 아연보충제의 복용보다는 식품으로 적절한 섭취를 권장한다.

V. 노인기 질병과 영양관리

노인들은 심혈관계 질환, 당뇨, 골다공증, 고혈압, 암, 관절염, 알츠하이머성 치매 등 여러 가지 질환을 앓기 쉬우며 대체로 한 종류 이상의 약물을 사용하고 있다. 신장 질환, 암, 알코올 중독은 영양소 요구량을 변화시키고 식욕을 떨어트리며 어떤 질병은 신체거동에 장애를 주어 일상생활이나 식사준비를 어렵게 만들기도 한다. 또한 정신기능에 영향을 주는 질병의 경우 의존적이 되며 특히, 면역기능 감소와 신체기능의 여력이 감소되어 감염, 골절, 수술 등 위급한 상황이 초래되기도 한다.

성공적인 노화란 수명을 연장하는 동시에 건강한 삶을 누리는 것이다. 오늘날 미국인의 기대수명은 75세 이상으로 증가되었지만, 간강한 수명은 단지 64세 불과하다고 한다. 이는 노후 11년간은 질병이나 신체장애로 고생을 한다는 의미이다. 누구나가 희망하는 장수는 건강이 전제된 상태에서의 장수를 희망할 것이다. 그러기 위해서 특정한 장애 증상이 나타나기 전에, 나이가 들면서 축적되는 여러 가지 신체변화들을 지연시키고 질병을 예방해야 수명이 다할 때까지 건강한 상태를 유지할 수 있다.

적절한 영양관리와 식생활 개선을 통하여 이들 노화 관련 질환들의 발병을 지연시키거나 이들 질병의 악화를 예방하고 더 나아가 치료에 대한 보조 역활을 수행할 수 있다. 이러한 이유에서 노인기 영양 관리의 중요성이 더욱 강조되고 있다. 그러므로 노인기 바람직한 식생활 관리와 노인기에 흔히 발병하는 몇 가지 질환에 대한 영양관리 방법에 대하여 간단히 정리하였다.

1 노년기 식생활 지침

1) 기본원칙

- 음식은 먹을 만큼 준비하고 , 오래된 것은 먹지 말자
- 짠 음식을 피하고, 싱겁게 먹자
- 채소, 고기나 생선, 콩제품 반찬을 골고루 먹자
- 세끼 식사와 간식을 꼭 먹자
- 우유제품과 과일을 매일 먹자

- 많이 움직여서 식욕과 적당한 체중을 유지하자
- 술은 절제하고 물을 충분히 마시자

2) 노화 방지 효과가 있는 것으로 알려진 식품

- 토마토 : 항산화제인 라이코펜이 풍부하게 들어 있다.
- 시금치 : 비타민과 무기질이 풍부하게 들어 있다.
- 등푸른 생선 : DHA, EPA 등 오메가 3계 지방산이 들어 있다.
- 브로콜리 : 항노화 식품으로 특히, 베타카로틴 등 비타민이 많이 들어 있다.
- 해조류 : 무기질과 섬유질이 풍부하게 들어 있다.
- 쿨로렐라 : 무기질과 식이 섬유질이 풍부하게 들어 있다.
- 적포도주 : 폴리페놀 성분이 심장병을 예방한다.
- 마늘 : 알린 성분이 심혈관계 질환을 예방하고 항산화제 기능, 항균 작용 그리고 항바이러스 효과가 뛰어나다.
- 고추 : 캡사이신(capsicine) 성분이 항산화제 기능을 가지고 있으며 심혈관계 질환 예방 효과도 있다.
- 양파 : 알린 성분이 풍부하다.
- 녹차 : 카테킨 성분이 심혈관계 질환을 예방한다.
- 콩과 콩식품 : 플라보노이드가 풍부하여 노화방지에 좋다. 특히, 검은 콩에 풍부하게 있는 안토시아닌 색소는 활성산소를 차단하고 혈액순환을 돕는다.
- 버섯 : 베타글루칸 성분은 면역력을 증강시킨다.
- 고구마 : 비타민, 플라보노이드 그리고 섬유질이 풍부하다.

2 고혈압 예방을 위한 식사지침

1) 소금의 섭취량은 하루 7~8g으로 제한한다.

2) 칼륨의 섭취를 충분히 한다.

(견과류, 녹색채소, 콩, 호박, 감자, 과일 등이 나트륨 함량은 낮고 칼륨 함량은 높다)

3) 칼슘과 마그네슘의 섭취가 부족되지 않도록 하자.

4) 저지방 식사를 하고, 포화지방산의 섭취를 피한다.

5) 단순당질(설탕, 꿀)의 사용을 가급적 피하고 복합당질(전곡류)을 섭취한다.

6) 섬유소를 충분히 섭취한다.

7) 균형식을 하며 식욕을 잃지 않도록 주의한다.

3 뇌졸중 환자의 식사지침

1) 기본원칙

- 비만을 예방하기 위해 정상체중을 유지할 정도의 열량을 섭취하십시오.
- 동맥경화증의 진행을 막기 위해
  - ▸ 지방은 섭취 열량의 20%로 섭취하십시오.
  - ▸ 콜레스테롤 섭취를 제한하십시오.
  - ▸ 포화지방산 섭취를 줄이고 불포화지방산 섭취를 늘리십시오.
  - ▸ 식이섬유를 충분히 섭취하십시오.
  - ▸ 혈중 콜레스테롤 농도를 150~200mg/ml로 유지하십시오
  - ▸ 당뇨병 치료를 잘 하십시오.

2) 혈압상승을 억제하기 위한 노력

- 싱겁게 드십시오.
- 과음과 흡연을 삼가십시오.
- 과로와 스트레스를 피하십시오.
- 정기적으로 혈압을 측정해 120/80mmhg로 유지하십시오.

4 골다공증의 예방 및 치료를 위한 식사지침

1) 균형 잡힌 식사를 지속적으로 공급한다.

2) 건강한 여성의 경우 1일 권장량 정도의 칼슘 섭취를 하도록 한다.

3) 골다공증 발생 위험이 있는 여성은 하루 1000~1500mg 칼슘을 섭취한다.

4) 규칙적으로 햇볕을 쪼이고 비타민 D 강화우유를 마신다.

5) 충분한 불소 섭취로 골질량을 증가시킨다.

6) 카페인 섭취를 제한 한다(하루 커피 2잔 이하).

7) 섬유소 섭취량을 1일 35g 미만으로 제한한다.

8) 과량(권장량의 2배 이상)의 단백질 섭취를 피한다.

9) 지나친 알콜 섭취를 피한다.

10) 반드시 금연한다.

11) 규칙적인 운동을 한다.(걷기, 하이킹, 조깅, 달리기, 에어로빅, 스키, 자전거 타기).

5 당뇨(인슐린 비의존형) 환자의 식사지침

1) 적절한 체중 유지를 위하여 섭취 열량을 조절하자.

2) 혈당수준을 일정하게 유지하기 위하여 균형적인 식사를 규칙적으로 하자.

3) 식사는 소량씩 여러 번 나누어 섭취하자.

4) 탄수화물 선택시 단순당과 같이 혈당지수가 높은 식품은 피하고, 혈당지수가 낮은 식품을 선택하여 섭취하자.

5) 단백질은 정상안과 동일하게 섭취한다.

6) 포화지방산과 콜레스테롤의 함량이 낮은 식사를 권장한다.

7) 식후 급격한 혈당 상승을 막기 위하여 충분한 식이섬유소를 섭취하자.

8) 나트륨 섭취를 줄이자.

9) 외식시 동물성 지방이나 설탕이 많은 음식, 음주, 과식 등을 피하도록 하자.

6 관절염 환자를 위한 식사지침

1) 칼슘을 충분히 섭취하자.

2) 지방과 단백질은 적당히 섭취하자.

3) 비타민 D 보충을 위하여 햇볕을 쬐자.

4) 과음을 하지 말자.

5) 지나친 채식이나 섬유질의 과량 섭취를 피하고 적당히 섭취하자.

6) 싱겁게 먹는 습관으로 소금섭취량을 줄이자.

7) 커피, 홍차, 초콜릿 등의 카페인이 많이 함유된 식품의 섭취를 줄이자.

8) 식용유로는 올리브유가 좋고, 등푸른 생선(꽁치, 고등어, 정어리, 청어)과 필수 지방산이 풍부한 아마씨유와 달맞이꽃 기름의 효과가 보도된 바 있다.

7 치매 환자의 식사지침

1) 기본원칙

- 적절한 영양상태 유지를 위해 충분한 단백질과 열량을 공급한다.
- 비타민 E, 셀레늄, 수분, 콜린을 적절하게 공급한다.
- 단 것을 좋아하는 경향이 증가하므로 영양소 농도가 높은 간식을 공급한다.
- 필요한 경우, 경관영양이나 퓨레 상태로 된 음식을 제공한다.
- 적절한 수분섭취가 필수적이나 밤에는 과량의 수분공급을 피한다.
- 환자가 음식을 손으로 잡고 먹을 수 있는 형태로 만들어 주거나 자주 음식을 주어 체중유지에 도움을 준다.
- 가능한 식사시간을 규칙적으로 하며, 식사에 대한 적절한 감독과 보호를 한다.

2) 치매 진행단계에 따른 식사지침

진행단계	증상	영양문제	식사지침
1단계 (초기)	기억손상 사회적, 직업적 기능감소 작업, 가사, 재정관리의 어려움 길을 잃어버림 성격이 변함	식품구매 및 요리하기 어려움 식사하는 것을 잊어버림 미각과 후각 변화 달고 짠 음식에 대한 기호 증가 식욕조절 기능 감퇴	영양소 농도가 높은 간식 공급 한번에 한 가지씩 음식 제공 보조 식사도구 사용 적당한 온도의 음식 제공
2단계 (중기)	사물의 이름을 기억하지 못함 시간관념이 없어짐 망상, 우울 격양된 감정	에너지 요구량 증가 음식을 입에물고 있거나, 삼키는 것을 잊어버리거나 식기를 사용할 수 없게 되어 숟가락 또는 손으로 먹기	충분한 단백질과 열량 공급 손가락으로 쉽게 집어먹을 수 있는 음식들 제공 일몰증후군이 있는 환자는 중식메뉴에 가장 큰 비중을 둠

진행단계	증상	영양문제	식사지침
3단계 (말기)	지남력 감각상실 (disorientation) 자기 이름을 잊어버림 가족을 알아보지 못함 언어능력 손상 기본본적인 자기관리도 불가능 대 · 소변 가리지 못함	음식을 인지하지 못함 먹는 것을 거부하거나 먹일 때 입을 열지 않음 클루버-부시 증후군(식품이 아닌 것을 먹기) 비강영양급식(nasogastric feeding)이 필요한 경우 발생	경관영양이나 퓨레 상태로 된 음식 제공

8 암 예방을 위한 식사지침

1) 기본원칙

- 규칙적인 식사와 균형식을 한다.
- 신선한 과일과 채소를 충분히 섭취한다.
- 정상체중을 유지한다.
- 무기질 섭취를 충분히 한다.
- 지질의 섭취를 적절히 한다.
- 짠 음식이나 절인 음식, 탄 음식의 섭취를 줄인다.

2) 암 예방을 위한 항암식품

- 미숙한 과일과 야채 : 폴리페놀 성분이 있어 암세포 증식을 억제한다.
- 감귤, 과즙 껍질 : 플라보노이드 성분이 있어 종양세포 증식을 억제한다.
- 다당류(식물세포), 신선한 야채, 옥수수, 감자, 고구마 : 고분자 섬유질이 함유되어 있어 암세포 증식억제 및 생체방어 기능을 가진다.
- 사과, 복숭아, 과일,야채 : 안토시아닌 성분이 종양세포의 DNA를 분해한다.
- 인삼, 마늘, 버섯, 알로에 : 게르마늄 성분이 항균작용, 저항력 증강, 항종양 효과, 백혈구 증가, 식욕증진의 효과를 가진다.
- 마늘, 양파, 파 : 셀레늄 성분이 있어 암 예방에 효과가 있다.
- 다당류, 엽록소 : 리그닌, 헤미셀룰로오즈와 펙틴 성분이 대장암을 예방하는 효과가 있다.

〈참고문헌〉

최혜미 외 10인, 21세기 영양학 원리, 교문사, 2006

장유경 외 4인, 기초영양학, 교문사, 2006

박태선 · 김은경, 현대인의 생활영양, 교문사, 2006

최혜미 외 16인, 21세기 영양학, 교문사, 2006

손숙미 외 5인, 임상영양학, 교문사, 2006

장유경 외 4인, 임상영양학, 신광출판사, 2006

구재옥 외 4인, 생활주기영양학, 효일출판사, 2003

이연숙 외 3인, 생애주기영양학, 교문사, 2006

김소연 · 윤미은, 노인영양, 교육과학사, 2002

맹원재 외 2인, 현대인의 식생활과 건강, 건국대학교출판부, 2001

통계청, 2000년 사망원인 통계연보, 2001

통계청, 2004년 연도별 성별 평균수명의 추이, 2005

한국영양학회, 한국인영양섭취기준, 2005

한국보건산업진흥원, 보건복지부, 국민의 연령층별 식사지침, 2003

제14장

치료레크리에이션

14 치료레크리에이션

1 치료레크리에이션의 개념

미국을 비롯한 여러 선진 국가들은 레크리에이션 문화가 체계적으로 정착되었다. 레크리에이션은 많은 형태로 분류 되는데 가장 큰 범주로 지역사회 복지에 목적을 둔 지역사회레크리에이션(Community Recreation) 과 레저 · 스포츠 문화 정착을 위해 실시하는 야외 레크리에이션(Outdoor Recreation), 상업적 이윤에 목적이 있는 상업레크리에이션(Commercial Recreation)이 있으며 또한 치료적 효과를 얻기 위해 실시하는 치료레크리에이션(Therapeutic Recreation)이 있다.

치료라는 말은 원래 한문으로 그 뜻이 '병이나 상처를 다스려서 낫게 함' 으로 설명된다.

또한 레크리에이션이란 말은 영어로 영한사전의 풀이에서 보면 '기분전환, 여가선용, 휴양, 오락' 의 뜻과 "재창조, 재생, 새롭게 만들다"의 뜻을 가지고 있다.

레크리에이션이란 말을 다시 새 국어사전에서 보면 "여가를 이용하여 심신의 피로를 풀고 새로운 활력을 불어넣기 위해 즐기는 오락이나 스포츠 등의 활동, 또는 휴양"이란 뜻으로 풀이하고 있다.

치료레크리에이션은 사전에 결정된 건강 지향적 목적을 성취하기 위한 레크리에이션 활동과 경험을 사용하는 전문적 과정에 의해 특징지어져야 한다. 치료레크리에이션이란 말은 1950년대 이전에만 해도 일반적으로 사용되지 않았다. 과거에는 병원레크리에이션(Hospital Recreation), 의료레크리에이션(Medical Recreation), 임상레크리에이션(Clinical Recreation), 레크리에이션

요법(Recreation Therapy), 질병과 장애가 있는 사람들을 위한 레크리에이션(Recreation for The Ill and Handicapped), 특수레크리에이션(Special Recreation) 등의 이름으로 불리어 왔다.

학자에 따라서는 치료레크리에이션을 교정레크리에이션이라 부르기도 한다.

치료레크리에이션이 본래는 병을 고치기 위한 치료의 방법으로 적용된 것이 아니라 건강한 사회관계, 창조적 경험 등을 통하여 더욱 풍요로운 생활을 영위하기 위한 것으로, 그것을 통해 사회복귀로 이어진다는 것이 인정되었다.

그 결과 현재는 치료레크리에이션이란 말이 널리 쓰이게 되었다. 따라서 치료레크리에이션이란 말은 치료적 레크리에이션의 범위에 머무는 것이 아니라 특수레크리에이션의 영역에서 사회적 기능으로서의 레크리에이션을 뜻한다고 말할 수 있겠다.

2 치료레크리에이션의 정의

치료레크리에이션이란 신체적, 정신적, 정서적, 사회적 행동을 바람직하게 변화시키고 개인의 성장과 발전을 증진시키기 위하여 레크리에이션 서비스를 활용하는 의도적인 개입과정이다. 즉, 레크리에이션을 재활의 도구로 활용하여 예측된 결과를 이루어 내는 전문적인 활동인 것이다.

좀 더 쉽게 설명한다면 치료레크리에이션은 특별히 계획되어진 레크리에이션 프로그램 활동에 참여를 유도하여 참가자 개인에게 재충전 또는 원기회복의 관정을 거쳐서 치료적 기술의 완성이 가능하게 하며, 아울러 전반적인 회복과정에 공헌함으로써 결국 사회에 성공적으로 복귀하게 하고, 궁극적으로는 삶의 질을 풍요롭게 해주는 의도적인 과정의 형태라 정의할 수 있으며 그 범위는 신체장애인, 정신장애인, 정신박약자의 레크리에이션, 그리고 질병환자의 레크리에이션, 혹은 수형자, 비행청소년을 위한 레크리에이션, 노령자를 위한 레크리에이션 등 매우 넓다.

치료레크리에이션은 점차 발전을 이루었고 많은 학자들이 용어에 대한 정의를 내렸다.

- "치료레크리에이션은 특별한 요구와 문제를 가지고 있는 사람들의 행동을 변화시키기위해 사용되는 레크리에이션 경험의 과정이다" (O' Morrow, 1980).
- "치료레크리에이션은 레크리에이션과 여가활동을 통해 문제를 방어 또는 해결하도록 돕거나 클라이언트의 성장을 돕기 위한 계획적이고 의도적인 개입이다"(Austin,1982).

- "치료레크리에이션은 질병과 장애로 고통 받는 사람의 욕구를 충족시킬 수 있도록 계획된 특별한 활동으로서 레크리에이션을 제공하는 전문적인 서비스이다"(Kraus, 1983).
- "치료레크리에이션은 개인의 성장과 발전의 도모를 위해 신체적, 정서적, 사회적 행위의 변화와 그 안에서의 특수한 목적을 위한 레크리에이션의 전문화된 적용을 말한다. 치료 레크리에이션은 특별한 목적을 성취하기 위한 레크리에이션 활동이나 경험의 체계적인 과정으로 불리어지기도 한다"(Carter, Van Andel & Robb, 1985).
- "치료 레크리에이션의 독특한 기능은 건강의 유지 또는 회복에 도움을 주는 여가 활동과 여가 경험의 수행에서(일반적 레크리에이션 참ㄹ여를 포함) 클라이언트를 돕는 것이다 (O' Morrow & Reynolds, 1989).

위의 제시된 많은 정의의 내용 중에 공통적으로 포함되어 있는 개념은 다음과 같다.

① 의도적으로 레크리에이션과 여가 활동을 개입시켜 사용

② 개입의 결과로서 클라이언트의 개인적 향상

1960년대에 미국 국제 치료레크리에이션 협회(National Therapeutic Recreation Society : NTRS)에서는 치료레크리에이션에 대해 다음과 같이 정의를 내렸다. "레크리에이션을 이용함으로써 신체적, 정의적, 정서적, 사회적 행동 영역에 있어서 행동의 변화와 개인의 성장발전을 이루는 과정이다." 여기서 중요한 핵심은 레크리에이션을 바람직한 행동변화와 개인적 성장발달을 위해 사용한다는 사실이다.

3 치료레크리에이션의 목적

급격히 변화하는 현대사회를 살아가고 사람들은 개인적 특성에 따른 변수 이외에도 기계문명의 발달로 인한 자동화 및 획일화, 무분별한 서구문화의 수용 그리고 정치 경제적인 급격한 사회적 변동과 구조적 모순으로 인간성을 상실하고 있다. 이것은 인간의 잠재적인 능력 개발을 저해하여 정신적 압박과 과도한 스트레스를 경험하게 한다. 이러한 환경 속에는 불행하게도 사회적 기능을 적절히 수행하지 못하며, 사회적으로 소외되어 있는 많은 사람들이 있다.

이러한 장애조건을 가지고 있는 사람을 위해 그들에게 적당한 여가 생활 스타일(Leisure life style)의 개발, 유지, 표현을 보다 쉽게 하는 것으로써 여가요소에 초점을 두고 삶의 질을

높이는 것이다.

아울러 특별한 요구와 문제를 가지고 있는 사람들의 불안감, 초조감, 고통 등을 경감시키고, 신체적. 정신적. 사회적으로 빠른 회복을 돕는 데에도 치료레크리에이션의 목적이 있다.

그 밖의 치료레크리에이션의 목적을 정리하면 다음과 같다.

1) 장애인이나 환자의 병원 생활 또는 치료를 보다 긍정적으로 받아들이도록 돕는다.
2) 장애인이나 환자의 사기를 북돋아 준다.
3) 장애인이나 환자의 욕구 불만이나 공격적인 충동을 적절한 배출구로 발산하여 준다.
4) 장애인이나 환자의 일상생활에서 신체적, 정서적, 사회적 장애를 제거하고 극복하고자 하는 의욕을 촉진시켜 준다.
5) 장애인이나 환자로 하여금 보다 바람직한 사회 적응의 자질을 향상시킨다.
6) 퇴원 후의 개인적인 여가 생활에 필요한 레크리에이션의 기술이나 레크리에이션에 대한 올바른 이해를 돕는다.
7) 사회적으로 인간관계의 개선과 사회시민성의 발달을 도모한다.
8) 자기표현의 체험활동을 통하여 자아실현 또는 자기완성의 계기를 마련한다.

4 치료레크리에이션 대상

치료레크리에이션의 일차적인 대상은 신체적, 정신적, 정서적, 사회적 제한을 가지고 있는 사람들이다. 바로 아동, 청소년, 노인, 장애인, 외롭고 빈곤한 사람 그리고 정서적으로 어려움을 겪고 있는 사회적인 약자들인 것이다.

신체적, 정신적, 정서적, 사회적 조건 면에서 여가 기능에 제한을 갖고 있는 사람들은 잠재적으로 치료레크리에이션 서비스에서 이득을 볼 수 있다. 그러나 우리 사회에서는 아직까지 여가의 기능이 치료, 개발, 회복에 영향을 주는 것으로 인식되어 있지 않다. 한계성을 안고 있는 대상은 적당한 서비스를 받아야 한다는 것이다. 정신 지체아, 정신적 정서적 장애인, 신체적, 감각적 손상과 급성 그리고 만성적인 질병인, 약물 남용자 등은 치료레크리에이션의 서비스를 제공하는 병원이나 기관에서 일반적인 치료레크리에이션의 대상이다. 또한 구속되어 있거나 다양한 재활 센터에 있는 범죄자 역시 치료레크리에이션 서비스를 받아야 할 사람들이다.

현대에는 의학적, 정신과적 상태를 가진 사람들이 치료레크리에이션에 포함되는 기본적 클라이언트지만 미래에는 대상이 더욱더 증가 되고 다양화 될 것이다.

이것을 보다 구체적으로 살펴보면

1) 해부학적 · 신체적 · 구조적 · 지능적 · 심리적 어떤 이상이 있거나 그 기능을 상실한 경우
2) 신체 구조적 또는 심리적 과정에 따라서 야기되는 만성 질환의 경우(기관지염, 천식, 관절염, 폐결핵, 간질, 신경성 장애 등)
3) 기능적인 면에서 어떤 질병이 원인이든 자기 스스로 일상생활을 해나가는데 필요한 기능을 다하지 못하는 경우
4) 행동 규범을 중심으로 어떤 장애를 가지고 있는 사람이 자기 장애에 대하여 특수한 반응을 나타내는 경우
5) 사회적인 태도나 편견, 또는 차별화로 인한 사회적 장애를 가진 경우 등 여러 가지 형태가 치료레크리에이션의 대상이 되는 것이다.

5 치료레크리에이션 인접개념

지난 10년 전까지 만해도 우리 사회에서 레크리에이션은 단지 재미와 오락 수준을 벗어나지 못하고 있었다. 특히, 레크리에이션이 상업적으로 이용되면서 레크리에이션은 단순히 손쉬운 게임이나 노래를 통해서 많은 사람들의 기분을 전환시키는 단순한 기능 정도로 인식되어 왔던 것이 사실이다.

그러나, 체육학을 중심으로 레크리에이션을 학문적으로 접근하려는 시도와 미국에서 발간된 책들이 우리나라에 소개되면서 레크리에이션의 개념이 우리 현실에서 사용되는 용어와는 분명히 다르다는 것을 깨닫기 시작했다.

레크리에이션과 치료레크리에이션의 제일 큰 차이점은 레크리에이션은 참여하는 대상에게 흥미와 재미를 선사하지만, 치료레크리에이션은 서비스의 전 과정 속에 그 효과를 극대화할 수 있는 치료레크리에이션으로 체계화된 철학 방법과 과정이 존재해야 한다는 것이다.

1) 임상레크리에이션과 치료레크리에이션

임상레크리에이션은 클리이언트에게 제공되는 행동변화를 위한 처치로서의 레크리에이션이 직접적으로 질병치료와 재활에 도움을 제공한다는 개념에서 사용하는 용어이다. 그러나, 임상레크리에이션이란 용어는 질병과 아픔을 나타내는 임상적이라는 용어와 즐거움처럼 긍정적인 감정을 나타내는 레크리에이션이라는 용어가 결합된 형태로 병원레크리에이션 용어를 대신해서 사용되기는 하나, 현재 널리 사용되지는 않고 있다. 이 두 용어의 결합을 보면 질병이나 병원과 관련된 결과는 대체로 심각하지만 레크리에이션의 결과는 즐거움과 긍정적인 효과가 있어 두 단어의 결합이 다소 어색한 느낌을 주는 것이 사실이다.

병원을 포함한 임상시설에서는 치료레크리에이션이라는 용어와 함께 레크리에이션치료 혹은 레크리에이션적인 치료라는 용어를 널리 사용하고 있다. 이것은 치료목적으로 레크리에이션을 사용하느냐 하는 문제와 레크리에이션을 치료방법으로 사용이라는 철학적 문제에서 실천적 문제까지 일으키는 중요한 논의거리를 제공한다.

2) 특수레크리에이션과 치료레크리에이션

Austin과 Bullock은 치료레크리에이션과 특수레크리에이션이 다른 것으로 구분하고 있으며, 반드시 구별해야 한다고 주장했다. Austin에 따르면 치료레크리에이션의 정의 속에 첫 번째로 여가참여에 특별한 도움이 필요한 장애인에게 레크리에이션 서비스를 제공한다는 것과, 두 번째로 치료레크리에이션은 치료와 재활의 목적을 가지고 있다고 주장하면서 치료레크리에이션은 건강증진, 재활, 그리고, 독립적인 생활양식의 배양이라고 정의 했다. 이와 같이 치료레크리에이션은 질병이나 신체적 · 정신적 장애를 가진 사람에게 최적의 건강과 복지를 제공하는 독립적인 생활양식을 배양하기 위해 자격을 갖춘 전문가가 의미 있는 목적을 위해서 레크리에이션과 여가를 이용하는 것을 말한다.

그러나, 치료레크리에이션은 장애를 가진 사람만을 대상으로 하는 것이 아니다. 단지, 장애를 가졌다고 해서 모두 치료레크리에이션의 대상이 되는 것도 아니다. 구체적인 행동변화를 취한 처치와 특별한 치료와 재활목표가 치료레크리에이션과 특수레크리에이션을 구분하는 기준이다. 클라이언트의 장애 유무가 중요한 것이 아니라 치료의 필요성과 목적이 치료레크리에이션과 특수레크리에이션을 구별하는 기준이다.

아직까지도 치료레크리에이션과 특수레크리에이션이란 용어 사이에는 혼란이 있으나, 특수레크리에이션은 장애인에게 레크리에이션의 일반적인 활동을 제공하고, 장애인에게 제공하는 것을 말한다.

3) 통합레크리에이션과 치료레크리에이션

오늘날 포괄 혹은 통합레크리에이션이 널리 사용되고 있다. 이것은 장애의 유무에 관계없이 여가와 레크리에이션의 기회에 동등한 참여를 유도하고 보장한다는 의미로 폭 넓게 사용되고 있다.

포괄레크리에이션의 개념은 장애를 가진 사람이 레크리에이션 활동 현장에서 비장애인과 동등하게 받아들어지고 동화되도록 노력해야 장애인은 물론 일반인도 레크리에이션의 긍정적인 효과를 얻을 수 있다는 데서 출발한다. 특수레크리에이션이 장애인을 위해서 제공되는 일반레크리에이션의 변형이라면 포괄레크리에이션은 장애를 가진 사람과 비장애인이 장애의 유무에 관계없이 함께 레크리에이션에 자유롭고 동등하게 참여할 수 있도록 하는 활동에 중점을 둔 레크리에이션을 말한다.

치료레크리에이션은 처방된 여가와 레크리에이션을 이용해서 행동 변화를 위한 처치에 중점을 둔 반면에 포괄레크리에이션은 대체로 법에 의해서 장애인에게도 일반인과 동등한 여가와 레크리에이션 참여기회를 제공하는 레크리에이션을 말한다.

4) 치료레크리에이션과 기타 관련 치료

Austin에 따르면 치료레크리에이션은 의학과 다르게 배타적으로 질병만을 다루지 않고 자기실현과 삶의 질 향상이라는 목표를 가지고 클라이언트의 가능한 적절한 성장과 발달의 실현에 중점을 둔다.

치료레크리에이션은 질병의 예방과 완화라는 전통적이고 의학적인 측면 이외에 자기성장과 실현에 관심이 있는 혼합형 전문 건강 분야라고 할 수 있다. 결론적으로, 치료레크리에이션은 클라이언트의 자기실현을 도와주기 위해서 여가 전문가와 의사의 역할을 결합해 놓은 중간 단계라고 할 수 있다.

현재 미국에서는 치료레크리에이션 전문가는 클라이언트의 질병을 치료 완화시키기 위해서 처음에는 치료 팀의 일환으로 참가하지만, 나중에는 클라이언트의 개인적인 성장과 향상을 위해서 여가사용 능력과 사회적응력을 키워주는 재활프로그램의 주체로서 활동한다.

예를 들어, 물리치료사는 보행훈련을 이용해서 하체기능이나 평행 감각의 재활, 그리고 보행에 대한 자신감을 가지게 할 수 있다. 또한, 작업치료사는 요리나 목공훈련을 통해서 손가락 기능을 회복?발전시키고, 아울러 요리에 대해서 자신감을 갖도록 해준다. 이에 반해서 치료레크리에이션 전문가는 다양한 레크리에이션과 여가활동을 이용해서 물리치료나 작업치료와 같은 효과를 만들어내는 것이다.

또한, 치료레크리에이션은 여가생활에 필요한 기능을 회복시키고 여가생활을 독립적으로 할 수 있도록 도와주는 역할도 수행한다. 치료레크리에이션 전문가는 클라이언트에게 특별한 질병의 치료와 회복이라는 의료적 측면과 건강증진을 통한 복지향상이라는 두 가지 측면을 동시에 고려한다는 점에서 다른 치료와 차이가 있다.

치료레크리에이션은 레크리에이션과 여가활동 자체가 가지고 있는 여러 가지 특징이 치료와 복지에 직접적으로 영향을 준다는 점에서 의료계와 복지현장의 다른 서비스보다 더욱 더 친숙하고 효과적으로 접근할 수 있다.

6 치료레크리에이션 과정

치료레크리에이션 과정의 구성 요소는 사정, 계획, 실행, 평가의 4가지로 구분한다.

치료레크리에이션 전문가는 치료 레크리에이션 과정에 들어서면서부터 클라이언트의 건강상태, 욕구, 장점을 명백히 파악된 욕구를 해결하기 위해 가능한 방법을 고안한다. 다음 실행단계 동안은 계획된 것을 전문가가 개입하여 시행을 한다. 마지막 평가 단계에서는 결과를 계획에 비추어 평가한다.

1) 사정 단계

사정단계는 클라이언트의 건강상태, 욕구, 장점을 정확하게 파악하고 분석하는 단계로 계획

단계의 방향을 정할 수 있다. 치료레크리에이션 전문가는 사정단계에서 클라이언트와의 관계(rapport) 형성이 매우 중요하다. 최상의 관계형성이 이루어졌다 하더라도 클라이언트의 사정은 처음과 마찬가지로 객관적이어야 한다. 또한, 클라이언트의 과거 여가활동이 무엇이었으며, 활동참여의 형태는 어떠했는지, 누구와 함께 참여 하는지, 흥미가 있는 레크리에이션 활동이 있다면 앞으로도 계속 참여하기를 희망하는지에 대해 질문한다. 인터뷰의 진행기술에는 자유롭게 대답하는 개방형 질문과 목록을 만들어서 하는 구조화된 상세한 조사와 분석이 있다.

분석에서의 일반 요소는 본질적으로 객관적인 자료와 주관적인 자료로 나눌 수 있다. 치료레크리에이션 정보는 클라이언트의 여가나 취미 목록, 여가교육 프로그램에서의 평가, 치료레크리에이션 전문가에 의해 만들어진 파일 등이다. 이러한 자료 모두는 클라이언트에게 여가기능을 높여 주는데 기초가 된다.

2) 계획 단계

치료레크리에이션 전문가는 클라이언트의 개별 프로그램 계획을 결정하기 위해 다양한 건강 전문가와 팀을 구성하여 의논한다. 이 단계에선 클라이언트 욕구와 장점이 고려되어야 하며 또한, 우선적으로 실시되어야 할 목적을 분명하게 밝혀야 한다. 그런 후 성공 가능한 목표와 목적을 선정해야 한다.

최종도달목적(Terminal Program Objective-TPO)과 실행가능목표(Enabling Objective-EO)를 설정하여 프로그램을 실시한다. 예를 들어, 최종도달목표를 한 달 안에 다른 사람과의 언어적 상호작용의 증진 시킨다고 한다면, 가교목표에서는 스텝과의 상호작용 증진, 다른 사람과 1 대 1 상호작용 증진, 다른 사람과 2 대 1 상호작용 증진을 통하여 프로그램 계획에 있어 하나의 체계적 접근을 통한 세 가지 기본 관심에 초점을 둔다. 또한, 프로그램 계획에서 가장 중시해야 할 것은 특성적 결합에 초점을 두어야 한다. 특성을 구성하는 네 가지 영역으로는 행동, 의사소통, 학습, 사회적 및 인간관계의 기술이다.

3) 실행 단계

실행단계는 계획단계에서 세운 개발 프로그램 계획을 실행하는 단계이다. 프로그램은 클라이언트의 욕구와 능력, 그리고 장점과 흥미를 감안하여 준비된 대로 실행한다. 이 단계에서 프로그램에 가장 중요한 패턴은 클라이언트 지향적이어야 하고 목표 지향적이어야 한다.

실행단계에 있어서는 전문가의 인간 상호 관계 능력과 관찰의 기능, 의사결정 능력, 그리고 기술적인 기능이 매우 중요한 요건이 된다.

아울러 프로그램의 적용과 평가에 있어서 목표달성도 중요하지만 그 과정 자체의 중요성을 올바르게 인식하고 수행자들 상호간에 협력을 유지해야 한다.

4) 평가 단계

평가 단계는 개별 프로그램 계획에의 목적과 목표에 대한 과정 수행을 종합적으로 평가하고, 프로그램을 보완하여 피드백(feedback)을 시도하는 단계이다. 평가에서 가장 중요한 질문은 "계획에 개입한 클라이언트의 반응은 어떠한가?"이다. 만약 계획된 프로그램이 효과가 없었다면 수정, 재실행, 재평가가 필요하다. 평가의 일반적 방법은 진행노트를 살펴보고 클라이언트와의 면접을 통해야 한다. 즉, 치료레크리에이션 과정은 클라이언트의 욕구를 찾아내고 목적과 목표를 공식화하고 활동계획을 세우고 그것을 실행하고 선택한 목적과 목표가 효력 있게 성취되었는지 평가하는 것이다.

아동의 프로그램 수행능력에 따른 진단도 되지만, 아동의 다음 프로그램과의 연계성도 살펴보고 연계될 경우 다음 회기의 목적을 설정하는 데도 중요한 영향을 미친다. 따라서 지극히 개인적인 주관적 견해가 들어갈 위험이 있으므로 반드시 사전에 평가에 대한 기준을 정립하여야 한다.

처음의 진단한 사항에 대해서 반드시 사후 평가를 거쳐 똑같은 진단 기준에서의 아동의 성장 부분에 대해서, 또는 다른 문제점이 발발했다면 이에 대해서 정확한 문제점의 파악과 사후 대책까지 제시되어야 한다.

7 치료레크리에이션 활동영역

치료레크리에이션 활동은 형태, 계절, 나이, 성별, 수행 공간, 시간, 비용 그리고 조직의 방법에 의해서 다양하게 분류할 수 있다. 다음의 분류는 지도자의 활동부분에 따른 분류를 기초로 전개하였다.

1) 미술과 공예(Art & Craft)

창조적 표현의 기회를 제공하며 작품 활동의 과정이나 그 결과를 통하여 참가자는 만족을 얻고, 여러 가지 효과를 기대할 수 있으므로 참가자들에게 눈으로 볼 수 있는 작품의 결과를 만끽하도록 한다. 미술과 공예의 범위는 광범위하여 다양한 연령과 기술과 관심을 가진 사람들에게 제공될 수 있다.

전문가는 다른 활동 영역에서 즐거움과 재능을 찾지 못한 많은 사람들도 이 활동에서는 큰 만족감을 얻을 수 있음을 알아야 한다. 미술과 공예활동의 전형적인 예에는 수채화, 유채화, 스케치, 도예, 목각, 조각, 뜨개질, 자수 등등이 있다.

2) 연극(Drama)

인간의 감정을 표현하는 수단으로 신체적, 정신적, 사회적 문제를 폭 넓게 수용한다.

독창적인 연기와 심리극은 특히 심리치료의 형태로 인식되어 있으며 일반적으로 많이 실행되고 있다. 연극 활동에는 뮤지컬 드라마, 동작 연출, 팬터마임, 인형극, 꼭두각시, 무언극, 시나리오 쓰고 연기하기 등이 있다.

3) 음악(Music)

모든 연령층에게 표현의 수단이 될 수 있다.

음악은 인간의 감정에 강한 영향과 감동을 주며 다른 활동의 형태에 가치 있는 도움을 준다. 활동적이든 수동적이든 음악은 모든 사람들에게 제공할 수 있다. 또한 음악은 비용이 많이 들거나 많은 시간이 소요될 수도 있지만, 반면에 비용을 들이지 않고도 참여할 수 있다.

음악 활동에 능동적으로 참여함으로써 심리적인 안정을 얻을 수 있으며 창조적 활동에의 기회를 갖게 되고 성취와 성공을 통해 자기 존중감을 증진시킨다. 아울러 타인을 즐겁게 함으로써 행복감을 얻게 되고 에너지 방출의 수단으로 사용되며, 가장 중요한 것은 음악이 사회화의 매체일 수 있다.

음악에는 음악 감상, 음악 들으며 대화, 노래 부르기, 악기연주, 악기 만들기 등 다양한 방법이 있다.

4) 무용(Dance)

움직임이기 위한 인간이 욕구에 만족을 주는 무용은 자기표현의 형태로써 사회적, 창조적 활동에서 즐거움과 만족감을 줄 수 있는 형태로서 개인이나 집단에게 줄 수 있는 서비스이다. 무용에는 리듬 댄스, 민속무용, 레크리에이션 댄스, 현대 무용, 사교 춤 등이 있다.

5) 문학(Literary)

읽기, 쓰기, 말하기 등의 취미활동과 비슷하다.

읽기는 개인이나, 집단 활동으로 가장 손쉽게 할 수 있는 활동이며, 쓰기는 창조적인 활동으로, 말하기는 보고, 듣고 느낀 점을 보편적으로 표현할 수 있는 활동이다.

문학에는 신문이야기, 독서 감상문쓰기 작시, 논쟁하기, 문학기행 등이 있다.

6) 오락물(Entertainment)

대부분의 사람들은 활동에 참여하기보다는 활동이나 경기를 관람하는 것을 더욱 즐거워한다. 여기서 정서적이고 사회적인 즐거움을 얻을 수 있기 때문이다. 소수의 사람들은 본인이 직접 활동에 참여해야만 즐거움을 느낄 수 있다고 하나 다른 많은 사람들은 보는 활동을 통해 즐거움을 느낀다. 오락 활동에는 연주회 보러 가기, 연극이나 스포츠 관람, 레코드나 라디오 듣기, 영화나 TV 보기가 있다.

7) 취미활동(Hobbies & Special Interests)

인간의 흥미나 경험만큼이나 다양한 취미가 있으며 같은 취미 활동도 사람이나 민족, 문화에 따라 차이가 있다. 취미는 입원한 환자나 걸을 수 없어 집밖으로 나올 수 없는 클라이언트에게 유일한 활동이 될 수 있다. 취미에는 수집, 학습, 조립, 창작, 수행이 있다. 예를 들면 수집에는 동전, 우표, 인형 수집 등이 있고, 학습에는 조류학 등이 있으며, 조립에는 빌딩, 배, 비행기 등의 모형 제작, 라디오 세트나 로봇 등이 있다. 창작 활동에는 디자인, 바느질 수예 그리고, 수행에는 활쏘기, 사격, 요리 등이 있다.

8) 자연과 야외 레크리에이션 활동(Nature & Outdoor Recreation Activities)

이 활동은 참가자로 하여금 자연에 대한 이해와 친근감을 갖게 하며 신체적, 정신적, 사회적으로 자연에 적응하는 능력과 자율적인 생활의 기술을 체험으로 터득하는 계기를 얻게 된다. 또한 심각한 상해의 결과로 인해 외부 환경에 참여할 수 없는 클라이언트에게 사회에 접할 수 있는 기회를 주기 때문 중요한 영역중 하나이다. 활동에는 자연 활동(산책, 하이킹 등), 관광(국내외 탐사), 놀이(감자 캐기, 밤 줍기 물놀이, 뱃놀이 등), 관람(미술 전시회, 식물원, 동물원, 박물관), 채집(식물, 동물, 화석 등), 기타(원예·가꾸기, 식물 재배 등) 등이 있다.

9) 신체적 활동(Physical Activities)

신체적 활동은 연령이나 성별에 관계없이 폭넓게 관련되어 있다. 이런 활동에의 참여는 신경 및 근육계의 명백한 영향을 준다. 또한 신체적 활동에 참여하는 폭넓은 대상에게 즐거움, 만족감, 성취감 그리고 친밀감을 느끼게 한다. 많은 신체 활동은 다양하게 분류되어 왔다. 그 중 중요한 형태로는 체조와 스턴트, 곡예, 집단이나 팀 게임, 릴레이 경주, 달리기나 사냥 그리고 개별 및 단체 스포츠 활동 등이 있다.

10) 사회적 활동(Social Activities)

개인적 학습을 통한 사회적 활동과 경험을 통해 사회화를 증진시키는 일이다. 사람들은 생활하면서 나이와 시기에 맞는 사회적 욕구가 있다. 정신 건강 기간의 환자 집단, 정상적 접촉으로부터 분리된 시각 장애인 집단, 휠체어와 클러치를 사용하는 집단, 요양 시설에 있는 노인 집단 또는 깁스나 부목을 댄 아이들에게 생일파티나 댄스, 소품과 같은 사회적 행사는 일반적인 친밀감, 사회성, 협동심을 증진시켜 준다.

광범위한 사회활동으로는 축제일이나 생일파티, 차 마시기, 여러 종류의 주제를 가지고 토론 또는 이야기하기, 바비큐 파티나 소품, 테이블 게임 등이 있다.

11) 자원봉사나 지역사회 서비스 프로젝트(Voluntary Service or Community Service Projects)

여가와 레크리에이션의 가장 수준 높은 형태의 하나인 자원 봉사 서비스는 소외된 사람을 위한 여가의 한 부분이다. 자원 봉사자는 보상 없이 필요한 서비스를 제공하는 사람이다. 이런 분야에는 병원에 입원중인 아동을 위해 책을 읽어 주거나 병원이나 약물 치료센터에 있는 환자와 함께 작업을 하는 것, 시설 수용자들에게 오락 등으로 즐겁게 해 주는 것, 병원에서 장난감이나 기호품 마련하기, 외출 할 수 없는 화자를 위해 이야기 친구가 되거나 식물을 키워서 나누어 주는 것, 육아원에서 바느질 돕기 등이다. 그 외에 특수 인구 집단을 위한 많은 서비스 제공이 이에 포함된다.

8 재활레크리에이션

1) 재활레크리에이션의 개념

레크리에이션이란 말은 영어로 영한사전의 풀이에서 보면 '기분전환, 여가선용, 휴양, 오락' 의 뜻과 "재창조, 재생, 새롭게 만들다" 의 뜻을 가지고 있다.

레크리에이션이란 말을 국어사전에는 "여가를 이용하여 심신의 피로를 풀고 새로운 활력을 불어넣기 위해 즐기는 오락이나 스포츠 등의 활동, 또는 휴양" 이란 뜻으로 풀이하고 있다.

또한, 재활(rehabilitation)의 어원은 habilis(적합한)라고 하는 라틴어가 그 기본으로 "무엇을 하는 용의가 되어 있다" 라는 의미를 담고 있으며, 여기에다 re(다시) 라는 접두사와 움직이는 뜻의 접미사가 붙어서 "다시 무엇인가를 할 수 있는 사람을 만든다" 라는 말이 형성 되었다고 한다.

1943년 8월에 미국 국립재활전문위원회(National Council on Rehabilitation)는 재활을 "장애인의 신체적, 정신적, 사회적, 직업적, 경제적 가용능력을 최대한 회복시키는 것" 으로 정의 하였다(Townsend,1966)

1975년 10월 제네바에서 열린 WHO의 회의 기록에 의하면 장애를 세 가지 로 구분해 두었는데 그것은 신체장애(impairment), 능력 장애(disability), 사회적불이익(handicap)등이다.

신체장애란 신체에 나타난 장애 그 자체를 말하는 것이고, 능력 장애는 신체장애에 의해 초래되는 개인의 능력 장애를 뜻하며, 사회적 불이익이란 장애인을 받아들이는 사회적 조건을 나타내는 것이다. 이렇게 볼 때 재활이란 부분적인 기능장애가 있는 사람에게 그가 가진 능력을 최대한 개발시켜 정상에 가깝게 생활 할 수 있도록 도움을 주는 역동적 과정을 말하는 것이다. 즉, 사회인으로서의 복귀를 의미한다.

이 말은 중세 서구사회에서 지위를 박탈당한 사람을 다시 본래의 지위로 복귀시키는 의미로도 사용되었으며, 명예회복 등에도 이 말이 사용되었다고 한다.

우리나라에서는 rehabilitation을 재활(再活) 이라 번역 하여 사용하고 있으며, 일본에서는 갱생(更生) 이라 번역되었는데 요즘은 대개 영어 발음을 그대로 하여 "리해빌리테이션"이라는 말을 많이 사용하고 있다.

즉 재활레크리에이션이란 "정신적, 육체적, 사회적으로 비 정상적인 사람을 정상적으로 새롭게 회복시키기 위한 일체의 행위"라 정의 하였다.(정한영,2003)

2) 재활레크리에이션의 적용

가) Sensory motor training의 이해와 중요성

루우(Roux)에 의하면 1) 인간의 신체는 사용하지 않으면 약화되고 2) 너무 무리하여 사용 하면 그 기능이 쇠퇴하고 3) 적당하게 신체활동을 해야 그 기능이 증대 또는 강화된다고 하였다.

우리는 청각, 시각, 피부접촉, 신체 각 부위의 움직임, 중력 등을 통해 다양한 감각을 경험하는데, 이들 감각들이 뇌에서 잘 조직화하여 상황에 적절하게 쓰여 지도록 만드는 과정이 감각통합이다.

감각통합은 다양한 기초감각들을 사용하여 더 복잡하고 높은 수준의 학습과 행동을 하는데 필요한 기능이다.

Sensory motor training에서는 모든 감각을 사용하지만 특히 세 가지 기본(촉각, 전정감각, 고유 감각 : 모친 태내에 있을 때부터 작용)에 중점을 두어 운동한다.

촉각은 피부를 통해 느끼는 감각이고, 전정감각은 내이(귀)안에 있는 평형감각기관에서 담당하는데, 머리 위치의 변화로 인해 오는 자세의 변화를 탐색한다.

고유 감각은 우리 몸의 근육, 관절, 힘줄, 인대 등을 통하여 무의식적으로 몸의 위치 변화를 뇌에 전하는 기능을 담당한다.

재활레크리에이션 참가자 스스로 자신의 건강을 책임질 수 있도록 지도(Instruction)와 능동적인 참여(Motivation), 추후관리(follow up)를 제공함으로써 근력강화, 지구력 강화, 감각운동조절능력 그리고 심혈관계 기능회복에 효과적인 운동 방법으로 사용되고 있다.

우리나라 선조들의 건강관리 방법으로는 단전호흡(丹田呼吸), 기공(奇功), 침(鍼), 뜸(灸), 한약(漢藥) 및 여러 형태의 운동요법을 통해서 건강관리를 하였다. 특히 단전호흡(丹田呼吸)과 뜸(灸) 요법의 중요 혈(血) 자리 중 배꼽 및 의 관원(關元), 석문(石門), 기해(氣海)의 혈 자리는 건강관리 방법 중 최고의 혈(血) 자리이며, Sensory motor training 운동 시 1차적으로 근력이 작용하는 부위이다. 동양에서의 경락(經絡), 기(氣), 혈(血) 기초이론적 접근 방법과 서양에서의 근육, 신경, 임프 등의 해부학적 기초이론을 바탕으로 하는 접근방법의 차이는 있어도 동 · 서양의 건강관리 방법은 유사하다고 볼 수 있다.

나) Sensory motor training에 필요한 운동기구

감각운동을 위한 트레이닝은 바닥에 놓을 수 있는 하나의 "흔들리면서", "부드럽고 빠르게 반응"하는 무엇인가를 필요로 한다.

공기로 채워진 Aero-Step, Dynamic Air-cushion, ABS Power ball, TerapiMaster 등은 사용자가 신경계 계통에 즉각적인 반응을 요구하는 아주 적은 무게의 변화에 대해서도 빠르게 반응할 수 있게 만들어진 운동기구이다.

다) Sensory motor training 기대효과

① 평형감각 향상

② 촉각방어 현상(가벼운 피부접촉에 대해 지나치게 예민함) 감소

③ 공중에서의 신체감각 향상

④ 자신과 주위 상황에 대한 인식능력의 향상

⑤ 대 근육 및 소 근육 운동 향상(소 근육에 더욱 중점을 둠)

⑥ 눈, 손 협응 동작 향상

⑦ 시 · 지각 변별력 향상

⑧ 타인과의 상호교류 향상

⑨ 정서적인 감성 향상

⑩ 자신감 향상

⑪ 성취에 대한 동기 향상

3) Sensory motor training 프로그램

가) 사정단계

① 참가자의 현재 기능적 수준 (면담 & 관찰을 통해)

신원, 장애상태, 치료 상황, 현재 신체발달 및 건강 상태, 언어, 정신 감정 상태, 문제행동, 선호도 등 참가자에 대한 많은 정보를 확보

② 운동 능력 상태 (면담 & 관찰을 통해)

운동 경험의 유 · 무 움직이는 자세, 걸음걸이를 통한 문제점 파악, 운동 기구에 대한 부정적 감정 여부, 운동 장소에 대한 불안감 등

③ 운동 장소 및 기구의 상태

운동 공간의 확보가 가능한가?, 주위 시설은 안전한가?, 운동 기구는 충분한가?, 비상약품 및, 비상연락망은 구축되어 있는가? 등

나) 계획

▸최종도달목표(TPO)

다양한 기초감각들을 사용하여 더 복잡하고 높은 수준의 학습과 행동을 하는데 필요한 기능향상

▸실행가능목표(EO)

① 감각기관을 통해 들어오는 자극을 중추신경계가 잘 조직화하는 능력을 키워 주기 위해 참가자에게 적합한 수준의 감각자극을 단계를 조절하여 제공한다.

② 외부로부터 들어온 감각자극을 상황에 맞게 억제시키거나 적절히 조절하는 훈련시킨다.

③ 외부로부터 들어온 감각자극을 조직화해서 효율적으로 반응하는 능력을 키워줌으로써 뇌의 적응능력을 향상시켜 적절한 행동으로 표현되도록 한다.

▸일일 프로그램 목표

① 선 자세에서 선택하고 배운다.

② 동작수행

③ 천천히 조절하면서 요구하는 움직임을 실행한다. 이때 분절은 다이나믹하고 안정적으로 유지한다.

④ 안정된 상태에서 움직임의 속도를 증가시키고 분절을 조절한다.

⑤ 로드를 증가 시켜서 근력을 증가 시킨다.

⑥ 정확한 스트레칭을 통해 움직임의 범위를 증가시킨다.

⑦ 안정된 자세로 새로운 운동 범위를 할 때는 조심스럽게 움직인다.

⑧ 안정된 상태에서 새로운 운동 범위 내에 운동 속도를 증가시킨다.

⑨ 안정적인 부분들과 운동을 조절하는 상태에서 로드를 시키며 근력을 향상시킨다.

다) 실행

▸준비운동(5~10분) : 운동의 방법과 주의사항 전달 후 체조 및 스트레칭, 박수치기 등을 충분히 실시한다.

▸본 운동 (15~20분)

① 안정적 표면 : 보통의 바닥

② 밸런스 매트 : 탄성고무, 매트, 고무매트

③ 불안정한 표면 : 딱딱한 보드 위에서 다른 방향으로 움직인다.

④ 공기 압력에 의해 불안정하거나 흔들릴 수 있다.

⑤ 불안정한 면들의 복합 동작 : 고정된 보드 위에 Aero-step XL을 올려 놓는다.

⑥ 응용 동작 : Aero-step위에서 징검다리 건너기, 중심잡고 오래 버티기 시합 등 각 레벨마다 지지하고 있는 면을 점점 더 좁게 줄인다.

▸정리운동 (5~10분):안정적인 바닥에서 충분한 스트레칭과 호흡운동을 실시한다.

▸ 주의사항

불안정한 바닥에서든 안전한 바닥에서든 아래의 상황이 발생하면 운동을 멈춰야 한다.

① 자세가 잘못 되었을 때

② 동작이 잘못 되었을 때

③ 호흡을 참는 것 (억제)에 의해 동작이 먼저 일어날 때

④ 운동하는 동안 호흡을 멈추는 동작

⑤ 분명치 않은 동작, 균형의 강직 신호가 있을 때는 반복을 항상 안정적인 바닥에서 끝낸다.

⑥ 만약 참가자가 현기증을 호소하면 안정적인 바닥에서 운동을 하거나 불안정한 바닥에서는 연속적인 운동시간을 더 짧게 한다.

⑦ 관절 운동만 할 때는 회전하는 동작을 하면 안 된다.

라) 평가

① 프로그램 시작 전 준비에 대한 평가(시간, 장소, 장비 등)

② 리더십에 대한 평가 (참가자의 흥미유발, 운동기술의 전달 방법, 동기유발, 상호작용, 그룹인식에 대한 분위기 유도여부 등)

③ 스텝간의 상호 작용에 대한 평가(스텝들 간의 의사소통여부, 정보교환 상태 등)

④ 프로그램 실행 후 체크리스트 (날짜, 인원, 프로그램 장비, 참자가의 변화, 활동의 지속성, 참여 시간, 예기치 못한 사건 등)

4) Sensory motor training에 필요한 운동기구

〈Flex bar〉

〈Balance pad〉

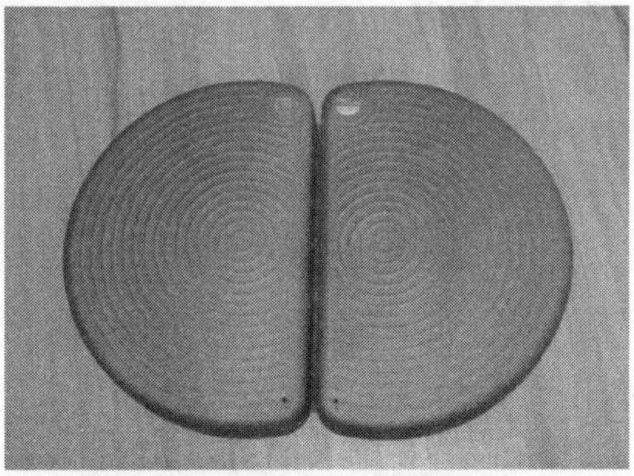

〈Dyn air ball cushion〉

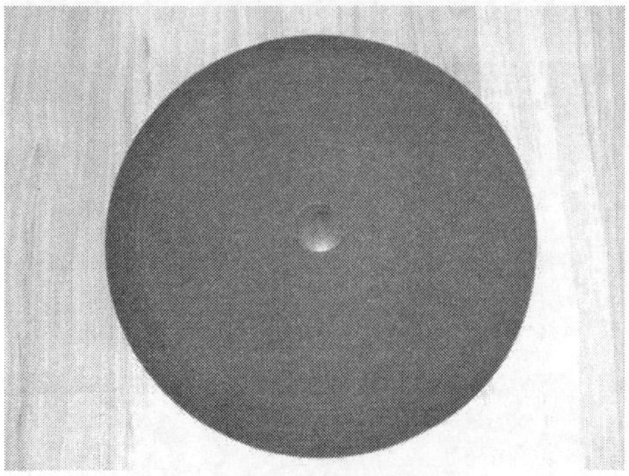

〈Aero-step〉

〈Redondod ball〉

〈Senso Balance〉

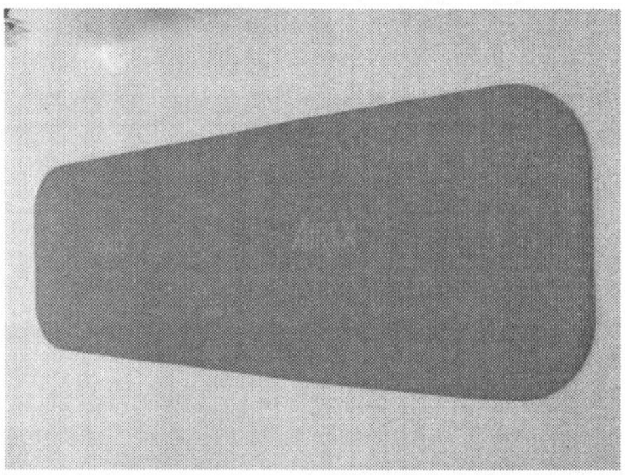

〈Airex coronella mat〉

〈Balance angle〉

5) Sensory motor training의 밸런스운동

〈Dyn air ball balance exercise 1〉

〈Dyn air ball balance exercise 2〉

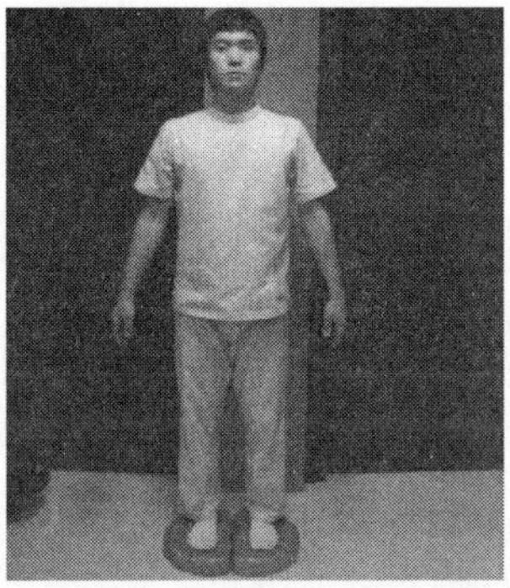

〈Aero-step balance exercise 1〉

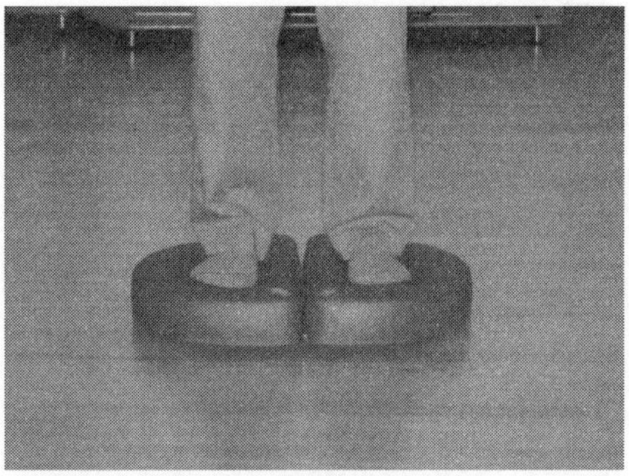

〈Aero-step balance exercise 2〉

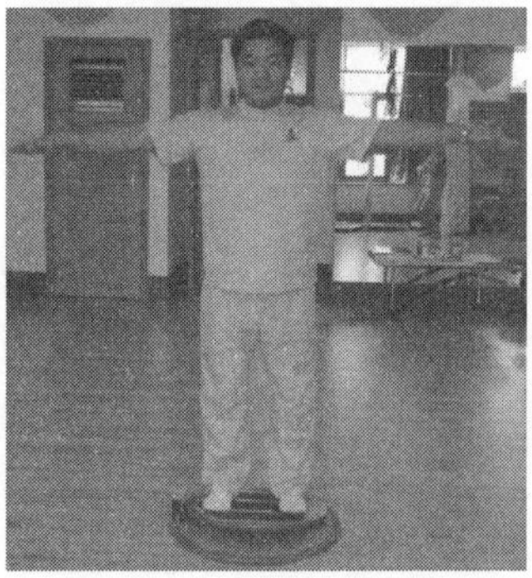

〈MFT board balance exercise〉

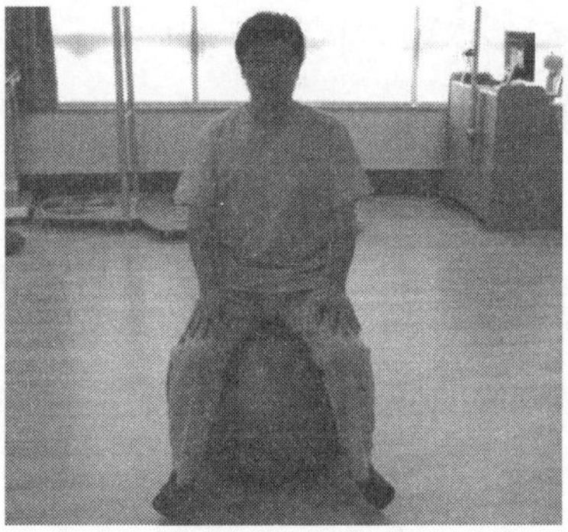

〈Ball balance exercise〉

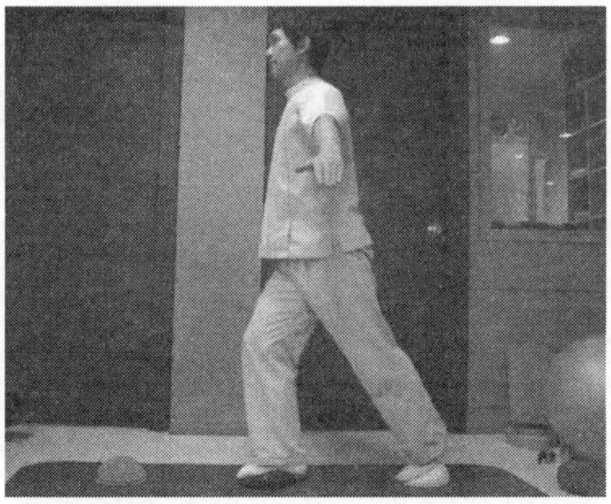

〈Senso stepping stones exe. 1〉

〈Senso stepping stones exe. 2〉

〈참고문헌〉

강열우외 3인(2007), 치료레크리에이션 입문서 개정판. 세종출판사.

노용구 (2002), 치료레크리에이션. 대경북스.

박창영 (2000), 치료레크리에이션 수화 레크리에이션. 일신서적출판사 .

이병국 (1988), 최신경혈학. 현대침구원

우철호외 5인 (2002), 스포츠마사지아카데미. 신교당.

정한영외 2인 (2004), 스포츠마사지와 밸런스마사지. 금광.

채준안 (2001), 치료레크리에이션 입문. 인간과복지.

한이석 (1995), 치료레크리에이션의 이해. 대한미디어.

David R. Austin. 유규종외 1인 (2004). 재활레크리에이션론 .

제15장

케어계획작성

15 케어계획작성

1 케어 및 케어계획의 개념

일반적으로 케어의 내용은 광범위하고 그 범위 또한 다양하다. 케어의 내용을 좁은 의미에서 볼 때 케어가 필요한 사람에게 제공되는 식사, 배설, 수면, 청결, 옷갈아 입기, 안락한 체위의 확보, 이동 동작의 케어 등이 포함되며, 좀 더 범위를 확대하면 욕창방지, 사고예방, 심신의 기능저하 방지를 위한 운동, 레크리에이션, 종말기 케어 등의 원조가 포함되고, 여기에는 간호와 중복되는 부분도 많다. 넓은 의미의 개념으로서는 케어는 생활기능이 저하되고 일상생활의 영위가 어려워진 경우 본인만이 아니라 주위사람들이 이를 도와 가능한 한 자립생활이 가능하도록 지원하는 것을 의미하며, 이러한 의미에서 케어복지라는 개념으로 이해되어야 한다.

케어의 내용에 포함되는 간호, 간병, 수발, 그리고 원조라는 용어는 가정이나 시설, 병원 등에서 일상적으로 자주 사용되고 있으며 실제로 이와 같은 행위는 일상생활 가운데서 수시로 일어나고 있다. 케어는 필요로 하는 사람이 어쩔 수 없이 받아야만 하는 원조도 있지만 그 본질은 인간이 생존하는 데 있어서의 인간다움의 추구와, 남이 아닌 자신의 생활을 영위할 수 있도록 원조하는 것이 되어야 한다. 이것이 케어의 궁극적인 과제이며, 따라서 그 기본은 일상생활 전체를 존중하는데 있다고 할 수 있다.

또한 케어는 케어 하는 사람과 케어 받는 자와의 상호 인격적인 관여이다. 심리적 배려는 물론 정신적 원조도 포함하는 중요한 복지원조의 한 형태이며, 단순한 신체적인 원조만을 의미하지 않는다. 케어는 장애를 갖고 있는 자의 니드와 인격에 대응하는 인격적 서비스이다. 따라서,

케어를 받는 사람의 자기결정권을 존중하는 것이 중요하며 케어의 주 대상인 노인이나 장애인의 삶의 방식과 그들의 인생에 공감하는 노력이 필요하다. 케어의 행위는 새로운 인생을 만나는 것이며, 타인의 인생에 관여하는 것이다. 케어받는 사람을 이해하고 수용하기 위해서는 자신의 생각과 느끼는 방법을 어느 정도 변화시키지 않으면 안된다. 케어 받는 사람과 정서적 안정과 장애에 대한 수용은 케어자와의 신뢰관계 속에서 이루어지는 것으로, 따라서 케어 받는 사람의 자기결정을 존중하고 그 결정에 따라야 한다. 이러한 의미에서 케어자는 새로운 세계를 발견하고 그것에 유연하게 대응하는 것이 필요하다. 더구나 케어는 장애의 상태가 계속되는 것으로 극히 장기적인 원조라는 점이 특징이며, 따라서 케어 하는 동안 욕구도 변하고 케어의 내용도 변해야 하는 경우가 많음을 이해해야 한다(이해영 · 안영실, 2000).

다음으로 케어계획이란 케어를 받는 사람 즉 이용자에 관련한 직종이 이용자의 참여나 동의하에서, 한 사람 한사람 개별 상황을 포괄적으로 사정하며, 개별욕구 및 문제를 명확하게 해서 문제해결이나 위험의 회피, 예방, 나아가서는 상태의 개선 내지 악화방지를 위한 방침이나 방법을 결정하는 것이다. 케어계획이 세워진 이용자에 관해서는 케어계획에 따른 케어의 실천이 이루어진다. 현재 케어계획의 작성기법으로는 해외에서 개발된 MDS(Minimum Data Set), RAPs(Resident Assessment Protocols;시설고령자용) 및 MDS/HC(MDS/Home Care), CAPs(Client Assessment Protocols;재가고령자용) 등이 있고(이경희 외, 2002), 기타 일본 개호보험에서 활용하기 위해 개발 · 사용되고 있는 것들이나, 국내의 경우 최근 노인장기요양보험시범사업 시행지침 등에서 활용되고 있는 기법들이 있다.

2 케어계획작성과정

일반적으로 케어복지의 실천과정은 다음과 같이 시간에 따라 기본적인 단계를 밟게 된다. 케어계획은 케어복지 실천과정에서 매우 중요한 단계로 아래와 같이 사정된 결과에 기초하여 케어목표를 설정하고 실천계획을 수립하게 된다.

제1단계
접수(intake)

⬇

사례를 의뢰받거나 발견하면 심사(screening)절차에 따라 접수를 하게 된다.

제2단계 사정(Assessment)	이용자의 사회생활상의 전체적인 관점에서 문제점이나 욕구를 조사하고 객관적인 사정척도로 종합하여 진단한다.
제3단계 목표설정 및 케어계획작성	목표를 설정하고, 그것에 기초하여 각 이용자에게 개별화된 계획을 수립한다.
제4단계 케어계획의 실시	이용자가 원활하고 질 좋은 서비스를 받을 수 있도록 개별화된 계획에 맞춰 서비스를 제공한다.
제5단계 점검(monitoring)	각종 서비스나 지원이 원활하게 제공되고 있는지의 여부, 그리고 이용자 자신의 일상생활 동작능력이나 사회상황의 변화에 따른 욕구의 변화 등을 점검하고 계속적으로 체크해 간다.
제6단계 재사정	앞서 점검한 결과를 토대로 변화된 욕구나 미비한 서비스제공 등이 발견되었다면 3단계 목표설정과 케어계획의 작성으로 되돌아간다.
제7단계 종결	설정된 목표가 달성되었는지에 대한 평가를 통해 긍정적이거나, 개입을 할 수 없는 경우, 기타 종결사유에 해당되면 종결을 한다.

1) 사정하기

사정은 이용자를 사회생활상의 전체적인 관점에서 파악하고 현 시점에서 각종 문제점이나 욕구를 진단하는 것으로 기록용지와 같은 표준화된 질문항목표에 의한 경우와 표준화되지 않은 면접에 의한 경우가 있으며, 양자의 병용도 가능하다. 표준화된 용지를 사용할 수 있으면 사정이 용이하다. 사정은 팀을 이루어 의사, 간호사, 물리치료사, 작업치료사, 사회복지사(케어복지사), 기타 등 여러 전문 인력들이 각각 전문적인 배경을 바탕으로 참여하며 때로는 담당자에 의해서 단독으로 실시되었다가 이 결과를 사례회의를 통해서 여러 전문가들이 검토하는 등의 과정으로 진행되기도 한다. 사정은 이렇게 이용자의 개별적인 욕구와 신체적, 심리적, 사회적 상태를 전문적 배경을 가진 여러 치료진들이 팀을 이루어서 문제를 파악하고 진단하는 것이며, 체계적으로 문서화되어진다.

목슬레이(Moxley)는 사정의 구조를 다음과 같이 설명하고 있으며 이러한 틀을 토대로 이용자의 개별 정보수집부터 문제의 파악에 노력해야 한다. 여기서는 이용자의 욕구 파악과 그것에 대응하는 사회자원의 파악으로 나누었고, 사회자원은 자조능력과 상호적 케어를 하는 비공식적 지원 및 전문적으로 케어하는 공식적 서비스로 분류하고 있다(이팔환 외, 2005).

〈표 1〉 사정의 구조

구분	사정의 측면			
이용자의 특징	이용자의 욕구	이용자의 자조능력	상호원조의 케어	전문적 케어
초점이 되는 개념	충족되지 않은 욕구	이용자의 기능	사회적 지원	제도적 인적 서비스
사정의 기본적 항목	· 수입 · 주택 · 고용 · 정신건강 · 보건 및 의료 · 사회활동 및 대인관계 · 여가활동 · 일상생활동작능력 · 송영(이송) · 법률, 교육	· 신체적 기능 · 지적 기능 · 정서적 기능 · 행동면의 기능	· 사회지원의 구조 · 사회지원의 상호작용 · 정서적 지원 · 수단적 지원 · 물적지원	· 자원목록 · 유효성 · 적정성 · 선호성 · 이용가능성
사정과정	이용자가 전문가와 함께 일상생활 영역에서 이용자의 욕구를 검토한다.	이용자의 자기 욕구충족 여부를 평가하기 위해 이용자의 기능영역과 욕구를 맞춰본다.	사회적 자원이 이용자의 욕구를 충족시키는가를 평가하기 위해서 상호원조적인 케어의 사회자원과 욕구를 맞춰본다.	제도적인 서비스가 이용자의 욕구를 충족시키는가를 평가하기 위해서, 전문적 케어의 사회자원과 욕구를 맞춰본다.

케어계획을 작성하기 위해서는 사전에 생활태도 및 건강상태, 사회적 관계 등에 대한 광범위한 것을 필요로 한다. 그것은 케어가 생활지원을 기초로 하여 건강, 경제, 가족관계까지 폭넓게 관계되기 때문이다. 이러한 정보들로는 스스로 관찰하고 사정하는 것과, 다른 직종으로부터 얻는 것이 있다. 건강상태와 관련해서 예를 들어보면, 안색이나 병의 상태에 관해서는 스스로 관찰할 수 있지만, 병명 등에 관해서는 의사로부터 정보를 얻지 않으면 안된다. 그 사람에게 있

어서 필요한 정보와 얻어지고 있는 정보는 별개의 것이다. 필요로 하는 정보가 정확하게 얻어지고 있는지가 중요하다. 필요로 하는 정보는 개개인에 따라 다르겠지만 처해 있는 상태를 상정해서 필요로 하는 정보를 미리 선택해 두는 것은 정보를 빠짐없이 수집할 수 있기 때문에 효과적이다. 또한 정확하게 정보를 수집하기 위해서는 가능한 한 객관적이고 표준화된 사정표를 사용하는 것이다. ADL(Activities of Daily Living, 일상생활동작), PADL(Physical Activities of Daily Living, 신체적 일상생활 동작), IADL(Instrumental Activities of Daily Living, 수단적 일상생활 동작), 치매의 유무를 파악하는 척도 등 표준화된 판정법을 사용할 수 있다. 또한 필요로 하는 정보를 한번에 수집하는 것은 불가능하다. 특히 상대방과의 인간관계가 성립되어 있지 않을 경우에는, 듣지 못하는 정보도 있고 상대방이 말하지 않는 것도 있다. 따라서 필요로 하는 정보를 얻기 위해서라도 상대방을 받아들이고 있다는 자세를 보이며, 인간관계를 만들어 갈 필요가 있다(이경희 외, 2002).

2) 목표의 설정

문제가 파악되면 목표를 설정한다. 문제를 해결하기 위한 방향 및 방침을 나타낸 것이 목표이다. 케어목표는 이용자와 함께 설정하는 것으로 시설입소냐, 재가생활이냐 하는 단순한 목표를 설정하는 것에서 더 나아가 이용자 개개인의 사회생활 기능상의 문제에 맞추어 목표를 설정하기도 한다. 이 때 이용자의 욕구와 잠재적인 능력에 맞추어 해결할 수 있는 목표를 설정해야 한다. 목표 설정의 원칙에는 다음과 같은 다섯 가지가 있다.

첫째, 이용자(본인, 또는 가족) 스스로의 선택에 의해야 하며, 동의된 목표를 설정한다.

둘째, 가능한 한 구체적이고, 가시적이고, 측정 가능한 목표를 설정한다.

셋째, 실현 가능한 범위의 목표를 설정한다.

넷째, 긍정적인 목표를 설정한다.

다섯째, 목표는 관계기관의 기능과 일치해야 한다.

목표는 단기에 달성할 수 있는 단기목표와 장기간에 걸친 달성을 목표로 하는 장기목표로 구별하여 설정한다. 목표에 관해서 달성기간을 확실히 해 두면 추후 평가를 할 때 기준으로 사용할 수 있다.

3) 케어계획의 작성

케어계획은 담당자에 의해서 기본원칙에 입각하여 일차적으로 수립이 되나 케어회의를 통해 현실적이지 못하거나, 위험하거나 효과가 적은 계획은 수정되거나 재작성 되어질 수 있다. 케어담당자가 케어계획 작성 시 사전에 숙지하고 있어야 할 케어계획의 기본원칙은 다음과 같다.

① 전 단계에서 실시한 사정에 바탕을 둔다.

② 작성과정에 이용자나 가족 구성원 등이 참가한다.

③ 이미 결정된 목표를 향해야 한다.

④ 영속적인 것이 아니라 특정기간의 계획이다.

⑤ 공식적 서비스와 비공식적 지원 등 모두가 포함된다.

⑥ 이용자나 가족의 부담을 고려하여 작성한다.

⑦ 내용은 표준화된 계획용지로 문서화한다.

또한 케어계획을 수립할 때는 케어실시 후의 결과를 미리 예측하여 제시하여야 한다. 이는 평가와 관련이 있는 것으로 추후 긍정적인 케어를 제공했다고 평가받기 위해서는 예측한 바를 구체적이며, 측정가능하고, 이해하기 쉽게 문장으로 명시하여야 한다. 케어계획의 순서를 보다 구체적으로 명시하면 다음과 같다.

첫째, 사정에 따라 정보를 수집하고 공유화한다.

둘째, 케어계획의 과제를 제시한다.

셋째, 정보나 검토해야 할 과제에 대해 회의를 연다.

넷째, 케어방침을 결정한다.

다섯째, 구체적인 계획을 작성하고, 회의에서 협의?확인하고 결정한다.

여섯째, 사전에 평가기준과 체크리스트를 작성한 후 실행한다.

마지막으로, 실행 후 계획과 실행결과를 비교?검토하고 계획에 변경이 필요한 경우 다시 케어회의를 거쳐 계획을 수정하고 실행하는 결과를 반복한다. 케어플랜의 작성은 각 이용자들에게 맞는 개별화된 서비스와 지원내용들을 준비?계획하는 것이다(이팔환 외, 2005).

3 케어계획작성도구의 실제

2008년 7월1일부터 노인장기요양보험이 실시되면서 사전에 3차에 걸쳐 시범사업이 실시되고 있다. 시범사업에서는 수발인정 신청자 또는 수발등급변경 신청자에 대하여 신체기능?인지기능?행동변화?간호처치욕구?재활욕구를 객관적으로 파악하여 그에 따른 수발인정 여부 및 등급을 결정하기 위해 가정방문을 시행하고 있다. 소정의 연수를 받은 조사원들이 「수발인정?욕구조사표」의 일반사항, 수발인정조사항목(44개 항목)과 욕구조사항목(37개 항목), 특기사항으로 구성된 조사표에 의해 사정을 하고 있는데 추후 케어가 필요한 국내현장에서 케어계획작성에 가장 많이 활용될 것으로 예측되어 본 글에서는 현재 국민건강보험공단에서 활용되고 있는 노인장기요양보험 수발인정 신청자 조사표(사정도구)를 소개하고자 한다.

1) 수발인정조사항목 및 욕구조사 항목

수발인정조사항목은 노인의 기능상태에 대한 종합적인 정보로서 수발욕구 5영역의 44개 항목으로 구성되어 있다. 조사원은 조사 시 판단하기 어렵거나 기록할 만한 상황이 있을 경우 객관적인 사실에 기초하여 기재하도록 한다. 또한 조사된 자료는 수발등급판정위원회에서 최종 수발 등급 판정을 위한 심의 기초 자료로 활용하도록 한다.

〈표 2〉 수발인정조사 44개 항목

영역	항목	
신체기능영역	K-ADL(12항목)	
	· 옷 벗고 입기 · 양치질하기 · 식사하기 · 일어나 앉기 · 보행 · 대변 조절하기	· 세수하기 · 목욕하기 · 체위변경하기 · 옮겨 앉기 · 화장실 사용하기 · 소변 조절하기

영역	항목	
인지 · 정신기능 영역	인지기능영역(5항목)	행동변화영역(10항목)
	· 단기 기억장애 · 시간불인지 · 장소불인지 · 지시불인지 · 상황 판단력 감퇴	· 망상 · 환각, 환청 · 우울상태, 울기도함 · 불규칙수면, 주야혼돈 · 서성거림 안절부절못함 · 길을 잃음 · 폭언, 위협행동 · 밖으로 나가려함 · 돈/물건 감추기 · 부적절한 옷입기
간호처치욕구영역	간호처치(7항목)	
	· 기관지 절개관 간호 · 흡 인 · 산소요법 · 욕창간호	· 경관영양 · 도뇨관리 · 장루간호
재활욕구영역	마비(4항목)	관절제한(6항목)
	· 좌/우측상지 · 좌/우측하지	· 어깨, 팔꿈치, 손목 및 수지, 고관절, 무릎, 발목관절

다음으로 욕구조사항목은 수발인정신청인에게 필요한 서비스 욕구로서 일상생활수행과 재활가능성, 수단적 일상생활능력, 지원서비스 등 37개 항목으로 구성되어 있다.

〈표 3〉 욕구조사 37개 항목

영역	항목	
일상생활수행과 재활가능성	· 옷 벗고 입기 · 세수하기 · 양치질하기 · 목욕하기 · 식사하기 · 체위변경하기	· 일어나 앉기 · 옮겨 앉기 · 보행 · 화장실사용하기 · 대변조절하기 · 소변조절하기
수단적 일상생활능력	· 집안일하기 · 식사준비하기 · 교통수단이용하기	· 물건사기 · 전화사용하기 · 약 챙겨먹기
의사소통장애	· 청력상태	· 표현하기
시각기능장애	· 시력상태	· 시력감퇴

영역	항목	
인지기능	· 계산능력장애	· 하루일정표에 대한 이해능력 상실 · 사람에 대한 지남력 장애
행동변화	· 도움에 대한 거부 · 화기관리 불가 · 의미 없는/부적절한 행동	· 혼자 남겨지는 것에 대한 공포 · 불결 행동
통증간호	· 통증 빈도 · 통증 강도	· 통증 특성
지원서비스	· 핵심수발자의 도움영역	· 고립 여부
환경평가	· 주거상황 등	
질병상태	· 질병상태	

2) 조사절차

가. 조사준비

○ 신청인 거주 지역별, 요양시설별로 조사계획을 수립한다.

○ 신청인, 그의 가족 등과 사전 연락으로 방문일시와 장소 등을 협의 및 조정한다.

○ 필요시 지자체 사회복지전담공무원의 적극적인 협조 및 지원을 요청할 수 있다.

나. 조사 실시

○ 간호사 · 사회복지사 등 2인 1조로 구성하여 방문한다.

○ 1회 방문조사를 원칙으로 하고, 부득이 재방문을 실시한 경우 그 사유를 구체적으로 기재한다.

○ 각 항목별 「항목의 정의」,「판단기준」, 「유의점」에 기초하여 판단한다.

○ 신청인, 그의 가족 등 보호자의 의견을 충분히 청취하여 종합적으로 판단한다.

다. 조사내용의 정리

○ 신청인의 서비스 이용 상황, 수발상태, 주된 수발욕구 등 조사 또는 등급판정에 참고할 수 있는 일반사항 등을 확인한다.

○ 「수발인정 · 욕구 조사표」의 조사내용을 확인한다.

○ 특기사항에 대한 기재내용 등을 정리한다.

3) 장기요양인정조사표

〈참고서식1〉 장기요양인정조사표

Ⅰ. 일반사항

1. 구분	□ 장기요양인정신청 □ 등급변경신청 □ 이의신청(기타)				
2. 조사원	최초방문	성 명		조사일시(소요시간)	(분)
				교통수단(이동시간)	(분)
	재방문	성 명		조사일시(소요시간)	(분)
				교통수단(이동시간)	(분)
		사 유			
3. 신청인	성 명		주민등록번호	□ 남 □ 여	
	전화번호		성별		
	거주지주소				
	종전인정일자	년 월 일	종전인정등급	1,2,3,4,5, 등급외	
4. 참석인	성 명		신청인과의 관계		전화
5. 주거상태	□ 자택 □ 단기보호시설 □ 노인전문요양시설 □ 노인요양시설 □ 양로원 □ 요양병원 □ 병 · 의원 □ 기타				
6. 동거인	□ 없음 □ 있음 (신청자와의 관계:) □ 해당 없음(시설입소자)				
7.현재 받고 있는 서비스 (과거3개월간 평균횟수 기재)	재가급여	□ 방문요양 (회/월) □ 방문목욕 (회/월) □ 방문간호 (회/월) □ 주 · 야간보호 (회/월) □ 단기보호 (회/월) □ 복지용구 (구입 · 대여)			
	시설급여	□ 노인요양시설 □ 노인전문요양시설 □ 노인요양공동생활가정			
		□ 가족요양비 □ 요양병원간병비			
8. 희망급여종류	※ 현재 신청인이 희망하는 급여에 모두 V표 체크 (복수체크가능) □ 방문요양 □ 방문목욕 □ 방문간호 □ 주 · 야간보호 □ 단기보호 □ 복지용구 □ 시설급여 □ 가족요양비 □ 요양병원간병비				
	1순위 희망급여종류				
9. 등록장애	※ 종류 및 등급기재				
〈 참고사항 〉					

※「복지용구」와 「가족요양비」 급여는 지역에 따라 다르게 시행하고 있으므로 조사자는 이를 감안하여 조사

Ⅱ. 장기요양인정 · 욕구사항

○ 신청인의 심신상태에 대한 정보를 종합하여 다음의 해당란에 ∨표 체크
○ 각 항목 아래의 공란에 특기사항을 기재

1. 기본적 일상생활활동

최근 한 달간의 상황을 종합하여 일상생활에서 다음과 같은 동작을 행할 때 다른 사람의 도움을 받는 정도와 도움이 필요한 이유(장애의 원인)에 V표 체크

항목	기능자립정도			장애의 원인	
	완전자립	부분도움	완전도움	신체	정신 · 심리
1.옷벗고 입기					
2.세수하기					
3.양치질하기					
4.목욕하기					
5.식사하기					
6.체위변경하기					
7.일어나 앉기					
8.옮겨 앉기					
9.방 밖으로 나오기					
10.화장실사용하기					
11.대변조절하기					
12.소변조절하기					
13.머리감기					

▣ 일상생활 자립도

장애노인(와상도)	□ 정상	□ 생활자립	□ 준 와상상태	□ 완전 와상상태
치매(인지증)노인	□ 자립	□ 불완전자립	□ 부분의존	□ 완전의존

※신청인의 평소 일상생활자립정도를 종합하여 각각의 항목 해당란에 ∨표 체크

2. 수단적 일상생활활동

최근 한 달간의 상황을 종합하여 일상생활에서 다음과 같은 동작을 행할 때 다른 사람의 도움을 받는 정도를 평가하여 해당란에 V표 체크

항목	증상여부	
	예	아니오
1. 사람들이 무엇을 훔쳐갔다고 믿거나 자기를 해치려 한다고 믿고 있다		
2. 헛것을 보거나 환청을 듣는다		
3. 슬퍼 보이거나 기분이 처져 있으며 때로 울기도 한다		
4. 밤에 자다가 일어나 주위 사람을 깨우거나 아침에 너무 일찍 일어난다 또는 낮에 지나치게 잠을 자고 밤에는 잠을 설친다		
5. 주위사람이 도와주려 할 때 도와주는 것에 저항한다		
6. 한군데 가만히 있지 못하고 서성거리거나 왔다 갔다 하며 안절부절 못한다		
7. 길을 잃거나 헤맨 적이 있다. 외출하면 집이나 병원, 시설로 혼자 들어올 수 없다		
8. 화를 내며 폭언이나 폭행을 하는 등 위협적인 행동을 보인다		
9. 혼자 밖으로 나가려고 해서 눈을 뗄 수가 없다		
10. 물건이나 옷을 망가트리거나 부순다		
11. 의미 없는 행동을 반복하거나 부적절한 행동을 한다		
12. 돈이나 물건을 장롱같이 찾기 어려운 곳에 감춘다		

항목	증상여부	
	예	아니오
13. 옷을 부적절하게 입는다		
14. 대소변을 벽이나 옷에 바르는 등 불결한 행위를 한다		
15. 가스불이나 담뱃불, 연탄불과 같은 화기를 관리할 수 없다		
16. 혼자 있는 것을 두려워하여 누군가 옆에 있어야 한다		

3. 인지기능영역

최근 한 달간의 상황을 종합하여 어르신께서 보였던 증상에 V표 체크

항목	증상여부	
	예	아니오
1.방금 전에 들었던 이야기나 일을 잊는다		
2.오늘이 몇 월 며칠인지 모른다		
3.자신이 있는 장소를 알지 못한다		
4.자신의 나이나 생년월일을 모른다		
5.지시를 이해하지 못한다		
6.주어진 상황에 대한 판단력이 떨어져 있다		
7.의사소통이나 전달에 장애가 있다		
8.계산을 하지 못한다		
9.하루 일과를 이해하지 못한다		
10.가족이나 친척을 알아보지 못한다		

4. 행동변화영역

최근 한 달간의 상황을 종합하여 어르신께서 보였던 증상에 V표 체크

항목	기능자립정도			
	완전자립	부분도움	완전도움	수행하지않는다
1.집안일하기				
2.식사준비하기				
3.빨래하기				
4.금전관리				
5.물건사기				
6.전화사용하기				
7.교통수단이용하기				
8.근거리외출하기				
9.몸단장하기				
10.약 챙겨먹기				

5. 간호처치영역

최근 2주간의 상황을 종합하여 해당란에 V표 체크

항목	증상유무		항목	증상유무	
	있다	없다		있다	없다
1.기관지절개관간호			4.욕창간호		
2.흡인			5.경관영양		
3.산소요법			6.암성통증간호		

항목	증상유무		항목	증상유무	
	있다	없다		있다	없다
7.도뇨관리			9.투석간호		
8.장루간호			10.당뇨발 간호		

※ 암성통증간호에 해당되지 않는 통증이 있을 경우 특기사항에 기록

6. 재활영역

반드시 각 항목을 직접 어르신에게 수행하도록 한 후 해당란에 V표 체크

항목	운동장애정도		
	운동장애없음	불완전운동장애	완전운동장애
1.우측상지			
2.좌측상지			
3.우측하지			
4.좌측하지			
5.어깨관절			
6.팔꿈치관절			
7.손목 및 수지관절			
8.고관절			
9.무릎관절			
10.발목관절			

7. 지원형태

<table>
<tr><td rowspan="2">1.주 수발자</td><td colspan="3">□ 없음 □ 배우자 □ 부모(조부모포함) □ 자녀(며느리, 사위 포함) □ 형제 · 자매
□ 그외 친척 □ 친척 · 이웃 □ 자원봉사자 □ 입소시설직원 □ 기타</td></tr>
<tr><td colspan="3">주수발자연락처</td></tr>
<tr><td>2.주수발자의 도움 영역</td><td colspan="3">□ 기본적일상생활활동 □ 수단적일상생활활동 □ 정서적지지</td></tr>
<tr><td colspan="2">3.하루종일 혼자있다</td><td>□ 예</td><td>□ 아니오</td></tr>
<tr><td colspan="4"></td></tr>
</table>

※ 시설입소자일 경우 시설에서의 지원형태를 평가

8. 환경평가

1. 주거상황이 건강에 해롭거나 지내기 어려운 환경을 만드는지 평가 (조명, 바닥상태, 욕실 및 화장실 환경, 부엌환경, 냉방과 난방, 개인안전, 환기 등)	□ 예 □ 아니오

※ 시설입소자일 경우 시설에서의 환경을 평가

9. 복지용구

현재 보유하고 있거나, 보유하지 않았지만 희망하는 복지용구에 V표 체크

용구	보유	희망	용구	보유		희망	
				구입	대여	구입	대여
1.이동형 좌변기			1.휠체어(수동형)				
2.목욕의자			2.전동형 침대				
3.보행보조기			3.수동형 침대				
4.안전 손잡이			4.욕창방지매트리스				
5.미끄럼방지용품			5.욕창방지방석				
6.휴대용배변기			6.이동욕조				
7.지팡이			7.목욕리프트				

※ 방문 조사 시 기 시설입소자의 경우 조사하지 않는다.

※ 대상자 또는 가족이 희망하는 재활용구로서 장기요양보험급여의 복지용구를 포함한 기타 재활용구 중 위 항목에서 제시하고 있는 용구에 대해서 조사

※ 대상자가 필요하다고 생각하지만 급여 이용을 희망하지 않거나 기타 의견이 있다면 특기사항에 기록

10. 시 · 청력 상태

1.시력상태	□ 1. 정상 □ 2. 1*M* 떨어진 달력은 읽을 수 있으나 더 먼 거리는 보이지 않는다 □ 3. 눈앞에 근접한 글씨는 읽을 수 있으나 더 먼 거리는 보이지 않는다 □ 4. 거의 보이지 않는다 □ 5. 보이는지 판단불능
2.청력상태	□ 1. 정상 □ 2. 보통의 소리를 듣기도 하고, 못 듣기도 한다 □ 3. 큰 소리라면 들을 수 있다 □ 4. 거의 들리지 않는다 □ 5. 들리는지 판단불능

11. 질병 및 증상

어르신께서 현재 3개월 이상 앓고 있는 만성질병에 대해 해당란에 V표 체크

질병 및 증상	□ 1. 없음 □ 2. 치매 □ 3. 중풍 (뇌졸중) □ 4. 고,저혈압 □ 5. 당뇨 □ 6. 관절염 □ 7. 요통 □ 8. 골다공증 □ 9. 골절, 탈골 등 사고로 인한 후유증 □ 10. 암 (진단명:) □ 11. 기타 (진단명:)

【참고조사표】

1. 질병 및 증상				
□ 없음	□ 치매	□ 중풍(뇌졸중)	□ 암(진단명:)	
근골격계	□ 관절염 □ 디스크(추간판탈출증)	□ 요통	□ 좌골통 □ 기타 척추질환	□ 골다공증 □ 기타
소화기계	□ 위염 □ 간경변증(간경화)	□ 위궤양 □ 기타	□ 십이지장궤양	□ 변비
내분비 · 대사성	□ 당뇨 □ 만성간염	□ 갑상선질환 □ 자가면역질환	□ 탈수 □ 빈혈	□ 영양상태이상 □ 기타
순환기계	□ 고혈압 □ 기타	□ 저혈압	□ 협심증	□ 심근경색증
호흡기계	□ 폐결핵	□ 만성기관지염	□ 천식	□ 기타
비뇨 · 생식기계	□ 전립선비대 □ 기타	□ 요실금	□ 만성방광염(과민성방광)	
눈 · 귀질환	□ 백내장	□ 녹내장	□ 난청	□ 기타
만성신장질환	□ 만성신부전증 (투석여부 : □ 복막 □ 혈액)			□ 기타
정신 · 행동장애	□ 신경증(정신질환, 불안증) □ 기타		□ 우울증	□ 수면장애
신경계	□ 파킨슨병	□ 두통	□ 간질	□ 기타
□ 골절, 탈골 및 사고로 인한 후유증				
□ 감염성질환				
□ 기타 질병 및 증상				

2. 주요질병
□ 1. 치매
□ 2. 중풍
□ 3. 치매 + 중풍
□ 4. 고, 저혈압
□ 5. 당뇨
□ 6. 관절염
□ 7. 요통
□ 8. 골다공증
□ 9. 골절, 탈골 등 사고로 인한 후유증
□ 10. 암
□ 11. 기타 (진단명:) ※ 1가지 진단명만 기재하십시오.

※ 「주요질병」은 「1.질병 및 증상」에서 파악된 내용 가운데 대상자의 현재 기능상태 저하에 가장 직접적인 원인이 되고 비중이 높은 질병 한 가지만 V표 체크

〈참고서식2〉

장기요양인정조사표

장기요양 인정관리번호		성 명		주민등록번호		전화번호	
장기요양등급	등급	월 한도액	원/월	주 소			
인정 유효기간	년 월 일 ~	년 월 일		작성일	년 월 일	담당자	

종합계획	

문제영역	목 표				제공 서비스				
	장기목표	기간	단기목표	기간	종류	내용	제공기간	주기	시간

♣ 장기요양급여비용

급여종류	급여수가	서비스 횟수	장기요양급여비용	본인부담액

※ 세부 서비스 제공일정 : 붙임 서비스일정표 참조(월별 제공)

〈참고서식3〉

서비스 일정표 (12월)

장기요양 인정관리번호		성 명	
장기요양담당자		월 한도액	

일	월	화	수	목	금	토
				1	2 배설도움 등 (10:00-11:00)	3
4	5 배설도움 등 (10:00-11:00)	6	7 목욕도움 (10:00-11:00)	8	9 배설도움 등 (10:00-11:00)	10
11	12 배설도움 등 (10:00-11:00)	13	14 목욕도움 (10:00-11:00)	15	16 배설도움 등 (10:00-11:00)	17
18	19 배설도움 등 (10:00-11:00)	20	21 목욕도움 (10:00-11:00)	22	23 배설도움 등 (10:00-11:00)	24
25	26 배설도움 등 (10:00-11:00)	27	28 목욕도움 (10:00-11:00)	29	30 배설도움 등 (10:00-11:00)	31

■ 서비스 제공현황

서비스 제공자명	전 화	담 당	급여내용	주기	제공일
OO가정봉사원 파견센터	000-0000	김민후	배설도움, 이동도움, 화장실이용하기	매주 월, 금	2, 5, 9, 12, 16, 19, 23, 26, 30
			목욕도움	매주 수요일	7, 14, 21, 28

■ 장기요양급여비용

급여수가	서비스 횟수	장기용양급여비용	본인부담액

〈참고서식4〉

장기요양서비스 종료 및 연계 기록표

장기요양인정관리번호		성 명		주민등록번호		장기요양등급	등급	요양인정유효기간	년 월 일 ~ 년 월 일
기관명	(인)	장기요양관리자				장기요양담당자		전화번호	

1. 기능상태

항목	자립	부분도움	완전도움	소견
옷벗고 입기				
세수하기				
양치질하기				
목욕하기				
식사하기				
체위변경하기				
일어나 앉기				
옮겨 앉기				
보행				
화장실 사용하기				

2. 영양상태

□일반식, □죽식, □당뇨식, □기타(   )

□ 경관영양(ml/일)

3. 배설상태

	실금여부	횟수	상태	보조수단
배뇨	□있음□없음	회/일		
배변	□있음□없음	회/일		

4. 의사소통 및 인지상태

청력(□정상 □약간 제한 □제한)

시력(□정상 □약간 제한 □제한)

표현(□정상 □약간 제한 □제한)

이해(□정상 □약간 제한 □제한)

행동변화(□없음 □있음)

└있다면 구체적으로:

5. 보조용구

□보청기 □안경 □의치 □척추보조기 □인공수족

□지팡이 □워커 □휠체어 □기타(   )

6. 간호처치상태

기관절개관처치(□없음, 있음(□보호자, □의료인))

흡인처치 (□없음, 있음(□보호자, □의료인))

욕창처치 (□없음, 있음(□보호자, □의료인))

└욕창위치 및 상태(   )

기타(   )

7. 진단명(현상태의 직접적 원인이 되는 질병)

①

②

③

④

8. 복용중인 약물(해당란에 표시)

약물명	아침	점심	저녁	밤

해당 기관에서 제공했던 서비스 내용

1. 목표

2. 주요 서비스 내용

종료 및 연계사유

향후 서비스 계획시 고려할 사항(특기사항)

〈참고문헌〉

강용규(2003), 「현대케어복지개론」, 교육과학사.

보건복지부(2007), 노인보건복지사업안내.

보건복지부 · 건강보험공단(2006), 「노인수발보험제도 제2차 시범사업 수발인정 · 서비스지원 세부매뉴얼」

보건복지부노인요양제도팀(2007), 노인장기요양보험제도 제3차 시범사업 시행지침.

류종훈 · 박지현 · 이영주(2004), 「노인건강생활과 호스피스케어」, 학문사.

이해영 · 안향림(2004), 「케어복지개론」, 학문사.

이경희 · 서화정(2002), 「개호기술」, 학문사.

이팔환 · 이정석 · 김동성 · 박영준(2005), 「케어복지실천기술론」, 형설출판사.

이팔환 · 신상윤 · 이정석 · 박영준(2005), 「케어복지실천론」, 형설출판사.

김명 · 고승덕 · 서미경 · 서혜경(2005), 「노인보건복지 이론과 실제」, 집문당.

조유형(2006), 「치매노인케어론」, 집문당.

저/자/소/개

• **진석범**
동서울대학 실버복지과 교수

• **구본용**
숭의여자전문대학 사회복지과 교수

• **김상아**
동서울대학 실버복지과 교수

• **김한수**
동서울대학 실버복지과 교수

• **승금희**
동서울대학 실버복지과 교수

• **이남순**
송곡대학 사회복지상담과 교수

• **이현주**
동서울대학 실버복지과 교수

• **정한용**
메트로 종합병원 운동처방사

• **조현주**
세계사이버대학 약용식품영양과 교수

케어복지의 이론과 실제

●발행일
2007년 8월 30일 초 판 인쇄
2007년 9월 5일 초 판 발행

●저 자
진석범 · 구본용 · 김상아 · 김한수 · 승금희
이남순 · 인현주 · 정한용 · 조현주

●발행인
한 인 환

●발행처
도서출판 **기 문 사**
서울시 동대문구 용두2동 730-4번지 홍신빌딩 3층
대표전화 : 02) 2265-7214/922-8662~8663
팩시밀리 : 02) 922-8772
homepage : www.kimoonsa.co.kr
e-mail : book@kimoonsa.co.kr
등 록 : 1978. 8. 9. NO. 6-0637
ISBN : 978-89-7723-319-5 93510

저자와의 협의하에 인지생략

〈정가 : 19,000원〉